21世纪旅游管理规划教材

总主编/张广海

# 旅游市场营销

## Tourism Marketing

主编/朱孔山

中国海洋大学出版社
·青岛·

**图书在版编目(CIP)数据**

旅游市场营销/朱孔山主编.—青岛:中国海洋大学出版社,2010.8
(21世纪旅游管理规划教材/张广海总主编)
ISBN 978-7-81125-422-8

Ⅰ.①旅⋯ Ⅱ.①朱⋯ Ⅲ.①旅游市场-市场营销学-高等学校-教材 Ⅳ.①F590.8

中国版本图书馆 CIP 数据核字(2010)第 154576 号

| | | | | |
|---|---|---|---|---|
| 出版发行 | 中国海洋大学出版社 | | | |
| 社　　址 | 青岛市香港东路 23 号 | 邮政编码 | 266071 | |
| 网　　址 | http://www.ouc-press.com | | | |
| 电子信箱 | cathaypower@gmail.com | | | |
| 订购电话 | 0532-82032598(传真) | | | |
| 策　　划 | 李夕聪　郑雪姣　陈琳琳 | | | |
| 责任编辑 | 王积庆 | 电　　话 | 0532-85901040 | |
| 印　　制 | 日照报业印刷有限公司 | | | |
| 版　　次 | 2010 年 8 月第 1 版 | | | |
| 印　　次 | 2010 年 8 月第 1 次印刷 | | | |
| 成品尺寸 | 185mm×236mm | | | |
| 印　　张 | 27.5 | | | |
| 字　　数 | 500 千字 | | | |
| 定　　价 | 39.00 元 | | | |

# 21世纪旅游管理规划教材

## 编委会

主　　任　狄保荣
副 主 任　肖德昌　田克勤　李夕聪
委　　员　（按英文字母先后排序）
　　　　　曹艳英　陈增红　程俊峰　崔学琴　代合治
　　　　　郭　峻　霍淑芳　吉良新　吉小青　蒋凤英
　　　　　刘雪巍　李　青　孟　华　彭耀华　裴敏莉
　　　　　齐洪利　石　峰　王有邦　魏　敏　邢继德
　　　　　许汝贞　张　青　张广海　张建忠　张祖国
　　　　　赵全科　赵　颜　朱孔山
秘　　书　郑雪姣　陈琳琳

## 旅游市场营销

主　　编　朱孔山
副 主 编　王景波　陈方英　孟　华　张建忠　裴敏莉
编　　者　高秀英　任开荣　郝　俊　李　冉　张艳宁
　　　　　徐伟莲　郭　峻　周大鹏　陈燕军　马学之
　　　　　刘玉孔　陈彩红　赵琳琳　赵　燕　詹　原
　　　　　薛丽华　郑家庆　刘卫东　范夕霞　曲先文
　　　　　李学芝　胡秀丽

# 联合编写院校名单

（按英文字母先后排序）

| | |
|---|---|
| 东北财经大学 | 四川大学 |
| 德州职业技术学院 | 四川农业大学风景园林学院 |
| 桂林理工大学南宁分校 | 西南林业大学 |
| 　　高等职业技术学院 | 山西运城学院 |
| 黑龙江旅游职业技术学院 | 山东大学 |
| 湖南文理学院 | 山东师范大学 |
| 华侨大学 | 山东旅游职业学院 |
| 济南大学 | 山东理工职业学院 |
| 济宁学院 | 山东青年政治学院 |
| 莱芜职业技术学院 | 山东商业职业技术学院 |
| 聊城大学 | 山东省商贸学校 |
| 聊城职业技术学院 | 山东外贸职业学院 |
| 聊城高级财经职业学校 | 泰山学院 |
| 辽东学院 | 泰山医学院 |
| 临沂师范学院 | 潍坊学院 |
| 青岛大学 | 潍坊教育学院 |
| 青岛大学旅游职业学院 | 威海职业学院 |
| 青岛酒店管理学院 | 云南大学 |
| 青岛职业技术学院 | 烟台旅游学校 |
| 青岛滨海学院 | 枣庄学院 |
| 青岛求实学院 | 枣庄职业学院 |
| 青岛恒星学院 | 中国海洋大学 |
| 曲阜师范大学 | 中华女子学院山东分院 |
| 日照职业技术学院 | 淄博职业学院 |

## 出版说明

近年来,随着旅游教育的迅速发展,我国旅游教材的建设也逐渐走向繁荣。从旅游教材的系列与品种来看,已由旅游管理专业一个系列几十个品种,发展并细化到现今旅游管理、饭店管理、旅行社管理、会展管理及景区管理等若干系列上百个品种;从出版旅游教材的出版社数量来看,已由过去两三家发展到近百家。但由于学科建设时间短、师资多元化以及教材编写质量等问题,很多旅游院校使用的教材不可避免地存在着数据陈旧、内容纷杂、缺乏针对性、没有地方特色等问题。

作为旅游业大省与强省,山东省的旅游教育正在蓬勃发展,汇集了一大批优秀的旅游院校和教师。在山东省旅游行业协会教育分会的指导下,我们以山东为中心,联合全国一批致力于旅游教育的院校,成立了"21世纪旅游管理规划教材编委会"。编委会以交流教学改革成果及经验、研讨旅游教育教学改革方向为宗旨,以"立足山东,面向全国"为目标,以中国海洋大学出版社为平台,以教材为载体,进行分享与传播,期望进一步向全国推广,为我国的旅游教育尽一份力量。

编委会根据既定的方针,邀请具有丰富教学经验的一线教师、具有相关行业工作背景的双师型教师以及企业一线工作者联合编写了"21世纪旅游管理规划教材"。教材遵循"从实际出发、学以致用"的基本原则,凸显旅游行业相关知识的应用性和前瞻性,以实用性为基础,以市场需求为导向,以任务为驱动,以学生为主体,以案例教学为特色,突出实践教学环节,并通过大量的案例分析和实践技能操作训练窗口等内容,确保培养内容与就业市场的需求达到无缝对接。本套教材涵盖旅游管理专业的主干课程,首批出版《旅游概论》、《旅游资源概论》、《旅游文化》、《旅游市场营销》、《旅游心理学》、《旅游政策与法规》、《中国旅游地理》、《民俗旅游》、《旅游公共关系》、《菜水酒点知识》等教材。本套教材被中国海洋大学出版社列为"十二五"期间重点发展的教材,将会在实践中逐步完善整个教材体系,同时将参评山东省"十二五"省级规划教材。

在编委会运作及教材编写出版期间,得到了国家旅游局政策法规司、山东省旅游局等旅游主管部门的悉心指导,得到了山东省旅游行业协会教育分会及各会员单位的鼎力相助,得到了一大批优秀院校和教师的全力支持,在此致以最衷心的感谢! 同时,恳请广大读者对教材提出宝贵意见和建议,以便修订时加以完善。

21世纪旅游管理规划教材编委会

中国海洋大学出版社

2010年6月

# Foreword｜前言

**20**世纪90年代初,旅游业就因经济总量占全球GDP的10%以上而超过汽车、石油工业成为世界第一大产业。2009年,我国将旅游业确立为国民经济的战略性支柱产业。随着旅游业的迅速发展,旅游市场竞争也日趋加剧。在这种背景下,旅游企业经营与旅游业发展必须以满足旅游者的消费需求为中心,以实现其运行目标,而《旅游市场营销》的研究体系正是围绕这一中心命题展开的。旅游产品的不可转移性和生产与消费的同一性等特点,决定了旅游市场营销的特殊重要地位。自20世纪80年代旅游学科初创,国内高等院校旅游管理及相关专业就普遍开设了《旅游市场营销》课程,并将其列为旅游管理专业的七门主干课程之一,旅游行业众多的各类培训班也多开设本课程或专题讲座,由此可见《旅游市场营销》在旅游学科体系中的重要地位。

本书的编写遵循"从实际出发、学以致用"的基本原则,立足适应21世纪对旅游管理人才培养的需要,凸显旅游市场营销相关知识的实用性和前瞻性,突出对学生的市场观念、实践意识、竞争意识和创新意识的培养,提高学生运用旅游市场营销的基本理论、基本方法、基本技能去发现问题,提出问题,分析问题和解决问题的能力。

本书在编写体例上实现了创新。每章以"学习目标"和"引例"导入。其中,"学习目标"包含"知识要点、技能训练和能力拓展"三个层面,使学生明了本章的学习目标;而"引例"则是契合本章内容的案例,案例后提出问题,引导学生思考。正文中穿插"案例驿站"、"专题笔谈"和"图表",对正文内容起到启示、说明、补充及深化的作用。每节后附"本节相关知识链接"和"本节试题与知识训练",以拓展学生的阅读面和巩固、提高学生的知识把握。每章后附"本章小结"、"实训练习"和"延伸阅读"。其中,"本章小结"包括"本章结语"、"本章知识结构图"和"本章核心概念"三方面,为学生理清该章的学习线索和知识要点;"实训练习"的设计体现了本书加强学生实践能力培养的编写思想;"延伸阅读"提供了新的相关学术研究成果、案例或热点问题等,促进学生思考、探索和讨论,提升学生的专业与职业素质。

本书编写的内容体系以旅游市场营销管理行为发生的过程顺序(旅游市场营销环境分析、营销战略决策、营销战术决策、营销实施和控制等)作为逻辑线索展开,包括旅游市场营销绪论、旅游市场营销环境、旅游消费行为、旅游市场调研与预测、旅游市场细分、目标市场选择与市场定位、旅游营销战略和营销组合策略、旅游产品策略、旅游价格策略、旅游分销策略、旅游促销策略和旅游市场营销管理11个部分。

本书在编写中参考了许多国内外相关研究成果和资料,在此谨向这些学者和专家深表谢意。由于编写中的疏漏和我们的水平所限,书中存在问题在所难免,敬请读者谅解,并真诚期望您提出批评与改进意见。

编　者

2010年6月

# 目 次

第一章 绪论 …………………………………………………………………… 1
　第一节 市场营销的产生和发展 ……………………………………………… 2
　　一、市场与市场营销 ………………………………………………………… 2
　　二、市场营销学的形成与发展 ……………………………………………… 8
　　三、市场营销学的研究对象和研究内容 ………………………………… 11
　　四、市场经营观念的演变 ………………………………………………… 12
　第二节 旅游市场营销学及其内容体系 …………………………………… 17
　　一、旅游市场与旅游市场营销 …………………………………………… 17
　　二、旅游市场营销的发展演变 …………………………………………… 21
　　三、旅游市场营销研究对象与内容 ……………………………………… 23
　　四、旅游市场营销研究的意义 …………………………………………… 25
　　五、旅游市场营销研究的方法 …………………………………………… 26

第二章 旅游市场营销环境 ………………………………………………… 32
　第一节 旅游市场营销环境概述 …………………………………………… 34
　　一、旅游市场营销环境的概念 …………………………………………… 34
　　二、旅游市场营销环境的特点 …………………………………………… 35
　　三、分析旅游市场营销环境的意义 ……………………………………… 36
　第二节 旅游市场营销宏观环境 …………………………………………… 38
　　一、政治法律环境 ………………………………………………………… 38
　　二、经济环境 ……………………………………………………………… 41
　　三、社会文化环境 ………………………………………………………… 43
　　四、科学技术环境 ………………………………………………………… 45
　　五、人口 …………………………………………………………………… 46
　　六、自然生态环境 ………………………………………………………… 48

第三节　旅游市场营销微观环境 ………………………………………… 50
　　一、旅游供应者 …………………………………………………… 50
　　二、旅游中间商 …………………………………………………… 51
　　三、顾客群 ………………………………………………………… 51
　　四、竞争者 ………………………………………………………… 52
　　五、社会公众 ……………………………………………………… 52
　　六、企业内部环境 ………………………………………………… 53
第四节　旅游市场营销环境综合分析与评价 …………………………… 54
　　一、旅游市场营销环境的 SWOT 分析 ………………………… 54
　　二、旅游市场营销环境战略选择 ………………………………… 58

第三章　旅游消费行为 …………………………………………………… 67
　第一节　旅游市场需求与旅游消费行为 ………………………………… 69
　　一、旅游市场需求特征与发展趋势 ……………………………… 69
　　二、旅游购买动机 ………………………………………………… 72
　　三、旅游购买行为模式 …………………………………………… 74
　第二节　影响旅游消费行为的因素 ……………………………………… 78
　　一、经济因素 ……………………………………………………… 78
　　二、人口统计因素 ………………………………………………… 79
　　三、社会文化因素 ………………………………………………… 80
　　四、心理因素 ……………………………………………………… 84
　　五、消费者对旅游目的地选择的影响因素 ……………………… 85
　第三节　旅游者购买行为 ………………………………………………… 88
　　一、旅游者购买行为特征 ………………………………………… 88
　　二、旅游者购买行为类型 ………………………………………… 89
　　三、旅游者购买决策过程 ………………………………………… 89
　第四节　组织机构的旅游消费行为 ……………………………………… 93
　　一、旅游购买的组织机构类型与特征 …………………………… 93
　　二、影响一般组织机构旅游购买的因素 ………………………… 94
　　三、一般组织机构的旅游购买决策过程 ………………………… 97
　　四、旅游中间商的购买行为 ……………………………………… 98

第四章　旅游市场调研与预测 …………………………………………… 103
　第一节　旅游市场营销调研 ……………………………………………… 104

一、旅游市场营销调研的内涵和意义 …………………………………… 104
　　二、旅游市场调研的类型 ………………………………………………… 105
　　三、旅游市场调研的内容 ………………………………………………… 106
　　四、旅游市场调研的程序 ………………………………………………… 108
　　五、旅游市场调研的方法 ………………………………………………… 116
　第二节　旅游市场预测 ……………………………………………………… 127
　　一、旅游市场预测的基本原理 …………………………………………… 127
　　二、旅游市场预测的内容 ………………………………………………… 128
　　三、旅游市场预测的步骤 ………………………………………………… 129
　　四、旅游市场预测方法 …………………………………………………… 130

第五章　旅游市场细分、目标市场选择与市场定位 …………………………… 142
　第一节　旅游市场细分 ……………………………………………………… 143
　　一、旅游市场细分的概念与意义 ………………………………………… 143
　　二、旅游市场细分的原则 ………………………………………………… 145
　　三、旅游市场细分的程序 ………………………………………………… 146
　　四、旅游市场细分的依据 ………………………………………………… 147
　第二节　旅游目标市场选择 ………………………………………………… 160
　　一、旅游目标市场及其选择 ……………………………………………… 160
　　二、旅游细分市场评估 …………………………………………………… 161
　　三、旅游目标市场策略 …………………………………………………… 163
　　四、影响旅游目标市场策略选择的因素 ………………………………… 167
　第三节　旅游市场定位 ……………………………………………………… 169
　　一、旅游市场定位概念 …………………………………………………… 169
　　二、旅游市场定位的作用与意义 ………………………………………… 170
　　三、旅游市场定位的原则 ………………………………………………… 171
　　四、旅游市场定位程序 …………………………………………………… 172
　　五、旅游市场定位方法 …………………………………………………… 174
　　六、旅游地形象识别系统 ………………………………………………… 177

第六章　旅游营销战略和营销组合策略 ………………………………………… 185
　第一节　旅游营销战略 ……………………………………………………… 187
　　一、集中化发展战略 ……………………………………………………… 187
　　二、一体化发展战略 ……………………………………………………… 188

三、多元化发展战略 …………………………………………………… 188
四、旅游市场竞争战略 …………………………………………………… 189
第二节 旅游市场营销组合策略 …………………………………………… 194
一、旅游市场营销组合策略内涵 ………………………………………… 194
二、旅游市场营销组合因素 ……………………………………………… 195
三、旅游市场营销组合特征 ……………………………………………… 198
四、旅游市场营销组合优化 ……………………………………………… 199
第三节 旅游市场整合营销 ………………………………………………… 203
一、市场营销观念转变与整合营销传播理论核心思想 ………………… 203
二、旅游市场需求变化与整合营销理论的应用 ………………………… 204
三、旅游目的地整合营销内容 …………………………………………… 205

## 第七章 旅游产品策略 …………………………………………………… 214
第一节 旅游产品概述 ……………………………………………………… 216
一、旅游产品概念 ………………………………………………………… 216
二、旅游产品结构 ………………………………………………………… 216
三、旅游产品的特点 ……………………………………………………… 219
四、旅游产品分类及其体系 ……………………………………………… 223
第二节 旅游品牌策略 ……………………………………………………… 228
一、旅游品牌的概念及功能 ……………………………………………… 228
二、旅游品牌策略 ………………………………………………………… 231
三、旅游品牌设计与培育 ………………………………………………… 233
第三节 旅游产品组合策略 ………………………………………………… 240
一、旅游产品组合及相关概念 …………………………………………… 240
二、影响旅游产品组合的因素 …………………………………………… 241
三、旅游产品组合策略 …………………………………………………… 242
第四节 旅游产品生命周期与策略 ………………………………………… 245
一、旅游产品生命周期理论 ……………………………………………… 245
二、旅游产品生命周期不同阶段的特点与营销策略 …………………… 246
三、旅游产品生命周期与企业产品战略转移 …………………………… 250
第五节 旅游新产品策略 …………………………………………………… 252
一、旅游新产品的概念与分类 …………………………………………… 252
二、旅游新产品的开发趋势 ……………………………………………… 253

三、旅游新产品的开发程序和内容 …………………………………… 255
**第八章　旅游产品定价策略** ……………………………………………… 263
　第一节　旅游产品价格构成 ……………………………………………… 264
　　一、旅游产品价格构成及其体系 ………………………………………… 264
　　二、影响旅游产品价格的因素 …………………………………………… 267
　　三、旅游产品定价的原则 ………………………………………………… 270
　　四、旅游产品定价程序 …………………………………………………… 271
　第二节　旅游产品定价方法 ……………………………………………… 275
　　一、成本导向定价法 ……………………………………………………… 275
　　二、需求导向定价法 ……………………………………………………… 277
　　三、竞争导向定价法 ……………………………………………………… 279
　第三节　旅游产品定价策略 ……………………………………………… 280
　　一、旅游新产品定价策略 ………………………………………………… 280
　　二、心理定价策略 ………………………………………………………… 282
　　三、折扣定价策略 ………………………………………………………… 283
　　四、产品组合定价策略 …………………………………………………… 284
　　五、旅游差价与优惠价格策略 …………………………………………… 286
　第四节　旅游产品价格的施行和调整 …………………………………… 288
　　一、旅游产品价格的施行 ………………………………………………… 288
　　二、旅游产品价格的检验 ………………………………………………… 289
　　三、旅游产品价格的调整 ………………………………………………… 289
**第九章　旅游分销策略** …………………………………………………… 298
　第一节　旅游销售渠道结构及其类型 …………………………………… 299
　　一、旅游销售渠道相关概念 ……………………………………………… 299
　　二、旅游销售渠道的职能 ………………………………………………… 300
　　三、旅游销售渠道的结构模式类型 ……………………………………… 301
　　四、旅游销售渠道的特征 ………………………………………………… 303
　第二节　旅游中间商 ……………………………………………………… 306
　　一、旅游中间商的类型 …………………………………………………… 306
　　二、旅游中间商的作用 …………………………………………………… 309
　　三、旅游中间商选择的原则 ……………………………………………… 311
　第三节　旅游分销策略 …………………………………………………… 312

一、旅游销售渠道选择的影响因素 …………………………………… 312
　　二、旅游销售渠道策略 …………………………………………………… 315
　　三、旅游销售渠道的发展趋势 …………………………………………… 316
　第四节　旅游销售渠道管理 ………………………………………………… 319
　　一、旅游中间商的合作与激励 …………………………………………… 320
　　二、旅游销售渠道成员之间的冲突管理 ………………………………… 322
　　三、旅游销售渠道的评估 ………………………………………………… 323
　　四、旅游销售渠道的调整 ………………………………………………… 324

第十章　旅游促销策略 ………………………………………………………… 332
　第一节　旅游促销策略概述 ………………………………………………… 333
　　一、旅游促销的概念与作用 ……………………………………………… 333
　　二、旅游促销的方式与特点 ……………………………………………… 335
　　三、旅游促销组合策略 …………………………………………………… 336
　第二节　旅游广告 …………………………………………………………… 339
　　一、旅游广告的概念 ……………………………………………………… 339
　　二、旅游广告目标及类型 ………………………………………………… 340
　　三、旅游广告媒体类型及特点 …………………………………………… 341
　　四、旅游广告媒体选择的依据 …………………………………………… 343
　　五、旅游广告预算 ………………………………………………………… 344
　　六、旅游广告策略 ………………………………………………………… 345
　　七、旅游广告效果的测定 ………………………………………………… 347
　第三节　旅游营业推广 ……………………………………………………… 349
　　一、旅游营业推广的概念与类型 ………………………………………… 349
　　二、旅游营业推广的特点 ………………………………………………… 350
　　三、旅游营业推广策划 …………………………………………………… 351
　　四、旅游营业推广方式 …………………………………………………… 353
　第四节　旅游人员推销 ……………………………………………………… 355
　　一、旅游人员推销的特点 ………………………………………………… 355
　　二、旅游人员推销的方式 ………………………………………………… 357
　　三、旅游人员推销的程序 ………………………………………………… 357
　　四、旅游推销人员的管理 ………………………………………………… 359
　第五节　旅游公共关系 ……………………………………………………… 361

一、旅游公共关系的概念与类型 ········································ 361
　　二、旅游公共关系的特征 ·············································· 362
　　三、旅游公关活动的方式与模式 ········································ 363
　　四、旅游公关策划 ···················································· 366
　第六节　旅游促销方式与手段的发展 ······································ 367
　　一、联合促销 ························································ 367
　　二、网络促销 ························································ 370
　　三、节事活动促销 ···················································· 371
　　四、口碑促销 ························································ 373

## 第十一章　旅游市场营销管理

　第一节　旅游市场营销组织 ·············································· 380
　　一、旅游市场营销组织的功能 ·········································· 380
　　二、旅游市场营销组织结构的演变 ······································ 381
　　三、旅游市场营销组织的形式 ·········································· 383
　　四、旅游市场营销组织设置的原则与方法 ································ 389
　第二节　旅游市场营销计划 ·············································· 394
　　一、旅游市场营销计划的内涵与分类 ···································· 394
　　二、旅游市场营销计划制定的程序及内容 ································ 396
　　三、旅游市场营销计划的实施 ·········································· 402
　第三节　旅游市场营销控制 ·············································· 406
　　一、旅游市场营销控制的含义 ·········································· 406
　　二、旅游市场营销控制的类型 ·········································· 406
　　三、旅游市场营销控制的步骤与工具 ···································· 406
　　四、旅游市场营销控制的方法 ·········································· 409
　　五、提高旅游市场营销控制效能的方法 ·································· 414

**参考文献** ···························································· 418

# 第一章

# 绪 论

## 学习目标

**知识要点**：了解市场营销学与旅游市场营销学的形成与发展历程、研究与学习的意义、研究方法；理解不同类型市场经营观念的内涵、旅游市场营销特征；掌握市场营销与旅游市场营销及其相关概念、旅游市场营销学的研究对象和内容体系。

**技能训练**：以某一旅游景区为例，查阅其旅游市场营销方案，分析旅游市场营销的特征。

**能力拓展**：就近选择一家旅游酒店、旅行社或旅游景区，了解其市场营销活动的指导思想，并进行讨论、评价，写出总结报告。

## 引 例

### 四季饭店的市场营销理念

当客人乘坐的出租车离去之后，多伦多四季饭店的门童劳艾·戴蒙特发现这位客人的手提箱遗忘在饭店的门口。劳艾·戴蒙特给这位已经在华盛顿的客人打了电话，得知这个箱子中有关这天上午将要召开的一次重要会议的文件。劳艾·戴蒙特意识到现在最保险的方法是在会议召开之前亲自把这个手提箱送到华盛顿。于是，他这样做了。他的初衷是为客人着想，而没有顾虑经理是否批准。当他返回的时候，等待他的不是批评或解雇，而是成为饭店的正式员工。四季饭店是世界上实践着营销理念的几个大型饭店联号之一。它的首席执行官艾沙道尔·夏普称该联号的最高宗旨是"创造满意的客人"。在包括最高管理层在内的整个饭店的工作流程中，"为客人着想"的理念无处不在。四季饭店的企业文化鼓励员工竭尽全力去满足客人的需要，员工从来不会因为努力为客人服务而受到惩罚。

根据皮特·马威克·麦林淘克的研究,与其他很多饭店把盈利增长视为自己的首要目标相比,四季饭店是一个特例。这就部分地说明了为什么这家饭店公司能够以其对客人的优质服务而闻名于世。四季饭店的实践表明,把客人放在第一位能够给饭店带来较高的财务收益和其他饭店可望而不可即的利润率。

**案例引发的问题**:市场营销的内涵与作用是什么?如何在企业经营中贯彻市场营销观念?

资料来源:菲利普·科特勒,约翰·T·保文,詹姆斯·C·迈肯斯著,谢彦君主译.旅游市场营销[M].4版.大连:东北财经大学出版社,2006:8.

# 第一节 市场营销的产生和发展

## 一、市场与市场营销

### (一)市场的含义

市场是生产力发展到一定阶段的产物,是随着社会的分工、商品生产与交换的发展而发展的,相应的,"市场"这一概念在不同时期和不同场合具有不同的内涵。

在商品交换尚不发达的时代,市场仅仅是商品交换的场所,即买者和卖者在一定时间聚集在一起进行商品交换的场所,可谓之"场所论"的市场概念。它只是一个地理上、空间上和时间上的概念,正如中国古代文献《易·系辞下》所述:"日中为市,致天下之民,聚天下之货,交易而退,各得其所。"

随着社会经济的发展,商品交换双方的人数、交换的类型与数量越来越多,交换日益频繁与广泛。在发达的社会中,买方和卖方进行交易的市场未必有具体的地点,由于现代信息技术和交通运输的发展,尤其电子商务的日益成熟,交换双方不必有实质性的接触即可实现交易。这种交换打破了时间和空间上的限制,使交换关系日益复杂,交换范围不断扩大。因此,市场就不仅是指具体的交易场所,而是指所有卖者和买者实现商品让渡的交换关系的总和,可谓之"总和论"或"关系论"的市场概念。这种交换关系既包括量的关系,也包括质的关系。从量的关系看,表现为商品供应量与需求量的关系,商品供应量与货币持有量的关系;从质的关系看,表现为买卖双方的利益分配关系,进一步表现为生产者、中间商、消费者等之间的经济利益关系。经济学正是从这个意义上来认识市场的,它包括供给和需求两个相互联系、相互制约的方面,是二者的统一体。

市场营销学是怎样理解市场这一概念的呢?

市场营销学主要是研究卖方营销活动的。对卖方的市场营销来说,市场只是需求一方。这是因为从卖方角度,作为供给一方,市场营销就是研究如何适应买方的需求,如何组织整体营销活动,如何拓展销路,以达到自己的经营目标。因此,市场是指某种商品的现实购买者和潜在购买者需求的总和,可谓之"需求论"的市场概念。这里,市场专指买方,而不包括卖方;专指需求,而不包括供给。站在卖方的立场上,其他的供给者、卖方都是"竞争者",而不是市场。众多的卖者组成一个产业,而众多的买者构成市场。因此,在市场营销的范畴里,市场往往等同于需求,西方营销学著作中经常交替使用这两个概念。

美国西北大学教授菲利普·科特勒就认为,"一个市场是由那些具有特定的需要或欲望,而且愿意并能够通过交换来满足这种需要或欲望的全部潜在顾客所构成"。

对于一切既定的商品来说,市场包括三要素:有某种需要的人、为满足这种需要的购买力和购买欲望,用公式来表示:

市场=人口+购买力+购买欲望

人口是构成市场的基本因素,哪里有人,有消费群,哪里就有市场。一个国家或地区的人口多少,是决定市场大小的基本前提。

购买力是指人们购买产品或劳务而支付货币的能力。购买力的高低主要由购买者收入多少决定。一般来说,人们收入高,购买力强,市场和需求规模也大;反之,市场也小。

购买欲望是指消费者购买产品的动机、愿望或要求,它是消费者把潜在的购买愿望变为现实购买行为的重要条件。

市场的这三个要素互相制约,缺一不可。只有三者结合起来,才能构成现实的市场,才能决定市场的规模和容量。

**(二)市场营销**

市场是保证营销活动得以顺利进行的必不可少的载体,只有当供给者以市场需求为中心开展生产和销售活动时,才意味着市场营销的产生。在市场营销理论发展演变过程中,各国学者和研究机构从不同角度对市场营销下过上百种定义。美国学者基恩·凯洛斯曾把各种市场营销定义概括为三类:一是将市场营销看作是一种为消费者服务的理论;二是强调市场营销是对社会现象的一种认识;三是认为市场营销是通过销售渠道把生产企业与市场联系起来的过程。这也从一个侧面反映了市场营销的复杂性。

美国市场营销协会(American Marketing Association,AMA)于1960年对市场营销的定义是:市场营销是引导产品或劳务从生产者流转到消费者过程中的一切企业活动。

这一定义的特点是把市场营销界定为产品流通过程中的企业行为，"营销"的含义基本与"销售"等同。

麦卡锡于1960年也对市场营销下了定义：市场营销是企业经营活动的职责，它将产品及劳务从生产者直接引向消费者或使用者以满足顾客需求及实现公司利润，同时也是一种社会经济活动过程，其目的在于满足社会或人类需要，实现社会目标。这一定义比美国市场营销协会1960年的定义前进了一步，指出了满足顾客需求及实现企业赢利成为公司的经营目标，但这两种定义都说明，市场营销活动是在产品生产活动结束时开始的，中间经过一系列经营销售活动，当商品转到用户手中就结束了，因而把企业营销活动仅局限于流通领域的狭窄范围，而不是视为企业整个经营销售的全过程。

1985年，AMA对市场营销作出了新定义：市场营销是对思想、产品及劳务进行设计、定价、促销及分销的计划和实施的过程，从而产生满足个人和组织目标的交换。这一定义较其1960年的定义更为全面和完善，主要表现为：(1)产品内涵扩大了，不仅包括产品和劳务，还包括思想；(2)市场营销的范围扩大了，不仅包括营利性单位的经营活动，也包括非营利组织的活动；(3)强调了交换过程；(4)突出了市场营销计划的制定与实施。

近20年后的2004年，AMA又更新了市场营销的定义。中国人民大学商学院郭国庆教授建议将这次新定义完整地表述为：市场营销既是一种组织职能，也是为了组织自身及利益相关者的利益而创造、传播、传递客户价值，管理客户关系的一系列过程。与1985年的定义相比，新定义无论在表述的重点还是在着眼点上都有了创新，主要表现为：(1)着眼于顾客。首先，新定义中最显著的变化是把定义的立足点和表述的侧重点都放在了顾客身上，尤其强调了要重视"管理客户关系"；其次，新定义不是停留在市场营销要有盈利这样一个水平上，而是承认了顾客价值驱动着市场，对于企业来说稀缺的顾客购买权，构成了顾客价值，主宰着企业的生存与发展；再次，新定义强调了组织在营销的各个环节上与顾客的互动，就是重视客户参与营销活动，真正做到尊重客户价值。(2)肯定了市场营销的特质。首先，新定义继续肯定了市场营销是一个过程。市场营销不仅是一种经营哲学，更是一门应用性很强的学科。新定义强调市场营销是一个过程，但与1985年的定义有明显差别。前者主要注重从企业营销的自身角度来阐述，而新定义主要是从客户价值的角度来阐述的，这种转变对市场营销提出了更高的要求。它要求着眼于客户价值来综合运用各种营销策略，以期给客户提供更多更有意义的价值。其次，新定义明确了市场营销作为一项组织职能的重要地位，它不仅是一种营利的手段，更应将其当作一项经营哲学或者理念来指导组织的行为。再次，新定义强调市场营销不仅仅是某一个组织的事情，不仅要以本组织的利益为目标，而且要兼顾到和它有相关关系的各种组织的利益,这样才能保证组织市场营销活动的可持续发展。第四,新定义明确了市场营销的导向。市场营销以客户为导向还是以竞争者为导向?不同的营销者有不同的观点。新定义强调市场营销应该着重于客户价值,在理念上应该以关注客户价值为核心,这是市场营销最本质的要求。当然,重视竞争也是在市场营销操作上应关注的,但是应该强调的是始终要围绕"客户"这样一个核心,不然就会偏离方向。

菲利普·科特勒教授下的定义强调了营销的价值导向:市场营销是个人和群体通过创造并同他人交换产品和价值以满足需求和欲望的一种社会和管理过程。

根据这一定义,可以将市场营销概念具体归纳为下列要点:(1)市场营销的最终目标是"满足需求和欲望";(2)"交换"是市场营销的核心,交换过程是一个主动、积极寻找机会,满足双方需求和欲望的社会过程和管理过程;(3)交换过程能否顺利进行,取决于营销者创造的产品和价值满足顾客需求的程度和交换过程管理的水平。

各种市场营销定义的角度不同、侧重点有差异,但市场营销的内涵应包含以下几个方面:(1)市场营销的主体既包括营利性的企业,也包括非营利性的组织与个人;(2)市场营销不等于市场推销。它是企业或组织为了实现自己的经营目标而采取的一系列经营管理活动,并贯穿于经营活动全过程;(3)市场营销的对象不仅是市场需要的产品或服务,而且包括思想、观念问题和人物的营销;(4)市场营销是个动态的过程,受到各种宏观因素和微观因素的影响;(5)市场营销以满足消费者的需求为中心,是一切活动的出发点。

市场营销是与现代社会化大生产和市场经济相关联的范畴,是一个随着市场营销管理实践的发展而发展、含义广泛的概念,随着社会经济的发展,人们对市场营销的认识也必然会不断深化。

**(三)市场营销的相关概念**

1. 需要、欲望和需求

需要是指人类没有得到某些基本满足的感受状态。需要是人类与生俱来的,如人类为了生存必然有对吃、穿、住、安全、归属、受人尊重的需要。这些需要存在于人类自身生理和社会之中,市场营销者可用不同方式去满足,但不能凭空创造。

欲望是指人类想得到某些基本需要的具体满足物的愿望。欲望是个人受不同文化及社会环境影响表现出来的对基本需要的特定追求。市场营销者无法创造需要,但可以影响欲望,开发及销售特定的产品和服务来满足欲望。

需求是指人们有能力购买并愿意购买某个具体产品的欲望。需求实际上也就是对某特定产品及服务的市场需求。市场营销者总是通过各种营销手段来影响需求,并根据对需求的预测结果决定是否进入某一产品(服务)市场。

需要、欲望和需求三个看来十分接近的词汇,其真正的含义却是有很大差别的。需要描述了基本的人类要求,是人们生理上、精神上或社会活动中所产生的一种无明确指向性的满足欲,就如饥饿了想寻找食物,但并未指向是面包、米饭还是馒头;而当这一指向一旦得到明确,需要就变成了欲望;而对企业的产品而言,有购买能力的欲望才是有意义的,才真正能构成对企业产品的需求。

2. 产品

产品是能够满足人们需要和欲望的任何东西。产品的价值不在于拥有它,而在于它给人们带来的对欲望的满足。人们购买小汽车不是为了观赏,而是为了得到它所提供的交通服务。产品实际上只是获得服务的载体。这种载体可以是物,也可以是"服务",如人员、地点、活动、组织和观念。当我们心情烦闷时,为满足轻松解脱的需要,可以去参加音乐会,听歌手演唱(人员);可以到风景区旅游(地点);可以参加希望工程百万行(活动);可以参加消费者假日俱乐部(组织);也可以参加研讨会,接受一种不同的价值观(观念)。市场营销者必须清醒地认识到,其创造的产品不管形态如何,如果不能满足人们的需要和欲望,就必然会失败。

3. 效用和费用

效用是消费者对产品满足其需要的整体能力的评价。费用是消费者为满足需要所支付的报酬或代价。人们是否购买产品并不仅仅取决于产品的效用,同时也取决于人们获得效用的费用。人们在获得使其需要得以满足的产品效用的同时,必须支付相应的费用,这是市场交换的基本规律,也是必要的限制条件。如某人为解决其每天上班的交通需要,他会对可能满足这种需要的产品组合选择(如汽车、出租车等)和他的需要组合(如速度、安全、方便、舒适、节约等)进行综合评价,以决定哪一种产品能提供最大的总满足。假如他主要对速度和舒适感兴趣,也许会考虑购买汽车。但是,汽车购买与使用的费用要比自行车高许多,若购买汽车,他必须放弃用其有限收入可购置的许多其他产品。因此,他将全面衡量产品的费用和效用,选择购买能使每一元花费带来最大效用的产品。

4. 顾客价值与顾客满意

菲利普·科特勒指出:"顾客价值是顾客拥有或使用某个产品所获利益与取得该产品而支付的费用之间的差额。"这里,费用既可以是金钱方面的,也可以是诸如时间、精力等方面的付出。产品的顾客价值越大,消费者就越愿意购买。面对可以满足某种特定需要的诸多产品,消费者一般根据对产品所能提供价值的感知作出购买决策。成功的市场营销应通过一系列活动,让受众认识到产品的价值以及对自己的独特利益,以提高产品在顾客心中的感知价值。

顾客是否满意依赖于顾客所实际感受到的价值与其先前的期望之间的关系。如果产品的价值低于顾客的期望,购买者就不会满意;如果产品的价值符合顾客的期望,顾客就会满意;如果产品价值超过了顾客的期望,购买者就会大喜过望。聪明的企业只向顾客承诺它所能提供的,然后设法提供比承诺更多的价值,以此使消费者获得意外的惊喜。

顾客的期望建立在过去的购买经验、朋友的意见以及营销人员和竞争者所提供的信息和所做出的承诺的基础上。营销人员必须小心地确定出适当的期望水平。如果期望水平过低,虽然可以使购买者满意,但难以吸引新的顾客。如果将期望刺激得过高,购买者就会失望。

强调顾客的长期价值并采取适当的措施长期地留住顾客才是明智之举。最近的两项研究对此均有解释。弗罗姆公司发现,维持一个忠实的顾客的费用仅是吸引一位新顾客费用的20%。另一项研究发现,回头客比率每增加5个百分点,就会使利润增加25%到125%。

◆ **专题笔谈 1.1**

### 旅游顾客价值开发模式研究

对于旅游企业来说,获得持续的竞争优势必须围绕旅游顾客价值进行企业运作。旅游顾客的忠诚程度建立于其对旅游产品质量的满意度之上。如果旅游产品或服务所提供的综合使用价值满足了顾客的期望价值,则顾客满意度就上升。旅游企业获利能力受顾客所获综合价值的影响,顾客价值直接决定于旅游产品的综合质量。这样,旅游企业竞争优势直接决定于企业是否采取以顾客价值为导向的运作方式。

围绕满足旅游顾客价值这一中心,旅游企业需要建立一套基于顾客价值导向的价值开发管理流程。这种管理流程主要包括旅游顾客价值识别、价值创新和价值实现等环节,即通过加强对旅游市场需求特征的把握,及时掌握和分析旅游顾客所关注价值的相关信息,并在此基础上立足于企业现有资源,加强企业自主创新,主动创造为旅游者所关注的价值形态,并融入旅游产品的相关设计生产中,通过价值实现渠道向旅游顾客传递这种独特的价值。

资料来源:赵黎明,任凯.旅游顾客价值开发模式研究[J].电子科技大学学报(社科版),2009(1):15-17.

#### 5. 交换、交易和关系

交换是指人们通过某种东西作为回报,从别人那里取得所需东西的行为。人们对满足需求或欲望之物的取得,可以有多种方式,如自产自用、强取豪夺、乞讨和交换等。其中,只有交换方式才存在市场营销。交换的发生,必须具备五个条件:至少有交换双方;每一方都有对方需要的有价值的东西;每一方都有沟通和运送货品的能力;每一方都可以自由地接受或拒绝;每一方都认为与对方交换是合适或满意的。

交易是交换的基本组成单位,是由交换双方之间的价值交换所构成的行为。交换是一种过程,在这个过程中,如果双方达成一项协议,我们就称之为发生了交易。一项交易通常要涉及几个方面:至少两件有价值的物品;双方同意的交易条件、时间、地点;有法律制度来维护和迫使交易双方执行承诺。

一些学者将建立在交易基础上的营销称之为交易营销。为使企业获得比交易营销更多的利益,就需要关系营销。关系营销是市场营销者与顾客、分销商、经销商、供应商等建立、保持并加强合作关系,通过互利交换及共同履行诺言,使各方实现各自目的的营销方式。与顾客建立长期合作关系是关系营销的核心内容。与各方保持良好的关系要靠长期承诺和提供优质产品、良好服务和公平价格,以及加强经济、技术和社会各方面联系来实现。关系营销可以节约交易的时间和成本,使市场营销宗旨从追求每一笔交易利润最大化转向追求各方利益关系的最大化。

#### 6. 市场营销者

在交换双方中,如果一方比另一方更主动、更积极地寻求交换,我们就将前者称之为市场营销者,后者称为潜在顾客。换句话说,所谓市场营销者,是指希望从别人那里取得资源并愿意以某种有价值的东西作为交换的人。市场营销者可以是卖方,也可以是买方。当买卖双方都表现积极时,我们就把双方都称为市场营销者,并将这种情况称为相互市场营销。

## 二、市场营销学的形成与发展

市场营销学译自英文 Marketing,我国也有译为市场学、销售学、市场经营学、市场运营学、行销学(台湾)、市务学(香港)等,目前基本上统一为市场营销学。市场营销理论发源于20世纪初的美国,随后传播到西欧、日本等地,并不断得到发展,在20世纪80年代传入中国。从国外对市场营销学研究的历史过程来看,市场营销学从产生、发展到繁荣,大体经历了四个阶段。

### (一)市场营销学形成的初创阶段(20世纪初到20世纪20年代末)

19世纪末20世纪初,资本主义由自由竞争阶段进入垄断阶段,迅速扩张的生产能力与有支付能力的市场需求之间的矛盾日益尖锐。在这种市场条件下,企业面临的重要问题不是如何扩大生产规模,而是如何把已经生产出来的产品尽快销售出去,而产品销路的好坏,首先取决于产品本身是否符合消费者的需求。因此,西方管理学学者和企业家开始自觉或不自觉地重视市场调查、消费者分析、销售预测的研究和运用。以生产为中心的企业经营观念开始被以刺激需求为中心的经营观念所取代,各种营销活动或与营销有关的理论、方法与手段等内容开始进入企业管理领域,从而为市场营销学的产生提供了实践经验。一些商学院则开设市场营销方法的课程,并将那些反映市场营销的新思想编著成教科书,从而奠定了市场营销学的雏形,如1905年美国的克罗西在宾夕法尼亚大学开设了《产品市场营销》(The Marketing of Products)课程;1910年,巴特勒在威斯康星大学开设了《市场营销方法》(The Method of Marketing)。1912年,美国哈佛大学出版了赫杰特齐编写的《市场营销学》(Marketing),这是第一部正式出版的市场营销学教科书,被视为市场营销学作为一门独立学科诞生的标志。但在这个阶段,市场营销学课程和教科书主要讲授的是销售业务和推销方法,市场营销学本身缺乏理论体系,还没有成为广大企业开展营销活动的指南,还处于初创时期。

**(二)市场营销学基本成型阶段**(20世纪30年代至20世纪50年代)

这一时期又称市场营销学的应用阶段。1929年爆发的经济大危机,使许多企业因产品销售困难而纷纷倒闭。幸存的一些企业则求助于市场营销学专家,寻求帮助和指导,开拓产品销售的新途径。营销理论与营销实践的进一步结合,有力地推动了市场营销理论研究的深入,促进了市场营销学理论体系的形成。1937年美国各种市场研究机构联合成立了"美国市场营销协会",不仅有工商企业家和经济学家参加,而且吸收了市场行情、广告、行销、信托等方面专家入会,共同研讨市场营销学的实际运用问题,市场营销学开始为工商企业提供咨询服务,但此时市场营销学理论和方法的应用范围仅限于商品流通领域。

**(三)市场营销学发展阶段**(20世纪50年代至20世纪70年代)

第二次世界大战后,美国等西方国家原来急剧膨胀的军事工业迅速向民用工业转移,加上第二次科技革命的发展,劳动生产率大幅度提高,市场产品供应迅速增加。同时,在高工资、高福利、高消费和缩短劳动时间的改革刺激下,消费者的需求和欲望发生了很大的变化,购买产品时选择性增强。这使原来以产品为中心研究推销术的市场营销学无法适应新的市场形势,由此出现了从推销观念向以消费者需求为中心的市场营销观念的转变,现代市场营销学得以确立。这样,市场营销学的研究范围突破了流通领域,深入到生产领域和消费领域,并进入了企业生产经营的全过程。20世纪50年代中期,美国营销学家温德尔·斯密斯提出了市场细分理论,这是营销学研究中继"消费者为中心"的观念之后的又一次革命。市场细分的提出使市场营销学理论更趋完善,由此形成了现代市场营销学中"目标市场—营销组合"这一基本结构。

**(四)市场营销学繁荣阶段(20世纪70年代至今)**

20世纪70年代以来,新科技革命的发展,社会政治经济和人们消费观念的新变化,为市场营销学提出了新的课题。经济学、社会学、心理学、信息科学、预测学等学科的重要内容被迅速引进到市场营销学中。企业开始注重对营销活动与营销环境、营销战略和决策、营销手段综合系统化等研究。20世纪70年代,随着企业履行社会责任的新趋势在全球的兴起,理论界提出了社会营销观念。20世纪80年代,美国营销大师菲利普·科特勒针对国际贸易保护主义的抬头,提出了大市场营销(Mega-Marketing)理论。加拿大市场学会主席兰·戈登则提出了要把市场导向与研究竞争者的长期经营战略统一起来的竞争观念。与此同时,随着服务业的迅猛发展,出现了服务营销。

进入20世纪90年代,市场营销学得到进一步发展,西方国家提出了关系营销等观念,我国学术界提出了全营销观念(营销产品全满意、营销活动全参与、营销职能全组织、营销服务全时空、营销谋略全方位和营销关系全发展)。目前绿色营销、网络营销等方兴未艾。

**(五)市场营销学在我国的发展**

长期以来,由于受历史遗留下来的轻商、抑商的传统自然经济思想的影响,以及30多年统购包销的计划经济体制的束缚,我国企业管理者缺乏以市场为导向的意识,不知何为市场营销,习惯于按产、供、销的顺序来筹划和决策,而不是按"销、供、产"的顺序考虑问题,缺乏按市场需求组织生产的市场经济意识。直到1980年前后,我国才开始重视市场营销学的学习和应用。1980年,当时的国家经委、国家科委和国家高教部与美国政府合作,在大连建立了高级管理干部培训中心,组织美国的大学教师来中国讲授市场营销学课程。1981年8月,企业管理出版社把美国教授的讲课内容整理公开出版,取名为《市场学》,这是中国改革开放以来第一本正式公开出版的市场营销学著作。1984年1月,中国高等财经院校、综合大学"市场学教学研究会"在长沙成立,标志着我国正式确立了市场营销学的学术地位。1991年3月,中国市场学会(China Marketing Association,CMA)在北京成立。进入20世纪90年代以后,全国各类高等院校普遍开设了市场营销学课程,许多高等院校还设置了市场营销专业,而且成为最热门的专业之一。

在企业界,人们越来越认识到,要使企业在市场竞争中取胜,必须依靠市场营销学的理论和方法,因而开始自觉运用市场营销学的原理和方法来指导生产经营活动。但由于我国的市场体系发育不良,法制不够健全,消费者不够成熟,企业经营管理人员在计划经济中形成的思维方式一时难以改变等原因,市场营销学思想和理论还没有真正成为企业经营活动的指导思想,企业经营观念有待进一步转变。

1996年3月,全国人大八届四次会议通过了《中华人民共和国国民经济和社会发展"九五"计划和2010年远景目标纲要》。该纲要对市场营销问题作了许多重要论述,明确指出,国有企业要按照市场需求组织生产,"搞好市场营销,提高经济效益";还指出要积极发展"代理制、连锁经营等新的营销方式","建立科研、开发、生产、营销紧密结合的机制"等。这表明我们党和国家也开始高度重视市场营销的重要作用。

自20世纪90年代中期以来,中国宏观经济运行的基本态势发生了重大的变化,由短缺经济步入过剩经济阶段,买方市场业已形成。2001年加入世界贸易组织(WTO)后,随着外国商品和资本的大量进入,我国的市场竞争变得更加激烈。这既是中国推进对外开放和市场化改革、社会生产力大幅度提高的结果,同时又使中国经济发展面临着一系列新的挑战。对于企业来说,内需不足使产品的销售困难成为较为普遍的问题,进而对再生产的顺利进行构成了很大的威胁。市场环境的变化,为企业市场营销活动的开展注入了新的推动力,极大地促进了市场营销学在我国的传播、应用与发展。目前,市场营销学已经成为工商企业界人士必备的专业知识和培养高级管理人才的必修课程,在许多领域发挥着越来越重要的作用。

### 三、市场营销学的研究对象和研究内容

要给市场营销学定义,首先要给市场营销定义,而市场营销的定义众多,概括起来说,市场营销学是研究企业等组织的市场营销活动及其规律性的学科。因此,市场营销学的研究对象是企业等组织(主要是企业)的市场营销活动及其发展规律,是从卖方(供给方)角度,研究如何适应、引导甚至创造市场需求,将产品转移到消费者或用户手中,满足他们的需要和欲望,实现产品价值,达到企业经营目标。

从性质上说,市场营销学是一门应用学科,其基本理论、策略和方法是市场营销实践活动的理论总结,反过来对市场营销者具有很强的理论指导意义和实践应用价值;市场营销学又是一门综合性学科,是建立在经济学、行为学、管理学基础上,并借鉴了哲学、数学、社会学、心理学、系统学、统计学、信息学及至军事学等多门学科的理论和方法,从而形成的一门综合性、交叉性与边缘性的学科。正如科特勒指出的:"营销学是一门建立在经济科学、行为科学、现代管理理论基础上的应用科学。"

一门学科的研究内容是其研究对象的具体化。随着市场营销学的发展,其研究对象

不断修正,研究内容也在不断丰富。具体来说,现代市场营销学的研究内容大体可分为以下三个部分。

一是营销环境和市场分析。这部分内容主要分析影响企业营销活动的宏、微观环境和各类市场需求及购买者行为,为企业适应环境变化、制定相应的发展战略和营销策略提供依据,从而构成营销学的基础。

二是营销活动与营销决策研究,这是市场营销学的核心内容。即研究企业如何综合运用各种营销手段以实现企业的预期目标。1960年,美国的杰罗姆·麦卡锡首先将市场营销学的内容概括为易于记忆的"4P",即产品策略(Product Strategy)、销售渠道策略(Place Strategy)、价格策略(Price Strategy)和促销策略(Promotion Strategy)。1984年,科特勒首次提出了大市场营销理论,在原来的"4P"基础上加上了政治权力(Political Power)和公共关系(Public Relations)两个"P"。

三是营销组织与营销控制研究。这部分内容主要研究企业为保证营销活动的顺利开展应在组织、调研、计划、控制等方面所采取的措施和方法。

1986年,科特勒进一步提出了"10P"理论,全面概括了市场营销学的研究内容。"10P"是在前述"6P"基础上再加上探查(Probing)——市场调查研究;分割(Partitioning)——市场细分;优先(Prioritizing)——发挥自己优势,择优选定目标市场;市场定位(Positioning)——确立企业和产品的市场形象和市场竞争地位。科特勒认为,麦卡锡的"4P"仅仅是市场营销战术,其目的是在已有的市场中提高本企业产品的市场占有率。但由于现代社会市场竞争越来越激烈,新的需求不断出现,所以企业不仅要提高市场占有率,而且还要不断开拓和占领新的市场。再后来,科特勒又增加了第11个"P",即人(People),主要指生产人员和销售人员,也就是要将企业内部员工也纳入市场营销学研究的范围。科特勒对市场营销学研究内容的拓展,是市场营销理论的重大突破和发展,对营销实践具有重要的指导意义。

## 四、市场经营观念的演变

市场经营观念是企业进行经营决策、组织和开展市场营销活动的基本指导思想(行为准则和思维方法),是企业的经营哲学。任何企业进行市场营销活动,都受一定的市场经营观念的支配。从西方发达国家的市场营销发展历史来看,市场经营观念的演变大体经历了六个阶段:生产观念、产品观念、推销观念、市场营销观念、社会市场营销观念和大市场营销观念。

### (一)生产观念

生产观念是一种传统营销观念,产生于20世纪20年代前,当时资本主义社会生产力相对落后,属于求大于供的卖方市场。生产观念认为:消费者喜欢那些可买到的和买得起的产品,企业要组织所有资源提高生产和分配效率,增加产量,降低成本,而且企业生产什么就卖什么。进而认为,只要是企业生产出来的产品,就一定能够销售出去,"以产定销"。企业经营管理的主要任务是改善生产技术,改进劳动组织,提高劳动生产率,降低成本,增加销售量。美国福特汽车公司总裁亨利·福特就曾宣称:"无论他们(顾客)想要什么颜色的汽车,最终他们买到手里的都只能是黑色的。"就是这一观念的典型表现。

### (二)产品观念

产品观念盛行于第二次世界大战前后。产品观念的思维导向是,消费者最喜欢高质量、多功能和具有某种特色的产品,因此,企业应致力于这种优质产品的生产,并不断加以改进。它产生于市场产品供不应求的"卖方市场"形势下。产品观念认为:消费者欢迎那些质量好、价格合理的产品,企业应致力于提高产品质量,只要物美价廉,顾客必然会找上门,无需大力推销,正所谓"酒香不怕巷子深",忽视了市场需求的多样性、动态性。

生产观念和产品观念的共同点在于,都以生产者为中心和导向,采取"以产定销"的经营方式,企业生产什么就销售什么,忽略对消费需求的调查研究,轻视销售在企业经营中的作用。显然,这两种观念是十分陈旧的,仅适用于商品经济不够发达,商品供不应求的卖方市场。

### (三)推销观念

推销观念产生于20世纪20年代末至20世纪50年代前,正是资本主义国家由"卖方市场"向"买方市场"过渡的阶段。由于科学技术的进步,科学管理和大规模生产的推广,产品产量迅速增加,逐渐出现了市场产品供过于求,卖主之间竞争激烈的新形势。尤其在1929~1933年的特大经济危机期间,大量产品销售不出去,因而迫使企业重视采用广告术与推销术去推销产品。许多企业感到即使有物美价廉的产品,也未必能卖得出去。企业要在日益激烈的市场竞争中求得生存和发展,就必须重视推销。推销观念认为,消费者通常表现出一种购买惰性或抗衡心理,如果听其自然的话,消费者一般不会足量购买某一企业的产品,因此,企业必须积极推销和大力促销,以刺激消费者大量购买本企业产品,强调产品是"卖出去的",而不是顾客主动"买去的",表现为"我卖什么,顾客就买什么"。推销观念仍存在于当今的企业营销活动中,如对于顾客不愿购买的产品,往往采用强行推销手段。

从生产观念、产品观念向推销观念的演进,提高了销售职能在企业经营管理中的地位,开始重视广告术及推销术,但从本质上讲,推销观念仍未脱离以生产为中心、"以产定销"的范畴。

### (四)市场营销观念

市场营销观念盛行于20世纪60年代至20世纪70年代末80年代初。市场营销观念的形成是企业经营观念上的一次重大转变。该观念认为,一个企业应该首先确定自己的目标市场,了解顾客的需求和欲望,应在满足需要的产品供应方面比竞争对手有更高的效能和效率。这种营销观念的具体表现是:顾客需要什么,就卖什么,而不是能制造什么,就卖什么。这种观念以消费者为中心,取代了以企业为中心的指导思想。尽管这种思想由来已久,但其核心原则直到20世纪50年代中期才基本定型,当时社会生产力迅速发展,市场趋势表现为供过于求的买方市场,同时广大居民个人收入迅速提高,有可能对产品进行选择,市场竞争加剧,许多企业开始认识到,必须转变经营观念,才能求得生存和发展。

在市场营销观念的指导下,企业营销活动由传统的以产定销变为以销定产,即首先通过市场调研和预测来分析研究市场,充分了解消费者的需要和欲望;然后根据市场需要确定经营方向,制定生产经营计划;进而采取整体营销组合方式向消费者提供满足其需要的产品或服务,比竞争者更有效地满足目标市场的需要和欲望,争取消费者的信任和满意。

市场营销观念的出现,使企业经营观念发生了根本性变化,也使市场营销学发生了一次革命。市场营销观念同推销观念相比具有重大的差别。西奥多·莱维特曾对推销观念和市场营销观念作过深刻的比较,指出:推销观念注重卖方需要;市场营销观念则注重买方需要。推销观念以卖主需要为出发点,考虑如何把产品变成现金;而市场营销观念则考虑如何通过制造、传送产品以及与最终消费产品有关的所有事物,来满足顾客的需要。市场营销观念的四个支柱是:市场中心,顾客导向,协调的市场营销和利润。推销观念的四个支柱是:工厂、产品导向、推销、赢利。从本质上说,市场营销观念是一种以顾客需要和欲望为导向的经营哲学,是消费者主权论在企业市场营销管理中的体现。

### (五)社会市场营销观念

社会市场营销观念是对市场营销观念的补充和完善。它产生于20世纪70年代西方资本主义出现能源短缺、通货膨胀、失业增加、环境污染严重、消费者保护运动盛行的新形势下。因为市场营销观念回避了消费者需要、消费者利益和长期社会福利之间隐含着冲突的现实。社会市场营销观念认为,企业应在明确目标市场需求和自身生产条件的基础上,通过有利于消费者利益和社会利益的经营策略,比竞争者更有效、更有利地向目标市场提供能够满足其需要、欲望和利益的物品或服务。社会市场营销观念要求市场营销者在制定市场营销政策时,要统筹兼顾三方面的利益,即企业利润、消费者需要的满足和社会利益。

社会市场营销观念具有如下特点:(1)消费者利益、企业利益与社会利益并重,成为企业经营活动的多种目标。它克服了企业单纯以顾客需求为中心的片面性,在关注消费者现实需求的同时,还关注消费者的长远利益和整个社会的整体利益,倡导资源的有效合理利用,保护人类的生存环境,实现可持续发展。(2)全面、完整地运用营销手段是企业成功的关键。企业不仅综合利用各种营销手段尽力寻找和满足顾客需求,而且通过各种措施引导顾客进行合理消费。(3)重视、追求企业的长远利益和社会的全面进步。

◆**案例驿站 1.1**

**洛杉矶绿色公寓的"环境友好"客房**

洛杉矶绿色公寓开发出一种"环境友好"客房。在一项调查中显示,大多数被调查者对该饭店所采取的环境友好战略持积极态度。73%的人认为,自己是关爱环境的消费者并且赞成在房间里为顾客设置废物回收箱和香皂分配器,使用节能灯,使用回收来的纸张印制的饭店小册子。绿色公寓所用的香皂、洗发水和浴液都是天然的、可降解的和柔性的,房内的空气经过过滤已经没有灰尘和花粉,过滤后的水用来冲刷厕所和淋浴,纸制品都是用回收来的纸制成的。此外,他们还提供以下一些选择:用次生林木制作的家具,棉麻床上用品,无毒地板和墙纸,节能灯具,对环境无害的清洁用品等。绿色公寓声称,由于顾客愿意为他们的公寓额外多支付一点,所以他们的投资收益率很高。

案例来源:赵毅,叶红主编.新编旅游市场营销学[M].北京:清华大学出版社,2006.

上述五种市场经营观念,其产生和存在都有其历史背景和必然性,都是与一定的社会经济条件相联系、相适应的。归纳起来不外两大类型,一是生产者导向观念,一是消费者导向观念(市场导向观念)。前者包括生产观念、产品观念和推销观念,后者则包括市场营销观念和社会市场营销观念。在两类不同导向观念指导下,企业经营的起点、中心、手段和目标都不相同,如表1.1所示。

表 1.1　　　　　生产者导向观念与消费者导向观念的区别

| | 起点 | 中心 | 手段 | 终点 |
|---|---|---|---|---|
| 生产者导向观念 | 产品 | 生产 | 推销及促销 | 通过扩大生产或销售获取利润 |
| 消费者导向观念 | 市场需求 | 消费者 | 整体营销 | 通过满足顾客需求、社会利益获取利润 |

### (六)大市场营销观念

20世纪80年代以来,国际市场竞争日趋加剧,国际贸易保护主义抬头,形成了封闭型或保护型市场,在这种背景下,产生了大市场营销观念。大市场营销观念的核心内容是强调企业不仅要在市场营销观念指导下通过企业的经营管理,适应外部市场环境的需要去争取市场;也要在某些方面通过自己的经营管理去改变市场外部环境,使其朝着对企业有利的方面转化,以利于企业的发展。提出此观念的根据在于企业的经营管理过程是一个与外界环境不断交流信息的开放过程,企业的经营不仅受到资源、市场、竞争等外部条件的制约,同时,企业又可以通过向外界传递信息,提供产品和劳务,进行公关等经营活动去影响市场,改变外部环境。

大市场营销观念强调企业与外部环境的双向影响,企业可通过营销打破不可控因素的限制,从而影响市场环境,企业除运用战略上的"4Ps"和战术上的"4Ps"外,还要综合运用政治权力(政府、立法机构、社会团体、劳工组织、外交手段等)和公共关系的"2P",以开拓封闭型或保护型市场。如参加世贸组织,有效地处理企业和市场中的多方关系,树立企业良好形象。大市场营销观念最主要的意义在于从理论上突破了"外部环境不可控和改变"的理论。

◆ **本节相关知识链接**

1. http://www.ceconline.com/
2. http://dlib.edu.cnki.net
3. http://www.chinavalue.net/

◆ **本章试题与知识训练**

**一、填空题**

1.需要、欲望和需求三个看来十分接近的词汇,其真正的含义却是有差别的。一个人饿了想吃饭,即产生_____;吃饭想吃面包,即产生_____;有能力购买并愿意购买面包,即产生_____。

2.杰罗姆·麦卡锡提出的市场营销组合中的"4P"是指:_____、_____、_____和_____,在此基础上,科特勒提出了市场营销活动的另外7个"P",它们是:_____、_____、_____、_____、_____、_____和_____。

3.市场营销学的研究对象是企业等组织的_____活动及其_____。

★ 说明:本书练习题参考答案见中国海洋大学出版社网站 www.ouc-press.com

4.市场营销学是一门建立在_____、_____和现代管理学等科学基础上的应用科学。

### 二、选择题(含单选与多选)

1.( )是"以产定销"的市场经营观念。
   A. 产品观念 　　　　　　　　B. 推销观念
   C. 市场营销观念　　　　　　 D. 社会市场营销观念

2.现代市场经营观念的特点表现为( )。
   A. 关心的重点是产品　　　　 B. 以产定销
   C. 营销手段多样化　　　　　 D. 以消费者为中心
   E. 追求眼前利益

3.某饭店服务员在客人用餐完毕后,热情地递上一两只方便袋,建议客人将剩余的菜肴带走。这种做法体现的营销观念属于( )。
   A. 生产观念　　　　　　　　 B. 推销观念
   C. 市场营销观念　　　　　　 D. 社会营销观念

### 三、概念辨析
市场;市场营销;产品;效用;顾客价值;交换;交易;市场经营观念。

### 四、简答题
1.简析《市场营销学》的形成与演化。
2.比较分析生产者导向观念与消费者导向观念的区别。

## 第二节 旅游市场营销学及其内容体系

### 一、旅游市场与旅游市场营销

#### (一)旅游市场

作为市场经济的一个组成部分,旅游市场与一般意义上的市场并无本质区别。对旅游市场概念的认识在不同的经济发展阶段以及从不同的角度而不尽相同。

1.旅游市场是旅游产品交换的场所。强调的是交换场所或地点的时空概念。

2.旅游市场是旅游产品购买者分布的地域。按此通常把旅游市场分为国际、洲际、国家和省区等客源地市场。

3.旅游市场是旅游产品交换过程中各种经济行为与经济关系的总和。此为经济学意义上的旅游市场。

4.旅游市场是指一定时间、空间内,旅游产品的现实与潜在购买者的集合。强调的是旅游需求即旅游市场,此为营销学意义上的旅游市场。

由于旅游活动和旅游业的固有属性,旅游市场具有以下特点。

全球性:随着国际旅游业的发展,旅游市场越来越凸现出无国界性,旅游目的地和旅游客源地都可能分布于世界各个国家和地区,这也表现出旅游市场的开放性。

异地性:由于旅游具有异地性,所以旅游目的地和旅游企业的客源来自于不同的地方,而非当地社区居民。

多样性:旅游者的构成是复杂的,旅游者在购买与消费时所表现出的不同行为、旅游需求的个性化与多样化导致旅游市场的多样性。

波动性:旅游作为人类的社会活动,必然受到经济、政治、文化、军事等多种因素的影响,如收入、物价、战争、自然灾害等都会波及旅游需求。

季节性:自然界的季节变化、社会文化习俗与固定节假日以及旅游者的闲暇时间分布情况决定了旅游市场具有季节性、时间性,形成了明显的旅游旺季、平季和淡季。

(二)旅游市场营销

旅游市场营销是市场营销的一个分支,具备市场营销的一般内涵。旅游市场营销是旅游企业等组织或个人以旅游市场需求为导向,对旅游产品的构思、开发、定价、分销和促销的计划与执行过程,通过满足旅游者的需求,促进旅游产品价值的交换,实现旅游经营目标。

上述旅游市场营销概念具有三层含义。

(1)以旅游消费者需求为导向,以交换为核心,旅游企业等组织或个人通过提供旅游者满意的旅游产品,以实现其经济和社会目标。

(2)旅游市场营销是一个动态过程。旅游市场营销包括分析、预测、计划、实施、反馈和控制,它更多地体现了旅游经济组织的管理功能,即对旅游营销资源(如旅游市场营销中的人、财、物、时间、空间、信息等资源)的管理。

(3)旅游市场营销适应范围广泛。一方面体现在旅游市场营销的主体广泛,包括旅游企业、旅游地政府、旅游行业协会、国际或区域旅游合作组织、旅游地社区组织和居民等各类旅游利益相关者;另一方面旅游市场营销的客体也多,包括吃、住、行、游、购、娱等各类单项旅游产品和整体旅游产品,其中既包含有形的实物,更包含无形的旅游服务。

(三)旅游市场营销的特征

旅游业是一个特殊的服务性行业,旅游产品是一种特殊的产品,它既包含有形产品,又包含无形产品,这就使得旅游产品呈现出服务产品的特性。因此,旅游市场营销也就必然区别于一般产品的营销。旅游市场营销特点表现在以下七个方面。

1. 营销的产品是一种服务

旅游产品表现为一种旅游资源、旅游设施和旅游服务的综合体,具有不可转移性,即空间位置和所有权不可转移,消费者旅游的目的也只是获得一种旅游经历、一种旅游体验,旅游者事前难以感知和判断其质量和真实的效用。因此,如何使无形产品的质量和效用有形化、形象化以促进潜在旅游者的购买,便成为旅游营销的一个重要课题。

2. 要重视对旅游者的管理

旅游产品具有生产与消费的同时性,旅游服务过程是旅游企业服务人员与顾客间的互动过程,旅游者参与了旅游产品的生产过程。所以,如何管理旅游者从而使得服务工作有效地进行,便成为旅游营销管理的一个重要内容。旅游服务绩效的高低不仅取决于服务人员的素质,也与旅游者的个性、旅游动机和消费行为密切相关。因此,旅游营销管理包括对旅游者消费行为的引导、教育和规范。

3. 更加重视内部营销

旅游服务是一种过程、一种行为,而非有形实物,因此旅游产品质量难于控制。旅游服务质量的高低最终由旅游者的满意度来衡量,但旅游服务过程具有很大的易变性、不确定性,同时,即使是同样的旅游服务,不同旅游者的感受、满意度也不尽相同。因此,旅游业除了制定、执行旅游服务标准、规范以外,更多的要靠旅游从业人员"用心"去服务才能达到旅游者的满意。要做到这一点,旅游企业必须加强内部管理,开展内部营销,使企业内部员工和各个部门相互配合、相互支持、相互促进,形成企业上下全员营销、整体营销的态势。

4. 更多样化和更多的分销渠道类型

旅游企业不像生产企业那样通过物流把产品从工厂运送到游客手里,而是借助一系列独立的中间商,或者利用各种信息载体、各种信息渠道(如因特网),或是把生产、零售和消费的地点连在一起来推广产品。其中,借助一系列独立的中间商来营销的传统方式非常普遍,往往造成中间商的行为和态度直接影响旅游需求者的购买决策。

5. 时间管理十分重要

旅游产品生产经营的设备、设施与劳动力等能够以实物的形态存在,但它们只是代表一种生产能力而非旅游产品本身。如果没有旅游需求而提供旅游产品,就意味着生产能力的浪费;同时,如果旅游产品需求超过供给能力,则会使旅游者失望。所以,如何使旅游企业的生产能力和产品供给同动态的旅游需求相匹配,就成为旅游营销中的重要工作。旅游产品具有不可贮存性的特点,也要求旅游企业重视时间因素的把握。

### 6. 更加依赖多部门的协作

旅游市场营销是综合性、全方位的营销活动,涉及社会各个方面。同时,旅游需求包括吃、住、行、游、购、娱等多方面,不同的旅游者需求层次也不一样。这就决定了旅游产品是由各单项服务产品组合而成的综合性产品,缺少其中一个部门的产品都难以构成整体旅游产品。满足不同旅游需求的各部门必须按比例协调发展,注重合理分工、密切合作。

### 7. 信息传递非常重要

旅游信息传递包括旅游需求信息向旅游企业传递和旅游企业信息向旅游消费者传递两个相反方向。这两种传递都需要旅游企业来操作,一个叫信息的收集,一个叫信息的传播。由于现代旅游消费越来越个性化,因而,对复杂多样的顾客需求更需要深入、细致的旅游市场调查。旅游消费是高层次的消费,又需要顾客向旅游目的地移动,这决定了旅游促销信息传递的特殊重要性。

### ◆案例驿站 1.2

#### 卡尔顿酒店:尽一切努力提高服务质量

1997年,卡尔顿酒店赢得了一项大奖——马尔科姆国家质量奖,这是美国酒店企业的一个划时代的突破,从来没有任何一家美国酒店连锁集团获得过这样的奖项。马尔科姆国家质量奖是在1987年由美国国会创立的,授予那些由于提高其产品或服务质量而取得卓越成绩的公司。

卡尔顿酒店成立于1983年,从开始营运时它就非常关注服务质量的不断改善,为此专门设立了两个基本的质量战略。

第一个战略:在每一个新的卡尔顿酒店中开展"7天倒计时"活动,包括由公司的最高经理(包括总裁)对每一个酒店的新员工进行7天的强化定位和培训活动;第二个战略:公司设立"金标准",包括四个要素:卡尔顿的信条;服务的三个步骤;卡尔顿的基本原理;"为绅士和淑女服务的绅士和淑女"的座右铭。

卡尔顿的信条:卡尔顿以对客人真诚的关心并使其舒适为最高的责任——"我们保证为我们的客人提供最好的个人服务和设施,让他们总是处在一个温暖的、休闲的、优雅的环境中。卡尔顿的客人会感受到生命的活力,会找到幸福的感觉,而且能够得到意外的收获。"

服务的三个步骤:(1)温暖而真诚的问候。有可能的话,使用客人的名字。(2)猜测并满足客人的需要。(3)令人温暖的离别词。向他们友好地挥手再见,有可能的话,使用他们的名字。

卡尔顿的基本原理一共有20条,其中主要包括以下内容:①员工要熟悉并掌握信条,更要将信条化为实际行动。②我们的座右铭是:"我们是为绅士和淑女服务的绅士和淑女。"我们要协力合作,以创造一个良好的工作环境。③所有的员工都要实践服务三个步骤。④所有的员工都要经过培训考试,以确保他们能够在其位置上成功执行卡尔顿的标准。⑤所有的员工都要知道他们的内部和外部客户(员工和客人)的需要,以提供他们想要的产品或服务。有关客人喜好的活页簿应该被用来记录客人特定的需要。⑥每个员工都要理解酒店所要实现的目标以及在每一个战略计划中所设置的有关该员工的工作区。

卡尔顿酒店还有一些非常出名工作标准,例如:第一次就将事情做好,即刻修正。员工要确认酒店营运中的缺点和错误,并尽可能地解决问题以使抱怨的客户满意。员工要在收到顾客投诉的10分钟内做出反应,并在20分钟内用电话跟踪调查问题解决的情况。每一个员工都被授权可以花费2 000美元以内的资金来使一个不满意的客户高兴。同时卡尔顿酒店的日常经营管理实施收益管理策略,通过对顾客进行严格的细分和定价,来提高酒店的收益率。

卡尔顿酒店由于使用了独特的质量管理手段,成了酒店行业中提高服务质量的成功典范;自从卡尔顿酒店赢得1997年的马尔科姆国家质量奖以来,许多组织都想跟它分享"成功的秘密"。卡尔顿毫不吝啬,它积极而又精彩地向大家贡献了自己的成功秘诀:尽一切努力提高服务质量。

案例来源:http://jpk.kf—8.com/jxzl—alxb—f.asp? showid=7。

## 二、旅游市场营销的发展演变

旅游市场营销学是随着现代旅游业的兴起而逐步发展起来的一门新兴学科。在国外,旅游市场营销学的文献最早见于20世纪40年代末期。但在20世纪60年代前,由于旅游业并不是一个独立的行业,往往依附于服务业、商业的企业中,难以产生自己的经营理论。第二次世界大战结束以后,世界旅游业发展迅速。尤其是20世纪60年代,旅游业进入了发展的高峰时期,旅游企业的竞争也日趋激烈,于是旅游业像其他服务业一样引入了市场营销学理论,开始研究旅游市场营销中的问题。科特勒曾指出,服务代表了未来市场营销管理和市场营销学研究的主要领域之一。到目前为止,旅游市场营销学的发展大致可分为以下三个阶段。

1. 旅游市场营销学导入阶段

20世纪60年代和70年代,旅游市场营销学开始从市场营销学中分离出来,成为一门独立的学科。这一阶段主要研究旅游产品与有形实物产品的异同、旅游特征、旅游市场营销学与一般市场营销学研究角度的差异。

2. 旅游市场营销理论探索阶段

20世纪80年代初、中期,主要探讨了旅游的特征如何影响消费者购买行为,尤其是集中于消费者对旅游服务性质、优缺点及潜在的购买风险的评估。这一阶段具有代表性的学术观点主要有:(1)旅游服务的顾客评估如何有别于有形产品评估。(2)如何依据服务的特征将服务划分不同的种类。(3)可感知性与不可感知性差异序列理论。(4)顾客卷入服务生产过程的高卷入与低卷入模式。(5)旅游市场营销学如何跳出传统的市场营销学的范畴而采取新的营销手段等。在这一阶段,美国亚利桑那州州立大学成立了第一个跨州服务营销学研究中心,标志着旅游业对服务营销理论探索的深入。

3. 旅游市场营销理论突破及实践阶段

80年代后期以来,旅游市场营销学者们在第二阶段对旅游服务的基本特征取得共识的基础上,集中研究了传统的"4P"组合在不能满足推广服务的情况下,究竟要增加哪些新的组合变量的问题。这一阶段具有代表性的学术观点主要有:(1)服务营销应包括7种变量组合,即在传统的产品、价格、分销渠道和促销组合之外,再加上"人"、"服务过程"和"有形展示"三个变量,从而构成"7P"组合。(2)由"人"(包括顾客和企业员工)在推广服务以及生产服务的过程中所扮演的角色,衍生出两大领域的研究,即关系营销和服务系统设计。服务质量的新解释,确认服务质量由技术质量和功能质量组成,前者指服务的硬件要素,后者指服务的软件要素。提出了服务接触的系列观点,包括服务员工与顾客相互之间沟通时的行为及心理变化,服务接触对整项服务感受的影响,如何利用服务员工及顾客双方的"控制欲"、"角色"和对投入服务生产过程的期望等因素来提高服务质量等问题。(3)强调跨学科的综合研究,从人事管理学、生产管理学、社会学以及心理学等各学科领域观察、分析和理解服务行业中所依存的各种市场因素。(4)服务营销专项问题研究的提出。如服务价格的确定,服务的国际化营销战略,信息技术对服务的生产、管理及市场营销的影响等。

20世纪90年代以后,伴随着社会经济和科学技术的发展,旅游市场营销学的研究日益深入,出现了许多新思想、新理念和新的旅游营销方式,如旅游网络营销、旅游绿色营销、旅游文化营销、旅游服务营销、旅游关系营销、旅游体验营销、旅游整合营销等等。

由于旅游市场营销学是一门年轻的、实践性很强的学科，我国旅游市场营销学的广泛研究始于 20 世纪 90 年代以后。在此之前，我国旅游业经历了两个完全不同的阶段。1978 年改革开放以前，我国旅游部门属于外事接待的事业性质，只有上级下派的任务，而无任何营销活动可言。改革开放以后，旅游行业逐步进行了产业化改造，旅游部门开始以企业身份进入市场，旅游市场也开始形成，市场机制使旅游企业遇到了市场开发和竞争问题；同时，市场营销理论也已引进我国，于是旅游市场营销研究和运用逐渐开展起来。特别是进入 20 世纪 90 年代后期，全国各地掀起了发展旅游的热潮，"假日经济"又带动了旅游市场的蓬勃发展，旅游市场竞争日趋激烈，这就更加刺激了旅游市场营销活动的开展，旅游市场营销学的研究也更加深入。

## 三、旅游市场营销研究对象与内容

### （一）研究对象

旅游市场营销学是市场营销学的一个分支，是市场营销学在旅游行业的应用和发展，属于服务市场学范畴，是一门综合性经营管理应用学科。

旅游市场营销学的研究对象是旅游市场营销主体（主要是旅游企业）的市场营销活动及其规律性，也就是说，主要研究旅游市场营销主体如何适应不断发展变化的旅游市场的需求，如何将旅游产品转移给旅游者，满足他们的需要和欲望，以实现旅游企业自己的目标。

针对旅游产品及旅游市场的特点，旅游市场营销研究的范围必然要打破流通领域的界限。不仅要研究生产和流通领域，如怎样建立旅游销售渠道，研究促销方式、手段，提高旅游产品的销售量，更重要的是，首先要研究目标市场，要了解旅游市场需求，研究旅游者行为。在调查研究的基础上，根据目标市场的需求，设计旅游线路，组合旅游产品。其次，不仅要研究旅游者的现实需求，还要分析其潜在需求；不仅要研究现实旅游者，还要研究潜在旅游者。根据旅游者的需求，结合本地区的资源特点、吸引物的类别、符合顾客需要的服务设施和服务项目，设计出具有强大吸引力的旅游产品，并制定合理的、有竞争性的价格，加强信息沟通和促销技巧运用，构建分销渠道，达到扩大销售量，获得企业最大经济效益和社会效益的目标。

### （二）研究内容

旅游市场营销学的研究内容是由其研究对象决定的。既然旅游市场营销学的研究对象是旅游企业的市场营销活动，那么，旅游市场营销活动所包含的所有内容都应该是旅游市场营销学的研究内容。旅游市场营销学的研究内容可以从旅游市场营销管理过程的角度进行分类,即依照旅游市场营销管理行为发生的时间顺序,具体分为旅游市场营销环境分析、营销战略决策、营销策略决策和方法、营销实施和营销控制等内容。旅游市场营销学的主要研究内容可概括为三个部分。

1. 旅游市场营销策略制定与方法运用的依据

主要包括:旅游市场营销环境分析、旅游消费行为、旅游市场调研(探查)、旅游市场细分(分割)、旅游目标市场选择(优先)、旅游市场定位(定位)等,其中,探查(Probe)、分割(Partition)、优先(Priority)和定位(Position)通常被称为旅游营销战略上的"4P"。上述研究内容是旅游企业制定与运用市场营销策略与方法的依据、基础。

2. 旅游市场营销策略

旅游市场营销策略是旅游市场营销学的核心,一般包括四个方面。

旅游产品策略(Product Policy)。产品策略是市场营销组合的支柱和基础。旅游产品策略的正确与否直接影响旅游企业经营的全局。旅游市场营销组合策略的其他因素都应围绕旅游产品这个中心来制定和管理。旅游产品策略主要研究:旅游产品的概念、特点;旅游产品的品牌策略;旅游产品组合策略;旅游产品生命周期;旅游新产品的开发策略。

旅游价格策略(Price Policy)。旅游产品的价格是市场营销最敏感的因素,直接受市场供求变化的影响。旅游企业制定价格时,要研究影响旅游产品价格的各种因素,按照旅游企业的定价目标,运用恰当的旅游产品定价方法,采取有竞争力的旅游定价策略,同时也要考虑非价格竞争策略。

旅游分销策略(Place Policy)。旅游产品的销售通常需要经过一定的中间经销机构。尤其是国际旅游,更需要通过各国旅游中间商、旅行社等销售渠道。因此,旅游企业要善于选择、利用和管理各种类型的传统旅游销售渠道,还要尽可能关注和利用旅游产品的现代网络营销渠道。

旅游促销策略(Promotion Policy)。旅游产品的流通是通过产品信息的传递和旅游者向旅游目的地的流动来实现的,因而旅游促销活动比其他行业更为重要。旅游促销策略包括:广告宣传、人员推销、营业推广、公共关系、促销策略的组合和促销策略的制定。

产品(Product)、价格(Price)、分销(Place)和促销(Promotion),通常被称为旅游营销战术上的"4P",都是旅游企业自身可以控制的因素,它们的优化组合,称为旅游市场营销组合策略(4Ps)。

3. 旅游市场营销管理

旅游市场营销管理是一个动态的过程,对旅游企业营销的各种因素和环节进行严密的组织、计划与控制,才能抓住市场营销机会,规避市场环境威胁,制定和实施有效的旅游营销策略和行动方案。

## 四、旅游市场营销研究的意义

### (一)有助于人们转变观念,有效地指导旅游业的经营活动

现代旅游市场是由旅游消费者主导的买方市场,顾客导向是旅游企业经营的基本思想。但是我国长期以来实行计划经济体制,造成了企业的市场观念淡漠。不少旅游企业的观念还停留在生产观念或产品观念的阶段,企业往往以自己为中心,无法及时满足消费者的需要,这严重影响了企业的经济效益。学习和研究旅游市场营销学有助于人们更新观念,有助于企业改进营销管理。

### (二)有助于减少资源浪费,促进旅游供求平衡

自觉地运用市场营销的基本思想和行为模式,以旅游消费者的需求为出发点,科学地考察影响旅游消费的因素,并在此基础上进行准确的目标市场选择和市场定位,可以有效地保证开发的旅游产品能迅速获得市场的广泛响应和需求,避免产销脱节的矛盾,从而减少没有必要的自然资源及人、财、物力等资源的占用和投入,避免产需脱节和失衡,并在客观上有助于宏观经济的平衡、协调。

### (三)有助于认识和把握旅游市场,提高旅游市场竞争优势

20世纪80年代以来,旅游业已经成为世界经济中最重要的产业之一,引起了世界各国的重视和投入,因而旅游市场竞争日益激烈。在这样的市场环境下,要获得旅游市场竞争优势,旅游企业就必须学习、掌握和应用市场竞争的重要武器之一——旅游市场营销学。

### (四)有助于市场营销学的进一步发展

旅游市场营销学等部门和分支市场营销理论的出现和发展,标志着市场营销学已由传统的有形商品营销发展到无形商品营销,这有助于市场营销学研究领域的扩展和深入。特别是在大力发展第三产业的过程中,诸多的第三产业部门在市场上表现为劳务、服务等形式的产品,这些产品的市场营销与传统的市场营销迥然各异,客观上迫切需要有相应的市场营销理论为指导,以规范市场行为,促进第三产业的健康、迅速发展。旅游业作为第三产业的带头产业之一,对其市场营销理论和方法的研究就可能成为无形产品营销的示范和借鉴。因而,旅游市场营销学的研究和学习在此意义上已超出了旅游业自

身发展的范畴。

## 五、旅游市场营销研究的方法

每一门特定的学科都有其特定的研究对象和范畴,因而有相应的研究方法。旅游市场营销学与一般市场营销一样,是一门建立在经济科学、行为科学、现代管理科学等学科和理论基础之上的应用管理学科,因此,现代旅游市场营销学界广泛地吸收了以上相关学科和理论的分析框架与技术,并把它们运用于旅游市场营销研究,呈现出分类法、职能分析法、心理分析法、数量分析法、实验分析法等多种多样的研究方法。概括起来,旅游市场营销学最常用的研究方法有三大类。

### (一)定性分析和定量分析相结合的方法

所谓定性分析,就是根据一些直观材料,依靠经验和逻辑思维,运用历史分析、描述、交叉影响分析法等进行综合判断,针对复杂多变的旅游市场经营活动,从性质和发展趋势上进行推断、得出结论的一种分析方法。

所谓定量分析,就是在数学、统计学、系统论、控制论、信息论、运筹学和计算机技术的基础上,根据调查材料,运用数学公式、数学模型、线性方程和图表等,对旅游市场营销活动进行精确的量的分析,用数据得出科学结论的一种分析方法。

运用定性分析和定量分析相结合的方法去研究错综复杂的旅游问题,是旅游市场营销学发展和走向现代化的必然趋势。同时,这两种方法互有长短,应根据研究目的和占有的材料情况选择相应的研究方法,当然,最好综合运用,弥补彼此的不足,发挥各自的长处。

### (二)宏观分析和微观分析相结合的方法

现代市场是开放的市场,一定区域的市场和市场行为总是受其他区域市场、国内统一市场甚至国际市场的影响和制约。因此,在市场研究中,既要分析现实的市场和市场环境,又要分析其宏观环境,还要研究市场消费者。在服务产品设计中,既要注重服务标准、规范,满足旅游者的共同需求,又要使规范、制度有很强的适应性,从而满足不同旅游者的个性化需求。

### (三)系统研究法

企业营销管理是企业的整个经营管理系统的有机组成部分,更进一步看,它还是整个经济和社会运行系统的一个子系统。因此,应当把企业、有关环境和市场营销活动看做是一个复杂的有机的系统,统筹兼顾其市场营销系统中的各个相互影响、相互作用的组成部分,千方百计使各个部分协同运行,从而最大限度地控制和利用各种可控因素和不可控因素,使企业的营销活动产生乘数效应,提高企业经营效益。西方旅游营销学界和旅游营销管理人员从管理决策的角度分析研究旅游营销问题时,通常还配合采用这种系统研究方法。

◆ 本节相关知识链接

1. http://www.cnta.gov.cn
2. http://www.aatrip.com/Index.html
3. http://www.cotsa.com/

◆ 本章试题与知识训练

一、填空题

1. 现代旅游市场营销强调以_____为导向,以交换为核心,是一个包括旅游市场的分析、预测和营销的计划、实施、反馈和控制的动态过程。

2. 20世纪80年代初,布姆斯和比特纳提出,服务营销应包括7种变量组合,即在传统的产品、价格、分销渠道和促销组合之外,再加上_____、_____和_____三个变量,从而构成"7P"组合。

3. 旅游市场的特点是:全球性、_____、_____、_____和_____。

4. 从学科性质上看,旅游市场营销学是市场营销学在旅游行业的应用和发展,属于_____的学科范畴,是一门综合性经营管理应用学科。

二、选择题(含单选与多选)

1. 当今世界,随着旅游者的日趋成熟和旅游活动日趋多样化,以及心理需求进入更高层次,(　　)的份额不断增大。

A. 商务旅游市场　　　　　　　　　B. 国际旅游市场

C. 团体旅游市场　　　　　　　　　D. 散客旅游市场

2. "公务旅游是我们饭店的市场",在此"市场"的含义是(　　)。

A. 交易的场所　　　　　　　　　　B. 某类商品的实际或潜在的需求总和

C. 供求关系的总和　　　　　　　　D. 交换关系的总和

3. 关于旅游市场营销学研究应包含的范畴,下述说法不正确的是(　　)。

A. 不包括生产领域　　　　　　　　B. 消费领域

C. 流通领域　　　　　　　　　　　D. 仅限于交换领域

三、简答题

1. 旅游市场营销具有哪些特征?
2. 简析旅游市场营销学研究的内容框架体系。

◆ 本章小结

**1. 本章结语**

市场是商品经济的产物,其定义有"场所论"、"关系论"和"需求论"的不同理解,市场营销学是从"需求论"角度认识市场的。市场营销的定义也是多种多样,其中,2004年AMA的定义受到广泛认可。市场营销学发源于20世纪初的美国,经历了初创阶段、基本成型阶段、发展阶段和繁荣阶段等日趋成熟的演化。市场营销学是一门多学科交叉的、综合性经营管理应用学科,以市场营销活动及其规律性为研究对象,研究内容日益扩展、深化。市场经营观念是企业进行经营决策、组织和开展市场营销活动的基本指导思想,经历了生产观念、产品观念、推销观念、市场营销观念、社会市场营销观念和大市场营销观念的演变。

旅游市场作为市场经济的一个组成部分,其概念与一般意义上的市场并无本质区别,但有其自身的特点。旅游市场营销以旅游消费者需求为导向,以交换为核心,是一个动态过程,适应范围广泛。旅游业是一个特殊的服务性行业,旅游市场营销表现出如下特点:营销的产品是一种服务、要重视对旅游者的管理、更加重视内部营销、更多样化和更多的分销渠道类型、时间管理十分重要、更加依赖多部门的协作、信息传递非常重要。旅游市场营销学是一门产生于20世纪60年代的新兴学科,随着世界旅游业的迅速发展,其理论研究和实践应用不断深入。旅游市场营销学以旅游市场营销活动及其规律性为研究对象,研究内容可概括为旅游市场营销策略制定与方法运用的依据、旅游市场营销策略和旅游市场营销管理三个部分。随着旅游市场竞争的日趋激烈,旅游市场营销学的研究与学习日益受到重视。

**2. 本章知识结构图**

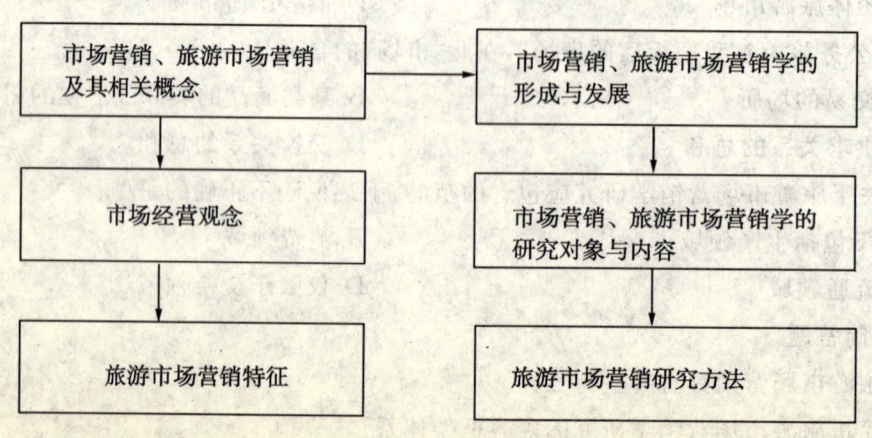

3. 本章核心概念

市场　市场营销　市场经营观念　市场营销策略　旅游市场营销　旅游市场营销特征　战略"4P"　战术"4P"

◆ 实训练习

就近选择一家旅游酒店、旅行社或旅游景区,了解其市场营销活动的指导思想,并进行讨论、评价,写出总结报告。

◆ 延伸阅读

## 旅游市场营销未来发展八大趋势

21世纪的旅游市场呈现出流行化与大众化、品牌化与感性化、质量化与享受化、多层化与差异化、普及化与社会化等趋势,这些变化也使旅游市场营销呈现出新的特点。旅游市场营销未来的发展趋势主要有以下八个方面。

一、由旅游资源和产品营销转向旅游品牌营销

"三流企业卖资源,二流企业卖产品,一流企业卖品牌"已经成为旅游界普遍认同的观点。目前世界旅游经济已经从产品营销时代进入品牌营销时代,只有形成优质的旅游品牌才能以品牌感染游客,以品牌的宣传来带动市场。树立旅游品牌,需要旅游企业在品牌文化内涵上下工夫,要深度挖掘旅游产品的文化内涵,才能使旅游产品立于不败之地。所以,品牌的优势才是旅游业最大的优势,品牌力才是现代旅游业的核心竞争力。

二、由旅游景区营销转向旅游目的地整体营销

旅游目的地的整体形象在旅游者心中地位的高低,决定着该旅游地客源市场的形成与发展。单一的旅游景区营销,其营销主体、营销资源、营销能力都很有限,已经不能适应如今激烈的旅游市场竞争。旅游目的地整体营销是旅游目的地作为一个营销主体,以一个旅游目的地的整体形象加入旅游市场的激烈竞争中。它强调旅游目的地营销的参与者不仅是某个旅游企业,而是目的地内所有利益相关者;营销的对象不是某个旅游产品,而是包括旅游产品、旅游环境、特色文化、风土人情和服务等在内的很多内容。旅游目的地的整体营销有助于整个旅游目的地旅游产业链条的延伸和拉长,围绕吃、住、行、游、购、娱这旅游业六大要素,对旅游资源进行多层次、综合性开发,为游客提供各方面的服务,加快实现旅游产业由"门票经济"向"产业经济"的转变,从而获得巨大、长远、综合性的效益。

三、由对抗竞争转向旅游景区联合营销

传统的市场营销观念总是将竞争对手视为敌人,同行业、同类产品,热衷于打价格

战,这样的对抗营销结局就是两败俱伤。"小人同而不和,君子和而不同。"有市场,自然有竞争,但竞争之外更有"竞合"——从对抗到合作,"共存共荣"才是更好的发展之道。面对日益全球化的旅游市场,没有哪一个景区或城市能垄断独占,同时,地域的不同性也决定彼此旅游资源的独特性。实践证明,资源互补、优势互补,是旅游业可持续发展的趋势。

### 四、由以旅游产品为中心转向以旅游消费者为中心

旅游的主体是人,对旅游目的地来说,游客就是市场。强调以人为本,牢固确立"游客至上"理念,以多样化的特色旅游产品,来满足不同游客的多样化需求。以旅游消费者为中心,优化旅游服务,真正做到"以游客呼声为第一信号,以游客利益为第一追求,以游客满意为第一标准"。以旅游消费者为中心,改善旅游环境,为游客提供一流的生态环境、人文环境、交通环境、食宿环境、购物环境、治安环境。以旅游消费者为中心,创新旅游营销,针对不同的文化背景、风俗习惯、心理需求,采取不同的营销策略和营销方式,提高营销的针对性和实效性。

### 五、由单向营销转向双向互动体验营销

传统的营销是将旅游产品的有关信息单向地传播给旅游消费者,因为信息是"广而告之"的灌输式的单向传播模式,旅游消费者会感到单调、乏味,从而令营销效果大打折扣。如今已经进入了体验经济时代,旅游消费需求从结构、内容、形式方面出现了许多新的变化,如个性化需求、情感需求、文化需求、绿色环境等需求的比重上升,体验式旅游受到旅游者的广泛关注,要求旅游行业顺应时代的变化,从旅游者的感官、情感、思考、行动等方面,重新审视旅游的营销战略和方式。在营销理念上要突出旅游产品的参与性和体验性,强调旅游者的心理享受和满足,将体验旅游产品的魅力和价值作为宣传的重点。在营销形式上要突出旅游者的参与性,开展互动营销,创造企业的忠诚顾客。互动不仅包括旅游企业和旅游者的互动,还包括旅游者之间的互动。体验营销重在关注旅游消费者的旅游感受,创造丰富的旅游体验,更好地满足旅游消费者自我实现的需要。

### 六、由大众营销转向个性化营销

随着旅游市场的日趋成熟和旅游者阅历的增长,以旅行社为中介、以观光游览为目的的传统旅游方式已不能满足旅游者的需求。越来越多的旅游者选择独特的旅游目的地,追求多样化的旅行方式,讲究灵活组合旅游产品价格,重视旅游个性服务,散客旅游发展迅速,目前已成为旅游市场的主体。散客旅游者更多关注的是自己的生活质量和个性特征在旅游过程中能否得到满足,因此,旅游市场营销由大众化转向个性化是旅游发展的趋势。个性化旅游市场营销必须认真分析散客的需求、特点、爱好,在营销方法、营

销理念、营销渠道等方面创新，才能制定行之有效的、有针对性的营销策略。

### 七、由传统营销转向网络营销

与传统营销相比，网络营销是一种以消费为导向，强调个性化服务的营销方式，具有极强的互动性、方便性，是一种人性化的"一对一"营销。互联网的即时双向互动、时空限制的消失、网络信息的交流共享、自由、非干扰性等特点，对传统的营销理论和营销管理产生了重要的影响和冲击，改变了旅游市场的结构、旅游企业与消费者的关系和信息储存、传输与处理方式。通过网络，旅游消费者不需要花多少时间就可以了解到同类型的旅游产品的特点、价格，甚至通过互动的多媒体在网上直接浏览将要去的景点或酒店的房间。消费者通过这种方式来确定自己的消费选择，快速、高效、便捷、节省费用。

### 八、由国内营销为主转向国外营销

中国旅游业快速发展，旅游市场潜力巨大，目前已与美国并列成为世界第三大旅游目的地国。据世界旅游组织预测，到2020年，中国可能超过目前排名第一的法国成为世界上最受欢迎的旅游目的地国，因此中国旅游市场营销要高度重视国外营销，提高旅游的整体溢价和盈利能力，才能提升国际竞争力，真正成为世界上最受欢迎的旅游目的地国。

资料来源：李建华.旅游市场营销未来发展八大趋势[J].企业活力，2009(1)：34-35.

**分析思考题：** 查阅旅游市场营销新理念、新观点的资料，对比该文，你认为作者对旅游市场营销未来发展趋势的分析是否确切？请你思考、评析。

第 二 章

# 旅游市场营销环境

## 学习目标

**知识要点**：了解旅游市场营销环境的概念、特点、分析目的及分析方法；理解旅游市场营销宏观环境、微观环境的构成要素及其对旅游营销活动的影响；掌握旅游市场营销环境的 SWOT 分析方法。

**技能训练**：以某一旅游企业为例，掌握旅游市场营销环境的 SWOT 分析方法及战略选择。

**能力拓展**：选择一家您熟悉的旅游企业进行实地调查，应用所学理论，对其营销环境进行综合分析与评价，通过小组形式展开讨论，做一份案例研究报告。

## 引 例

### 天津中式快餐企业营销环境分析

中国快餐业起步较晚，1987 年肯德基家乡鸡在北京开设了第一家分店，从而将现代快餐概念引入中国。此后，麦当劳、必胜客等洋快餐纷纷登陆中国，并在短短 10 年里扩展到各大城市。在外来快餐的刺激下，国内快餐业迅速发展起来并成为我国餐饮业的一支生力军。然而，纵观全局，国内的快餐企业大多仍停留在传统经营或对外来快餐企业的形式模仿上，对于促使外来快餐企业迅速发展的根本原因——一套完整成熟的现代快餐经营管理模式，却缺乏了解。

1. 宏观环境

(1) 政府的优惠政策

中国政府注意到了西方快餐在中国取得的成功，十分鼓励发展本国的快餐食品工业。1996 年 8 月，国内贸易部已采取了支持国内快餐工业的特殊措施，且有针对性地对国内较好的快餐企业实施财税优惠政策。

(2) 中国:750亿的快餐大市场

来自国内贸易部的一份报告表明,1999年中国快餐业发展迅猛,营业额近750亿元。自从快餐业在1994年被列入国家"八五"计划,一个新兴产业在中国已然形成。经过多年的发展,中国快餐市场已颇具规模,其从业人员及营业收入都呈逐年递增的态势。20世纪90年代,在国民生产总值(GNP)同比增长7.8%的背景下,中国快餐业以20%的年递增率迅猛增长。快餐业已成为中国商品市场及劳动市场上最大也是最具吸引力的利润单元。

2. 微观环境

(1) 服务的比较

肯德基在这方面做得比较出色,"顾客进门30秒之内必能得到问候和带领入座的微笑服务"是其餐厅盛行不衰的一个重要秘诀。试问天津的中式快餐店,又有哪家能做到?有的只是僵硬的微笑,或者干脆就是漠然的表情,爱理不理的。顾客是上帝?压根儿没想过。

在服务员素质上双方也存在极大的差异。据了解,肯德基店中的服务员基本是大专、本科学历,也有一部分是在校大学生,他们均具有一定的英文基础,是一群充满活力和激情的队伍。在接受了公司的培训之后,普遍能高质量地完成服务工作,真正让顾客找到"上帝"的感觉。相对而言,中式餐厅可谓鱼龙混杂,员工一般是从社会上临时招聘而来,没有经过正规的培训,其服务效果可想而知。

(2) 市场的比较

在被调查到的顾客中,中老年人一般都不喜欢西式快餐,7%的年轻人表示喜欢,但认为中式快餐更合口味。在具有独特饮食文化的天津市民看来,西式快餐仅适合于偶尔尝尝,中式食品才是百食不厌,并且变化多样。另外,随着经济的发展,人们生活节奏加快,对快餐的需求也将会增加。从这两点来说,中式快餐是深具市场潜力的。

一部分顾客认为,西式快餐的红火并不证明它符合人们的口味,而是诸多因素综合的结果。如人们为了享受那里的服务,为了一品异国风味,为了寻找一个工作之余的放松场所等。

西式快餐的消费一般较高,这却恰恰是中式快餐生长的缝隙。现今津京地区的一些中式快餐店生意也很红火,笔者分析其原因,至少应包含以下两条:所经营的快餐食品是深为津京市民喜欢的传统风味食品,且品种多样、价格不高。

相对而言,西式快餐属于享受型用餐,中式快餐很难从这方面突破,那么为什么不面向广大消费者,以优质的服务、美味的食品、优惠的价格夺回应有的市场份额呢?中式快餐也可以搞连锁,也可以提供幽雅、怡人的就餐气氛,也可以推出自己的品牌,甚至面向世界!

(3)经营方式的比较

西式快餐店的连锁经营理念并不是国人一时半刻可以学会并发展起来的,天津中式快餐店的零星分布足以证实这一点。其实,中式快餐的连锁更易建立,至少笔者认为在国内是这样。一个连锁店,除了必须有它的特色食品之外,在每一个地区的分店中应致力于研发该地特色的食品,这样必会大受欢迎。像肯德基,除了闻名的炸鸡、薯条和汉堡外,最近也推出了中式口味的"榨菜肉丝汤"、"寒稻香菇"、甜品"香芋甜心"等,这些都博得了顾客的众多好评。

在具体的促销运作上,西式快餐花样百出,炫人耳目,而中式快餐却死气沉沉,陈旧老套。肯德基在某年"五一"期间推出了买套餐送足球明星玩具的活动;德克士花样更多,与电视台联合举办儿童节目,举办儿童绘画比赛,与公交公司联合举办"你坐车,我付钱"的车票活动(在任何一家德克士消费满10元,便可得到一张面额1元的"德克士车票",上面印有德克士的广告,凭此车票可以乘坐市内任一辆公交车)……中式快餐呢?"五一"假期似乎没有什么特别的活动。

西式快餐如肯德基、德克士,在每一个城市的总店里均设有公关部、财务部、采购部等众多部门,部门之下设有值班经理,员工也有不同分工,其管理有条不紊。相比之下,中式餐厅一个店一个老板,且员工多是与老板沾亲带故之人,如此状况,不禁让人深深担忧。

**案例引发的问题**:中式快餐何日才能与西式快餐争鼎逐鹿?

案例来源:马勇.市场营销管理[M].大连:东北财经大学出版社,2008.

# 第一节 旅游市场营销环境概述

旅游企业在不断变化着的社会经济环境中运行,同时,旅游产品是一种不可贮存、不可转移的特殊产品,决定了旅游企业对可能影响其未来发展的外部条件具有敏感性。环境条件的变化既可以给旅游营销带来市场机会,也可能形成某种环境威胁。分析旅游市场营销环境的目的就是寻求营销机会,避免环境风险,适应外部环境的变化。

## 一、旅游市场营销环境的概念

旅游市场营销环境是指能影响旅游企业市场营销活动及其目标实现的各种内外因

素所构成的多层次、相互关联和不断变化的结构系统。营销成败的关键首先在于能否把握市场营销环境的特点及变化,只有与环境的变化相适应、相协调,企业才能顺利地开展营销活动,并实现其预期的各项目标。旅游业是综合性极强的服务产业,这使旅游企业对所面临的营销环境变化的反应更为敏感。

旅游企业的营销环境由宏观环境和微观环境构成。宏观环境是指影响旅游企业营销活动的社会性力量与因素,包括政治法律、经济、人口、自然、社会文化、科技环境等。微观环境是指与旅游企业的营销活动直接相关的各种参与者,包括旅游供应商、旅游中间商、顾客、竞争者、社会公众以及企业内部环境。旅游市场营销环境如图2.1所示。

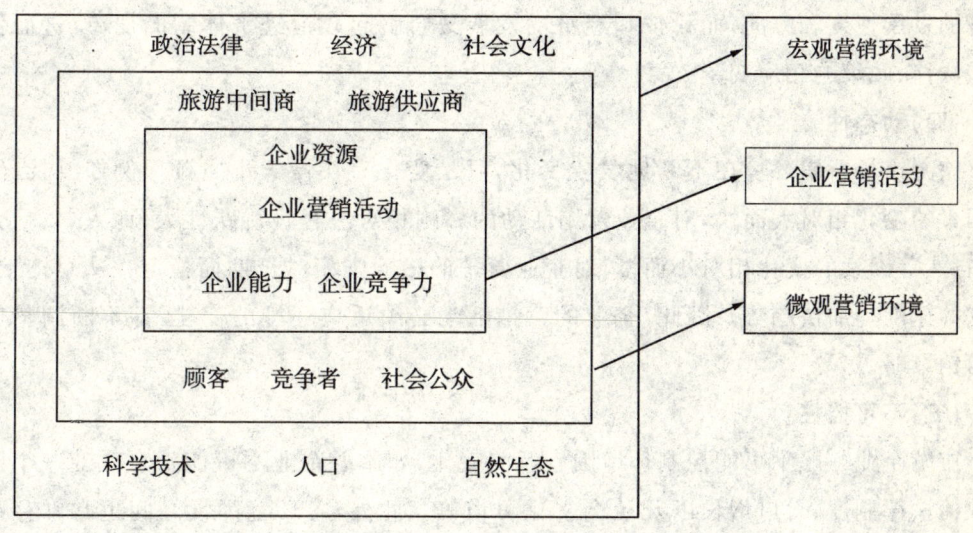

图2.1　旅游市场营销环境示意

微观环境直接影响和制约旅游企业的市场营销活动,也称为直接营销环境;宏观环境通过微观环境作用于旅游企业的市场营销活动,所以宏观环境也称为间接营销环境。

## 二、旅游市场营销环境的特点

### (一)客观性

旅游企业的全部营销活动都不可能脱离它所处的环境而发生,旅游企业只要从事市场营销活动,就会受到各种环境因素的影响和制约,因此,旅游企业必须随时准备应付所面临的各种客观存在的外部环境的挑战并把握外部环境变化带来的机遇。

### (二)差异性

旅游营销环境的差异性体现在两个方面:其一,不同的旅游企业受不同环境的影响。

如不同的国家、民族、地区在人口、经济、社会文化、政治、自然环境等方面存在着广泛的差异,这些差异对旅游企业的影响显然不同。其二,即使是同样的一种环境因素对不同旅游企业的影响也不同。如日益高涨的环保要求,一方面限制了污染企业的生产,另一方面又促进了环保企业的快速发展。由于环境因素的差异性,旅游企业必须采取不同的营销策略才能应付和适应这些差异。

### (三)相关性

旅游市场营销环境是一个多因素的集合体,各种因素之间存在着不同程度的关联性,彼此相互依存、相互作用、相互制约。例如一个国家的法律环境影响着该国的科技、经济的发展速度和方向,而科技和经济的发展又会引起政治经济体制的变革,进而促进某些法律、政策的相应变革。

### (四)动态性

旅游市场营销环境在不断地发生变化,只是变化有快慢大小之分。例如科技、经济等因素的变化相对大而快,对企业营销活动的影响相对短暂且跳跃性大;而人口、社会文化、自然等因素的变化相对小而慢,对企业营销的影响则相对长期而稳定。从总体上说,变化的速度呈加快趋势。因此,企业的营销活动必须适应环境的变化,并不断调整自己的营销策略。

### (五)不可控性

旅游企业一般不可能控制环境因素及其变化,如旅游企业不可能随意改变一个国家的政治法律制度、人口增长以及社会文化习俗等。此外,各环境因素之间也常常存在矛盾,从而影响和制约旅游企业的营销活动,如消费者对家用电器的偏好会引发企业的生产行为,而电力紧张又制约消费者的消费。在这种情况下,旅游企业就不得不调整自己的营销策略,在可用的资源条件下开发节能产品。

当然,强调旅游企业对环境的不可控制,并不意味着企业对于环境无能为力,只能被动地接受环境带来的各种影响。实际上,旅游业因存在对其他行业较强的依赖性,对环境变化甚为敏感。分析市场环境可以帮助我们了解市场营销的机会和风险,进而适应市场环境,发掘市场机会,开拓新的市场。但除了适应性这个方面外,从另一个角度看,旅游企业的营销活动以各种不同的方式增强自身适应环境的能力,也在影响着环境的形成及其变化,特别是在改善微观环境方面,企业是大有可为的。

## 三、分析旅游市场营销环境的意义

旅游市场营销环境的变化对旅游企业可能产生的影响主要有两种:一是指环境的变

化导致旅游企业新市场机会的产生,即营销机会;二是指环境的变化对旅游企业形成新的威胁,即环境威胁。在现实生活中,机会和威胁往往并存。有时,表面上看是环境威胁,实际蕴藏了新的发展机会。营销者的任务就在于通过对营销环境的调研和分析,不失时机地抓住机会,减少威胁,制定对策,迎接挑战。

(一)有利于发现和利用市场机会

环境的变化会给旅游企业带来机会,但这种机会不是每个企业都能发现的。只有对环境高度重视并进行科学分析,才有可能发现和利用好机会,为企业带来意想不到的效益。

(二)有利于发现和避免市场威胁

环境的变化也会给旅游企业带来威胁。重视环境分析的企业,当外部环境可能带来威胁时,会提前制定应对策略,从而化险为夷,甚至变挑战为机遇。例如,当今的消费者越来越关心自身的长期健康和长远利益,社会越来越关注生态环境,针对某些酒店高污染、高浪费现象,全国正在兴起创建绿色饭店浪潮。

(三)有利于制定科学的营销战略和计划

营销环境分析是旅游企业制定营销战略和计划的基点。有无环境分析直接关系到企业营销活动的成败。比如,深圳"世界之窗"的成功引发了内地主题公园热,许多地方跟随模仿建造了各种各样的类似主题公园,结果由于缺乏对环境的周密分析,没有考虑本地经济状况、消费能力、人口规模等环境因素,不少项目惨淡经营,很多景点的经营归于失败。

◆ 本节相关知识链接

1. http://www.biaodu.cn/
2. http://www.hotel520.com/
3. http://www.ecm.com.cn/
4. http://www.cmat.org.cn/

◆ 本章试题与知识训练

一、选择题

1. 企业的营销活动不可能脱离周围环境而孤立的进行,企业营销活动要主动地去(    )。

A. 控制环境　　　　　　　　　　　B. 征服环境

C. 改造环境　　　　　　　　　　　D. 适应环境

2. 市场营销环境（　　）。
A. 是企业能够控制的因素　　　　　B. 是企业不可控制的因素
C. 可能形成机会也可能造成威胁　　D. 是可以了解和预测的
E. 通过企业的营销努力是可以在一定程度上去影响的
3. 旅游企业的营销环境由（　　）构成。
A. 宏观环境　　　　　　　　　　　B. 微观环境
C. 内部环境　　　　　　　　　　　D. 外部环境

二、填空题

1. 旅游市场营销宏观环境包括以下六个方面：即_____、_____、_____、人口环境、科学技术环境、_____。
2. 旅游市场营销微观环境包括以下六个方面：即_____、_____、旅游中间商、竞争者、_____、_____。
3. 微观环境直接影响和制约旅游企业的市场营销活动，也称为_____。

三、简答题

1. 旅游市场营销环境的特点是什么？
2. 分析旅游市场营销环境有什么意义？

## 第二节　旅游市场营销宏观环境

旅游市场营销宏观环境由政治法律、经济、社会文化、科学技术、人口、自然生态六大要素组成，所有旅游企业都要受到宏观环境的影响和制约。

### 一、政治法律环境

在任何社会制度下，企业的营销活动都必定要受到政治与法律环境的约束。旅游业的发展不仅与本国政治法律相关，而且与客源国的政治法律密切相关，政治法律环境主要指政策的稳定性、法律行政干预手段、国与国之间的关系等。

#### （一）政策的稳定性

一国政府的政策始终处于某种发展的变化过程中，只是变化的程度有所不同。如果这种变化是渐进的，而且通常通过分析政府政策变化的机制可以预见，则企业会有调整策略的余地。只有突发性、根本性的变化，市场营销理论才定义为不稳定性。这种剧变往往使企业措手不及，所以政治动荡不安、瞬息万变必然会给企业营销造成一种不确定的、不利的影响。

旅游企业在进入一国或一个地区之前,一定要考虑当地政策的稳定性,当然这主要是针对国际市场。因为稳定性直接影响政府政策的连续性,目标国政府政策的稳定性和连续性对于从事国际市场营销的企业极其重要。例如,在许多国家,政府更迭频繁,在这种情况下,可能订立的合约尚未执行,政府已经换了。新政府可能同意也可能不同意前任政府所做的承诺,执行合约则会遇到困难。例如,1997年香港的回归使得去香港的海外旅游者的数量大幅度下降。针对这一新的变化,香港旅游协会及时推出了新的促销口号"I am HongKong(我就是香港)",以表明香港政治秩序的延续性和稳定性,这一举措取得了很好的成效。

**(二)政策法规对旅游业的支持**

政府的法令条例,特别是有关旅游业的经济立法,对旅游市场需求的形成和实现具有不可忽视的调节作用。而这些法律或规定都在企业的控制范围之外,因此其调节变化将对旅游企业营销活动产生很大影响。

形成旅游活动的两大客观条件是可支配收入和闲暇时间。居民的收入不仅与经济水平有关,还与国家采取何种分配制度有关;而闲暇时间的多少也与政治法规有一定的关系,比如假日立法使发达国家居民有了每年两周的带薪假期,这才对远距离旅游目的地形成了现实的需求。而我国假日制度的发展变化对旅游需求的影响也尤为明显。

交通运输条款的规定也会对旅游需求产生作用,例如我国铁路客运票价、航空票价的变动对旅游的影响显而易见。还有些立法条款对旅游娱乐的购买需求会产生重大影响。此外,旅游娱乐购买税和扣除额的变化对旅游者的购买行为也会产生很大的影响。

旅游业发展中,国家旅游部门和其他政府部门还会对旅游服务的质量和标准进行一定程度的控制,直接影响着服务和产品的营销方法。当一项立法变化时,整个行业的营销管理都要根据立法与规则及时调整营销计划。此外,政府的态度也会对旅游企业产生一定的影响,如在保护和充分利用自然环境与历史文化旅游资源之间的倾向。

政府对出国旅游签证政策的制定直接影响到出境旅游。简单的入关手续可以吸引更多的国外旅游者;反之,复杂的入关手续则会使相当多的潜在旅游者望而却步。据了解,为了促进本国的旅游业,许多国家对入境旅游者购物消费采取了退税的优惠政策,以鼓励游客更多地购买商品。

◆ **专题笔谈 1.2**

> **政协提案取消五一长假　影响 2008 年旅游风向标**
>
> 争议已久的"五一"黄金周存废问题终于尘埃落定。从 2008 年起,中国公民的假期将在小长假、黄金周的轮流替换中度过。通过周末上移下错,市民将可在 2 月和 10 月分别享有 2 个 7 天的"黄金周"(春节和国庆节),若加上带薪年休假的"个人黄金周"(至少 9 天),一年共有 3 个"黄金周";而在 1 月、4 月、5 月、6 月、9 月分别享有 5 个 3 天的"小长假"(元旦、清明、劳动节、端午、中秋)。这意味着人们在一年 12 个月中至少 7 个月(不包含带薪年休假)能休一次大假,即全年平均每两月一大休。
>
> 有关专家分析,法定节假日总天数由 10 天增加到 11 天,加上带薪年休假促成的"个人黄金周",使得中国公民休假天数增加了,是与国际休假制度逐步接轨的具体表现。全年中,平均每两个月一大休不但能够满足市民生活调节的需求和假期出游放松的愿望,同时也有利于旅游行业消除淡旺季之间的差别。在分流黄金周人流之余,能更有效地刺激潜在的旅游消费市场,引导市民在淡季出游,令原本较为冷清的节后市场慢慢变旺,有效地淡化了黄金周的集群效应。"平衡全面的假期分布,有利于拉动内需,刺激市民的消费欲望,促进旅游市场更加有序的发展。"
>
> 2008 年"小长假"带热短途游。"休假制度改革后,更能满足消费者的各类需要。游客将可以享用 5 个'小长假'。"2007 年 12 月 9 日,京城多家旅行社负责人在接受记者采访时表示,旅行社将 2008 年元旦、清明、"五一"、端午和中秋 5 个"小长假"推出 4~6 天的"近程"出境旅游线路和国内短途游线路。
>
> 资料来源:杨益新.旅游市场营销管理[M].北京:清华大学出版社,北京交通大学出版社,2008.

### (三)国与国之间的关系

两国之间的外交关系也明显影响两国互送旅游客源。例如,自 1972 年尼克松总统访华以后,美国骤然兴起旅华热潮,一方面是由于名人效应,但更重要的是这次访华预示着中美两国关系的和解,从而激发了美国人民的旅华动机。反之,如果两国之间的关系紧张,则必然导致两国互送旅游客源数量的锐减。

突发事件会对旅游产生影响,如果这一事件与政治联系,则后果更加严重,因为这一突然的变化是旅游业完全无法控制的。恶性突发事件会使旅游者取消预订或影响未来旅游者对目的地的信任度,从而影响区域旅游业。如 1993 年的千岛湖事件,就使得下一年的台湾游客锐减。大多数旅游者将会选择他们认为安全的地方作为旅游目的地。

◆ 案例驿站 2.1

"9·11"事件使美国旅游业遭受重创

"9·11"恐怖袭击事件使美国旅游业遭受前所未有的重创,外国游客急剧减少,大量旅游计划取消,旅游业主叫苦不迭。专家估计,美国旅游业在遭受这次打击后一年内很难完全恢复元气。

在2001年9月11日发生恐怖分子劫持飞机撞击纽约世贸中心大楼和五角大楼的事件后,美国的安全形象受到严重破坏。尽管恐怖事件发生在东海岸,但位于西海岸的加州却是重灾区,因为旅游业是加州的经济支柱之一,该州2000年一年接待外国游客640万,占全国的1/4,旅游收入高达70亿美元。洛杉矶会议与访问者接待局的负责人迈克尔·科林斯19日对记者说:"要问现在的国际旅游业状况如何?它停止了!"

日本是加州旅游的最大客源国,但也是这次旅游订单退订数量最多的国家。

由于外国游客急剧减少,许多旅馆和旅游胜地都感到了极大的压力。在洛杉矶市中心主要接待日本游客的纽奥塔尼饭店,目前的客房入住率仅为25%,而往年这个时候为75%。洛杉矶韩国城的天堂旅游公司经理理查德·帕克斯说,该公司9月份因韩国旅游订单退订而造成的损失就达10万美元,目前濒临破产。

专家认为,美国旅游业这次所遭受打击的严重程度甚至超过了1991年海湾战争的冲击。美国商务部旅游行业办公室主任罗·埃德曼说:"两者的不同之处在于这次危机不会很快就消除。我们正在加紧研究应采取什么措施来帮助旅游业复苏。"

内华达州世界闻名的"赌城"拉斯维加斯平均每年接待大约3 600万名游客,其中外国游客占13%,这次也受到了冲击,许多外国旅游团退掉了订单。该市会议和访问者接待局的发言人罗布·鲍尔斯说,这次打击与海湾战争不一样的地方是"心理打击",负面影响需要一年的时间才能消除。

案例来源:支林飞:"9·11"事件使美旅游业遭受重创[EB/OL]. http://www.people.com.cn/GB/jinji/31/181/20010921/566335.html,2001-9-21.

## 二、经济环境

经济环境是影响旅游营销的重要因素,它直接关系到市场状况及其变动趋势。本国或本地区的经济衰退会使投资于商业、娱乐业、旅游业的消费大大缩减,国际经济事件也会对旅游业产生影响,如东南亚金融危机严重影响了亚洲地区旅游业的发展。一般来说,影响旅游市场营销活动的经济环境主要包括以下几点。

### (一)国民生产总值(GNP)

国民生产总值是指一国或地区在一年内用货币表示的所有最终产品和服务价值的总和,说明一国或地区经济发展的水平,是反映国民经济发展的综合指标。人均国民生产总值反映出一个国家人民的富裕程度。从营销的角度来看,它是反映一国或地区总需求规模的指标。有研究指出,一般来说,人均GNP达到300美元就会兴起国内旅游;而人均GNP达到1 000美元,就会有出境旅游的需求;当人均GNP达到1 500美元以上时,旅游增长速度将更为迅速。美国、日本等发达国家拥有较高的人均GNP,成为世界主要旅游客源国。

### (二)个人收入

从国际上看,收入差距已成为不同国家消费商品购买差异的主要原因。人均收入高的国家,其消费水平高,因而旅游消费市场的潜力也较大。因此,个人收入,尤其是个人实际可自由支配收入,更是决定旅游购买力的关键性因素。据统计,在经济发达国家中每个国民的旅游支出约占个人收入的1/4。因此,个人收入是衡量当地市场容量、反映购买力高低的重要尺度。一般来说,高收入的旅游者往往比低收入的旅游者在旅游过程中平均逗留时间长、花费高。不同收入的旅游者在旅游中选择参加的活动类型、购买的旅游产品也有很大的差别。

### (三)外贸收支状况

国际贸易是各国争取外汇收入的主要途径,而外汇的获得又会决定一国的国际收支状况。当一国外贸收支出现逆差时,会造成本国货币贬值,使出国旅游价格变得昂贵,这时旅游客源国政府会采取以鼓励国内旅游来代替国际旅游的紧缩政策。如美国1985年外贸赤字达1 000多亿美元,财政赤字达2 000多亿美元,为此,美国参议院批准了自1986年起购买国际机票征税。相反,当外贸收支大幅度顺差时,则本国货币升值,出国旅游价格就降低,这时旅游客源国就会放松甚至鼓励国民出国旅游并购买外国商品。如在1987年6月,日本运输省发表了今后五年海外旅行倍增计划,以减少贸易顺差,计划从1988年起,促使日本海外旅行人数每年增长13%左右,并在机票减免、与国外观光部门交流和获取信息等方面为旅游者提供方便。

### (四)货币汇率

货币汇率是不同国家不同货币之间的比价,对国际旅游需求的变化起重要的作用。若旅游客源国或地区的货币升值,而旅游目的地国的商品价格(包括旅游价格)又未相应提高,则前者的居民去后者旅游时支出的货币就会减少,从而促使前者居民对后者旅游需求的增加;反之,前者的货币对后者的货币贬值了,则会限制该国的居民对后者的旅游需求。对旅游目的地国来说,货币升值会减少旅游,货币贬值则会促进旅游;对旅游客源国来说,货币升值会促进本国居民到国外旅游,货币贬值则抑制国民外出旅游。如1997年东南亚金融危机使泰铢严重贬值,泰国政府采取措施吸引入境旅游以增加收入。

(五)经济增长幅度

经济增长幅度对人们的收入预期会产生直接影响,同时也会影响企业盈利水平,进而对旅游的总量规模和结构层次产生影响。例如,由于美国经济增长减缓,世界著名投资银行和市场分析家所罗门公司把它对亚洲各航空公司在未来两年中的盈利预期调低了17%。商务旅游是旅游行业活力份额中的黄金板块,北美商务游客更是各国的争抢对象。但从2008年开始,美国经济持续缓慢增长,各大公司希望降低成本,提高利润,开始纷纷缩减商务活动的支出,制定出一套严格的出差旅行条规,绞尽脑汁节省开支,不但要求本公司的员工照章办事,还抄送旅行社一份。

许多未来学家都预言,未来的经济发展有以下特征:可自由支配收入增加,城市居民比例增大,小轿车拥有量持续增加,工作时间进一步减少等,这些特征都会对旅游业产生影响。

## 三、社会文化环境

社会文化是指一个国家或地区的民族特征、文化传统、价值观、宗教信仰、教育水平、社会结构、风俗习惯、伦理和语言文字等的总和。文化对个人有暗示、提醒、制约的力量及潜移默化的作用,人们在不同的社会中成长,受不同社会文化的影响,必然形成不同的价值观念、行为偏好及认识事物的方法等,这些因素又规定了一个人的行为方向和方式,从而也就决定了一个人旅游购买的频率、档次、种类和方式等。这些社会文化因素包括社会阶层、相关群体、家庭、民俗宗教等。

(一)社会阶层

社会阶层是根据人们的地位、声望、价值观以及生活方式等划分的相对稳定的人群,同一社会阶层的人的行为具有较大的相似性。由于旅游购买行为往往能显示一个人的社会地位与生活品位,因此,对于个体旅游购买者而言,处在怎样的社会阶层之中将直接影响其购买行为,他们在购买旅游产品时往往要考虑自己所处的社会阶层中的其他购买者的购买选择。一般而言,受教育程度及社会阶层较高的人更加自信和开放,愿意接受外界的新鲜事物,对旅游有基本相同的积极态度,也更愿意购买一些无形的文化艺术产品。而社会阶层较低的人一般相对封闭，对外界不感兴趣，不愿意冒险，并且认为外部世界比较凶险，不愿意旅游，而更愿意把收入花在购买家用电器、住房等耐用品上。

(二) 相关群体

所谓相关群体，是指能影响一个人的态度、行为和价值观的群体，如家庭、邻居、亲友、周围环境等，他们或因相似的生活方式，或因相关的生活环境而形成了某种购买需求倾向的群体。相关群体有不同类型，一个人可能同时属于几个不同的相关群体，不同相关群体对购买者的影响程度亦不同。一般来说，一个人的旅游购买行为受家庭成员、朋友、邻居、经常接触的同事等相关群体的影响较大。

(三) 家庭

家庭是基本的社会单位，每个家庭都有自己独特的家庭文化，这种文化主要体现在购买观、购买倾向、爱好、信仰和价值观等方面。每个家庭成员的行为决策都会受到自己家庭文化的影响，尤其是来自家庭中权威成员的观点的影响。家庭对旅游购买行为的影响最强烈，因为每一个家庭都有各自不同的旅游决策模式。如在日本和德国，度假决策往往是由男性做出的。此外，家庭所处的不同发展阶段也会对一个家庭的旅游活动产生重大影响，如无子女的青年家庭往往会对旅游十分感兴趣。旅游对孩子的价值教育也往往是家庭旅游的主要动机，因此有人提出，家庭旅游的促销对象主要是核心家庭，即仅仅包括父母和未婚子女的家庭。

(四) 民俗宗教

风俗习惯是人们长期自发形成的习惯性的行为模式，是一个社会大多数人共同遵守的行为规范。风俗习惯遍及社会生活的各个方面，包括婚丧习俗、饮食习惯、节日习俗、商业习俗等。世界上不同国家的风俗习惯千差万别，甚至在同一国家里，不同地区也有极不相同的习俗，从而对企业的营销活动产生巨大的影响。宗教直接影响人们的生活态度、价值观念和风俗习惯，从而影响人们的消费行为。旅游企业要进入某一个目标市场，必须了解当地的教规，尊重当地的宗教信仰，并适当地加以利用。

一方面，在海内外进行旅游营销活动时，要注意不同民族、不同国家或地区的文化传统及宗教习惯的差异，针对不同传统和习惯，进行区别性营销，"入境而问禁，入国而问俗，入门而问讳"。例如，藏族人行路遇到寺院、佛塔等宗教设施，必须顺时针绕行，他们认为如果走反了方向会有罪过。又如，欧美一些国家极端厌恶数字"13"，在任何场合都尽量避开它；日本人忌绿色，认为绿色象征不祥；泰国人忌红色；美国人忌食动物的五脏；德国人忌食核桃；同日本人合影，一般不能是三个人，否则认为这是不幸的预兆。我们进行旅游市场营销时要注意到这些宗教文化禁忌，否则，既浪费了人力、财力，又得不偿失。

另一方面，许多民俗节日也是旅游企业推销产品的大好机会，如中国各民族的节日——泼水节、火把节、跳花会，传统的春节、端午节等都非常具有民族色彩。在推销旅游产品时可穿插适当的节庆活动，让游客领略异国节日的喜庆。在宗教节日之际，如复活节、开斋节、感恩节等，可组织各教派的信徒出游，共同赴圣地献上一份虔诚。这些节日为消费者出游创造了机会。

### 四、科学技术环境

科学技术环境对旅游业的发展有着深刻的影响。在旅游业中，技术的应用主要体现在办公自动化、通信及数据处理等方面，以下两大技术发展趋势将大大促进旅游业的发展：第一，旅游业中自动化应用的增加；第二，越来越多的人可以进行可视化交流。

近年来因特网（Internet）的推广使得旅游业的销售系统产生了重大变革，旅游销售渠道变得更为直接、快捷。科学技术直接影响到旅游企业的产品开发、设计、销售和管理，作为旅游营销者，需要考虑针对企业和旅游者两方面的技术因素。

运用新技术可以提高竞争优势。许多企业认识到，谁能引人注目地推出新产品，谁就能保证未来几年获得良好的收益。经验表明，在旅游市场上注重革新的企业成功的概率高。假日公司是最先拥有一个巨大的卫星电视闭路系统的公司，1957年这家公司成为第一家在每间客房配备黑白电视机的连锁集团。新技术又促进了行业的发展，计算机为消费者提供了更好的服务和许多其他便利；网络技术又使企业拥有自己庞大的国际营销网，这种营销网络不仅促进了产品的销售，还使企业的新观念传达给世界各地的用户。

技术对旅游者的影响是巨大的。先进的室内娱乐系统如VCR个人电脑、租赁电影等逐渐成了旅游的替代品。技术一方面对旅游活动造成危机，另一方面又带来便利。家庭电器设备的发展缩短了家务劳动的必要时间，从而提供了更多的余暇外出旅游，而且，高技术的娱乐项目已经成为旅游吸引物。闻名遐迩的迪斯尼乐园就是集光、声、电等多种先进技术于一体的产物，这种富于梦幻、惊险刺激的娱乐产品一经产生，就赢得了许多人的青睐。

技术的发展使旅游设施日益现代化，为人们的旅游活动带来了便利。如交通、通信的发展将时空的距离缩短，洲际旅游成为易事；电子问讯机的问世，使旅游者可以方便地在机场、饭店大堂、旅游问讯处等公共场所查询各种旅游信息；目前，国际上许多饭店在客房设置电脑终端，使客人可以清楚地查询自己的购买情况，商务客人也可以通过电脑联网进行工作。

移动电子商务是将手机、掌上电脑、呼机等移动通讯设备与因特网结合起来开展的商务活动,它使旅游供应商可以找到更多的方法来提高顾客忠诚度,降低运营成本,获取附加利润。随着旅游业的发展,旅游者的成熟度不断增强,对个性化的旅游和服务要求越来越多,大多数旅游者不再选择组团旅游,而是以散客方式旅游,旅游市场上地位举足轻重的商务游客几乎都是以散客方式旅行的。同一般意义上的电子商务相比,移动电子商务的优势,更多地体现在对散客旅游者的服务上,其应用已超越了旅游活动链的其他每一个环节。

## 五、人口

对旅游企业来说,主要指旅游者的人口统计因素。旅游者购买行为除了受社会、文化和经济等外部因素的影响之外,还直接受旅游者自身因素的影响,如旅游者的人口统计因素和心理因素。旅游者的人口统计因素包括年龄、健康状况、性别、职业及居住地等。

### (一)年龄

年龄的差别往往意味着生理和心理状况、收入及旅游购买经验等的差别。因此,不同年龄的旅游者在产品类型、购买方式和购买时间等方面的选择上会有很大差别。一般来讲,年轻人喜欢时髦的和刺激性、冒险性较强、体力消耗较大的旅游活动;老年人则倾向于节奏舒缓、舒适并且体力消耗较小的旅游活动。但大多数老年人积蓄较多,同积蓄较少的年轻人相比,他们更倾向于选择豪华型的旅游产品。年龄是划分市场的传统标志,例如,在美国旅游市场中,旅游支出的80%是出自55岁左右的游客,即第二次世界大战后及20世纪50年代出生的一代人,他们受教育的程度及收入较高,是出国旅游的主要力量。居住在美国东部及南部的65岁以上的老年人,由于积蓄多、闲暇时间多,也成为远程及游船旅游的主力军。

◆ **专题笔谈 2.2**

**"银发团"旅游市场火暴**

据全国第五次人口普查资料显示,中国60岁以上的老年人数量将以年均3.2%的速度增长,按照国际通行标准,中国人口结构已进入老龄化阶段。统计资料显示,目前中国60岁以上的老年人为1.34亿,占总人口的10%以上;65岁以上的人口超过9400万,占总人口的7%以上;80岁以上老年人达1300万。这一趋势引发"银发团"旅游市场的火暴。据分析,"银发团"旅游市场火暴的原因,主要是现在的老年人退休后有钱、

> 有时间,纷纷外出旅游以丰富自己的晚年生活。而且随着经济的发展,老年人旅游出现了新的特点:老年人出游的要求越来越高。传统的老年人旅游多是国内游,且以标准档次为主。现在的老年人对旅游的需求日趋多样化。以往只有年轻人感兴趣的休闲游被更多的老年人接受,而且他们正由国内游向境外游发展。近年来许多旅行社都开设了"夕阳红"旅游团。
>
> 应该注意的是,目前的老年人旅游市场依然处于初级阶段,还有巨大的潜力可挖。我国目前已进入老龄化年代,但外出旅游的老年人只是极少数,与国外成熟的老年旅游市场相比相差甚远,我国老年旅游仅占旅游市场的20%左右,而国外则高达60%以上。
>
> 资料来源:杨益新.旅游市场营销管理[M].北京:清华大学出版社,北京交通大学出版社,2008.

### (二)健康状况

几乎任何一项旅游活动都要耗费体力和精力,因此,旅游者的身体健康状况就成为旅游购买行为的直接影响因素。身患重病的人很难进行旅游活动;而健康状况不佳者,也只能在体力允许的范围内选择旅程较短、耗时较少的旅游项目。健康状况不同的旅游者对交通工具、住宿设施及饮食要求也有很大差异。有时候,健康状况欠佳还是促成疗养旅游的直接原因。生理健康状况有时也影响到旅游者的心理状况,从而间接影响到旅游购买行为。

### (三)性别

性别对旅游购买行为的影响表现在两个方面:一方面,由于传统文化的影响,不同的性别角色在思想方式、行为方式等方面有不同的表现,并进一步导致了经济收入、处事能力方面的差异,这些因素都是他们选择旅游产品时各有特点的原因。另一方面,不同的性别角色还意味着生理、心理方面的不同:首先,男性和女性的感官如视觉、听觉及触觉等方面有某些差异,女性旅游者在选择旅游目的地时,往往更注重旅游购物条件和安全条件;其次,男性和女性在体力上也有较大差异,男性往往比女性精力更充沛,活动速度更快,但体力恢复却较慢,因此不同性别的旅游者在选择旅游项目时也有差别。

### (四)职业

职业在很大程度上决定了一个人的收入水平和闲暇时间的多少。收入水平决定了一个人的购买能力,影响旅游者购买旅游产品的种类、品牌、购买方式及购买数量。闲暇时间是限制旅游购买的另一客观因素,有些职业具有较长的闲暇时间,如教师。同时,职业也决定了闲暇时间的分配,有的职业可能允许工作者在冬季才有度假机会,有的就业者则只有夏季才有度假机会。所以,职业在一定程度上影响到旅游购买的时间和旅游天数。职业本身也意味着购买者的工作性质和生活经历。不同职业的人由于工作性质不同,可能会选择不同的旅游产品。工作复杂程度高、人际交往频繁、工作任务重的就业者倾向于选择放松型的度假旅游。例如,近几年兴起的度假旅游逐渐代替了观光旅游,成为旅游业发展的一大趋势,其原因就在于当今的城市生活节奏越来越快,工作压力越来越大,人们多以"放松"和"逃避"为旅游目的,追求恬淡舒适,而不再热衷于选择刺激性强的旅游项目。由于职业也代表一种生活经历,在旅游过程中旅游者可能会有意识地接触或回避接触与自己职业相关的当地居民,参加或回避与职业相关的旅游活动。

### (五)居住地

居住地在两个方面对旅游购买行为有影响。一方面,居住地所处地理区域的地形、地貌、气候及水文等组成了该地区居民生活经历中的重要部分。这方面的生活经历会促使旅游者寻找地理要素上有差异的目的地。另一方面,居住地的地理位置也意味着旅游目的地和客源地之间的距离。距离对目的地的选择既是推动因素也是阻碍因素,远距离既给旅游者带来吸引力,同时也带来时间和价格上的更多支出。从地理学的角度来看,随着地理距离的增大,客源便逐渐衰减,因为距离增大会使旅游费用和时间增多。在相同目标的前提下,舍远求近是一切旅游者选择目的地的共同原则。目前,世界上许多国家都把近距离的市场作为自己的争夺目标,例如墨西哥一直把美国作为自己的目标市场进行促销,亚洲国家则将日本、韩国等较富裕的国家作为重点客源国开展促销活动。

## 六、自然生态环境

影响旅游发展的另一个主要因素是全人类越来越关注自然环境的保护。环保意识的提高说明旅游者逐渐不能接受环境遭到严重破坏的旅游景点。同时,许多边远地区脆弱的自然环境和原始文化环境,随着诸如生态旅游、探险旅游和绿色旅游等专项旅游的发展而受到青睐。

世界范围内环境保护组织的增多证明了环境问题已经成为一个政治问题。"持续发展"成为许多国家政府和国际组织政策的一部分,旅游在持续发展过程中所处的地位和角色也越来越受到人们的关注。1990年在加拿大召开的Globe'90国际大会上提出了持续旅游的发展目标:①增进人们对旅游所产生的环境效应与经济效应的理解,强化其生态意识;②促进旅游的公平发展;③改善旅游接待地区的生活质量;④向旅游者提供高质量的旅游经历;⑤保护未来旅游开发赖以存在的环境质量。其核心是"发展与保护相结合,以实现进一步的发展"。

不少人认为全球的自然环境正在变化,全球的气候变化导致了气温的升高、海平面的上升。一旦这些情况加重,将会对旅游业产生深远的影响,例如经营期的延长、一些海滨和冬季度假区存留的可能性以及新度假地的产生。显然这种可能性对于企业的一个星期、一个月或一年的工作计划来说意义并不大,但它会对许多长达几十年的大型娱乐设施投资决策产生影响。针对这种长远的情况,在产品决策上要充分体现灵活性和弹性。

鉴于公众观点的压力,投资决策和产品选择应该符合人们的兴趣和环境要求,以期吸引相应的顾客群,依照生态的观点更应强调环境中各因素和系统的相互依赖性。例如旅游景区在规划设计、产品开发和对外宣传时一定要考虑到对自然环境的影响;旅行社设计线路时要具有高度环保意识,积极开发、科学组织生态旅游、探险旅游等特色旅游,同时考虑到旅游景区的承载力和旅游中的环保;旅游饭店要强化绿色营销观念,建立绿色客房、绿色餐饮,大力创建绿色饭店。

### ◎ 本节相关知识链接

1. http://www.people.com.cn
2. http://www.hotel520.com
3. http://www.china.travel
4. http://china.alibaba.com

### ◎ 本章试题与知识训练

**一、选择题**

1. 影响消费需求变化的最活跃的因素是( )。
   A. 个人可支配收入　　　　　　　　B. 可任意支配收入
   C. 个人收入　　　　　　　　　　　D. 人均国内生产总值

2. ( )主要指一个国家或地区的民族特征、价值观念、生活方式、风俗习惯、宗教信仰、伦理道德、教育水平和语言文字等的总和。
   A. 社会文化　　　　　　　　　　　B. 政治法律
   C. 科学技术　　　　　　　　　　　D. 自然资源

3. 影响旅游市场的宏观环境包括( )
   A. 社会文化　　　　　　　　　　　B. 政治法律
   C. 科学技术　　　　　　　　　　　D. 经济
   E. 人口　　　　　　　　　　　　　F. 自然生态

## 二、判断题

1. 宏观环境一般以微观环境为媒介去影响和制约企业的营销活动,因而宏观环境也称为间接营销环境。(　　)
2. 旅游市场与其他有形产品市场不相同,对外界环境不是很敏感。(　　)
3. 政府的法令条例,特别是有关旅游业的经济立法,对旅游市场需求的形成和实现具有不可忽视的调节作用。(　　)

## 三、填空题

1. 对于旅游者来说,形成旅游活动的两大客观条件是_____和_____。
2. 科学技术环境对旅游业的发展有着深刻的影响。近年来_____的推广使得旅游业的销售系统产生了重大变革,旅游销售的渠道变得更为直接、快捷。
3. 社会文化是指一个国家和地区的民族特征、文化传统、价值观、宗教信仰、教育水平、社会结构、_____和_____等的总和。

# 第三节　旅游市场营销微观环境

旅游市场营销微观环境影响着企业为目标市场服务的能力。构成旅游营销微观环境的各种制约力量存在于企业周围,与企业形成协作、竞争、服务、监督的关系。旅游市场营销工作的成功,不仅取决于能否适应客观环境的变化,还取决于能否适应和影响微观环境的变化。

旅游市场营销微观环境主要包括旅游供应者、旅游中间商、顾客群、竞争者、社会公众以及旅游企业内部环境。

## 一、旅游供应者

市场营销工作很重要的一个方面就是与商品供应者保持密切联系,以保证货源。旅游市场营销工作也同样如此,一定要保持与旅游资源供应者的联系。具体的旅游资源供应者包括旅游饭店、定点旅游用品商店、水电部门、公安部门、菜市场等单位,旅行社的商品供应者有旅游风景管理区、交通部门、宾馆饭店、娱乐区等单位。所有这些单位中,任何一个环节都不能放松,因为旅游产品的综合性也决定了它的脆弱性,任何一环的失误都会给全局造成不利影响。

把握旅游资源供应环境,不仅有助于保证货源,而且有助于降低成本。旅游企业应掌握供应商品的价格变化情况并尽可能加以控制,使综合报价中利润的构成达到最大限度。目前许多旅游企业采用"定点"制,使吃、住、行、游、购、娱形成一条龙服务,相互提供客源又相互优惠,收效颇佳。

## 二、旅游中间商

旅游中间商是指在旅游生产者与旅游者之间参与商品流通业务,促使买卖行为发生和实现的集体或个人。它包括经销商(批发商、零售商)、代理商、交通运输公司、营销服务机构和金融中间商等。这些旅游营销中间商一方面要把有关产品信息告知现实和潜在的旅游者,另一方面又要帮助旅游者方便地克服空间障碍从而获得旅游产品。

旅游中间商购买旅游产品的目的主要是在转卖过程中获取利润,对旅游市场行情非常了解。另外,他们是从获利角度出发的,而且每次批量很大,所以对购买力市场的需求情况摸得很透。在旅游界,旅游中间商一般都受过旅游专业训练,懂业务,有经验,最了解市场,也能掌握消费者的心理,他们能够给顾客提供最有价值的信息,帮助顾客选择最理想的旅游产品。这些特点决定了中间商对旅游产品的挑剔性,但从某种意义上来说,中间商可以帮助旅游产品供给者提高产品的质量。

旅游中间商在营销活动中的地位很重要,它会在多个环节中出现。旅游营销活动一定要审慎选择好中间商。

## 三、顾客群

顾客群是影响旅游营销活动的最基本、最直接的环境因素。仔细分析顾客群体,又可将其分为两类来区别对待。

### (一)个体购买者

个体购买者是指旅游产品的直接消费者,其旅游的目的是满足个人或家庭的物质和精神需要。旅游市场营销活动要根据个体消费者购买行为的特点,设计各种档次、各种类别、各种特色的旅游产品以适应不同层次消费者的需求。

### (二)组织购买者

组织购买者是指企业或机关团体组织为开展业务或奖励员工而购买旅游产品的购买者,是旅游市场营销的重要目标市场。组织购买次数虽少,但购买的规模却比较大。另外,由于组织购买的目的是为公不是为私,属生产性消费,费用由单位承受,价格敏感性比散客低,所以组织购买者对旅游产品的需求受价格变动的影响较小。经营组织旅游,一定要注重旅游产品的质量,营销时要注重对旅游产品质量、档次的强调。

## 四、竞争者

从消费需求的角度划分,每个企业都面临着四种类型的竞争者,即愿望竞争者(Desired Competitors)、一般竞争者(Generic Competitors)、产品形式竞争者(Product form Competitors)和品牌竞争者(Brand Competitors)。对于旅游企业而言,愿望竞争者是指提供不同产品以满足不同需求的竞争者。如消费者有带薪假期,他想游山玩水,或在家休息,他目前的愿望对旅游企业来说,就叫"愿望竞争者"。如何使消费者选择出游而不是在家待着,这就是一种竞争关系。一般竞争者是指提供能够满足同一种需求但产品形式不同的竞争者。例如,飞机、火车、汽车都可用做出游工具,这三种交通工具的经营者之间必定存在着一种竞争关系,他们也就相互成为各自的竞争者。产品形式竞争者是指生产不同规格档次的竞争者,如消费者选择旅游团队的档次是豪华等还是标准等。品牌竞争者是指产品规格、档次相同,但品牌不同的竞争者,如消费者选择入住的宾馆是王府井饭店还是长城饭店。显然,后两类竞争者是同行业的竞争者。上述不同的竞争对手与旅游企业形成了不同的竞争关系。这些不同的而且不断变化着的竞争关系,是企业开展营销活动必须考虑的十分重要的制约力量。

在同行业竞争中,卖方密度、产品差异、进入难度是三个值得重视的方面。

卖方密度是指同一行业或同一类的商品经营中卖方的数目。这种数目的多少,在市场需求量相对稳定时,直接影响到企业市场份额的大小和竞争的激烈程度。如旅行社的数目多,各企业所占市场份额相对就少,竞争就激烈。

产品差异是指同一行业中不同企业产品的差异程度(这种差异应是购买者所能够察觉的)。如推出同一线路,导游的素质及成本价的高低,都会使不同旅行社的竞争力不同。

进入难度是指新企业在试图加入某行业时所遇到的困难的程度。进入旅游业相对容易,其投资不高,技术也不复杂,投产周期不长,但其获利程度比进入难度高的行业相对小些。

## 五、社会公众

公众是对实现企业经营目标有现实或潜在利害关系和影响力的一切团体或个人。包括融资公众、媒介公众、政府公众、群众(社会)团体、社区公众、一般公众和内部公众七类。企业的生存和发展依赖于良好的公众关系和社会环境,"得道多助,失道寡助"。

旅游公关营销的宗旨是创造成功的人际关系、和谐的人事气氛、完美的社会舆论,以赢得社会公众的了解、好感、信赖、支持与合作。在旅游营销活动中要注意加强社会联系,让社会公众更多地了解企业的市场营销活动,特别是要与传媒单位、政府机构、学术团体和科研机构等保持紧密联系,以便收到更好的营销效果。

## 六、企业内部环境

《孙子兵法》曰:"知己知彼,百战不殆。"旅游企业进行环境分析时,必须对企业进行自我解剖,找到自己的优势和劣势所在。对企业内部环境的分析,主要注意以下几个方面。

### (一)企业资源及其分析

旅游企业资源是指企业拥有的人力资源、物力资源、财力资源、信息资源和文化资源等。这些资源有的属于有形资源,有的属于无形资源,都是企业参与市场竞争的基础,是发展企业市场竞争优势的关键因素。21世纪旅游业的竞争从根本上说是人才的竞争,哪家企业拥有更具竞争力的人才,尤其是高层次管理人才、复合型人才,哪家企业就拥有市场营销主动权。企业的资金和设施设备状况是企业营销活动的基础,它决定企业营销活动的规模。旅游业是一种服务性行业,服务水平的提高、服务内容的丰富等对于信息的依赖性都很强,企业应充分收集对企业发展有影响的各种信息,并从中找到自己的营销机会。企业文化越来越受到企业的重视,它在调动员工积极性、发挥员工主动性、提高企业凝聚力、优化企业形象、约束员工行为、激发员工创造力等方面起着重要的作用。企业营销人员分析资源时,要重点分析企业拥有什么资源,这些资源具有何种优势或劣势,这种资源状况是否会变化、如何变化,这种资源状况对企业营销活动有何影响,该如何整合企业资源。

### (二)企业能力及其分析

企业能力是指企业分配资源的效率。旅游企业进行能力分析时,主要分析企业的组织管理能力、战略规划能力、应变与创新能力和学习能力等。各部门各有所用,整个旅游企业才会具有整体性、系统性、互补性,有了各部门的齐心协力,加之训练有素的营销人员,旅游营销活动一定能够取得成功。

### (三)企业竞争力及其分析

企业竞争力依赖于企业资源和企业能力。企业通过对资源和能力的有效整合和发挥,最终形成使企业在众多竞争对手中脱颖而出的竞争力,并获得理想的竞争地位。通过分析企业的市场占有率、销售利润率、盈利能力、促销效率等可以反映企业的竞争能力。

◆ 本节相关知识链接

1. http://www.emkt.com.cn/

2. http://www.hotel520.com/
3. http://www.china.travel/
4. http://www.ecm.com.cn/
5. http://www.ctha.org.cn/

### ◆ 本章试题与知识训练

#### 一、选择题

1. （　　）是向企业及其竞争者提供生产经营所需资源的企业或个人。
   A. 供应商　　　　　　　　　　B. 中间商
   C. 广告商　　　　　　　　　　D. 经销商

2. （　　）要指协助企业促销、销售和经销其产品给最终购买者的机构。
   A. 供应商　　　　　　　　　　B. 制造商
   C. 营销中间商　　　　　　　　D. 广告商

3. 微观环境指与企业紧密相连，直接影响企业营销能力的各种参与者，包括（　　）。
   A. 企业本身　　　　　　　　　B. 市场营销渠道企业
   C. 顾客　　　　　　　　　　　D. 竞争者
   E. 公众

#### 二、判断题

1. 微观环境直接影响与制约企业的营销活动，多半与企业具有或多或少的经济联系，也称直接营销环境。（　　）

2. 顾客群就是个体购买者。（　　）

3. "得道多助，失道寡助"，旅游企业的生存和发展依赖于良好的公众关系和社会环境。（　　）

#### 三、简答题

从消费需求的角度划分的话，企业面临的竞争者可以分为哪几种类型？

## 第四节　旅游市场营销环境综合分析与评价

### 一、旅游市场营销环境的 SWOT 分析

#### （一）SWOT 的含义

SWOT 分析是广为应用的一种机会—风险分析方法，是由美国旧金山大学的管理

学教授于20世纪80年代提出来的。SWOT分析就是旅游企业在选择战略时,将与该企业密切相关的各种主要内部优势、劣势和外部的机会与威胁等,通过调查列举出来,并依照矩阵形式排列,然后用系统分析的方法,把各种因素相互匹配起来加以分析,从中得出一系列相应的结论,并且对这些结论做出系统评价,最终达到选出一种适宜战略的目的。SWOT分析法常常被用于制定旅游企业集团发展战略和分析竞争对手情况。

SWOT中的"S"、"W"、"O"、"T"4个英文字母分别代表一个单词,表示SWOT由4个要素组成。S(Strength)优势,是指旅游企业在竞争中具有的优势,如品牌优势、市场先入优势等。W(Weakness)劣势,是指旅游企业在竞争中相对弱势的方面,如市场份额较低等。企业只有客观的认识、分析自己的弱势,采取相应的策略扭转这种劣势才能有利于企业的发展。O(Opportunity)机会,是指外部环境(主要指宏观环境)变化给旅游企业带来的机会,是指在旅游市场上尚未满足而旅游企业又有能力满足并能取得竞争优势和差别利润的市场需求。T(Threat)威胁、风险,主要指营销环境中出现的不利于旅游企业发展或对旅游企业形成挑战的因素,这些因素会给企业经营带来风险。一般来说,企业应有一套风险预警机制和相应的避免风险的管理机制,以便风险发生时能将企业的损失降到最低。

从整体上看,SWOT分析可以分为两部分,如表2.1所示。

表2.1　　　　　　　　　　　　　　　　SWOT分类

| | 优势(S) | 劣势(W) |
|---|---|---|
| 企业内部条件 | 1.<br>2.<br>3. | 1.<br>2.<br>3. |
| | 机会(O) | 威胁(T) |
| 企业外部条件 | 1.<br>2.<br>3. | 1.<br>2.<br>3. |

(二)优势与劣势(SW)分析

SW分析是对企业自身优势与劣势的分析。旅游企业内部的优势与劣势是相对于竞争对手而言的,表现在资金、技术设备、职工素质、产品市场、管理能力等方面。衡量企业优势与劣势有两个标准：一个是资金、产品、市场等一些单方面的优劣势；另一个是综合的优劣势，可以选定一些因素评价打分，然后根据重要程度进行加权，取各项因素加权数之和来确定企业是处在优势还是劣势。企业应扬长避短，内部优势强，就宜于采取发展型战略，否则就宜于采用稳定型或紧缩型战略。

可运用 SW 分析矩阵来分析（图 2.2，图 2.3）。其基本步骤为：①企业自身在企业资源、能力和竞争力等方面状况如何；②分析这些状况哪些是优势或劣势；③分析这些优势或劣势影响程度有多大；④分析这些优势或劣势发生有利或不利变化的可能性有多大；⑤分析旅游企业可能采取的战略措施。

例如，在图 2.2 中，对处于第 Ⅱ 象限的优势业务，企业潜在影响力大而且发生变化的概率小，这表明该项优势为企业的长期稳定优势，应该继续保持；对处于第 Ⅰ 象限的优势业务，企业潜在影响力大，但发生变化的概率也大，这表明该项优势目前虽为企业的优势，但是还不稳定，企业应采取措施将其变为稳定优势。在图 2.3 中，对处于第 Ⅰ 象限的劣势业务，对企业的潜在影响力大而且发生变化的概率大，这表明该项劣势将会对企业的发展产生不利影响，应该设法改变这种劣势；而处于第 Ⅳ 象限的劣势业务，对企业潜在影响力小而且发生变化的概率也小，企业可以不必过多关注。

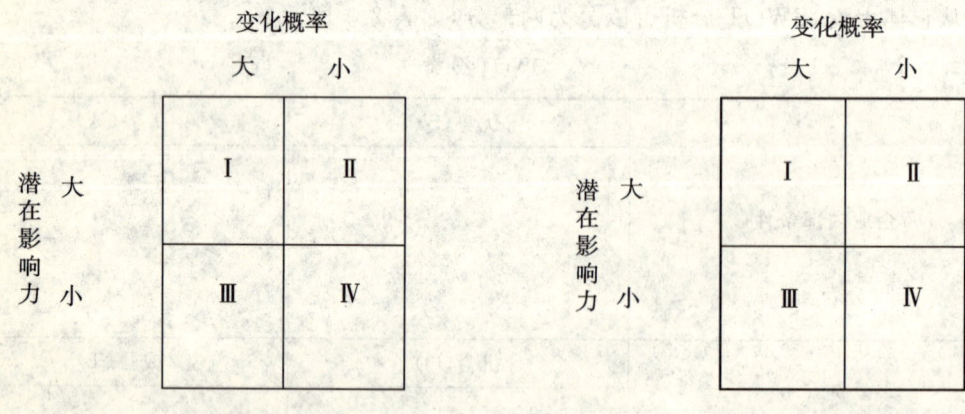

图 2.2　优势分析矩阵　　　　　　图 2.3　劣势分析矩阵

### （三）机会与威胁（OT）分析

旅游企业外部环境是企业无法控制的。随着社会经济的迅速发展，特别是世界经济全球化的步伐加快，全球信息网络的建立和消费需求的多样化，旅游企业所处的环境更为开放和动荡。这种变化一方面可能给企业带来某种机会，如宽松的政策、技术的进步，有可能给企业降低成本、增加销售量创造条件；另一方面可能给企业带来威胁,如信贷紧缩、税率提高等。正因为如此,旅游市场营销环境分析成为一种日益重要的企业职能。

OT分析是对企业外部环境带来的机会、威胁的分析。机会分析主要考虑其潜在的吸引力(盈利性)和成功的可能性大小。威胁的分析一般着眼于两个方面:一是分析威胁的潜在严重性,即影响程度;二是分析威胁出现的可能性,即出现概率。可运用OT分析矩阵来进行(图2.4,图2.5)。其基本步骤为:①扫描外部环境,判断发生了什么事;②分析这些事对企业是机会还是威胁;③分析机会或威胁的大小程度;④分析机会或威胁成为现实的可能性有多大;⑤分析旅游企业可能采取的战略措施。

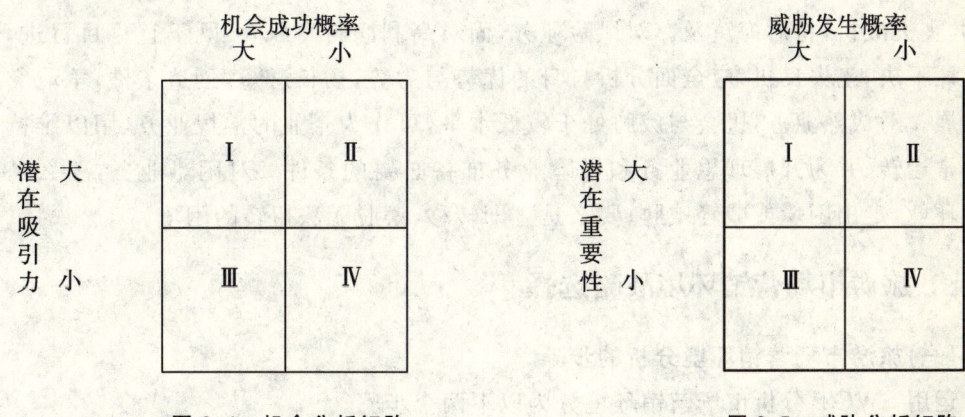

图2.4 机会分析矩阵　　　　　　图2.5 威胁分析矩阵

1. 机会分析

如图2.4所示,在第Ⅰ象限,潜在的吸引力和成功的可能性都大,有极大可能为企业带来巨额的利润,企业应把握战机,全力发展;而处于第Ⅳ象限的机会,不仅潜在利益小,成功的概率也小,企业应改善自身条件,关注机会发展保护,审慎而适时地开展营销活动。

2. 威胁分析

在图2.5中,处于第Ⅰ象限的威胁出现概率和影响程度都大,必须特别重视,并制定相应对策;处于第Ⅳ象限的威胁出现概率和影响程度均小,企业不必过于担心,但应注意其发展变化。处于第Ⅱ象限的威胁出现概率虽小,但影响程度较大,必须密切监视其出现和发展;处于第Ⅲ象限的威胁影响程度较小,但出现概率大,必须充分重视。

3. 机会威胁综合分析

用上述矩阵分析法评价企业的营销环境,可能出现4种不同的结果(图2.6)。

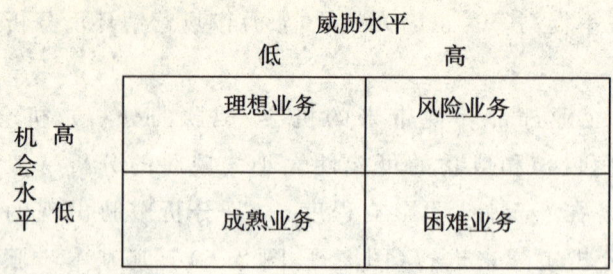

图 2.6 威胁机会综合分析

在环境分析和评价基础上,企业对威胁与机会水平不等的各种营销业务,要分别采取不同的策略。对理想业务,应看到机会难得,甚至转瞬即逝,必须抓住机遇,迅速行动;否则,丧失战机,将后悔莫及。对风险业务,面对高利润与高风险,既不宜盲目冒进,也不应迟疑不决,坐失良机,应全面分析自身的优势与劣势,扬长避短,创造条件,争取突破性的发展。对成熟业务,机会与威胁处于较低水平,可作为企业的常规业务,用以维持企业的正常运转,并为开展理想业务和风险业务准备必要的条件。对困难业务,要么是努力改变环境,走出困境或减轻威胁;要么是立即转移,摆脱无法扭转的困境。

## 二、旅游市场营销环境战略选择

### (一)旅游市场营销环境分析的步骤

运用SWOT分析市场营销环境分为以下两个步骤。

第一步,针对某一旅游企业,根据SWOT分析表,列出对该企业发展有重大影响的内部及外部环境因素,对这些因素进行评价,判定是优势还是劣势,是机会还是风险。

第二步,在此分析基础上,可以根据SWOT矩阵确定旅游企业的优势和劣势,并且由此判定该企业应采用何种类型的发展战略,如图2.7所示。

### (二)旅游市场营销环境战略选择

根据以上对旅游市场营销环境的全面分析,企业可以有以下战略进行选择。

SO战略:处于第Ⅰ象限,它表明企业外部有众多机会,又具有强大内部优势。在这种情况下,旅游企业宜采用发展型战略,依靠内部优势去抓住外部机会,为企业赢得利润。

WO战略:处于第Ⅱ象限,它表明企业外部有机会,但内部条件不佳。这时,旅游企业宜采取稳定型战略,利用外部机会来扭转内部的劣势,即先稳定后发展。

WT战略:处于第Ⅲ象限,它表明企业外部有威胁,并且内部状况又不佳。这时,旅游企业应设法避开威胁、消除劣势,可采用紧缩型战略。

ST战略:处于第Ⅳ象限,它表明企业拥有内部优势而外部存在威胁。在这种情况下,旅游企业宜采用多种经营战略,以有效分散风险,寻求新的机会。

通过SWOT模型分析,可以对旅游企业所处的内外部环境进行全面、系统、准确的研究,明确自身的战略地位,并初步选定企业可能采取的发展战略、计划以及对策等。

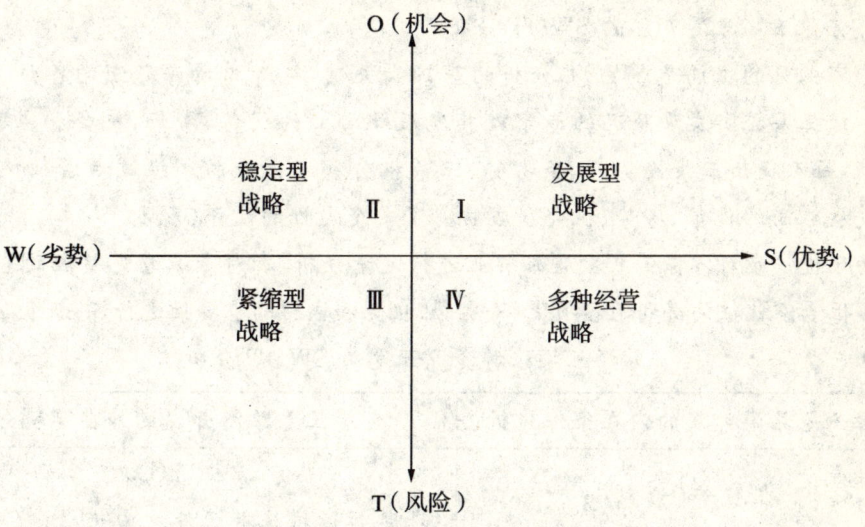

图 2.7　SWOT 战略选择矩阵

◆ 案例驿站 2.3

**山东德州市苏禄王墓 SWOT 分析及产品拓展策略**

1. 对象概述

苏禄王墓位于山东省德州市。古苏禄王国位于今加里曼丹岛和菲律宾群岛之间的苏禄群岛上。明朝永乐十五年(1417)苏禄国东王、西王、峒王(以东王为尊)率340人的大型使团访问中国,在北京受到了明朝政府的盛情接待,在归途中东王病逝于山东省德州,遂就地埋葬。明成祖为他举行了隆重的葬礼,赐谥"恭定",遣官致祭并亲撰碑文,刻石以志此事。以后东王的长子回国继承王位,东王妃葛木宁和王次子温哈喇、三子安都鲁以及侍从留在中国为先王守墓,他们都受明朝俸禄,赐拨祭田,并派专人守庙护陵,祭扫陵园。

永乐二十一年(1423)东王妃归国,偏妃及温、安二子继续守墓,他们逝世后都祔葬在王墓的东侧。清雍正九年(1731)应苏禄王国的要求,守墓人员的子孙均入籍德州,现在此地温、安二姓都是苏禄东王的后裔。

今陵园位于德州市北约1千米处,园内松柏成林,郁郁葱葱,园的正中有墓冢,前立有一处墓碑,上书"苏禄国恭定王墓"七个大字。甬道的两侧翁仲、石兽排列有序,碑碣林立,环境清幽肃穆。明清以来,有很多南来北往的游客到此凭吊,明末顾炎武谒墓诗云"世有国人供洒扫,每勤词客驻轮蹄"。清人程先贞有"万里游魂滞此方,丰碑犹自焕奎章"的诗句,表达了中国人民对菲律宾友好使者的悼念之情。

2. 苏禄王墓旅游开发的 SWOT 分析

专家意见的征询是 SWOT 分析的基础和关键,笔者先请课题组的各位成员和对熟悉苏禄王墓旅游发展状况的专家就其发展旅游业的优势、劣势、机会和威胁进行独立判断,每人提出三条优势、三条劣势、三条机会和三条威胁。经过专家征询,对苏禄王墓发展旅游的优势、劣势、机会和威胁有了一个定性的认识(表1)。

为了进一步对苏禄王墓发展旅游业进行定量分析,在对专家意见整理的基础上,笔者请各位专家就征询得到的各项优势、劣势、机会和威胁的重要性进行评分(表2)。

表1　　　　　　苏禄王墓旅游资源开发的 SWOT 分析

| 苏禄王墓旅游开发的内在条件分析 | 苏禄王墓旅游开发的外在环境分析 |
|---|---|
| 优势(S)<br>S1 品牌优势:中国唯一的国外皇帝的墓葬。<br>S2 资源优势:文化底蕴深厚。<br>S3 区位优势:对外交通较好,神京门户。<br>S4 比较优势:德州市拳头景点。<br>S5 市场优势:德州市靠近北方经济中心。 | 机遇(O)<br>O1 现代区域旅游正处于由热点向温点移动的趋势,德州市(苏禄王墓)旅游极有可能升温。<br>O2 政府对旅游投入力度大,积极性提高。德州市旅游总体规划的制定与实施。<br>O3 文化旅游是未来旅游业发展的趋势之一,苏禄王墓文化底蕴深厚。<br>O4 毗邻地区经济实力提高,短途游客出游能力增强及区内居民消费意识的转变。 |
| 劣势(W)<br>W1 已有旅游产品等级低,并容易成为阴影区。<br>W2 区域经济发展水平中等,旅游服务体系不完善。<br>W3 中心城市规模小,辐射能力有限。<br>W4 德州市旅游资源不足,没有规模效益。<br>W5 位于市区,周边环境及氛围差。 | 威胁(T)<br>T1 产品娱乐参与性不强,开发目前流行的度假和城市旅游产品资源禀赋不足。<br>T2 旅游业的快速发展与德州市地区其他服务业的不协调将会加剧,这会影响游业的发展。 |

表2　　　　　　　　苏禄王墓旅游发展的SWOT评估分值

| 评估项 | 优势 | | | 劣势 | | | 机会 | | | | 威胁 | |
| --- | --- | --- | --- | --- | --- | --- | --- | --- | --- | --- | --- | --- |
| | $S_1$ | $S_2$ | $S_3$ | $W_1$ | $W_2$ | $W_3$ | $Q_1$ | $Q_2$ | $Q_3$ | $Q_4$ | $T_1$ | $T_2$ |
| 估测权重 | 0.7 | 0.4 | 0.6 | 0.3 | 0.3 | 0.1 | 0.2 | 0.4 | 0.6 | 0.4 | 0.25 | 0.1 |
| 估测分值 | 5 | 4 | 4 | 3 | 3 | 3 | 3 | 5 | 4 | 2 | 4 | 2 |
| 得分 | 3.5 | 1.6 | 3.0 | 0.9 | 0.9 | 0.3 | 0.6 | 2.0 | 2.4 | 0.8 | 1.0 | 0.2 |
| 得分总计 | 8.1 | | | 2.1 | | | 5.8 | | | | 1.2 | |

从表2计算的数据可以看出,苏禄王墓的优势和劣势相比,优势分值高于劣势分值,因此SW轴上位于上限;面对外部环境的机遇与威胁相比,机遇分值高于威胁分值,在OT轴上位于右限;将两种条件重叠形成SWOT战略分析图,即可明确苏禄王墓开发旅游的战略定位应该是"发展型战略",并按照SWOT分析结果制定旅游发展的具体战略措施。

3. 苏禄王墓旅游发展战略

(1)博物馆建设。将现有的发掘文物集中展示,主要展示有关的背景知识、各种文物实物及其说明。目的在于向游客充分反映苏禄王墓的历史。

博物馆在建设风格上应该体现古朴的特色,结合当地民居的特点进行设计,体量不宜过大。通过建筑造型提供一种浓郁的历史气氛和高雅的文化氛围;建设一个良好的生态环境,突出建筑与自然环境的和谐。

(2)有效墓葬展示。对墓葬进行发掘并进行部分展示,增强陵墓的可观性,建设相应的保护游览设施,既使游客可以观赏,又不至于对文物造成破坏。建议在陵墓附近建一仿真陵墓,遵照原有格局,配以复制文物按照原有格局陈列于地下供游客观赏。

(3)文化深度挖掘。结合清真寺及北营村,进行伊斯兰文化展示,如葬礼、婚俗及其他生活、生产习俗的展示,提高游客的参与性与互动性。

(4)绿化与景观建设。对遗址区运用绿化系统来标识和保护,道路系统和游览观光线路统一加以绿化,整个旅游园区形成以绿色为主体的良好景观背景,以植物(农作物)景观为特色的生态园区,使地下、地面遗址与自然环境协调,形成黄(土地)与绿(植被)、动态参观与静态观赏、古代遗址文化与现代生态文明相统一的一个区域。

(5)服务区建设。北营村是苏禄王墓所在地,改变其传统的生产经营模式,加强完善其旅游接待服务功能,将其建设成为"旅游接待村"。

资料来源：李连璞,刘连兴.旅游资源开发中的SWOT分析及产品拓展策略——以德州市苏禄王墓为例[J].德州学院学报,2007(6).

◆ **本节相关知识链接**

1. http://www.sellcn.com/
2. http://www.china.travel/
3. http://www.ecm.com.cn/
4. http://www.dzta.gov.cn/index.html

◆ **本章试题与知识训练**

一、选择题

1. 威胁水平和机会水平都高的业务,被叫做(　　)。
   A. 理想业务　　　　　　　　　　　B. 风险业务
   C. 成熟业务　　　　　　　　　　　D. 困难业务

2. 威胁水平高而机会水平低的业务是(　　)。
   A. 理想业务　　　　　　　　　　　B. 冒险业务
   C. 成熟业务　　　　　　　　　　　D. 困难业务

3. 根据对旅游市场营销环境SWOT分析,企业可以进行选择战略有(　　)。
   A. SO战略　　　　　　　　　　　　B. WO战略
   C. WT战略　　　　　　　　　　　　D. ST战略

二、分析题

某饭店经调查,了解到影响该饭店业务的因素如下:(1)政府采用宏观手段限制国内旅游。(2)该饭店主打菜肴的原材料价格上涨。(3)因货币贬值,其主要客源大大减少,客人消费额下降。(4)随着饭店市场竞争的日益激烈,一大批饭店将退出该行业,使该饭店的竞争处于更有利的位置。(5)国内外对商务饭店市场的需求量激增。请分析该饭店将面临的机会与风险特征。

三、简答题

什么是旅游市场营销环境的SWOT分析?

## ◆ 本章小结

### 1. 本章结语

旅游市场营销环境是指影响旅游企业市场营销活动及其目标实现的各种内外因素所构成的多层次、相互关联和不断变化的结构系统。其表现出五个明显特点：旅游市场营销环境因素的客观存在性、差异性、关联复杂性、动态变化性和难以控制性。旅游市场营销环境分析有利于发现和利用市场机会、规避环境威胁，有利于制定科学的营销战略和计划。

旅游市场营销活动受到宏观环境和微观环境的影响。宏观环境影响因素有政治法律环境、经济环境、社会文化环境、人口环境、科学技术和自然生态环境。微观环境由旅游供应者、旅游中间商、顾客群、竞争者、社会公众等外部力量及企业内部环境构成。

旅游市场营销环境分析主要是运用 SWOT 分析方法。SW 指企业相对于竞争者的优势和劣势，OT 指企业面临的外部机会和威胁。运用 SWOT 分析法对旅游企业营销环境进行全面综合分析，企业可以有以下战略选择：SO 战略（发展型战略）；WO 战略（稳定型战略）；WT 战略（紧缩型战略）；ST 战略（多种经营战略）。

### 2. 本章知识结构图

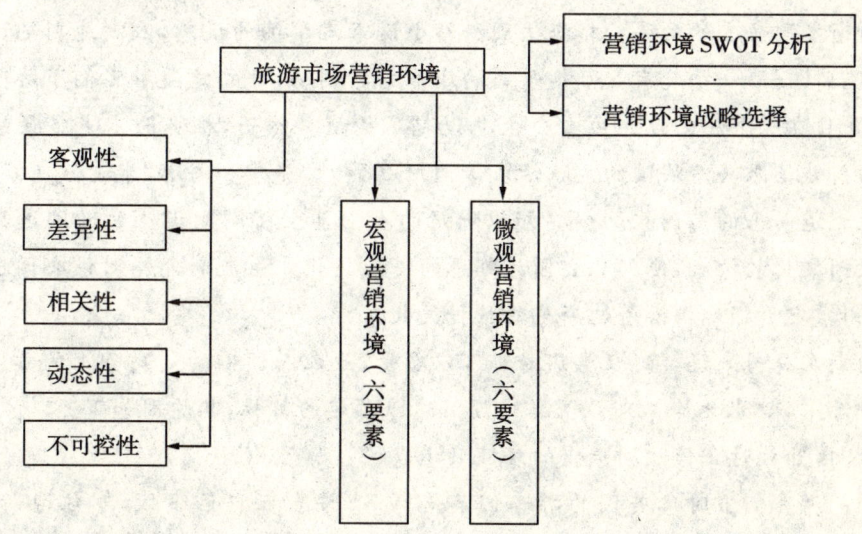

### 3. 本章核心概念

旅游市场营销环境 宏观环境 微观环境 SWOT 分析方法

## ◆ 实训练习

选择一家您熟悉的旅游企业进行实地调查，应用所学理论，对其营销环境进行综合分析与评价,通过小组形式展开讨论,做一份案例研究报告(主要包括旅游企业宏观环境分析,旅游企业微观环境分析,旅游企业营销环境综合分析与战略选择)。

◆ 延伸阅读

### 迪斯尼兵败巴黎

1955年,占地30公顷的"迪斯尼乐园"在美国加利福尼亚州开放;1972年,"迪斯尼世界"在佛罗里达州建成;1983年,迪斯尼又走出国门,把迪斯尼文化推向了日本,建成了占地80公顷的东京迪斯尼。接二连三的成功,使迪斯尼公司管理者们的头脑膨胀了,他们企图把这些成功的套路再照搬到欧洲,创造第四个奇迹。然而,事与愿违,巴黎不是佛罗里达州,也不是东京,"唐老鸭"终于碰了个大钉子。

欧洲迪斯尼乐园最终耗资44亿美元。在这项工程中迪斯尼公司拥有49%的股份,这是法国政府所能容忍的最大限度。迪斯尼公司投资了1.6亿美元,其他投资者投资了12亿美元,剩下的由法国政府、银行和融资租赁公司以贷款的形式进行投资。

迪斯尼公司的收益始于公园开放以后,公司获得10%的门票收益和5%的来自食品和其他商品的收入,这与迪斯尼公司在日本的安排相同。为适应游客需要,公园里使用两种官方语言——英语和法语,但是来自荷兰、西班牙、德国和意大利的游客也能很容易地找到精通本国语言的向导。根据法国科幻小说家凡尔纳的设想,欧洲迪斯尼还特别建立了"发现岛"——一个具有360度屏幕的球幕电影剧场,目的是使游客们了解整个欧洲的历史,并且在这个岛上就连白雪公主也说起了德语。然而,机灵的米老鼠最终还是在欧洲人面前栽了跟头。法国的左派示威者们用鸡蛋、番茄酱和写有"米老鼠回家去"的标语来回敬远道而来的美国人。一些知识阶层的人士甚至将刚刚诞生的欧洲迪斯尼公园视为对欧洲文化的污染,他们称公园为可恶的美国文化。主流新闻界对该公园也持反对态度,他们幸灾乐祸地描绘着迪斯尼的种种失败。

对迪斯尼公司来说,鸡蛋、番茄酱都可以忍受,最让人烦恼的是财务上的亏空。自从1992年开放以来,收入令人难以置信地没有达以预定的目标,其原因如下。

(1)公园开放时正值欧洲严重的经济衰退。

欧洲的游客们当时比美国的游客们节俭得多,许多人自己带饭,不住迪斯尼宾馆。而实际上,迪斯尼最初对公园门票和酒店的定价是假定任何价位都是可以被接受的,因为欧洲没有第二个迪斯尼,该公司的垄断地位有利于实施它的高价位策略。所以,公园门票成人的票价是42.25美元,比在美国的公园门票的价钱还要高;公园门口的迪斯尼宾馆一个房间一晚的价钱是340美元,相当于巴黎最高档宾馆的价位。

最让人不可思议的是,迪斯尼的决策者在游客数量预测上所犯的低级错误。他们轻易地照搬了迪斯尼在美国的数据,认为佛罗里达州迪斯尼世界的游客们通常要住上4天,而欧洲迪斯尼乐园虽只有佛罗里达州迪斯尼世界的1/3,但游客们怎么也得住上两天才能尽兴地游玩。可实际情况却是许多游客一大早来到公园,晚上在宾馆住下,第二天早晨先结账,再回到公园进行最后的探险。精明的欧洲游客们不愿意把更多的时间、更多的金钱花在迪斯尼昂贵的商品和服务上,结果使宾馆的住房率很快降到了50%。

总之,欧洲迪斯尼乐园自恃拥有垄断地位,认为它的需求曲线是缺乏弹性的,游客们不会太在意门票价格和服务价格的高低,但是他们所没有估计到的是欧洲人的精明干练,由于价位太高,他们会缩短停留的时间,避免住酒店,自带食品和饮料,谨慎地购买迪斯尼的商品。最终,大量节俭的欧洲游客并没有满足迪斯尼公司在收入和利润上的目标,以及弥补他们日益膨胀的管理费用。

(2)文化上的差异造成了欧洲迪斯尼的失败。

例如,一项在公园内不准饮酒的规定,引起了午餐和晚餐时都要喝酒的欧洲人的不满。又如,迪斯尼公司认为星期一比较轻松而星期五比较繁忙,因此也相应的安排了员工,但是情况却恰恰相反。而且,他们还发现游客有高峰期和低峰期,高峰期的人数是低峰期的10倍。在低峰期减少员工会违反法国关于非弹性劳动时间的规定,而一直维持高峰期所需的员工数显然是一种浪费。另一个不愉快的问题是关于早餐。"听说欧洲人不吃早餐,因此我们缩小了餐馆的规模",一位管理者回忆说,"你猜发生了什么?每一个人都需要早餐。我们要在只有350个座位的餐馆里提供2 500份早餐,队伍长得吓人。"

(3)迪斯尼乐园未考虑到来自旅游汽车司机的需求。

为司机们建造的休息室只能容纳50个司机,但是在高峰期每天有2 000个司机需要休息。难怪有人以讥讽的口吻说:"从不耐烦的司机到抱怨的银行家,迪斯尼公司踩在欧洲人的脚趾上了。"

在1993年9月30日结束的财政年度里,这个娱乐公园已经亏损了9.6亿美元,这意味着每天要亏损250万美元,公园的前景值得怀疑。直到第二年春天,沃尔特·迪斯尼不得不筹措了1.75亿美元来挽救欧洲迪斯尼。这个奄奄一息的公园所面临的最大问题就是沉重的利息负担,因为在44亿美元总投资中仅有32%是权益性投资,有29亿美元是从60家贷款银行借来的,并且贷款利率高达11%。

迪斯尼公司在巴黎不惜血本,以44亿美元的高投入企图从欧洲文化市场抱回一个大金娃娃,然而,梦境与现实毕竟有一段距离。迪斯尼在巴黎的失利带给人们以下启示。

在跨国经营中,无论是投资决策还是具体的营销策略制定,都要十分注意文化差异给企业经营带来的负面影响。迪斯尼公司的败笔是在决策上,错把巴黎当加州,以为欧洲人会很容易接受远道而来的米老鼠和唐老鸭,忽视了像法国这样的具有悠久历史文化传统的国度,为保持本民族文化的纯洁性会对外来文化采取抵触态度。在风俗习惯上,迪斯尼公司也不是以为欧洲人服务为出发点,而是以美国人的心理去揣摩欧洲人,从早餐的准备到司机休息室的安排,都忽视了不同国度的不同习惯,从而使自己陷入困境。在管理上,美国人也犯了大忌,面对一个陌生的文化环境,傲慢的美国人没有任何收敛。法国人敏感的心灵被迪斯尼管理者们的粗鲁急躁、感觉迟钝、高傲自大给伤害了。迪斯尼管理者们争强好斗的态度使人们变得越来越疏远,使计划和管理变得越来越糟糕。企业要走出国门,一定要充分估计到国与国之间的文化差异,入乡随俗,以赢得所在国消费者的青睐。

在定价策略上,迪斯尼公司以自己的垄断地位实施了高价策略。这种策略的优点十分明显,就是能很快取得高收益。但前提是顾客愿意并能够支付较高的价格,而且没有其他低价格的选择。事实上欧洲的游客与那些来自美国本土和国外的游客有很大的区别,他们似乎对价格更加关心。他们不愿意把自己的钱白白花在迪斯尼公司的高档酒店,甚至宁愿自己携带食物。这表明那些驾车2~4小时就可以到达欧洲迪斯尼乐园的游客与那些远涉重洋的游客至少在消费能力和意愿上是不同的。所以,当顾客们不能够或者不愿意支付较高的价格,并且能够以较低的价格消费同样的商品和服务时,这种策略就是失败的。结果是聪明的欧洲人不得不让美国人又一次俯首称臣。几年后,迪斯尼公司在酒店价格上大砍一刀,公园中昂贵的商品也逐渐被普通商品所取代。

此外,像迪斯尼公司这样高度负债的情况也是十分危险的。大量负债抬高了盈亏平衡点,尤其是在宏观环境不佳和经营没有达到计划目标的情况下,沉重的债务负担将会把企业置于死地。

资料来源:李尔华.国际营销实务[M].北京:中国人民大学出版社,2003.

**分析思考题**:1.你认为巴黎迪斯尼失败的原因是什么?2.查找资料,对香港迪斯尼乐园经营的成败及其原因进行分析。

第 三 章

# 旅游消费行为

## 学习目标

知识要点：了解旅游市场需求特征与发展趋势；理解旅游购买动机与旅游购买行为模式；掌握影响旅游消费的因素、旅游者购买过程以及组织机构的购买行为。

技能训练：针对某一类旅游者群体（如在校大学生），分组进行旅游消费行为调查，分析其旅游消费行为特征并写出调研报告。

能力拓展：收集、整理相关资料，分析旅游者与组织机构的旅游购买行为特征与购买决策过程。

## 引 例

### 美国时运假日旅行社的制胜法宝

一、背景材料

时运假日旅行社的前身是麦昂旅行社，专营欧洲乡村别墅短程度假旅游业务。当时，欧洲短程旅游市场竞争激烈，各旅行社的经营利润极低。从1983年以来，世界远程度假旅游市场看好，英国经营这方面旅游业务的旅行社逐渐增多。1984年1月，麦昂旅行社与英国一家较大的烟草公司时运烟草公司签订联营合同，开辟远程度假包价旅游新市场，开始经营去世界各地的远程度假旅游，并将原来麦昂旅行社的名字改为时运假日旅行社。经验丰富的菲力普出任总经理。

二、旅游者行为调研

时运旅行社成立后，首先对远程度假市场进行调查分析，调研的主要内容是：哪些远程度假线路有较大的潜在市场？哪些类型的客人愿意参加远程度假旅游？3个月后，调研结果表明：

1. 客人对各类远程度假旅游的偏好比重不同：

| 旅游者类型 | 偏好比重 |
|---|---|
| 喜欢海边度假的客人 | 17% |
| 喜欢海边度假和购物的客人 | 33% |
| 喜欢文化旅游的客人 | 19% |
| 喜欢参加各种兴趣度假的客人 | 16% |
| 喜欢在度假中"体验新的经历"的客人 | 15% |

根据"开辟新客源市场，不与其他旅行社争夺原有客源市场"的指导思想，时运旅行社在分析调查结果后认为：喜欢在度假中"体验新的经历"的客人是一个潜力很大的新市场，决定重点开发并占领这个新的市场。

2. 市场调研的结果还表明：喜欢参加远程度假的客人大多数是地位和收入较高的客人。客人的年龄并不受限制，远程度假既适合于度蜜月的年轻人，又适合退休老人等各年龄段的客人。

3. 主要竞争对手在远程度假旅游市场中所占的份额：

| 旅行社名称 | 市场份额 |
|---|---|
| 库尼旅行社 | 20% |
| 信诚旅行社 | 10% |
| 速鸟旅行社 | 10% |
| 康肯·库恩旅行社 | 5% |
| 飞翼旅行社 | 5% |

其中，库尼旅行社一直具有很好的信誉，已经牢固地确立了在这一市场的领先地位。通过市场调研，时运旅行社的目标十分明确。他们认为，要取代库尼旅行社的市场地位是十分困难的，但可以全力去争夺这一市场的第二领先地位。时运旅行社计划用5年的时间达到这个目标，力争占领15%远程度假市场份额，成为这一市场的第二霸主。

三、对旅游目的地的分析

当目标市场和产品类型确定后，时运旅行社紧接着对旅游目的地的设施和旅游资源进行调研，以弄清哪些目的地能满足客人的需求。

1. 饭店情况

1984年1～5月间，菲力普先生行程133 630千米，走访了20多个国家的100多家饭店,寻找和确定适应不同客人需求的不同类型的旅游目的地。同时,他与各饭店的销售经理协商了房价问题,最终达成的协议是:时运旅行社将这些饭店的情况编印在旅行社出版的旅游宣传品上,散发给顾客。这既为旅行社本身宣传促销,也为各饭店做了广告。这种形式的宣传广告发放面广,数量多,针对性强,影响大。时运旅行社还可以从这些饭店获得30%的房价折扣。

2. 交通情况

远程度假费用中,很大比例用于支付从出发地到目的地之间的国际航运费。为了保证旅行社能获得较好的机票折扣,时运旅行社决定全部使用目的地国家的航空公司,这些航空公司可以保证向时运旅行社长期提供60%以上的机票折扣。

3. 目的地旅游资源情况

为实现旅行社准备开辟的"求新和体验不同经历"的客源市场目标,菲力普先生考察了竞争对手所提供的线路中从未涉及的目的地,以新的目的地、新的旅游资源来满足客人求新和体验不同经历的需要,为时运旅行社扩大影响并占领足够的市场份额。

数年以后,时运旅行社成为行业的第二霸主。业内人士对此评价是:时运旅行社的成功得益于对旅游者购买行为的正确认识和准确把握。

**案例引发的问题**:时运旅行社是"以旅游者需要为中心开拓市场的",试设想时运旅行社在日后的经营中将如何发扬这一宗旨。请帮助策划2～3个营销策略,促使旅游者的潜在需要变为实际的购买行为。

案例来源:http://classroom.dufe.edu.cn/jp/C385/zccs.htm。

# 第一节 旅游市场需求与旅游消费行为

旅游市场需求是企业营销的依据,是企业经营的出发点,在现代社会里,企业必须花大气力进行市场需求方面的研究。只有如此,旅游企业才能在市场中掌握经营的主动权,在竞争中立于不败之地。

## 一、旅游市场需求特征与发展趋势

旅游市场需求是指旅游者对有能力购买的某个具体旅游产品所产生的欲望和要求。在当今社会,人们的物质需要得到满足后,开始追求高层次的生活标准和生活方式,旅游的需求也就由此产生了。

**(一)旅游市场需求特征**

1. 关联性

大多数旅游者在决定去某地旅游时,都不仅仅考虑某一方面的旅游产品或服务,而是将多种有关的旅游产品或服务综合起来进行考虑。旅游是一个综合行业,旅游者的一次经历涉及"食、住、行、游、购、娱"等各个方面。旅游需求客观上是一种整体性的需求,是对各种旅游单项产品和服务的组合要求,因此,旅游需求尽管千差万别,但内部存在着彼此间的关联性,关联产品间具有同向性的特点。如饭店客房出租率的提高往往会带动餐饮、会议中心、康乐等部门收入增加。

2. 多样性

据估计,世界国际旅游者和各国国内旅游者总数,可能达到 20 亿之多。因此,旅游者人数众多,构成复杂。由于人们的收入水平、年龄、性别、文化程度、地理区域、民族和生活习惯等不同,形成了各种不同的消费需求。

3. 发展性

随着旅游者收入的不断增加和自由支配时间的增多,旅游者文化素质的提高,以及旅游业的提高完善,旅游者的消费需求无论从量上,还是从质上看,都有了一个较大的发展。由单一的观光型旅游向复合型的非观光旅游发展;由要求提供低层次的旅游产品,向要求提供高层次的旅游产品发展;由少数的社会上层人士的旅游向大众的旅游活动方向发展。同时,人们的需求是无穷无尽的,一种需要满足了,另一种需要就会随之产生。

4. 层次性

由于人们的收入水平和消费观念上的差异,人们对于许多产品的需求,存在着明显的层次性。经营者必须针对不同层次的需求状况,确立自己的目标市场,推出符合目标顾客所需要的产品和服务,才有可能获得消费者的欢迎。

从本质上讲,旅游作为人们的一种特殊的消费需求形式,主要是满足人们心理方面、精神方面的需求,但人们外出旅游期间也要满足生理方面的需求,这是必不可少的。因此,旅游消费需求就可分为:基本需求、安全需求和精神需求三个层次。

5. 伸缩性

消费者的欲望、支付能力,以及外界商品供应、价格、广告宣传、销售服务等都会影响人们的购买行为。一般的说,日常生活必需品伸缩性较小,而许多非生活必需品或中高档消费品,由于选择性较强,消费需求的伸缩性也就较大。在旅游业中,观光型旅游、娱乐型旅游、文化知识型旅游等需求弹性较大,旅游业经营者对这类产品一定要保证质量和合理的价格。而各种公务旅游、商务旅游、会议旅游等产品质量和价格对总需求影响较小,弹性较差。以旅游饭店的收入结构为例,客房的销售弹性不大,而餐饮、商品销售、娱乐等方面的弹性就比较大。

6.可诱导性

旅游者的市场需求容易受到旅游市场环境的影响。同时,绝大多数旅游者对准备购买的旅游产品缺乏专门的知识和深入地了解,容易受广告和其他销售推广方法与情感的支配和影响。因此,旅游业可以通过宣传旅游产品,帮助旅游者了解旅游产品,引导旅游者进行合理的消费,引导游客更好地满足自己的各种需要。

**(二)旅游需求的发展趋势**

现代旅游市场需求处于不断变化的过程中,必须紧紧把握住其发展趋势,才能在旅游营销中不断满足消费者的需求,使之与旅游市场相适应。现代旅游市场需求的发展趋势主要表现为以下方面。

1.面对多样化的旅游选择,旅游市场中综合性满足的需求

20世纪90年代以来,旅游市场最突出的变化之一是由于已经有了多样化的旅游可能,一般化的自然景观和人文景观,特别是以单一形态出现的一般化自然景观和人文景观对旅游者的吸引力有所下降,而且这一趋势在可见的未来必将越来越明显。来自旅游市场的种种迹象也都表明,越来越多的旅游者不仅愿意选择那些更"独特"、更"奇异"、更"新颖"的旅游景点,而且,他们特别看好那些具有综合性特征的旅游目的地和旅游项目(即奇异独特的自然景观同特定的人文景观融为一体),从而在一次确定的旅游过程中获得集知识性、娱乐性、体验性、享受性等为一体的多重满足。

2.在凸出个性化的时代,旅游市场对特色项目的需求

从整个当代世界的范围来看,休闲生活与普通公众的联系越来越紧密,与此相应的一种重要变化,突出地表现为在休闲方式的多样选择中,个性特征起的作用越来越大。在旅游行为方面,我们应该注意到,一些新颖有趣的"特色旅游",正越来越受到旅游者的青睐和偏爱。

所谓"特色旅游",就是旅游者怀着某种特定的兴趣和特定的目的,来选择适合自己个性的旅游点或者旅游方式。诸如近几年悄然兴起的"民俗旅游"、"探险旅游"、"体育旅游"、"自驾车旅游"、"摄影旅行"、"考察旅游"等等,都属此类。

3.现代文化的崛起和对"自然"与"本色"的需求

现在旅游者所做出的旅游选择中,明显地表现出对"自然"和"本色"的偏爱。首先是人们对各种奇异自然景致的兴趣明显变得强烈起来。这主要是由于构成旅游者主

体的城市人,常年生活在都市化氛围里,所谓"回归自然"的社会文化导向与城市人期望通过旅游行为使人与自然的距离有所缩短的心理需求合二为一,形成了一股越来越大的力量。其次,一种较为普遍的旅游文化心理是偏爱于"本色"而不是过分人工痕迹的东西。一些国外的专家认为,从旅游发展的角度看,各种旅游资源更应该是一种活生生的东西,在开发中应该设法保留它们的全貌。这个"活生生"和"全貌"很重要,从现代旅游学的角度看,如何使人文资源和自然资源在旅游发展中能够保留某种"活生生"的形态,并在具体的项目设计中贯彻这一点,就是旅游开发中如何与市场需求相吻合的问题。

4. 旅游行为公众化、多样化消费档次的需求

20世纪后几十年以来,旅游行为已渐渐成为众多普通人的休闲行为。由此而来,众多现代旅游者在其旅游过程中对消费档次的需求越来越多样。这种多样性的需求一方面是由不同旅游者间经济收入水平的差异所导致,另一方面,需要强调的是,这种差别性的需求还不完全表现在不同收入水平的旅游者之间,有时候,同一旅游者在不同的时间不同的场合等也会有不同档次的消费需求。

无论国内还是国外,收入水平上表现出来的差距相当大,作为大多数普通人来讲,毕竟还没有到可以随心所欲消费的地步,只有同时具备各种消费档次,才可能把更多的潜在旅游市场开掘出来。另一方面,即使是收入水平较高的旅游者,往往也会因时因地因自己的某种特殊情况和心理,而需要不同消费档次的产品来为自己服务。那种把所有成为旅游者的人,均视为是高收入者,并认为其均愿意在旅游过程中大把花钱的传统认识,显然已经不符合市场现状了。多样化消费档次的需求既是越来越多的公众参与旅游行为后的必然结果,也是现代旅游消费心理发展的基本趋势。随着众多旅游者消费心理的日趋成熟和个性化的不断成长,对多样化消费档次和结构的需求,必将是旅游市场中一个重要的发展趋势。

## 二、旅游购买动机

### (一)动机的概念及动机的产生

游客的购买行为取决于其购买动机,而动机源于需要。心理学认为,动机是促使人们去行动的直接的、内在的驱动力。动机的基础是需要,当人们的某种需要未得到满足时,他就会产生紧张感或不安感,从而就会引发某种愿望,受需要的驱动,在一定目标的诱导下,同时具备一定的客观条件,人们就会产生行为动机,动机付诸行动即引发行为。如某人厌倦了平时紧张单调的生活节奏,他非常想放松一下自己,进行自我调节,便产生

了外出旅游的愿望,若此时他有闲暇时间和经济支付能力,社会条件也允许的话,他就会产生旅游的动机。这一动机会支配他进行旅游,发生旅游购买行为。如果他有旅游的愿望,但却没有足够的旅游时间或支配不起旅游的必要费用或社会条件不允许,那么,他的旅游就仅仅是愿望而已,是不可能成为动机的。各种因素的相互关系如图3.1所示。

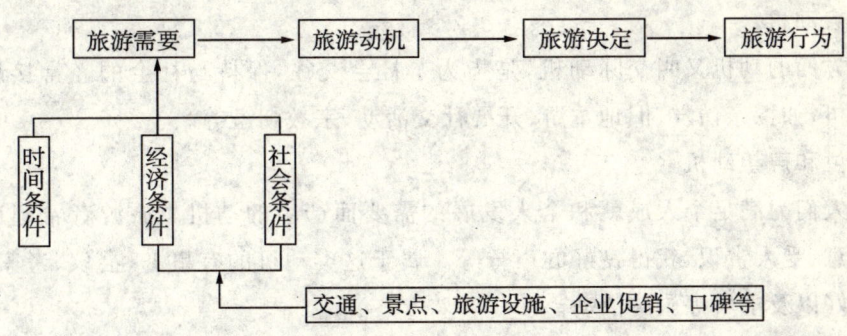

图3.1 旅游行为的产生

**(二)旅游动机的基本内容**

由于人们的旅游需求是复杂的、多变的,因此,导致人们旅游的动机也多种多样。一般来说,一个人同时会有多种需求,产生多种动机,只有强烈的动机才会引发行为。因此掌握了旅游者的动机结构,也就等于掌握了旅游者的购买行为导向。旅游动机对旅游行为具有明显的预示作用,常见的旅游动机可以归纳为以下几种。

1. 身心健康动机

主要是为了健康或为了精神上的乐趣。长期的紧张工作、环境的喧嚣、繁杂的家务不仅造成人们身体的疲劳,而且也使精神十分疲惫,心理上容易产生压抑感,这一切都损害了人们的身心健康,妨碍了正常的工作。人们为了解除身体的疲劳、精神的疲惫和心理的压力,调节身心,需要暂时离开工作环境和家庭环境,摆脱俗务,于是便会产生旅游动机,这些动机包括度假、疗养、参加体育活动、消遣娱乐活动、观光等。在现代,旅游与健身已经越来越多的联系在一起了。

2. 文化动机

文化方面的动机是为了满足人们认识和了解异国他乡的情况,扩大视野,丰富知识的需要而产生的。如了解异国他乡的文化艺术、风俗习惯、政治经济、宗教等状况以及进行学术交流和艺术交流等。

3. 运动旅游动机

运动旅游方面的动机是游客希望通过旅游活动来达到锻炼身体、增强体质的一种动机。现代人看多了花花草草,享受田园风情也早已成了老调子,现在比较流行的旅游项目是能让人们活动活动筋骨,锻炼锻炼腿脚的运动旅游。

体育旅游已成为现代旅游体系中的一个重要分支,徒步旅游、骑马或骑骆驼旅游、野营旅游、登山旅游、狩猎旅游、滑雪旅游、自行车旅游、自驾车旅游、探险旅游以及漂流、攀岩等旅游活动,每年都会吸引大量的体育旅游爱好者。

4. 社会动机

社会方面的动机又叫交际动机,是指为了社会交往,保持与社会的经常接触而产生的一种动机,如探亲访友、旧地重游、开展社交活动、宗教朝圣等。

5. 地位和声望动机

这是人们为满足个人成就和个人发展的需要而产生的动机。旅游者希望通过旅游而引人注意、受人赏识、获得良好的声誉等。属于这类动机的有事务、会议、考察研究、追求业余爱好以及求学等旅游活动。

6. 商务动机

商务方面的动机是人们为达到一定的经济目的而产生的旅游动机,包括贸易、经商、购物等。如在我国每年举办的广交会和各地举办的交易会期间,来洽谈贸易的大批客商就是出于商务方面的动机。

### 三、旅游购买行为模式

**(一)经济学的分析模式**

以马歇尔为代表的经济学家们建立了购置行为理论。这种理论认为消费者是经济人,其行为是合理的、完全理智的,消费者消费决策的做出是建立在"一大堆理性的、而且清醒的经济计算的基础上的"。换句话说,消费者追求的是最大边际效用,他们会根据自己获得的市场商品信息,根据个人的愿望和有限的收入,购买那些能使自己得到最大效用或满足的物品。基于以上原则,此模式提供有用的假设:价格越低,商品的销售量越大;本品价格越低,替代品越难销售;某商品价格下降,其互补品销售看涨;推销费用越高,销售量越大。

用经济学模式分析消费行为、注重产品的价格和性能因素,强调的是消费者消费的经济动机对消费行为的影响,这无疑是重要的。但单纯的经济因素不能解释清楚消费者行为的发生及其变化,如购买者对产品商标和品牌的偏好。为什么一位顾客在面对几处价格相仿、质量、性能、相近的同类产品时,只选择其中的某一种,经济学模式就难以回答。尽管如此,经济学模式仍然是我们探讨购买者行为"黑箱"的一个组成部分。旅游购买者购买行为的"黑箱"模式如图3.2所示。

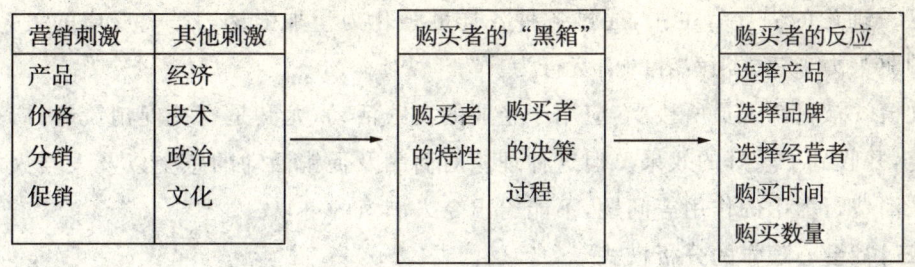

图 3.2　旅游行为的产生

◆ 专题笔谈 3.1

**什么是"黑箱"**

"黑箱"是一个"控制论"术语。当人们观察自然界和人类社会中某一事物或某一系统时,如果对其内部结构运行机理能够全部了解,则这一事物或系统对于观察者来说,就是一个"白箱";反之,对于观察者来说,就是一个"黑箱"。比如,一辆旅游大轿车是一个较复杂的机械系统,但人们对它的内部结构和工作原理是完全清楚的,所以它是一个"白箱",而人类对于太阳、地球等内部情况就不清楚,这些事物和系统对于人类来说就是"黑箱"(还有介于二者之间的事物和系统,即人类对这些事物的内部结构和运行机理知道一些,但又没有完全掌握,这被称为"灰箱")。

对于"黑箱",人类的研究方法一般是根据其外部的表现,来尽量地"猜测"它内部的情况,通过不断的积累对它观察的资料,逐渐逼近对它的了解(即所谓的接近"最终真理")。

案例来源:樊雅琴主编.旅游市场营销[M].北京:中国发展出版社,2009.

### (二)心理学的分析模式

需求驱策力模式是传统的心理学模式,即需求促使人产生购买行动,而需求是由驱策力引起的。这种使人产生需求的驱策力又可以分为两种:原始驱策力与学习驱策力。原始驱策力是指人的生理方面的需求,是非理性因素的行为。而学习驱策力的生理基础是人们身体的各种器官——眼、耳、鼻、舌、身等,人们依靠它们来接触外界,从经验中学得知识。以巴甫洛夫为代表的心理学家认为人类的教育就是基于"条件反应"而来的,学习是一种联想过程,人们的许多行为被联想所制约,即人们在一定条件下,做出反应的行动。这一理论的倡导者主张,通过各种各样的强化力量加强诱因——反应的关系,借助强大的驱策力来建立消费者的消费行为。

此模式被营销人员所接受,应用于企业的实践活动,尤其是有关促销策略、广告策略的制定,并收到了较好的效果。但这种理论对商品及促销活动的感受以及人与人之间的影响在消费行为中的作用等问题,不能给出令人满意的答复。

(三)社会心理学的分析模式

社会心理模式的提出是社会学家和心理学家共同努力的结果。这一模式,在认为人类是社会的人,遵从共同的大众文化的标准及形式的基础上,提出了人们的需求和行为都要受到社会群体的压力和影响,以至于处在同一社会阶层的人们在商品需求、兴趣、爱好、购买方式、消费习惯上有着许多惊人的相似。营销人员所面临的主要任务是确定哪些人最具影响力,以使这些人在最大限度和范围内施展其影响。

尽管社会心理模式是心理学与社会学家研究了社会对人类行为的影响及社会对个人感受影响后提出的,对营销人员的活动有重要的指导意义,但还有不够完美的一面。主要因为,个人行为要受到社会的影响是肯定的,并且这种影响在个人的许多行为上起作用,但不是全部。因为每个人的身体、心理和情绪结构不同,即使两个人受到同一社会影响,他们的行为仍然会有明显的不同。这种不同,是消费者个性差异造成的。尽管许多学者通过各种试验手段,试图找出作为购买者的个性类型和表现在商品品牌偏好之间的关系,但至今这一探究仍在努力之中。

以上各种模式代表了不同学科的研究者对人类的主要动机及消费行为的不同看法。出于产品的差异,不同的模式可能在某种特定的场合显得更重要一些。譬如,心理分析的模式可能对某些消费者吸烟的影响因素解释得很透彻;而经济学的分析模式可能在研究消费者购买住房方面特别有用,对经营一些时尚商品来说,或许社会心理学的模式对营销人员更有帮助。但常常有这种情形,即同一种产品的几种需要,可能几种分析方法都可以解释。因此,经常遇到营销人员的疑问:哪一种模式对我的具体工作最有用?而它们并不是死板地固定在某些产品的消费行为上。营销人员对各种模式了解得越全面,理解得越透彻,他们对消费行为的分析越科学,其营销效果也必然越显著。

◆案例驿站 3.1

**宾馆精心准备高考客房,抢抓高考商机**

距离高考还有 10 天,记者从泰州市区多家宾馆、酒店了解到,各考场附近的酒店已开始行动,从饭菜营养到台灯设置、考试用车等方面,为考生做了精心准备。

> 　　据泰州宾馆营销部梅林介绍,泰州宾馆3年前就推出"高考客房",今年他们请营养师专门为考生制订了营养食谱,确保荤素搭配、卫生安全。在客房里,配备台灯、高矮合适的坐椅方便学生复习。除免费提供清凉油、人丹等备用品外,还有免费专车在宾馆和考点之间接送考生。1个月前,就有考生家长来预订了房间,目前已定出10多间。
> 　　据了解,高考期间,市区原野大酒店等宾馆、酒店都将推出价格适中的高考用房、钟点房,钟点房的价格一般在两小时60元左右。
> 　　案例来源:http://www.cotsa.com/chane14hyxw/hotel/jdgl/.

### ◆ 本节相关知识链接

1. http://classroom.dufe.edu.cn/jp/C385/zccs.htm
2. http://www.beltourism.com/learn/market/2007/1120/20073584119636_2.shtml
3. http://www.attrip.com

### ◆ 本章试题与知识训练

**一、填空题**

1. 旅游购买动机的基本内容有_____、_____、_____、_____、_____、_____。

2. 动机的基础是_____,当人们的某种_____未得到满足时,他就会产生紧张感或不安感,从而就会引发某种愿望,受_____的驱动,在一定目标的诱导下,同时具备了一定的客观条件,人们就会产生行为动机,动机付诸行动即引发行为。

3. 需求驱策力模式是传统的心理学模式,即需求促使人产生购买行动,而需求是由驱策力引起的。这种使人产生需求的驱策力又可以分为两种:_____与_____。

**二、简答题**

试画出旅游购买行为的"黑箱"模式。

**三、综合分析题**

旅游市场需求的特征有哪些?发展趋势是怎样的?

## 第二节 影响旅游消费行为的因素

面对同样的市场营销刺激因素,不同的购买者会表现出不同的行为。这是因为,旅游消费者生活在纷繁复杂的社会之中,其购买行为受到诸多因素的影响。为了更好地把握旅游消费行为,有效地开展市场营销活动,就必须分析影响旅游消费行为的有关因素。影响旅游消费行为的因素有两类:一类是内在因素,即旅游购买者自身因素,如人口统计因素、心理因素等;另一类是外部因素,如经济因素、社会文化因素等。

### 一、经济因素

经济因素对人的消费行为具有重要的影响,其包含的内容很多,如国民生产总值、个人收入、利率、汇率、税收、信贷等,这里只考虑与旅游市场和旅游者个人最密切相关的因素,即个人收入。

旅游者收入包括旅游者个人工资、红利、租金、退休金、馈赠等收入。旅游者的购买力来自旅游者收入,所以要弄清旅游者收入和支出的各个环节和方面。

首先,考察我国旅游者的收入来源。随着我国经济社会的发展,个人收入水平不断提高,且收入来源和形式日趋多样化,如工资、储蓄、投资、经营、兼职等等。个人收入差距也在扩大,中产阶级和高收入阶层迅速扩大。这种变化使我国旅游市场规模不断扩大,市场需求差异化日趋明显,从而导致旅游消费行为的变化。

其次,分析旅游者的个人支出的情况。我国的机关和事业单位的福利待遇很好,相比发达国家的旅游者而言,我国旅游者可任意支配的收入占总收入的比例比他们高,这对旅游营销人员是个重要信息。因为旅游支出的多少是由任意支配的收入而不是由名义上的收入决定的。在考察旅游者个人收入的时候,往往与其支出模式联系起来,这就涉及了"恩格尔系数"和"恩格尔定律"。

恩格尔是德国的一位统计学家,他经过多年的调查研究,发现了家庭收入变化与各方面支出变化之间比例关系的规律性。所谓恩格尔系数,即家庭中用于购买食物的支出占家庭收入的比重。恩格尔定律的基本观点如下:一是随着收入的增加,恩格尔系数一般会降低;反之,随着收入的下降,恩格尔系数会增加。二是恩格尔系数以50%为界,如果一个人的恩格尔系数高于50%,则说明这个人是较低收入者,恩格尔系数越高,则收入越低,恩格系数越低,则收入越高。推广到一个地区和国家,如果一个地区的恩格尔系数高于50%,则这个地区就是欠发达地区,系数越高,则越不发达;如果一个地区的恩格尔系数低于50%,则说明这个地区是较发达地区,系数越低,则说明这个地区就越发达。当前我国总的恩格尔系数还高于50%,只有北京、上海、深圳等少数地区和大城市的恩格尔系数已经低于50%,这说明我国旅游者的总体收入水平还比较低。只有大力发展经济,提高旅游者的收入,降低恩格尔系数,我国的旅游市场才会有更大的发展。

## 二、人口统计因素

旅游者的人口统计因素包括年龄、健康状况、性别、职业以及居住地等。

1. 年龄

年龄本身对旅游消费行为并没有实际意义,但年龄的差别往往意味着生理和心理状况、收入及旅游消费经验的差别。因此,不同年龄的旅游者在旅游产品、消费方式和消费时间等方面的选择上有很大差别。一般来讲,年轻人喜欢时新的和刺激性、冒险性较强、体力消耗较大的旅游活动;老年人则倾向于节奏舒缓、舒适并且体力消耗较小的旅游活动。但大多数老年人积蓄较多,同积蓄较少的年轻人相比,他们更倾向于选择豪华型的旅游产品。年龄是划分市场的传统标志。例如,在美国旅游市场中,旅游支出的80%是出自55岁以上人的手中,第二次世界大战后及20世纪50年代出生的一代,现在的年龄在50岁左右,他们受教育的程度好,收入高,是出国旅游的重要力量。

2. 健康状况

几乎任何一项旅游活动都要耗费体力和精力,因此,旅游者的身体健康状况就成为旅游消费行为的直接影响因素。身患重病的人很难进行旅游活动,而健康状况不佳者,也只能在体力允许的范围内选择旅程较短、耗时较少的旅游项目。健康状况不同,旅游者对交通工具、住宿设施及饮食要求也有很大差异。有时候,健康状况欠佳还是促成疗养旅游的直接原因。生理健康状况有时也影响到旅游者的心理状况,从而间接影响到旅游消费行为。

3. 性别

性别对旅游消费行为的影响表现在两个方面:一方面,由于传统文化的影响,不同的性别角色在思想方式、行为方式等方面有不同的表现,并进一步导致了经济收入、处事能力方面的差异,这些因素都是他们选择旅游产品时各有特点的原因。另一方面,不同的性别角色还意味着生理、心理方面的不同。首先,男性和女性的感官,如视觉、听觉及触觉等方面有某些差异,女性旅游者在旅游目的地的选择中,往往更注重旅游购物条件和安全条件;其次,男性和女性在体力上也有较大差异,男性往往比女性在体力上更充沛,活动速度更快,但体力恢复却较慢,因此两性在选择旅游项目时也有差别。

4. 职业

职业在很大程度上决定了一个人的收入水平,同时,职业也决定了一个人闲暇的多少。收入水平决定了一个人的购买能力,限制了旅游者购买旅游产品的种类、品牌、购买方式及购买数量。闲暇是限制旅游购买的另一客观因素。有些职业具有较长的闲暇,如教师;同时,职业也决定了闲暇的分配,有的职业可能允许职工在冬季才有度假机会,有的职业则只有夏季才有度假机会。所以,职业在一定程度上影响到旅游购买的时间性和旅游天数。职业本身也意味着购买者的工作性质和生活经历。不同职业的人由于工作性质不同,可能会选择不同的旅游产品。工作复杂程度高、人际交往频繁、工作任务重的工作人员倾向选择放松型的度假旅游。例如,近几年兴起的度假旅游逐渐代替了观光旅游,成为旅游业发展的一大趋势。其原因就包括当今的城市生活节奏越来越快,工作压力越来越大,人们多以"放松"和"逃避"为旅游目的,追求恬淡舒适,而不再热衷选择刺激性强的项目。由于职业也代表一种生活经历,在旅游过程中旅游者有可能有意识地接触或回避接触与自己职业相关的当地居民,参加或避免与职业相关的旅游活动。

5. 居住地

居住地在两个方面对旅游购买行为有影响。一方面,居住地所处地理区域的地形、地貌、气候及水文等组成了该地区居民生活经历中的重要部分,这方面的生活经历会促使旅游者寻找地理要素上有差异的目的地。另一方面,居住地的地理位置也意味着目的地和客源地之间的距离。距离对目的地的选择既是推动因素也是阻碍因素,如远距离既给旅游者带来遥远感和吸引力,同时也带来时间和价格上的更多支出。从地理学的角度而言,随着地理距离的增大,客源便逐渐衰减,因为距离增大会使旅游费用和时间增多。因此,旅游客流随之逐渐减小,导致国内旅游客流大于国际旅游客流、中短程国际旅游客流大于远程国际旅游客流。

## 三、社会文化因素

### (一)社会因素

社会是由人组成的,人的行为必然受到社会因素的制约,旅游者在决定自己的旅游行为时,同样受到各种社会因素的影响。

1. 社会阶层

任何社会都存在一定的社会阶层。它不同于阶级,主要是根据人们的地位、声望、价值观及生活方式等划分而成的相对稳定的团体。不同阶层的人具有不同的价值观念、生活习惯和消费行为;同一阶层的人在上述诸方面均有相似之处。不同阶层不仅导致其购买能力不同,而且形成消费观念的差异。一般来说,教育程度高、社会阶层高的人比较开放自信,愿意接受新事物,对旅游的态度积极。这个旅游细分市场是旅游企业的主要目标市场。相反,社会阶层较低的人相对封闭,不愿冒险,对旅游持谨慎态度,更乐于将收入花在耐用消费品上。但旅游营销人员也不能忽视这部分市场,而应该有针对性地开发一些费用低、时间短的旅游项目,提高他们参与旅游的积极性。

2. 相关群体

相关群体是指对一个人的态度、意见和价值观起影响作用的群体,包括家庭成员、同事和其他对旅游消费行为有较大影响的群体。如政界人士光顾过的酒店,电影明星、体育明星们喜欢下榻的酒店等等,对于旅游消费者的消费行为起到很强的引导和示范作用。相关群体与消费者关系越密切,对消费者的影响程度就会越深,也就越容易影响旅游者对旅游产品的选择。因此,重视售后服务、信息反馈、专家的宣传都是利用社会群体的影响扩大营销量的必要手段。

需要指出的是,家庭是最重要的影响群体,对消费行为的影响不仅是潜在的,而且是直接的。经研究,营销专家把家庭决策类型分为4种:(1)各自做主型。指每个家庭成员对自己的产品独立做出购买决策,不受他人干涉。(2)丈夫支配型。指家庭购买决策权掌握在丈夫手中。(3)妻子支配型。指家庭购买决策权掌握在妻子手中。(4)共同支配型。指大部分购买决策由家庭成员共同协商做出。随着社会、经济、文化状况的变化,家庭权威中心也在发生变化。许多家庭由"丈夫支配型"转变为"妻子支配型"或"共同支配型"。

◆案例驿站 3.2

### "合家欢"式营销

H饭店是位于某海滨度假区的别墅式饭店。开业后,面对各家饭店对商务、旅行团等客人的激烈竞争,采取了"合家欢"的营销形式,对家庭旅游市场进行营销。饭店为开发市场,通过各种途径从记录在案的客户中寻找有良好经历的家庭旅游者,为他们做出下一年的预订;饭店推出家庭价并免费为不同年龄的儿童提供体育活动、游戏、艺术和雕刻、短途户外活动,同时为13～17岁的少年免费提供冲浪、航行、高尔夫球、潜水、网球等培训课程,此外还组织主题比赛、填字游戏和与快餐店共同搞活动来吸引儿童;饭店在下一季度的早期预订或淡季预定时,对携带孩子的家庭给予大幅度优惠。通过上述活动,使该饭店在当地激烈的市场竞争中达到了年均75%以上的出租率,比其他同行高出十多个百分点。

案例来源:李任芷主编,旅游饭店经营管理服务案例[M].北京:中华工商联合出版社,2000.

**(二)文化因素**

文化因素对旅游者影响极深,它通过影响社会的各个阶层和家庭,进而影响到每个人及其心理活动。文化因素可从文化、亚文化两个方面来进行探讨。

1. 文化

文化作为企业市场营销活动中一种宏观环境因素,是人类欲望和行为最基本的决定因素,它往往决定着一个社会的消费习俗、伦理道德、价值观念和思维方式等。文化的产生和存在可以指导消费者的学习和社会行为,从而为消费者提供目标、方向和选择标准。例如,当文化变得对环境保护和身心健康日益重视后,生态旅游呈现了较大的发展空间。其次,文化的渗透性可以在新的区域中创造出新的需求来。例如,圣诞节期间我国各大旅游宾馆、饭店推出的吸引国内旅游的圣诞大餐。再次,文化自身所具有的广泛性和社会普及性使旅游者行为具有模仿性,例如春节期间中国人赶传统的庙会。有鉴于此,旅游营销人员在制订营销方案时,必须去了解文化变迁从而掌握旅游者的潜在需求。

2. 亚文化

每种文化都由更小的亚文化组成,亚文化为其成员带来更明确的认同感。亚文化是指根据共同生活经验及情境而产生共同价值体系的一群人所遵循的文化标准,它流行于不同社会团体、宗教群体、种族群众和地理区域之中。如中国文化按宗教信仰可分为佛教、道教、基督教、天主教、伊斯兰教等亚文化。即使是企业文化,也还可以区分为各种部门亚文化。因此,旅游营销人员必须了解不同社会群体的文化差异,以进行有针对性的营销活动。

亚文化有许多不同的分类方法,目前,国内外营销学者普遍接受的是按民族、宗教、种族和地理划分亚文化的分类法。

(1)民族亚文化。

几乎每个国家都由不同民族所构成。不同的民族,都各有其独特的风俗习惯和文化传统,尤其是我国共有50多个民族。与有些多民族国家不同的是,我国各民族人口数量悬殊,少数民族人口少,而且居住分散。其中,汉族占总人口90%以上,其他民族所占比例较小,人口超过百万的只有蒙古族、回族、藏族、朝鲜族、满族等十几个民族。我国各民族虽然受社会文化的直接影响而带有明显的中华民族烙印,如排斥外域文化的入侵、内聚力强等,但各民族也都还保持着自己传统的宗教信仰、消费习俗、审美意识和生活方式。例如,朝鲜族人喜食狗肉、辣椒,喜欢穿色彩鲜艳的衣服,群体感强,男子的地位比较突出;蒙古族人的习惯则是穿蒙袍,住帐篷,吃牛肉、羊肉、喝烈性酒。旅游者进入不同的民族地区要了解和适应当地的文化。由此可见,民族亚文化对旅游者行为的影响是巨大的、深远的,也是旅游营销者不容忽视的。

(2)宗教亚文化。

不同的宗教群体,具有不同的文化倾向、习俗和禁忌。如我国有佛教、道教、伊斯兰教、天主教、基督教等,这些宗教的信仰者都有各自的信仰、生活方式和消费习惯。宗教能影响人们的行为,也能影响人们的价值观。这并不是说每个人都一定是宗教信徒,但对一个社会或群体有着深远影响的宗教,却会给其成员的态度和行为留下深刻的印迹。例如,日本、韩国、新加坡已经进入"后儒教社会",虽然这些国家的大多数人并不信儒教,但人们认为遗传下来的儒教关于成就和工作、家庭和国家的态度,是这些国家和地区经济迅速发展的主要原因。宗教因素对于旅游企业营销有着重要意义。例如,宗教可能意味着与一定宗教节假日相联系的旅游消费高峰期(如基督教的圣诞节)。对旅游企业来说,宗教节假日是推销旅游产品和服务的良好时机,伴随一个重要节假日的,往往是一个旅游销售旺季。

(3)种族亚文化。

白种人、黄种人、黑种人都各有其独特的文化传统、文化风尚和态度。他们即使生活在同一国家甚至同一城市,也会有自己特殊的需求、爱好和购买习惯。

(4)地理亚文化。

由于自然状况和社会经济历史发展的结果、地理上的差异,往往导致人们消费习俗和消费特点的不同。例如,中国闻名的川菜、鲁菜、京菜等八大菜系,风格各异,自成一派,就是因地域不同而形成的。长期形成的地域习惯,一般比较稳定。我国北方人由于气候寒冷,有冬天吃酸菜和火锅的习惯,几乎家家都备有火锅、砂锅,而南方人由于气候炎热,养成了吃泡菜、腊肠的习惯。同是面食,北方人喜欢吃饺子,南方人喜欢吃包子,西北人却喜欢吃饼和馍。

◆ **案例驿站 3.3**

### 你是要与我合住吗

亨利是位谈吐幽默、性格开朗的美国商人,总喜欢与他认识的人开几句玩笑。一次,因临时改变商务行程,他来不及向"商旅之家酒店"订房,便以"未经预约而来的人"的身份来到酒店前台。这已是他第四次光顾此店,与值班的严小姐早已认识。他们彼此问候、寒暄几句话后,亨利提出要一间房。因为大房尚未扫除出来,看着亨利疲惫的样子,严小姐给他安排了一个双床间,就在他从严小姐手中接过钥匙的时候,不自觉地幽默了一句:"Do you share this room with me?"(你是要和我合住吗?)严小姐不知所措,心情不快地转过身去,故意和别人搭腔,以示冷落亨利。这个时候轮到亨利不知所措了。他最终摇了摇头,跟着行李员默默地向电梯走去。

案例来源:李任芷主编.旅游饭店经营管理服务案例[M].北京:中华工商联合出版社,2000.

### 四、心理因素

旅游者的旅游购买行为除了受以上因素影响以外,还受旅游者心理方面因素的影响。

1. 知觉

知觉是人对客观事物整体属性的反映。知觉会受到刺激物的特点和刺激物同周围环境的关系以及感知者自身因素的影响,它在很大程度上会影响旅游者的购买行为。旅游营销人员应力求了解旅游者对旅游产品的知觉过程以及影响知觉的因素,以便有效地对知觉过程施加影响。

知觉受刺激物本身特征影响,如大小、色彩、图案、质地、形状、声音等因素。由于旅游服务本身具有无形的特征,旅游者不能像观察有形产品的样品一样,在购买前观察旅游服务。这必然给旅游者对服务的评价带来困难,使之感到要承担较大的购买风险。因此,旅游营销人员应使无形的服务有形化,使购买者能更形象地了解本企业的服务。

刺激物与环境中其他事物的关系也影响到旅游者的购买行为。这就要求旅游营销人员在进行广告宣传时突出特色,鲜明地把本产品的信息传递给旅游者,并使其留下深刻的印象。

2. 学习

学习是一种经由练习而使人在行为上产生持久改变,从而适应周围环境变化的过程。当一种需要产生时,人们就通过学习来获得满足,如购买行为就是一种习得行为。当行为的结果能够满足其需要时,在相同刺激下,行为就倾向于重复发生;反之,行为则倾向于减少。旅游购买行为的学习过程也是一样,当产品和服务能够满足需要时,旅游者就倾向于再次购买。除了从经验中学习之外,接触信息的过程也是学习的过程。旅游购买者获取的信息主要来源于营销人员和个人微观社会环境如朋友、家庭成员等。有效的市场沟通提供的信息一般会对顾客的购买行为产生很大的影响,但旅游者更倾向于从朋友、熟人及家庭成员处了解产品和服务的信息,因为人们通常认为这种信息比来自商业环境的信息更为可靠,而且人们可以通过与对方交谈,进行深入地沟通,了解更多的信息。

◆**案例驿站 3.4**

> 一个外地游客在参观完西安钟楼后,感到有些饥饿,便产生了一种驱使力(就餐的需要),想去找酒店(刺激物),朋友告知东大街有一家老字号风味餐厅"老孙泡馍馆"(诱因,具体地址)。他便去该店用餐,用餐后觉得餐厅环境幽雅,泡馍味美价廉,确实独特,留下了深刻的印象(反映)。他想,如果下次再来西安,他还会主动去"老孙家"用餐(强化)。
>
> 案例来源:樊雅琴主编.旅游市场营销[M].北京:中国发展出版社,2009.

3. 态度

态度是人们用赞成或不赞成的方式对某种事物进行评价的心理倾向。态度能够使人们用相同或相似的行为对待同类事物,避免对每一项新事物都以新的方式做出反应,从而节省了时间和精力。因此,态度具有稳定性和一致性。

通过了解旅游者的态度,就可以有效地把握其购买偏好,而此偏好将直接影响旅游购买决策过程。旅游营销者应使产品和服务与旅游者现有的态度相一致,而不去改变旅游者的态度。因为态度具有稳定性,改变需花费营销人员大量的时间和经费。如果必须改变顾客对某种产品和服务的态度,旅游营销人员也应从改变其知识成分和情感成分两方面入手,同时还应使持反对态度者反复接触有关产品的正面信息,逐步削弱其反对态度的强度和稳定性。

4. 人格

人格是指人们持有的心理特征的综合。从旅游营销的角度出发,可以按特质如活跃、自信、依赖性、勇敢、情绪稳定性等对人格进行划分;也可按照类型划分,如内向和外向等。不同人格类型的人一般具有不同的旅游购买行为,旅游营销人员应重视营销对象的人格特征,选择相应的有效营销策略。

### 五、消费者对旅游目的地选择的影响因素

在科学技术高速发展的今天,旅游者对旅游目的地的选择在空间上的限制大大降

低。由于旅游者的选择性强,旅游活动范围大,使各旅游目的地面临竞争十分激烈的市场环境。因此,在影响旅游消费行为因素的研究中,对消费者选择旅游目的地的影响因素进行研究特别重要。

综合考虑影响旅游消费行为的各类因素,消费者选择旅游目的地的主要影响因素集中体现为感知环境、最大效益原则和旅游偏好。

### (一)感知环境

#### 1.感知环境的含义

人们的旅游动机是多种多样的,环境差异是导致旅游行为差异的重要因素。但是,直接影响人们旅游决策的并不是旅游地环境的实际差异,而是感知环境。

人们把旅游决策时收集到的各种信息摄入脑中,形成对环境的整体印象,这就是感知环境。感知环境强烈的地方,易引起旅游购买决策;相反,感知环境薄弱的旅游地,即使具有较高的旅游价值,往往也激不起旅游者的兴趣。如某个旅游地的价值非常高,但由于"藏在深闺人不识",没有成为人们感知环境的一部分,因此很少有人前去旅游。所以说,景点价值大并不一定具有良好的感知环境。

#### 2.感知环境的影响因素

影响感知环境强烈、大小的因素主要包括旅游地的知名度和感知距离等因素。

知名度大的旅游点,往往产生较强、较大的感知环境。人们之所以更愿意选择更有名的旅游地,一是知名旅游地的旅游吸引力较大,二是其旅游基础设施条件也相对完善。

感知距离主要用克服客观距离所消耗的时间、资金、精力给人的感应来衡量。感知距离还受交通便利程度的影响,尽管两地的客观距离不变,但由于开辟了航空线或直达火车,使感知距离大大缩短。

### (二)最大效益原则

#### 1.最小的旅游时间比

从居住地到旅游地旅行所耗费的时间与在旅游地旅游所耗费的时间比值。旅游者总是追求最小的旅游时间比。由于人们的出游受到时间的限制,因此人们总是选择路途旅行时间较少而游玩时间较多的旅游地。

#### 2.最大的信息收集量

旅游者总是力图通过获得最大的环境信息量,从感知上消除或减少环境差异。所以,在选择旅游地时,有如下倾向:

(1)选择自然和文化环境与居住地差异较大的旅游地旅游。不同地区的旅游资源具有互补性,人们为了摆脱日常事务,满足自己尝试、体验和欣赏异地人文、自然景观的需求,往往渴望了解与自己所熟悉的环境有较大差异的地方。

(2)选择最有名的旅游地旅游。知名度大的旅游地更具有稀缺性,人们通过旅游消除稀缺性,获得最大的信息量。

**(三)旅游偏好**

在总体方面,一个地区的旅游者往往会有一些共性的心理特征和需求。但是具体到个体旅游者则会由于年龄、职业、文化程度方面的不同,导致兴趣、能力、性格等因素构成的不同,从而导致旅游偏好的不同。

例如,消费者的富裕程度与其在闲暇时间里安排的消费活动的丰富程度呈正相关关系。同时与其活动的质量和等级也为正相关关系。对于贫困阶层和绝对贫困阶层人员来说,运动与体力劳动可能没有什么大的分别。而对于最富裕阶层人口来说,运动的项目可能五花八门。譬如,高尔夫球就是一种消费市场的壁垒——只有富人才能消费,而对贫困阶层与绝对贫困阶层的人员来说,跑步可能是比较廉价的锻炼身体的办法。所以,有没有一定的经济支持及其支持力度的大小成为能否参与某种旅游活动及活动质量的重要决定条件。由此不难看出,无论是从城市经济发展的总体水平角度出发,还是从旅游者个体富裕程度角度出发,经济水平是决定旅游参与偏好与旅游质量的重要影响因素。

其次,年龄也是影响人们旅游偏好的重要因素之一。有调查发现,年龄在36～55岁的人群最爱看电视,因为这正是中年人的年龄,他们的家庭负担较重,"上有老,下有小",时间上和经济上都有重担,看电视既省钱又省事;最喜欢旅游的年龄段在城市中是26～35岁;年轻人更喜欢新兴的、节奏较快的娱乐和户外运动,而相比之下老年人则更加偏好安静、慢节奏的旅游方式。老年人对游乐场一类的旅游设施的利用程度远远小于青年人,并且更偏向于本地的旅游设施。因此大家可以观察到社区内的许多旅游设施如健身苑、报栏、社区绿地等基本是以老年人利用为主。当然,旅游绿地在特定时段也是幼儿及其监护人以及恋爱中青年男女所钟情的去处。有人在系统地观察旅游活动的参与者的年龄结构后总结出:偏好程度和年龄成正比的闲暇活动有"在家待着睡觉"、"串门聊天"等活动;偏好程度与年龄成反比的闲暇活动有"逛街购物"、"球类运动"、"上网"、"玩电子游戏"、"看电影"和"看录像"等。这在某种程度上能够反映出年龄对旅游偏好的影响规律。

除此之外,教育程度不同也对人们的旅游偏好有明显的影响。一般而言,受教育水平高的人,对休闲、游憩、旅游的要求也比较多,他们更愿意去尝试新事物。他们所参加的旅游活动无论在数量和质量上显然要高于文化水平较低的人群。

◆ 本节相关知识链接

1. http://classroom.dufe.edu.cn/jp/C385/zccs.htm
2. http://202.105.183.221/D/Thesis_Y1018783.aspx
3. http://www.ce86.com/a/guanglixue/scyx34/201001/29-79342.html

◆ 本章试题与知识训练

一、填空题

1. 影响旅游消费行为的因素有_____、_____、_____、_____。
2. 影响旅游消费行为的人口统计因素包括_____、_____、_____、_____、_____。
3. 影响旅游消费行为的心理因素包括_____、_____、_____、_____。

二、简答题

家庭决策类型有哪些?

三、综合分析题

试分析老年旅游者的心理需求,并说明接待老年旅游者应注意哪些问题。

# 第三节 旅游者购买行为

## 一、旅游者购买行为特征

旅游者是旅游产品的最终消费者,包括购买旅游产品的个人或家庭,如观光旅游者、度假旅游者、商务旅游者、会议旅游者等。旅游者购买旅游产品是为了满足个人或家庭物质和精神需要,并无牟利动机。具有以下特点:

(1)人多面广。购买旅游产品的旅游者包括各种类型、各个阶层的人。

(2)需求差异大。旅游者因性别、年龄、职业、收入、习惯等不同,对旅游需求存在较大的差异。

(3)多属小型购买。旅游者以个人或家庭为单位,故购买的数量一般较小。

(4)非专家购买。由于多数旅游者对旅游产品缺乏专门知识,他们对旅游产品不属专家购买。

(5)购买时选择性强。由于旅游者的时间和购买能力有限,所以在购买时,对旅游产品的各种特性、对旅游企业都会进行慎重的选择。

## 二、旅游者购买行为类型

1. 根据旅游者性格特点的不同分类

可将旅游者购买行为分为以下六种：习惯型、理智型、经济型、冲动型、想象型、不定型。习惯型旅游者往往根据过去的习惯而购买某种旅游产品；理智型旅游者对所要购买的旅游产品都事先经过考虑、研究和比较，即所谓"胸有成竹"，购买时冷静、慎重，并善于控制自己的情绪，不受广告、宣传的影响，细心挑选；经济性旅游者购买旅游产品时特别重视价格，善于发现别人不易发现的价格差异；冲动型旅游者购买时喜欢追求新产品，从个人喜好出发，不太讲究产品的效用、性能，这类旅游者的购买行为易受旅游产品的外观、广告宣传的影响；想象型旅游购买者的购买行为大多出于情感的反应，以丰富的联想力来衡量旅游产品的意义；不定型旅游者购买时没有固定的偏爱，一般是顺便购买或为尝试购买。

2. 按照旅游购买决策单位的不同分类

旅游者购买行为可分为两种，即旅游购买者的购买行为和组织机构的购买行为。组织机构的购买行为又可以进一步分为一般组织机构的购买行为和转卖商的购买行为。旅游者外出旅游时，有时是一个人单独出游，有时是和亲人朋友结伴出游，而游客在这种情况下的购买行为是不同的，因此，旅游购买者的购买行为又可以分为个体旅游者的购买行为和群体旅游者的购买行为。

3. 按照旅游者旅游时间和旅游行程的长短不同分类

旅游购买行为可以分为当日往返旅游购买行为、短程旅游购买行为和远程旅游购买行为。进行当日往返旅游时，旅游者的决策过程简单，不需太多的信息。由于远程旅游耗时长、花费高，旅游者会投入较大的精力搜集信息、谨慎地决策，决策过程较复杂。

## 三、旅游者购买决策过程

购买并不仅仅是一个价值交换的行为，而是一个过程：旅游购买过程在购买行动发生之前就已经开始了，而且还包括购买后的行为。旅游营销人员要了解旅游购买者的购买行为，就必须对购买的全过程进行深入细致的研究。一般而言，旅游者的购买过程可分为五个阶段：问题识别、信息收集、评估判断、购买决策以及购买后行为。

### （一）问题识别

旅游者的购买过程从问题识别开始。问题识别的过程也就是需要的认识过程。需要可以由旅游者的生理和心理状况引起,也可以由外部的刺激(如看到去中国旅游的巨幅广告)引起,需要上升到一定程度就成为驱使人们行动的力量。

旅游营销人员应努力去了解旅游者产生需要的生理、心理状况以及旅游者所处的环境,掌握旅游者身心状况的特点和周围环境中促使旅游者产生需要的因素,从而发现旅游者会产生什么类型的旅游需要或问题、产生需要的原因以及此次需要会引导旅游者寻求何种旅游产品等信息,以便有针对性地制定营销策略。

**(二)信息收集**

旅游者如何进行旅游决策也是很重要的,来自各种途径的信息和建议都会影响他们对旅游目的地的选择。当人们产生了旅游需要,一般会有意识地或下意识地寻找有关旅游产品的信息。购买者寻找信息时的积极性和投入程度取决于以下几种因素:购买者对各种可选产品的了解程度,对该种产品需要的迫切性,产品的价值和重要性,寻找信息过程所需花费的时间、精力和费用。根据旅游购买者寻找信息的积极性,可将信息收集过程分为两种情况:加强注意和积极收集。加强注意状态是指购买者只是对旅游产品的信息变得更加关心,会适当地留意有关旅游产品的广告,同朋友谈这方面的话题。积极收集状态是指旅游购买者会主动寻找各种资料,打电话询问旅游机构,并向朋友同事询问有关产品的情况。旅游者获得信息的途径通常包括旅行社、亲戚朋友、俱乐部及特殊兴趣团体、宣传手册和其他促销材料、报纸杂志上的文章、通过各种传媒做的商业广告、旅游指南、通过电影电视和各种书籍介绍的故事或纪录片等。

旅游营销人员应了解购买者的各种信息来源及每种来源对旅游者购买决策的影响。旅游者的信息来源有四种:相关群体来源(家庭、朋友、邻居及同事等)、商业来源(旅游广告、推销等)、公共来源(大众传播媒体、各种非企业的评审组织)和个人经验来源(旅游者自身的旅游经验)。

一般而言,对于某种特定的产品,旅游购买者接触最多的信息来源是旅游营销人员控制的市场沟通活动,而对购买者决策起最重要作用的则是相关群体来源、公共来源以及经验来源。商业来源一般起到通知的作用,而其他几种信息来源能起到评价和证实的作用。因此,旅游营销人员及企业应注重产品质量,以便使相关群体来源和公共来源的信息发挥良好的口头宣传作用,同时保证游客能获得满意的旅游经历。

**(三)评估判断**

旅游者进行购买选择时,不论是目的地选择,还是单项旅游产品的选择,都会在多个目的地或品牌中进行选择。在大多数情况下,一个旅游者在进行目的地选择时,只会从4~7个目的地中进行挑选。因此,旅游营销人员只有使自己的产品入围,才有被选中的可能。那么,旅游购买者如何对这 4~7 个目的地或品牌进行评估并从中选择呢?

首先,我们假设绝大部分旅游购买者都是理性购买者,每位旅游购买者都依照产品可能提供的利益的大小对产品进行排序和选择。每个目的地可能为购买者提供的利益是这样被确定的:一个旅游地或品牌存在多种属性,这些属性能分别满足旅游者的各种要求,如一个度假地可为旅游者提供利益的属性有风景、气候、居民态度、购物及娱乐条件、住宿饮食条件、安全以及价格等,而每位旅游者对这些属性的评价差异很大。对于同一个目的地,有的旅游者可能比较看重价格,而将风景、安全等放在第二位;而有的旅游者也许更注重住宿、饮食、气候条件,却不在乎价格的高低。这样旅游者就会对各个属性赋予一定的权数、所有属性被赋予的权数之和为一,然后,旅游者再对他感觉到的各种属性提供利益的能力进行评判,给每个属性打分。最后,以分值乘以权数就得到每个属性的相对利益大小,将所有属性的相对利益相加就得到某一个目的地能提供的总的利益。这就是旅游者评价旅游产品的整个心理过程。实际购买时,旅游者也许会在很短的时间内做出决定,但其决策仍然要经历上述心理过程。

为了增加目的地或品牌的吸引力,旅游营销人员应努力做到以下几方面:首先应提高本产品的形象,使旅游者感到各个属性提供的利益增大;其次是改变各个属性的权数,即努力使旅游者认为该产品优秀的属性对其有很大的重要性,或提高被忽视的属性的重要程度。

### (四)购买决策

通过对可选方案的评估,旅游者已经初步产生了购买意图。购买意图如果不受其他相左意见和信息的干扰,就会演变为购买决策与购买行为。一般而言,购买决策包括品牌决策、经营商(或代理商)决策、时间决策、数量决策和支付方式决策。但是,旅游者的购买意图经常会受到他人意见和突发因素的干扰。

他人的态度会影响到各种决策的进行。他人对旅游购买决策的影响程度取决于以下两方面的因素:他人对某项购买决策的否定程度和他人意见对购买者的影响力。他人对该项旅游购买决策的否定程度越强烈,他人与购买者的关系越密切或对购买者越重要,购买者就越有可能改变购买意图。

突发因素也可能使旅游购买者改变购买意图。突发因素可分为与产品相关的突发因素和与产品无关的突发因素。与产品本身相关的突发因素可能是旅游购买者突然发现了有关产品的不利信息。与旅游产品本身无关的突发因素包括出现了其他更迫切的购买要求或闲暇由于工作关系突然减少等因素。所以,有对特定产品的购买意图并不一定有相应的购买决策和购买行为。

### (五)购后评价

旅游者在完成购买行为之后,一般会有三种感觉:满意、不满意以及疑虑。每一种体验都会伴随有特定的购买后行为。而这些体验和行动又会影响到该旅游者下次购买行为以及他人的购买决策。因此,购买后行为对于旅游营销人员仍具有重要意义。购买后的满意程度是以下两个因素共同作用的结果:产品实际质量和顾客期望的产品质量。一般而言,如果产品和服务的期望质量与实际质量相符,那么旅游者会感到满意。如果产品和服务的期望质量高于实际质量,那么旅游者会感到不满意。所以,高质量的实际服务水平并不一定意味着顾客也有高度的满足感。旅游营销人员在提供信息时一定不能将产品和服务的实际水平夸大,否则就会在期望质量和实际服务水平之间形成较大的差距,从而导致旅游者的不满。

旅游购买后的满意状况会影响到旅游者的购后行为。如果旅游购买者在购买后最终获得了满足,那么在下一次购买中,就倾向于继续购买该产品和服务。更为重要的是,获得了满足感的旅游购买者,会在日常生活中向相关群体中的成员称赞该产品和服务,而这种口头宣传往往对相关群体成员的购买决策产生巨大的积极影响。

当旅游者不满意时,其反应则会迥然不同。首先,该旅游者倾向于下次不再购买该产品和服务。其次,旅游者还有可能当场向旅游服务企业、旅游管理机构及旅游行业协会提出投诉。旅游服务中出现失误从而导致旅游者不满意是不可避免的,这就要求旅游营销人员应该注重顾客投诉及补偿服务。客人不满的投诉在某种意义上讲是企业重新赢得客人的良好机会,通过补偿服务可以使企业与顾客进行良好的沟通,并为顾客提供新的满足。如果顾客产生购买后不满意,则有可能在相关群体成员及他人面前批评该产品,从而对这些人的购买决策产生极大的消极影响。对旅游营销人员而言,这种情况要比公开投诉糟糕得多。因此,旅游营销人员应首先关心服务质量是否使顾客得到满足,同时还应采取各种方法鼓励客人反馈消费感受。

当客人既没有满意感又没有对产品产生明显不满时,在旅游后就会产生购买后疑虑,也称购后失调。顾客在旅游前对各种旅游购买选择难以判断或者在旅游中遇到了一些麻烦和不尽如人意的地方,则可能产生购后失调。而对购后失调,购买者一般会继续选择性地接触与本次购买相关的有利方面的信息,以使自己坚信本次旅游确实不虚此行。针对旅游者可能出现的购后失调,旅游营销人员可以提供诸如寄送感谢卡、有关本产品的新的支持性资料或打电话问候等服务,帮助旅游者消除疑虑,从而使旅游者增大再次购买的可能。

总之,了解旅游者的购买行为是旅游营销的关键环节。通过对影响旅游者购买行为的各个因素及购买过程的考察,旅游营销人员才能针对性地制定有效的营销计划。

◆ **本节相关知识链接**

1. http://classroom.dufe.edu.cn/jp/C385/zccs.htm

◆ **本章试题与知识训练**

一、填空题

1.旅游者的信息来源有四种：_____、_____、_____、_____。

2.旅游者的购买过程可分为五个阶段,分别是：_____、_____、_____、_____、_____。

3.旅游购买行为类型有_____、_____、_____、_____、_____。

二、简答题

旅游者购买行为特征是什么？

三、综合分析题

分析旅游者购买过程的主要阶段,在每个阶段旅游者的购买行为容易受到哪些因素的影响？可以采取哪些相应的对策？

## 第四节　组织机构的旅游消费行为

个体旅游者、家庭及小群体旅游者构成了旅游市场的一部分,而旅游组织机构由于其旅游购买越来越多,也成为旅游市场的重要组成部分。因此,旅游营销人员必须像重视个体旅游购买行为分析一样重视组织机构的旅游购买行为分析。

### 一、旅游购买的组织机构类型与特征

旅游购买组织机构按购买旅游产品和服务目的的不同可划分为两类:第一类是一般的组织机构,这些机构购买旅游产品和服务是为了自身的消费;第二类则是以营利为目的的旅游中间商,其购买是为了转卖或是一种代理活动。

进行旅游购买的一般组织机构有公司企业、政府机构及军事机构、大学、企业行业协会及各种专业协会、社交性俱乐部以及会议机构等等。其中,公司企业是进行旅游购买的最大客户,因为公司企业经常需要在当地为来访的同行或有业务联系的人提供食宿服务。这些公司的员工在外出差及召开会议也需预定各种旅游服务。公司企业还往往是

奖励旅游的积极购买者。大公司经常要为销售培训及特殊活动购买食宿、交通等服务；旅游企业还可能为大企业的商业谈判提供各种设施及服务。政府及军事机构需要经常为接待来访客人、出访、会谈以及职工休假等购买旅游服务。政府进行旅游购买时对产品和服务的要求较高，而且购买反应往往会给旅游企业的声誉带来极大影响。专业协会及会议机构购买旅游产品和服务时，往往会对旅游企业提出一些特殊要求，满足这些特殊要求，是使这些购买者及产品和服务使用者满意的重要保证。向旅游企业购买产品和服务的组织机构还有中间商。在旅游购买中，并非所有的旅游者都直接向供应商购买旅游产品，很大一部分旅游购买行为产生于各种旅游中间商。这些旅游中间商主要有旅游零售商、旅游批发商、会议代理商、奖励旅游代理商。

一般来说，组织机构购买旅游产品具有购买的批量大、价值高等特点，购买决策所需信息多，决策时间长，而且往往签订购买合同。因此，组织机构市场应成为旅游营销人员密切关注并应着重了解的市场。旅游营销人员也应针对这一市场制定专门的营销策略。

## 二、影响一般组织机构旅游购买的因素

与影响个体旅游者购买行为的因素相同，影响一般组织机构旅游购买行为的因素也可以分为内部因素和外部因素。其中，外部因素主要是指组织机构的环境因素，内部因素则包括组织机构的目标、政策、公司文化、业务特点及组织结构等因素。下面以公司企业的旅游购买行为为代表介绍各种影响因素。

### （一）外部因素

影响公司企业旅游购买行为的外部因素主要包括经营环境因素和竞争者因素。公司企业的经营环境由宏观经济、政治、社会、文化以及技术等因素构成，这些因素对公司的旅游购买行为产生重大影响。宏观经济因素中诸如产业政策、经济周期、通货膨胀率、税率、利息率以及原材料价格、员工工资等的变化，都直接影响公司企业的现金流动、利润率等经营绩效，从而增强或削弱其经济实力，最终影响到员工出差、接待来访客人、员工奖励旅游及会议开支等旅游购买行为。此类公司面临经济衰退、通货膨胀时，往往会降低旅游购买的档次和数量。

#### 1. 政治法律因素

政治法律因素中对市场主体的各种立法及市场规则可能会影响公司业务的开展，有碍或有利于其经营绩效的提高。立法对公司规模及垄断程度的限制，不但会降低其经营利润，还会由于公司规模的减小而降低旅游购买的数量。政治因素如政权的更替不仅意味着经济政策的变化，而且有可能在对外关系上发生变化。目前世界经济发展中出现了

经济政治化的倾向。目的国和客源国两国政治关系的变化往往导致经济关系的改变,这对跨国经营的公司会产生重大影响,此类公司对商务旅游等产品的购买就必然会发生方向上的改变。

2. 通讯技术因素

技术的变化一方面可以对公司的经营绩效产生巨大影响,增强或削弱其经济实力,从而间接地影响到旅游购买;另一方面,通讯技术的发展可以使公司之间的商业信息得到更加及时而准确的传输。先进的通讯技术,如多媒体技术的产生在很大程度上代替了公司业务人员之间的商务来访,使一部分商务洽谈活动失去了存在的必要性。这就大大影响了商务旅游市场的发展,减少了公司对旅游产品的购买。但是,尽管通讯技术的先进程度不断提高,通讯技术也难以代替商务人员面对面的交流。

3. 社会文化因素

社会文化因素会影响公司企业对员工福利及奖励措施的选择。在20世纪70年代以前,增加员工奖金和工资以及提供其他物质利益是通行的做法。随着社会结构及文化观念的变化,目前奖励旅游已经成为工业化社会认可的较好的福利和奖励措施。在一个崇尚节俭的社会中,大多数公司企业的员工出差也倾向于避免选择豪华的食宿及交通设施。在组织机构之间也存在着旅游购买的示范效应。因此,与某公司企业相关的其他组织机构,尤其是竞争者的旅游购买行为,往往会对特定公司企业的旅游购买行为产生很大影响。奖励旅游及员工休假等往往成为公司企业之间进行人才及声誉竞争的有力手段,许多公司的员工在外出差时也被允许购买豪华的旅游服务,以作为本公司名声和实力的显示。

(二) 内部因素

影响公司企业购买旅游产品和服务的内部因素包括该公司的经营宗旨、制度、组织结构以及购买中心或购买成员个人特点等。首先,公司企业的经营宗旨和业务特点决定了该公司员工出差的方向、时间,并间接影响到对交通工具、食宿设施的购买。有些公司的业务具有很强的季节性,因此,该公司的旅游购买也呈现出较强的季节性。一个在经营目标和宗旨上重视员工发展的企业必然会重视员工福利及员工培训。旅游休假作为当今社会一种重要的福利手段,已为越来越多的企业所重视并采用。销售培训也经常安排在该公司的主要市场所在地进行。一些工作强度大、操作复杂程度低或污染大的工商企业的员工往往会获得较长时间的统一休假,这些企业一般会成为度假旅游的主要客户。

企业文化和公司的制度在很大程度上影响着企业商务人员的旅游购买行为。一种强调节俭勤奋的企业文化和与之相应的公司差旅制度,必然会大大制约公司差旅人员对豪华商务旅游服务的购买。而在一个认为员工的商务旅游购买是企业声望和实力象征的公司中,企业文化及差旅制度就会鼓励差旅人员购买豪华档次的旅游服务。

企业的组织结构特点也是影响旅游购买的因素。许多较大的公司企业专门设有旅游部这样一个单独的部门,全公司的旅游购买就由这一部门负责。在此类组织结构比较正规的公司中,旅游购买由专人负责,他们一般都接触了大量的旅游信息,比较有购买经验。在组织机构不太正规或旅游购买分工不太明确的公司企业里,旅游购买一般由有需要的各个部门自行负责,缺乏统一的购买。权力的集中程度也在一定程度上影响批量大、价值较高的旅游产品的购买。一般而言,权力集中程度高的企业,绝大多数较大的旅游购买决策都由集权者进行;而权力集中程度低的企业,其直接负责旅游服务购买的人员可能有较大的决策权。

组织机构中进行旅游购买决策的实际上是企业中的一个或一组员工。由一组企业人员组成的购买决策单位通常称为购买中心。购买中心中的每个成员或集体都在不同程度上影响着购买决策,并一同承担由购买决策引发的各种风险。购买中心并不是指一个固定的组织,而是由担任不同角色的企业成员组成的集合体。每一个购买中心包括以下五种角色。

1. 使用者

使用者是组织机构中需要使用旅游产品和服务的成员。在很多情况下,使用者首先提出旅游服务购买建议,也可提出旅游服务的具体内容。

2. 影响者

影响者是指影响旅游购买决策者的人,他们一般是旅游部门的专职人员,有丰富的购买经验。影响者可为决策者提供各种决策信息。

3. 购买者

购买者是指按职责有权选择服务提供者并进行实际购买的人。

4. 决策者

决策者是指有正式或非正式的权力来选定供应商的组织成员。在公司日常的旅游预订中,购买人就是决策人。但当涉及大量订购时,一般由公司的高级管理人员以决策人的身份来批准。

5. "守门人"

即控制着接近购买中心其他成员途径的公司成员。这类成员的作用十分重大,他们控制着影响购买中心其他成员的各种信息。这类人包括秘书或采购人。

这五种人之中的三种或四种角色有时可由大公司旅游部中的成员担任,在小公司中由经理秘书一人担任。他们往往掌握大量的信息,有丰富的购买经验。购买决策是由购买中心的所有成员共同作用、相互影响的结果,他们在公司的职位、影响力、号召力在很大程度上影响着购买决策的结果。另外,购买中心成员的个人特征,如性格、经验、受教育程度等也是影响购买决策的重要因素。

### 三、一般组织机构的旅游购买决策过程

组织机构的旅游购买过程与个体购买者的旅游购买过程有相似之处,但也存在很大差别。组织机构的旅游购买过程要经过以下五个步骤:问题识别、建立购买标准、寻找供应商、选择供应商以及购后评估和反馈。

#### (一)问题识别

当公司中有成员意识到某种需要或问题要通过旅游服务的购买才能解决时,公司的旅游购买过程就开始了。旅游购买的需要除了使用者了解之外,还需要反映至购买人员或购买组织。购买人员或组织或高层管理人员会对需要进行重新判断和说明,并以此作为建立购买标准的前提。

旅游营销人员应仔细了解公司的需要,以便有针对性地制定营销策略。在公司中了解旅游需要的人员为旅游部经理或一般工作人员、各部门的秘书,也有可能是某一旅行社。因此,旅游营销人员要了解公司的真正需要,首先要了解哪些人知晓这一需要并有权依据这一需要进行决策。在很多情况下,公司的这类成员也许很难找到,但是一旦旅游营销人员深入到公司内部了解公司的情况,就有可能与决策者和使用者建立密切联系,推销就会非常具有针对性,而且成功的可能性也会大大提高。

#### (二)建立购买标准

当使用者及购买者明确了旅游购买需要后,就会为购买确立各种标准,其内容包括:公司应购买哪一类型的旅游服务;有多少人参加本次旅游;旅游线路及目的地选择;具体的时间安排;活动项目安排;交通及饮食住宿设施的选择;所需费用的初步预算等。当较为重要的购买标准经过上级主管人员批准后,就可以以此来寻找旅游服务企业。

#### (三)寻找供应商

购买人员可以通过各种方法寻找旅游服务企业。他们可以查找企业名录,请旅游行业协会的咨询机构推荐,或请同行推荐。在此基础上,购买人员可以选择4~7个旅游服务企业,把购买标准拟定为招标书或招聘书,寄送给各个旅游商,并请他们提出各自的建议书或投标书,以作为选择的依据之一。

**（四）选择供应商**

在这一过程中，公司决策人员依据各个旅游服务企业提供的投标书或建议书选择旅游服务企业。在选择过程中，公司成员会考虑旅游服务企业的信誉、产品质量、价格、支付条件、营销人员的素质以及对公司购买人员的需要所做出的反应。广告、宣传品等均能对公司购买人员的决策产生重大影响。购买中心人员同样根据他们感知到的每个旅游企业的属性、提供利益的能力及属性的重要程度进行综合权衡，找出最具吸引力的旅游服务企业。在大批量、高价值的购买成交前，公司的购买中心成员一般会与两家以上的旅游服务企业进行洽谈，以便在价格和服务项目上获得更多的好处。有时，大公司还有可能将大批量的旅游购买分成几个小批量，选择几个旅游供应商，以便分散风险。

**（五）购后评估和反馈**

在这一阶段，购买人员对每个旅游服务企业的绩效进行综合评估。购后评估和反馈经常通过购买人员与旅游企业营销人员的交往来了解对产品的满意度。但在较重大的旅游购买行为发生后，购买中心人员一般都会向产品和服务的最终使用者征求意见，了解他们对产品和服务的满意程度。购后评估和反馈最终可导致购买中心做出下次是否继续购买该旅游企业的产品和服务的决定。因此，旅游营销人员应注重购买人员和最终使用者两方面对自己产品和服务的反映，以便及时向其提供购后服务并更新产品。

同个体旅游者的购买过程相类似，组织机构购买所有产品和服务时并非都要经历这五个阶段，只有价值高、批量大或重要程度高的旅游购买才需要经历这样完整的过程。对一般性的预订，购买人员大多依据个人经验，或他人推荐，或使用者要求直接购买，而不需要经历仔细的选择过程。

## 四、旅游中间商的购买行为

旅游中间商是指以转售或代理的形式将旅游产品和服务提供给最终购买者的企业和个人。中间商购买或从事代理的目的是为了获得利润，获利是其购买行为的最基本的动因。有些中间商购买或代理一些盈利不大的产品和服务也是为了提高本企业声誉或扩大经营规模。因此，旅游中间商在产品和服务的选择上就十分注重产品和服务是否能给他们带来足够的利润和声誉。

旅游企业产品的很大部分是由旅游中间商购买或代理出售的，旅游代理商的业务又构成旅游中间商业务的绝大部分。因此，旅游营销人员应重视对旅游中间商尤其是旅游代理商购买行为的考察。旅游中间商的购买行为分析应也包括以下几个方面：为什么购买；购买哪些产品和服务；由谁来购买；影响中间商旅游购买行为的因素有哪些；中间商倾向于以什么方式购买；向哪些旅游企业购买。

为了达到获利的目的，旅游中间商可以对转售或代理的产品和服务进行以下组合：中间商可以代理或转售一个旅游服务企业的一种、部分或全部产品；也可以代售或转售部分旅游服务企业的一种、部分或全部产品；还可以代理所有旅游服务企业的一种、部分或全部产品和服务。中间商对不同产品和服务的组合意味着有不同的顾客组合及旅游服务供应企业组合。对旅游营销人员而言，了解了中间商的产品和服务组合也就了解了自己的竞争对手有哪些。决定产品和服务转售或代理组合的中间商一般由地区或产品经理决定购买或代理哪些旅游产品，因此，旅游营销人员应了解每个中间商企业中具有购买决策权的经理，从而便于有针对性地进行营销活动。

与一般组织机构的购买行为相似，影响中间商旅游购买及代理的因素也可以分为外部因素和内部因素。外部因素包括宏观环境因素（经济、社会文化、政治、法律、技术、人口）和中间商的市场与竞争者因素。旅游中间商对产品和服务的需求实质上是派生性需求，是由最终购买者市场决定的。购买者市场对旅游产品和服务的选择直接影响到中间商对旅游产品和服务的购买和代理行为。内部因素包括组织特点（机构设置和权力集中程度）和购买人员的个人因素（个性、经验、能力、职位、人际关系等）。中间商也受旅游营销人员及营销活动的影响，并倾向于从他们认为最有利的旅游企业选择产品和服务。当旅游营销人员能够为自己的产品提出能为旅游者接受的证据时，中间商就倾向于购买这些产品和服务。旅游中间商还会为供应商做广告，进行促销活动。由于旅游中间商平时会收到无法计数的各种广告和宣传品，因此，旅游营销人员一定要使自己的广告宣传品简洁明了，与众不同，这样才会获得中间商的优先注意。此外，旅游中间商还会根据佣金或支付条件来选择供应商。当然，产品和服务质量及声誉也是中间商选择旅游企业的重要依据。旅游营销人员对旅游中间商进行营销活动时，应该认识到旅游中间商的一切购买及代理行为均是以自身利益为出发点的。因此，旅游营销人员的宣传及促销用品可能被歪曲使用，有时中间商还故意不把有用的营销信息反馈给旅游企业的营销人员。而且中间商还会出于自身利益，较频繁地变化产品和服务组合，并有可能排斥旅游营销人员的直销努力。

◆ 本节相关知识链接

1. http://classroom.dufe.edu.cn/jp/C385/zccs.htm

◆ 本章试题与知识训练

一、填空题

1. 每一个旅游组织购买中心包括的五种角色有_____、_____、_____、

_____、_____。

2. 组织机构的旅游购买过程要经过以下五个步骤：_____、_____、_____、_____、_____。

3. 旅游中间商是指以_____或_____的形式将旅游产品和服务提供给最终购买有的企业和个人。

二、简答题

简述旅游中间商的购买行为。

三、综合分析题

到一个大的机关单位，了解组织机构购买过程的产生，分析一般组织机构的旅游购买决策过程。

## 本章小结

### 1. 本章结语

旅游市场需求是企业营销的依据，是企业经营的出发点，在现代社会里，企业必须花大气力进行市场需求方面的研究。现代旅游市场需求处于不断变化的过程中，必须紧紧把握住其基本的发展趋势，才能使旅游产品满足消费者的需求、与旅游市场相适应。

旅游消费行为取决于购买动机。由于人们的旅游需要是复杂的、多变的，因此，人们的旅游动机也是多种多样的。一般来说，一个人同时会有多种需要，产生多种动机，只有强烈的动机才会引发行为。

旅游购买行为分析模式主要有经济学模式、心理学模式和社会心理学的分析模式。用经济学模式分析消费行为，注重的是产品价格和性能因素，强调的是消费者消费的经济动机对消费行为的影响。传统的心理学模式即需求驱策力模式，认为需求促使人产生购买行为，而需求是由驱策力引起的。社会心理模式在认为人类是社会的人，遵从共同的大众文化标准及形式的基础上，提出了人们的需求和行为都要受到社会群体的压力和影响，以至于处在同一社会阶层的人们在商品需求、兴趣、爱好、购买方式、消费习惯上有着许多惊人的相似。

影响旅游消费的因素有很多。一类是内部因素，即旅游购买者自身因素，如人口统计因素、心理因素；另一类是外部因素，如经济因素、社会文化因素等。

消费者对旅游目的地选择的影响因素集中体现为感知环境、最大效益原则和旅游偏好。

组织机构购买旅游产品和服务具有购买的数量批量大、价值高等特点，购买决策所需信息多,决策时间长,而且往往签订购买合同。因此,组织机构市场应成为旅游营销人员密切关注并应着重了解的市场。影响一般组织机构旅游购买行为的因素也可以分为内部因素和外部因素。其中,外部因素主要是指组织机构的环境因素,内部因素则包括组织机构的目标、政策、公司文化、业务特点及组织结构等因素。组织机构的旅游购买过程与个体购买者的旅游购买过程有相似之处,但也存在很大差别。组织机构的旅游购买过程要经过以下五个步骤:问题识别、建立购买标准、寻找供应商、选择供应商以及购后评估和反馈。

**2. 本章知识结构图**

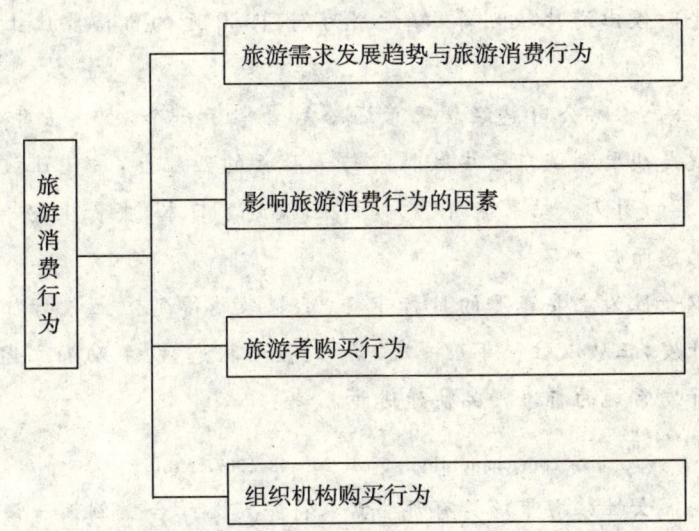

**3. 本章核心概念**

旅游需求特征　　旅游消费行为　　旅游者购买　　组织机构购买

◆ 实训练习

　　进行一次调查活动,搜集旅游市场需求信息,分析旅游者购买决策过程(分析五个阶段中每个阶段旅游者购买的特点,总结旅游购买的规律)。

◆ 延伸阅读

专题线路更贴心备受青睐

　　2006 年"三八"妇女节的旅游市场出现了一个新"苗头":上海不少旅行社纷纷推出了专门针对女性出游的线路和项目,比如以女性为主题的旅游主题产品如"购物游"、"温泉—海岛—海滩亲水游"、"赏花踏青游"等;其中一至两天的短线休闲观光线如乌镇 1 日游、建德七里扬帆1日游、宁海梁皇山——浙东大峡谷2日游、杭州西湖休闲2日游、桐庐富春江山水2日游等，价格均不超过280元，更是备受青睐。

此外，另一些旅行社也大胆地为女性朋友推出了"黄山婺源菜花香"、"春去云南赏茶花"、"海南春来有新绿"、"桂林三月看漓江"、"黄果树早春瀑布宽"、"西湖柳浪闻莺啼"等6条老景点新看点的旅游线路，侧重于"绿色、健康"的主题，才推出一周，其中的海南、云南、桂林和杭州游线就已经卖得相当不错了。

据该社介绍，每年的妇女节都标志着春季旅游的正式启动，温暖的草长莺飞三月天正是出游的好时节。同时，在春节期间价格暴涨的几条热门线路的价格也已经回到了正常状态，选择这个时候出游比较划算，以贵州为例，1980元的价格要比上月同期下降了100多元。

上海国旅的公民旅游公司总经理王彦还给笔者举了一个实例：去年他们接待了20多位上海女性，说是想要测试自己皮肤特质与羊胎素的匹配度，希望让该社专门安排一个去日本实地考察的团队。结果这群"爱美之人"飞到了日本，去资生堂等知名护肤品厂家参观"取经"，满意而归。

由此可见，以女性为主要客源的目标市场，正越来越得到沪上旅行社的重视，而"女性主题旅游"的开发，正从以往一年应一次"景"的被动状态，向主动确立庞大的女性客源市场，从而设计开发常规的标准产品快速进步。

资料来源：http://www.cotsa.com/chane14hyxw/scdt/200603/10373.html.

**分析思考题**：1. 女性旅游市场具有哪些需求特征？2. 结合案例谈一谈你对开发女性旅游市场的看法，作为一块值得开发的新领域，旅行社应采取何种营销策略？

# 第四章

# 旅游市场调研与预测

## 学习目标

**知识要点:** 了解旅游市场调研的内涵、意义和内容;理解旅游市场调研与预测的程序;掌握旅游市场调研与预测的具体方法。

**技能训练:** 应用所学理论,并根据您选择的调研项目(例如:大学生旅游市场调研),设计一份调查问卷,进行市场调查及定量预测。

**能力拓展:** 运用所学到的调查方法,选择当地2~3家著名的旅游景点和旅游企业(如旅行社和旅游饭店),自拟调研目的,进行一次有组织的调查活动,并写出一份调查报告。

## 引 例

### 马里奥特的市场调研

有些商人可以不带运通卡,但是如果不带上玩具熊,他们是不会离开家的。这是马里奥特公司下属的Courtyard分部在对其顾客进行调查时发现的一个令人吃惊的事实。正如马里奥特公司国内公关部经理吉尔里·坎贝尔所说的,在Courtyard,市场调研"对我们了解顾客的需求和需要是十分重要的。如果我们不进行调研,我们就不可能搞清楚实际情况。"

坎贝尔还说,调查也可作为一种营销工具,"它让媒体和消费者了解我们的顾客在做些什么,还可以使Courtyard这个品牌得到更多的认同。"

弗吉尼亚州麦克莱恩市的希夫里特公司对在过去12个月中至少有过6次商务旅行经历的300名Courtyard的顾客进行了调查。调查采用电话调查方式,问题共有30个,主要包括:旅行者在旅行期间是怎样和他们的家人及办公室进行联系的;为了使旅行生活能有在家的感觉,旅行者会怎样做或随身携带些什么。坎贝尔说:"我们还想搞清楚旅行者的一些习惯,诸如他们旅行时的习惯。"

有些调查结果是马里奥特公司事先预计到的。例如,调查发现,58%的商务旅行者带有膝上电脑。有些发现出乎预料,如这些带有膝上电脑的人说,他们带电脑是为了玩游戏;同时有7%的商务旅行者说,他们旅行时带着玩具熊或其他玩具。

基于以上数据,Courtyard对营销方式作了调整。例如,由于很多商务旅行者都带有膝上电脑并可以上网,于是,马里奥特在网上为商务旅行者们提供了很多信息,其中包括标出旅店位置的地图及Courtyard进行的促销活动。调查还表明,很多商务旅行者希望能安静地休息,因此,Courtyard的大堂也取消了可能会打扰顾客的音乐和电视声音。

坎贝尔说,一些调查结果证实,商务旅行者希望的"并不只是前台人员微笑的面孔",他们还希望能提前购买早餐和快速办理登记和结账手续。

通过市场调研,Courtyard识别出了商务旅行者的需要和需求,并且提供了能够使顾客成为回头客的服务。

由于商务旅行非常繁忙,所以Courtyard尽可能做到使旅行者住得方便和统一。正如坎贝尔所说:"无论他们住在华盛顿特区的Courtyard,还是住在西雅图,他们都会有同样的经历,他们知道可以得到什么样的服务。"

马里奥特曾就住在旅馆的顾客进行调查,了解他们对中等价位旅馆的要求。在此项调查两年之后,也就是1983年,马里奥特推出了Courtyard品牌。坎贝尔说,Courtyard的主要顾客是商务旅行者。

通过市场调研,马里奥特不但设计出了像Courtyard这样的新品牌,而且还因其产品满足了不断变化的市场需求从而建立起了品牌权益。

**案例引发的问题:**(1)马里奥特是如何收集市场信息的?(2)我们能够从马里奥特的成功经验中得到哪些启示?

案例来源:小卡尔·迈克丹尼尔,罗杰·盖兹著.范秀成,等译.当代市场调研[M].北京:机械工业出版社,2000.

## 第一节 旅游市场营销调研

### 一、旅游市场营销调研的内涵和意义

旅游企业在制定市场营销战略时,为了寻找市场机会和预见营销中的问题,就必须

搜集全面可靠的信息,以供营销管理人员进行决策之用。因此,旅游营销以调研为前提,且随着科技的发展、营销环境的复杂化,市场营销调研在旅游企业营销决策中的作用越来越大。

**(一)旅游市场营销调研的定义**

美国市场营销协会的定义:市场营销调研是企业系统地搜集、记录和分析有关货物和劳务的市场营销问题的资料,这种研究可以由独立的机构从事,也可以由企业或其代表人从事,以解决其市场营销问题。

菲利普·科特勒认为:市场营销调研是企业系统地计划、搜集、分析和报告那些与公司所面临的某种特定市场营销情况有关的资料和调研结果。

根据以上有关市场营销调研的定义,旅游市场营销调研是旅游企业为满足营销决策的需要,系统地设计、搜集、记录和分析并报告与该企业旅游营销活动中的各种特殊问题相关信息的过程。

**(二)旅游市场营销调研的作用**

(1)可以使旅游营销人员对企业的运行状况进行测定和评价;

(2)了解本企业促销的效果,可以使营销人员进一步努力提高本企业促销的大众信誉;

(3)有助于在决策层引起反响,从而使营销人员赢得决策层的支持;

(4)作为一种系统而客观的信息,调研结果可以有效地克服营销人员和管理人员凭直觉决策的弊病;

(5)营销调研所获得的有关竞争状况的信息可以使旅游企业处于有利的竞争地位;

(6)可以减少企业财务及形象方面的风险;

(7)可以了解旅游企业的宏观、微观营销环境,以便企业进行有效的环境管理;

(8)营销调研所收集的信息有助于企业进行战略协调。

## 二、旅游市场调研的类型

按照市场调研的目的主要分为以下三类。

**1. 探索性调研**

此类调研主要用来发现新机会,或找出对现有问题可能的解释,但不是要得出答案。当企业面临以下两种情况时,会采用这种调研方式。

一种情况是市场现象很复杂,实质性问题难以确认,为了确定调研的方向和重点,首先采用探索性调研帮助明确实质性问题,以便就此做更深入的调查。此时旅游企业会面临错综复杂的各种可能的情况,如销售额下降,销售部门认为是产品及服务质量不能令人满意,具体运作部门感觉是竞争对手的销售更火爆,采购部门抱怨物价太高,而最高管理层则在猜测宏观经济不景气可能是根源所在。探索性调研就是要初步收集资料,排除非关键因素,再有的放矢地进一步调研,以节约调研成本。

另一种情况是当旅游企业提出某些新的设想或构想时,可借助探索性调研来初步确认是否可行。

2. 描述性调研

此类调研是对市场的客观情况(包括历史情况和现状)进行如实的记录和反映,如对"我国当前旅游企业发展状况"这样的题目进行调研。描述性调研首先需要收集大量相关的市场信息,其中应当包括各种有关的数据,然后对调研的资料进行分类、分析、整理,最后形成调研报告。描述性调研应当内容翔实、全面、客观,并要做相应的定量分析。

3. 因果关系调研

此类调研主要是为了掌握有关市场现象之间的因果关系,也可用于某项市场试验。如为了试验广告效果,可以有计划地改变广告内容、广告频率和广告时间,然后收集有关销售额、品牌知名度、市场占有率等资料,从而掌握广告对企业销售的影响。但在使用因果调研时应注意防止片面性,因为同一现象或结果可能是由多种因素的变化引起的,有主要因素、次要因素、真实因素、虚假因素,这些都需要调研人员加以分析和区别。

### 三、旅游市场调研的内容

作为一个重要的市场信息来源,市场调研所涉及的范围必须广泛,而且要贯穿于营销管理的全过程。一般来讲,市场调研的范围,主要包括以下内容。

**(一)宏观环境调查**

在旅游市场营销中,宏观环境的不可控因素主要有政治、法律、经济、文化、科学技术、自然生态等因素。一般来说,旅游企业很少直接进行不可控因素的调研,主要是通过报刊等资料收集情报,有的国家设有专门的调研公司,为旅游企业提供有关这方面的资料,有些还可以通过年鉴上的资料来查询。

**(二)微观环境调查**

在旅游市场营销中,微观环境的调研是市场营销调研的重点。因为微观环境与旅游企业直接相关,而且其中的很多因素为可控因素,通过市场调研有利于旅游企业进行科学的营销决策。微观环境调研主要包括以下几个方面的内容。

1. 顾客调查—市场需求调查

针对旅游市场目标顾客所进行的需求调查是旅游市场调查内容中最基本的部分。

（1）旅游者规模及构成调查。

包括经济发展水平与人口特征；收入与闲暇时间；旅游者数量与消费构成，即调查旅游产品的现实与潜在的旅游者数量（旅游者国籍、年龄、性别、职业、入境方式以及地区分布、民族特征等），统计旅游者消费水平及构成（吃、住、行、游、购、娱等方面），停留时间等；旅游者对旅游产品质量、价格、服务等方面的要求和意见。

（2）旅游动机调查。

旅游动机是激励旅游者产生旅游行为的内在原因。在旅游企业，动机调研广泛应用于分析游客选择某一旅游企业而不选其他旅游企业的原因。例如，对游客旅游动机经常调查的项目有文化动机、交际动机、变换环境动机、地位与声望动机、业务动机等，这种分析研究有助于判断企业哪些特征会对游客选择旅游企业产生决定性的影响，还可以用来判断本企业选择的目标市场是否正确，本企业是否提供了目标市场需要的产品和服务，是否满足了顾客的需要，是否向目标市场传递了适当的信息等，以便根据顾客的需要，做好销售工作。

（3）旅游行为调查。

旅游行为是旅游者旅游动机在实际旅游构成中的具体表现。旅游行为调查就是调查客源地的旅游者何时旅游（When）、何处旅游（Where）、由谁决策旅游（Who）以及怎么旅游（How）。即通常所讲的"3W"、"1H"调查。

2. 市场供给调查

市场供给是指全社会在一定时期内对市场提供的可交换商品和服务的总量，它们是市场需求得以实现的物质保证。旅游供给是一定时期内为旅游市场提供旅游产品和服务的总量。对旅游市场供给调查的主要方面包括旅游吸引物调查、旅游设施调查、可进入性调查、旅游服务调查、旅游形象调查、旅游容量调查等。

3. 竞争者基本情况调查

调查的内容主要包括：

①有没有直接或间接的竞争对手，如有的话，是哪些。

②竞争对手的所在地和活动范围。

③竞争对手的内部情况：包括生产经营规模和资金状况、人力资源管理员状况、服务质量等。

④竞争对手的营销组合及在消费者中的声誉和形象。

⑤现有竞争程度（市场占有率、市场覆盖面等）、范围和方式。

⑥潜在竞争对手状况。通过调查，可将本企业的现有条件与竞争对手进行对比，为制定有效的竞争策略提供依据。

### 4. 市场营销活动调查

旅游市场营销活动调查要围绕旅游营销组合展开,其内容主要包括对旅游产品、价格、销售渠道和促销等的调查。

## 四、旅游市场调研的程序

为保证旅游市场营销调研的系统性与准确性,营销调研活动应依据一定的科学程序进行。一般说来,需要经过确定旅游市场营销调研项目、制订旅游市场营销调研计划、收集信息资料、分析处理信息、提交调研报告五个步骤。

### (一)确定问题和调研目标

需要明确调查对象、调研范围和调研工作要达到的目标。旅游市场营销调研项目有很多类型,根据发达国家经验,绝大多数旅游市场营销调研项目从属于以下五个类型:旅游企业销售市场调研、旅游企业与旅游业发展前景调研、旅游企业产品及竞争产品调研、旅游广告方式及广告效果调研、旅游企业社会责任调研。其中最常见的调研项目有旅游市场特性调研、旅游市场潜量调研、旅游市场份额调研、旅游产品发展趋势调研、短期销售预测、长期旅游需求预测、旅游价格预测、旅游竞争者调研等。由于调研目标的不同,这些调研项目可以分为探索性调研项目、结论性调研项目、描述性调研项目、因果性调研项目、预测性调研项目。

确定问题和调研目标作为企业调研的首要环节,通常是整个调研过程中最困难的一步。确定调研问题和目标时,可以采用以下分析方法:

①查阅旅游企业内部销售、财务、经营记录和报告。
②仔细地分析成本的变化过程。
③有目的地与熟悉情况的经营人员进行交谈。
④仔细地观察和研究最成功、效率最高的旅游企业所采用的程序和技术。
⑤查阅公开发表的有关资料。
⑥通过核对清单来分析本旅游企业的经营状况。
⑦组织有关人员举行小组讨论会,深入研究存在的问题。

◆**案例驿站 4.1**

**确定问题和调研目标**

某航空公司在决定进行一项关于在飞机上提供电话服务的调研活动时,首先提出"去探求你能够发现的空中旅客所需要的一切"的问题。结果,得到了大量不需要的信息,而实际需要的信息却得不到。后来又提出,"探求是否有足够的乘客在某航线的飞行中愿使用电话,使这项服务不致亏损"。营销人员可能认为,如果这项服务能增加新乘客,不是可从机票中赢利吗?最后提出,"如果这项服务成功了,竞争者的模仿速度是多快?"据此确定以下的特定研究目标:乘客在航行期间通电话的主要原因是什么?哪些类型的乘客喜欢在航行中打电话?有多少乘客可能会打电话?各种层次的价格对他有何影响?这一新服务会增加多少新乘客?这项新服务对公司的形象会产生积极影响吗?电话服务和其他因素如航班次数、食物和行李处理等相比,重要性如何?

案例来源:吴建安.市场营销学[M].北京:高等教育出版社,2007.

### (二)制定调研计划

市场调研的第二阶段是制定出能最有效地收集所需信息的旅游市场营销调研计划。营销调研计划的总体方案、报告的结构和内容取舍是随具体情况而有所变化的,不过一般都要包括摘要、调研目的、调研内容、调研方法等方面的内容,见表4.1。

表4.1　　市场调研计划的构成

| 项目 | 内容 |
| --- | --- |
| 摘要 | 调研计划的小结 |
| 调研目的和内容 | 确定调研的目的,设定问题,明确调查的范围和对象 |
| 资料来源 | 二手资料,一手资料 |
| 调查方法 | 观察,专题讨论,问卷调查,实验 |
| 调查手段 | 问卷,仪器 |
| 抽样方案 | 抽样单位,样本规模,抽样程序 |
| 联系方法 | 电话,邮寄,面访 |
| 调研进度 | 说明调研进度的具体安排 |
| 经费预算 | 说明调研预计需要的经费 |
| 附录 | 本次调研计划其他的说明 |

1.摘要

摘要是整个报告书的一个简短小结,要求简明清晰,并提供帮助理解报告基本内容的充分信息。

2.调研目的

说明提出该项目的背景、要研究的问题和备选的各种可能决策,该调研结果可能带来的社会效益或经济效益,或是在理论研究方面的重大意义。

3. 调研内容和范围

说明旅游市场营销调研的主要内容,规定所需获取的信息,列出主要的调研问题和有关的理论假设,明确调查的范围和对象。确定调查范围主要有以下方法:普遍调查市场、典型调查、个案分析、外部咨询、员工意见调查、消费者投诉分析等。

4. 调研方针与方法

用简洁的文字表达调研方针,说明所采用的研究方法的重要特征,与其他方法相比较的长处和局限性;收集资料的主要方法;将要采取的抽样方案的主要内容和步骤;样本量的大小和可能达到的精度;采取的质量控制方法;数据搜集的方法和调查的方式;问卷的形式及设计方面的有关考虑;数据处理和分析的方法等。

5. 调研手段

市场调查手段有问卷和仪器两种。问卷是最常用的调查手段,而仪器在市场调查中使用的比较少,例如,电流计可以用于测量调查对象在看到特定广告或图像时所表现出的兴趣或感情的强度,眼睛照相机用于研究调查对象眼睛活动的情况,以观察着眼点和在特定对象上的逗留时间等。

问卷是收集第一手资料的最普遍的手段,多种提问方法可使问卷非常灵活。问卷在大规模使用前需要仔细设计、测试和排除错误,例如,不能直接询问涉及隐私的问题,不能使用定义模糊的名词,避免使用文绉绉的语言,不能设计具有诱骗性的问题等。

设计问卷时,旅游企业市场调研人员必须认真考虑所提问题的有关内容、形式、措辞和次序。所提的问题不科学,即问题可能是令人难以回答的、不愿意回答的或不需要回答的,就会遗漏了应该回答的问题。因此,每个问题都应加以核对,确定它对调查目标是否有用,应该剔除那些对调研目标没有用的问题,避免无意义的操作。

问题的形式也会影响到调查对象的答卷,市场调研人员把问题分为闭合式和开放式两种,分别见表4.2和表4.3。

表 4.2　　　　　　　　　　　　　　　　闭合式问题

| 名称 | 答案 | 举例 |
|---|---|---|
| 二元选择 | 有两种答案的问题 | 你的客房干净吗？是（　）否（　） |
| 多项选择 | 至少有三种答案的问题 | 你来本市的主要目的是什么？度假（　）公务（　）会议（　）观光（　）探亲访友（　）其他（　） |
| 同意异议尺度 | 答卷人用以表明同意或者不同意的程度 | 本酒店的服务质量很好：极不同意（　）不同意（　）不置可否（　）同意（　）非常同意（　） |
| 语义差异 | 两个极端的词构成的标度，答卷人可在其中选择代表自己意见的一项 | 你认为本酒店正在播放的广告形象：深刻（　）肤浅（　） |
| 重要性尺度 | 列出某些属性的重要性次序尺度 | 客房送餐服务对您而言：非常重要（　）重要（　）中等（　）不重要（　）非常不重要（　） |
| 排序尺度 | 列出某些属性由"好"到"差"的次序尺度 | 餐厅的菜肴口味：极好（　）很好（　）好（　）马马虎虎（　）差（　） |
| 购买意图 | 描述答卷人购买意图的尺度 | 如果餐厅推出每周厨师特色菜，您是否会尝试：肯定会（　）可能会（　）不知道（　）肯定不会（　） |

表 4.3　　　　　　　　　　　　　　　　开放式问题

| 名称 | 答案 | 举例 |
|---|---|---|
| 自由格式 | 答卷人可以不受限制地回答问题 | 您对本酒店有何意见？ |
| 词组联想 | 逐个罗列词组，由答卷人选出最先想到的词组 | 听到下文时，您最先想到的词组是什么？旅游企业（　）客房（　）床（　） |
| 完成句子 | 给出不完整的句子，由答卷人完成 | 选择旅游企业我最先考虑的是（　） |
| 完成情节 | 给出不完整的情节，由答卷人完成 | 去年圣诞节我来这家酒店入住时，一进大堂就看到这棵巨大的圣诞树，这使我想起了家和家人。请完成这个情节 |
| 完成图画 | 给出有两个人的图画，其中一人说了一句话，由答卷人以另外一人的身份完成图中对话 | 略 |
| 主题联想测试 | 给出一幅图画，答卷人据此构思出一个情节 | 略 |

闭合式问题事先确定好了所有可能的答案，答卷人可从中选择一个答案；开放式问

题则允许答卷人用自己的语言回答问题。一般来说,因为答卷人的回答不受限制,开放式问题常常能揭示出更多的信息。开放式问题的重点在于需要了解人们是如何想的,而不是衡量持某种想法的人有多少,它在试探性调查阶段特别有用。而闭合式问题事先规定所有答案,很容易进行解释和列表工作。

◆ **案例驿站 4.2**

**"好客山东"旅游形象调查问卷**

说明:本问卷旨在调查您对山东省旅游形象口号——"好客山东"的评价。所有的问题没有对错之分,我们衷心感谢您的支持与合作,并对您的回答严格保密。

第一部分:请您对山东的旅游形象口号"好客山东"进行评价和打分。从"1"到"10"十个数字中选择一个说明您的评价。数字越大,表示您的对该形象的评价越高。

| 山东新的旅游口号:"好客山东" | 请在符合情况的数字中打"√" |
|---|---|
| 1. 山东旅游形象与其他省份旅游形象的差异性 | 1□ 2□ 3□ 4□ 5□ 6□ 7□ 8□ 9□ 10□ |
| 2. 山东旅游形象对本省或当地特色的反映程度 | 1□ 2□ 3□ 4□ 5□ 6□ 7□ 8□ 9□ 10□ |
| 3. 山东旅游形象对旅游市场需求的反应程度 | 1□ 2□ 3□ 4□ 5□ 6□ 7□ 8□ 9□ 10□ |
| 4. 游客对所宣传的旅游产品和形象的喜好程度 | 1□ 2□ 3□ 4□ 5□ 6□ 7□ 8□ 9□ 10□ |
| 5. 山东旅游形象宣传的信息单纯度 | 1□ 2□ 3□ 4□ 5□ 6□ 7□ 8□ 9□ 10□ |
| 6. 山东旅游形象引起的注意度 | 1□ 2□ 3□ 4□ 5□ 6□ 7□ 8□ 9□ 10□ |
| 7. 山东旅游形象激发的旅游欲望强度 | 1□ 2□ 3□ 4□ 5□ 6□ 7□ 8□ 9□ 10□ |
| 8. 游客对山东旅游目的地的推荐力度 | 1□ 2□ 3□ 4□ 5□ 6□ 7□ 8□ 9□ 10□ |
| 9. 山东旅游形象被记忆的容易程度 | 1□ 2□ 3□ 4□ 5□ 6□ 7□ 8□ 9□ 10□ |
| 10. 对山东旅游形象的整体性评价 | 1□ 2□ 3□ 4□ 5□ 6□ 7□ 8□ 9□ 10□ |

第二部分:以下问题请在符合情况的"□"中打"√"

1. 在做本次问卷调查之前,您是否知道山东目前的旅游形象口号是"好客山东"?
是□ 否□

2. 您是从什么途径知道"好客山东"旅游形象口号的?(可以选多个答案):
本次问卷调查□ 旅行社介绍□ 亲朋好友介绍□ 电视广告□ 广播广告□
报纸/杂志□ 旅游宣传册□ 网络□ 航空公司□ 海外旅行社□

若是其他途径,请说明:_____

3. 您来自哪里?山东省□　外省□　港澳台□　外国□

4. 年龄:20岁以下□　21~30□　31~40□　41~50□　50岁以上□

5. 性别:男□　女□

6. 学历:初中或以下□　高中或中专□　专科□　本科□　研究生或以上□

7. 职业:公务员□　科研/技术人员□　经商/商务工作者□　教师□　学生□　企业/公司职员□　农业工作者□　离退休人员□　军人□　家庭主妇□

其他职业,请填写:_____

8. 您的山东旅游经历是:第一次旅游□　重复旅游者□　还没去□

9. 本次旅游目的:□商务　□休闲度假　□探亲访友　□其他目的,请填写:_____

10. 您的家庭每月总收入大约是:1 000元以下□　1 001~2 000元□　2 001~3 000元□　3 001~4 000元□　4 001~5 000元□　5 001~8 000元□　8 000~1万元□　1万元以上□

问卷结束,再次感谢您的支持!

案例来源:马明.山东省2009软科学研究项目《基于品牌管理的山东旅游形象评价与提升研究》.

5. 调研进度和经费预算

详细地列出每一个步骤所需的天数以及起始、中止时间。计划要稍稍留有余地,但也不能把时间拖得太长。再详细列出每一项所需的费用,通过认真地估算,实事求是地给出每项的预算和总预算。

6. 附录

附录包括调研项目负责人及主要参加人员的名单,说明每人的专业特长以及在该项目的主要分工;抽样方案的技术说明及细节说明;问卷设计中的有关技术说明;数据处理方法;所用软件等方面的说明。

(三)收集信息

这是旅游市场营销调研实质性的工作阶段。资料可分为第一手资料和第二手资料两大类:第一手资料指本次调研中观察到的和记录下来的资料,或是直接询问对象所收集的资料;第二手资料指并非为本次调研专门汇编的、旅游企业内储存的各种资料和旅游企业外部公开发表的各种资料,具体收集方法如图4.1所示。

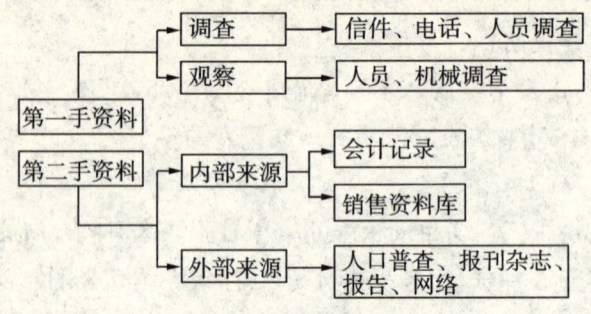

图 4.1　收集资料的方法

**(四)分析信息**

市场调研的下一步是从数据中提炼出与调查目标相关的信息,也就是说,获取的信息必须经过汇总和分析后才对旅游企业有实用价值。因此,首先应对资料进行校核,剔除不必要和不可靠的资料,以保证资料的可靠性和准确性。校核后的资料要按内容进行分类和编码,编制每一类别的统计表,并制定一维和二维的频率分布,对主要变量要计算其平均数和衡量离散趋势。在此基础上,市场调查人员应利用统计方法对资料做必要的分析。

**(五)提交调研报告**

通过对调研信息的分析,旅游调研人员需对调研时所做的假设做出肯定或否定的结论,通常调研结果需用书面形式向决策者报告。

一份完整的市场调查报告的格式一般是由前文、正文和结尾三大部分组成,不同调研报告根据研究内容在具体项目上可能有所区别,一般主要包括题目、目录、摘要、正文、结论和建议、附件、参考文献等。如表 4.4 所示。

表 4.4　调研报告的格式

| 组成部分 | 内容 |
| --- | --- |
| 前文 | 1. 标题扉页和标题页 |
|  | 2. 授权信页或说明 |
|  | 3. 提交信 |
|  | 4. 目录表 |
|  | 5. 图表目录 |
|  | 6. 摘要及关键词 |

| 组成部分 | 内容 |
|---|---|
| 正文 | 1. 引言 |
|  | 2. 调研方法 |
|  | 3. 调查结果分析与讨论 |
|  | 4. 结论与建议 |
|  | 5. 局限性 |
| 结尾 | 1. 附录 |
|  | 2. 参考文献 |
|  | 3. 致谢 |

1. 前文部分

（1）标题扉页和标题页。内容包括市场调查题目、报告日期、委托方、调查方等。关于题目，一般是通过标题把被调查单位、调查内容明确而具体地表示出来，如《关于青岛市居民收支、旅游消费及储蓄情况调查》。有的还采用正、副标题形式，一般正标题表达调查的主题，副标题则具体表明调查的单位和问题。如《"上帝"眼中的〈中国旅游报〉——〈中国旅游报〉读者调查总体研究报告》。

（2）授权信页或说明。有关本研究的研究委托方或资金资助方的说明等。

（3）提交信。撰写者以个人名义向报告者写的一封信，表示前者将报告提交给后者的意思。主要是概括调查项目的大致过程，下一步的研究方向等，引起委托方看报告者的重视。一般不拘泥于格式。也可以省略。

（4）目录。如果调查报告的内容、页数较多，为了方便读者阅读，应当使用目录或索引形式列出报告所分的主要章节和附录，并注明标题、有关章节号码及页码，一般来说，目录的篇幅不宜超过一页。

（5）图表目录。增加图表目录的作用与目录相同，主要是为了方便读者阅读。

（6）摘要和关键词。摘要为文章观点浓缩，重点展示研究结论、突出创新点；具有独立性与自含性（读者不阅读论文全文便可获得论文主要内容，可以作为一篇完整短文供文摘等二次文献采用或独立存在）。摘要一般要求不出现图表、简称与缩写等；长度100至200汉字；关键词一般要求3~5个，说明本研究的重点和关键问题。

2. 正文部分

（1）引言。主要阐述课题的基本情况，研究的目的、意义、重要性。正规的调研论文还包括对本问题前期其他作者研究的总结和评价的一个研究综述。此外，也可以简要地说明调查的由来和委托调查的原因。它是按照市场调查课题的顺序将问题展开,并阐述对调查的原始资料进行选择、评价、做出结论、提出建议的原则等。

(2)调研方法。简要介绍调查研究的方法。包括介绍问卷设计的依据,调查对象和调查内容,包括调查时间、地点、对象、范围、调查要点及所要解答的问题。以及简要介绍调查研究的方法和数据处理的方法。

(3)调查结果分析与讨论。对问卷调查的结果进行分析,包括样本的人口统计特征、本调查问题的数据分析与讨论。这是研究报告的重点,要求图文并茂,用多种方法论述本文的研究;文字数量、图表和数据要协调统一控制,并且做到数据与理论分析合乎逻辑,调研实践与营销理论相结合。

(4)结论和建议。这部分包括对引言和正文部分所提出的主要内容的总结。结论和建议与正文部分的论述要紧密对应,不可以提出无论据的结论。

(5)局限性和未来的研究方向。完整无缺的调研是难以做到的。说明本研究的局限性和下一步的研究方向。这样不至于使结果过分吹嘘,显得真实可信。

3. 结尾

(1)附件。指调查报告正文包含不了或没有提及,但与正文有关必须附加说明的部分。它是对正文报告的补充或更详尽说明。如调查问卷,文章中没有列出但又必须说明的统计表格、数据处理过程等。

(2)参考文献目录。列出本研究引用的参考文献。

(3)致谢。除了调研者本人外,整个调研需要其他人的帮助才能完成。对在本次调研中提供帮助的机构和人员表达谢意。

## 五、旅游市场调研的方法

### (一)调查方法

1. 文案调查法

即利用企业内部和外部现有的各种信息、情报资料,对调查内容进行分析研究的一种调查方法。文案调查的主要方法有参考文献查找法和检索工具查找法。

(1)参考文献查找法。利用有关著作、论文的末尾所开列的参考文献目录,或者是文中所提到的某些文献资料,以此为线索追踪、查找有关文献资料的方法。采用这种方法,可以提高查找效率。

(2)检索工具查找法。利用已有的检索工具查找文献资料的方法。依检索工具不同,检索方法主要有手工检索和计算机检索两种。进行手工检索的前提,是要有检索工具,因收录范围不同、著录形式不同、出版形式不同而有多种多样的检索工具。以著录方式来分类的主要检索工具有三种:一是目录,它是根据信息资料的题名进行编制的,常见的目录有:产品目录、企业目录、行业目录等;二是索引,它是将信息资料的内容特征和表象特征录出,标明出处,按一定的排检方法组织排列,如按人名、地名、符号等特征进行排列;三是文摘,它是对资料主要内容所做的一种简要介绍,能使人们用较少的时间获得较多的信息。与手工检索相比,计算机检索不仅具有检索速度快、效率高、内容新、范围广、数量多等优点,而且还可打破获取信息资料的地理障碍和时间约束,能向各类用户提供完善的、可靠的信息,在市场调查电脑化程度提高之后,将主要依靠计算机来检索信息。

文案调查法可用于有关部门和企业进行经常性的市场调查,可以发现问题并为市场研究提供重要参考依据,其优点是不受时空限制,费用低。

文案调查法也有一定的局限性。第一,这种方法依据的主要是历史资料,过时资料比较多,现实中正在发展变化的新情况、新问题难以得到及时的反映。第二,所收集、整理的资料和调查目的往往不能很好地吻合,数据对解决问题不能完全使用,收集资料时易有遗漏。第三,文案调查要求调查人员有较广的理论知识、较深的专业知识及技能,否则将感到无能为力。此外,由于文案调查所收集的次级资料的准确程度较难把握,有些资料是由专业水平较高的人员采用科学的方法搜集和加工的,准确度较高,而有的资料只是估算和推测的,准确度较低。因此,如果文案调查满足不了企业需求时,就需要进行实地调查。

**2. 实地调查法**

(1)访谈询问法。

又称询问调查法,就是调查人员采用访谈询问的方式向被调查者了解市场情况的一种方法,它是市场调查中最常用的、最基本的调查方法。

①人员访谈法:调查人员对被调查者当面提出问题,之后由调查人员整理所得到的信息,在人员访谈时调查人员应注意不允许暗示或提示调查者回答问题。

人员访谈的优点是:答复率高;可以解答问题;可以采用开放式问题;允许有各种答案;可以观察被调查者的反应;获得完整的信息。缺点是:调查人员本身可能具有偏见;被调查者的时间难以约定;费用高;被调查者不愿回答私人问题;被调查者可能较紧张;被调查者可能按调查人员所期望的去回答而非其真实想法。

②专题小组讨论法:例如,调研人员可以从目标市场选择6~10名代表,深入了解他们对本旅游企业的看法,并鼓励他们自由讨论,交换意见,这类座谈会一般需要几个

小时。调研人员还可召集几个小组开展专题座谈会,了解他们对不同细分市场的看法,虽然此类调研结果缺乏抽样有效性,但能为今后设计调查问卷提供依据。在专题讨论时,主持人要鼓励大家大胆发言,同时要注意调节讨论不可偏题,小组讨论的内容可以通过书面纪录或录像的方法予以保留。一般要对参加小组讨论的人员支付一些报酬。

专题小组讨论的优点是:与人员访谈相同;比人员访谈更随意和放松;可以更深入地分析和研究问题;比人员访谈的答案更真实。缺点是:很难安排到合适的时间和地点;需要回答问题者花费较多的时间和精力;有些人可能操纵整个讨论或使之跑题。

③电话调查法:调查人员借助电话工具依据调查问卷向被调查者逐项询问,了解意见、看法,收集信息资料的一种调查方法,应用较为广泛。

电话调查的优点是:迅速获得信息;不需要专业人员;资料是最新的;调查的覆盖面较广;在市区费用低;高回收率。缺点是:被询问者必须有电话;无法见到被询问者,询问必须简单;难以与之建立长久联系;电话提问受到时间的限制;被调查者可能因不了解调查的详尽、确切的意图而无法回答或无法正确回答;对于某些专业性较强的问题无法获得所需的调查资料;无法针对被调查者的性格特点控制其情绪;跨区域进行则费用很高。

④邮寄调查法:将事先拟定好的调查问卷邮寄给被调查者,由被调查者根据要求填写并在约定的时间内寄回的一种调查方法。

邮寄调查的优点是:在一定费用下可以覆盖较大范围;可以更直接到达被调查者手中;可以轻松地回答问卷,不带调查人员的偏见;调查成本较低;被调查者有充分的答卷时间;被调查者以匿名的方式回答一些个人隐私问题,回答比较真实。缺点是:难以获得适宜的邮寄名录;需要较长时间;填写问卷者可能没有代表性;无法控制被调查者的答复,回收率较低;要求被调查者应具有一定的文字理解能力和表达能力,对文化程度较低的人不适用。

⑤留置问卷调查法:当面将调查表交给被调查者,说明调查意图和要求,由被调查者自行填写回答,再由调查者按约定日期收回的一种调查方法。

留置问卷调查法的优点是:调查范围广,调查对象可以控制,问卷较长时被调查者有充分的时间进行填写,节约了调查者等候收集问卷的时间。缺点是:如果被调查者责任心低,容易造成问卷丢失现象,问卷回收率低;需要较长时间;也要求被调查者应具有一定的文字理解能力和表达能力。

总之,五种访问法各有其优缺点(表 4.5),市场调研人员应根据具体的调研目标采取合适的调研方法,或者综合采用以上几种方法以保证调查的科学性和有效性。

表 4.5　　　　　　　　　　五种访问法优缺点的比较

|  | 人员访谈法 | 专题小组讨论 | 电话法 | 邮寄法 | 留置法 |
|---|---|---|---|---|---|
| 调查范围 | 较窄 | 较窄 | 较窄 | 较广 | 较广 |
| 调查对象 | 可控可选 | 可控可选 | 可控可选 | 可选难控 | 可控可选 |
| 影响回答的因素 | 能了解控制和判断 | 能了解控制和判断 | 无法了解控制判断 | 难了解控制和判断 | 能了解控制和判断 |
| 回收率 | 高 | 高 | 较高 | 较低 | 较高 |
| 回答速度 | 可快可慢 | 可快可慢 | 最快 | 慢 | 较慢 |
| 回答质量 | 较高 | 较高 | 高 | 较低 | 较高 |
| 平均费用 | 较高 | 最高 | 低 | 较低 | 一般 |

(2)观察调查法。

调研人员可通过观察、记录每个人或团体的活动类型以及各种行为在何时、何地发生,发生的频率及持续的时间等。

观察法不直接向被调查者提问,而是从旁观察被调查者的行动、反应和感受。其主要特点有:①所观察的内容是经过周密考虑的,是观察者根据某种需要,有目的、有计划的搜集市场资料、研究市场问题的过程。②要求对观察对象进行系统、全面的观察。在实地观察前,应根据调查目的对观察项目和观察方式设计出具体的方案,尽可能避免或减少观察误差,防止以偏概全,提高调查资料的可靠性。因此,观察法对观察人员有严格的要求。③观察结果是当时正在发生的、处于自然状态下的市场现象。市场现象的自然状态是各种因素综合影响的结果,没有人为制造的假象。在这样的条件下取得的观察结果,可以客观真实地反映实际情况。

常用的观察法有两种:一是人员观察,调研人员从侧面观察人们的行为,系统地记载某种行为发生的频率、地点和时间。人的感觉器官特别是眼睛,在实地观察中能获取大量的信息。例如,调研人员可观察、记录每位顾客在总台需等待多久才能办理登记手续。人员观察的缺点是容易引起被观察对象的注意,从而使其改变自己的行为方式,这样就会失去观察的意义,但成本较低;二是器械观察,调研人员通过使用录音机、摄像机、照相机、电视机等设备观察对象的行为。器械观察一般不会引起被观察对象的注意,也可以避免观察人员的主观片面性。因此,观察法要求观察人员在充分利用自己的感觉器官的同时,还要尽量运用科学的观察工具,这样不仅能提高人的观察能力,还能将观察结果记载下来,增加了资料的翔实性。

观察法的优点是：不必得到被调查者的同意；不干扰被调查者的行为；现场观察费用少；可迅速获得现场数据和信息。缺点是：没有机会提问和解释；不能直接得到信息；无法观察诸如住宿动机、客人未来计划、过去经历等信息。

◆案例驿站4.3

### 神秘顾客调查法

王先生致电某酒店订房，在与酒店员工交谈的过程中，他快速记下几个细节：总机在铃响2声后接听，前台在1声后接听，问候语标准；报价时没有主动提及房价内已包括2份早餐；在得知客人姓氏后，没有主动使用姓氏称呼客人……

3天后，商务客打扮的王先生来到该酒店，从走下出租车的一刻起到进入酒店大堂，王先生又默记下几个细节：行李生主动上前拉车门，问候并致欢迎词；行李生开车门的动作不规范；行李生没有提醒客人带齐随身物品及询问后车厢内有无其他行李；门童能主动拉门、问好，但缺乏笑容且目光一直投向别处……

对于这家酒店的预订员、行李生和门童，王先生只是他们每天遇到的众多顾客中普普通通的一位，而事实上，王先生此行却有着特殊的任务：他在酒店消费过程中经历的上述细节，最终都将出现在提交给该酒店管理层的《顾客经历报告》中——王先生是酒店聘请的一位神秘顾客，其任务是帮助酒店改善服务质量，从而不断提升顾客对酒店服务的满意度。

神秘顾客调研法（Mystery Customer Research）是一种广泛应用于服务行业的质量管理及顾客满意度调查的方法。其做法是由对被调查企业所在行业有深刻理解的调查者，以普通顾客的身份，亲历被调查企业的服务产品，在真实的消费环境中以专业的视角感知企业与顾客接触的每一个真实时刻，并将其消费经历、感受、评价等反馈给被调查企业。神秘顾客法在酒店服务质量管理中发挥着重要的作用。

1. 有助于管理层把握服务质量的真实水准

对于酒店服务质量的检查与评价，大多数酒店经理们都有这种感受：有管理人员在场时，服务人员往往倾向于表现得更好些，管理人员观察到的质量与顾客实际体验到的质量很可能是不完全一致的；有时，由于可能会令顾客尴尬或不舒服，某些服务项目并不方便有管理人员处于服务的现场，从而产生质量检查的"盲点"。神秘顾客法的优势恰恰在于调查者是以真实顾客的身份去亲历服务，这使得调查者体验到的服务更全面且更接近真实水平。

## 2. 调查结果有较高的可应用性

与其他反映服务质量水平的方法相比,神秘顾客法的特点及优势在于其表述的直观性,即不仅能够提供顾客对某项服务满意程度的概括性信息,而且能够较直观地显示顾客满意或不满的具体原因。管理层可以直接通过神秘顾客提交的《顾客经历报告》发现问题,采取必要的改善措施并开展针对性的培训,也可以从中发现杰出的服务人员及服务案例,并向全酒店推广。

## 3. 客观上倡导了顾客导向的企业文化

企业自身对于价值的判断,是决定企业文化的重要力量。在神秘顾客调研过程中,调查者以其自身的个性需求、经历、兴趣偏好、主观感受等在真实的服务场景中与服务的提供者产生双向互动,使观察到的结果更接近于质量的本质——即质量更多的是体现为一种满足顾客需要的能力,而非既定的程序、标准。就此而言,酒店引入神秘顾客这一视角,无疑在客观上倡导了一种顾客导向的质量标准及与之相对应的企业文化。同时,神秘顾客——这一酒店真实顾客的代言人,在服务工作中的出现,亦潜移默化地规范着全体员工以客为先、顾客至上的行为准则。

诚然,神秘顾客法并非万能的。它能够帮助酒店发现许多潜在的、平时不为人所留意的质量问题,但能否改正又是另一回事了。如要充分发挥神秘顾客法的作用,还需综合运用培训、奖惩、现场督导等各种管理手段和企业文化等更深层次的努力。

案例来源:http://www.hotel520.com/hotel_1/7082.html. http://www.chinahotel.com.

(3)实验调查法。

根据调查对象来选择影响其变化的几个主要因素,然后依次改变每个因素的数值来判断它们对调查对象是否有影响以及影响程度。实验调查法按照实验的场所可分为实验室实验和现场实验。实验室实验是指在人造的环境中进行实验,研究人员可以进行严格的实验控制,比较容易操作,时间短,费用低。现场实验是指在实际的环境中进行实验,其实验结果一般具有较大的实用意义。例如,在饭店中提高客房小冰箱内商品的价格是否会影响客房出租率,就可以采用现场实验的方法得到答案。

实验调查法通过实验活动提供市场发展变化的资料,不是等待某种市场现象发生了再去调查,而是积极主动地改变某种条件,从而揭示或确立市场现象之间的相关关系。它不但可以说明是什么,而且可以说明为什么,还具有可重复性,因此其结论的说服力较强。实验调查法对检验宏观管理的方针政策与微观管理的措施办法的正确性来说,都是一种有效的方法。

当然,实验调查法在进行市场实验时,由于不可控因素较多,很难选择到有充分代表性的实验对象和实验环境。因此实验结论往往带有一定的特殊性,实验结果的推广会受到一定的影响。实验调查法还有花费时间较多、费用较高、实验过程不易控制、实验情况不易保密、竞争对手可能会有意干扰现场实验的结果等缺点。这些缺点使实验调查法的应用有一些局限性,市场调查人员对此应给予充分的注意。

◆案例驿站4.4

### 咖啡杯子颜色实验

日本三叶咖啡店的老板发现不同颜色会使人产生不同的感觉,但选用什么颜色的咖啡杯最好?于是他做了一个有趣的实验:邀请了30多人,每人各喝四杯浓度相同的咖啡,但四个咖啡杯分别是红色、咖啡色、黄色和青色。最后得出结论:几乎所有的人认为使用红色杯子的咖啡调的太浓了;使用咖啡色杯子认为太浓的人数约有2/3;使用黄色杯子的感觉是浓度正好;而使用青色杯子的都觉得太淡了。从此以后,三叶咖啡店一律改用红色杯子盛咖啡,既节约了成本,又使顾客对咖啡质量和口味感到满意。

案例来源:http://www.sellcn.com/HtmlList/List_102_1.html。

3. 网络调查法

网络调查法又称网络市场调研、网上市场调研或联机市场调研,指的是通过网络进行有系统、有计划、有组织地收集、调查、记录、整理、分析与产品有关的市场信息,客观地测定及评价现实市场及潜在市场,用以解决市场营销的有关问题,其调研结果可作为各项营销决策的依据。

(1)网络调查主要方法。

①E-mail问卷调研法。就是将设计好的调查问卷通过E-mail发送给被访者,要求其填写问卷并发回。调研者应该首先建立被访者E-mail的地址信息库。

◆专题笔谈4.1

美国消费者调查公司是美国的一家网上市场调研公司。通过互联网在世界范围内征集会员,只要回答一些关于个人职业、家庭成员组成及收入等方面的个人背景资料问题即可成为会员。该公司每月都会通过 E-mail 寄出一些市场调查表给符合调研要求的会员,询问诸如"你最喜欢的食物是哪些口味,你最需要哪些家用电器"等问题,在调查表的下面注着完成调研后被调查者可以获得的酬金,根据问卷的长短以及难度的不同,酬金的范围在 4~25 美元,并且每月还会从会员中随机抽奖,至少奖励 50 美元。该公司会员注册十分积极,目前已有会员 50 多万人。

资料来源:http://www.acop.com/Default.aspx。

②被动问卷网络调研法。被动问卷调研法是一种将问卷放置在 www 站点上,等待访问者访问时主动填写问卷的一种调研方法。调查者也可以通过 WEB 方式在电子公告栏发布消息。与主动问卷调研法的主动出击寻找被调查者相比,被动问卷调研法更像是守株待兔,此方法无需建立被访者 E-mail 地址信息库,在进行数据分析之前也无法选定调研目标,但他所涉及的被调查者范围要比主动问卷调研法广阔的多,几乎每个网民都可以成为被调查者。例如,中国互联网络自身发展状况调查,CNNIC(中国互联网络信息中心)每半年进行一次的"中国互联网络发展状况调查"采用的就是被动问卷调研法。在调查期间,为达到可以满足统计需要的问卷数量,CNNIC 一般与国内一些著名的 ISP(网络服务提供商)/ICP(网络媒体提供商)如新浪、搜狐、网易等合作设置调查问卷的链接,进行适当的宣传以吸引大量的互联网浏览者进行问卷点击,感兴趣的人会自愿填写并返回问卷。

③网上焦点座谈法(网络博客/QQ)。是在同一时间随机选择几位被访问者,弹出邀请信,告知其可以进入一个特定的网络聊天室,相互讨论对某个事件、产品或服务等的看法和评价。

④委托市场调查机构调查。企业委托市场调查机构开展市场调查,主要是针对企业及其产品的调查。

⑤合作方式的网络市场调研。由企业和媒体合作进行。

(2)网络调研的优点和缺点。

①网络调研的优点:网络调研作为一种新兴的调研方法与传统调研相比,有很强的优越性(表 4.6)。主要表现在网络调研的及时性;数据的客观可靠性;与被调查者之间的互动性;资源共享性(交互性);便捷性和经济性(低费用);以及信息可控制性,瞬间到达,无时空、地域限制等。

表 4.6　　　　　　　　　　　网络调研与传统市场调研比较

|  | 网上调查 | 传统调查 |
| --- | --- | --- |
| 调研费用 | 较低,主要是设计费和数据处理费。每份问卷所要支付的费用几乎是零 | 昂贵,要支付的费用包括:问卷设计,印刷,发放,回收,聘请和培训访问员,录入调查结果,由专业市场研究公司对问卷进行统计分析等 |
| 调查范围 | 全国乃至全世界,样本数量庞大 | 受成本限制,调查地区和样本均有限制 |
| 运作速度 | 很快,只需搭建平台,数据库可自动生成,几天就可能得出有意义的结论 | 慢,至少需要2~6个月才能得出结论 |
| 调查的时效性 | 全天候进行 | 不同的被访问者对其可进行访问的时间不同 |
| 被访问者的便利性 | 非常便利,被访问者可自行决定时间地点回答问卷 | 不方便,要跨越空间障碍,到达访问地点 |
| 调查结果的可信性 | 相对真实可信 | 一般有督导对问卷进行审核,措施严格,可信性高 |
| 实用性 | 适合长期的大样本调查;适合要迅速得出结论的情况 | 适合面对面地深度访谈;食品类等需要对访问者进行感观测试 |

②网络调研的缺点

第一,它只反映了网络用户的意见;第二,由于上网匿名,可能造成被调查者信息虚假,答案缺乏可信度;第三,调查对象太广泛,可能调查对象没有针对性,不符合调研目的要求。

因此,虽然互联网调研发展很快,以互联网为唯一调查媒介的网上市场调研公司不断应运而生,且取得了引人注目的成绩,但传统调研法仍是不可或缺的,特别是在一些经济技术不发达的国家和地区。然而即便在发达地区,传统调研法仍可以对互联网调研起到重要的辅助作用。

(二)抽样技术

从理论上讲,采用普查的方法应能获得最准确、最有价值的调查结果,但是普查具有成本高、耗时长、工作量大等缺点。所以,旅游企业一般采用抽样调查。

抽样调查是一种专门组织的非全面调查。它是按照一定方式,从调查总体中抽取部分样本进行调查,用所得的结果说明总体情况的调查方法。抽样调查是现代市场调查中的重要组织形式,是目前国际上公认和普遍采用的科学的调查手段。抽样调查的理论原理是概率论,概率论中诸如中心极限原理等一系列理论,为抽样调查提供了科学的依据。

要进行抽样调查,市场调查人员必须设计出抽样方案,包括抽样单位、样本规模和抽样程序。

抽样单位是指向什么人调查的问题。市场调研人员必须定义出抽样的目标总体,例如对酒店顾客进行调查,抽样单位是商务客人或是度假客人还是两者兼有?一旦确定了抽样单位,必须确定抽样的范围,以便目标总体中所有样本被抽中的机会是均等的或是已知的。

样本规模是指调查多少人的问题。是调查2 000名客人还是200名客人?大规模样本比小规模样本的结果更可靠,但是没有必要为了得到完全可靠的结果而调查整个或部分目标总体。如果抽样程序正确的话,部分样本就能提供很好的可靠性。

抽样程序是指如何选择答卷人的问题。为了得到可靠的信息,应采用正确的抽样程序:①确定样本的总体;②确定样本的范围;③选择抽样的方法;④确定样本的大小;⑤指导样本单位的识别和选择。

抽样方法主要有概率抽样和非概率抽样两种。概率抽样可以计算出抽样误差的大小,可以得到有代表性的样本;非概率抽样尽管无法衡量抽样误差,但在许多场合是非常有用的。表4.7分别描述了三种概率抽样和三种非概率抽样。

表 4.7　　　　　　　　　　　概率抽样和非概率抽样

| | | |
|---|---|---|
| 概率抽样 | 简单随机抽样 | 总体中的每个成员都有已知的或均等的被抽中的机会 |
| | 分层随机抽样 | 将总体分成不重叠的组(如年龄组),在每组内随机抽样 |
| | 整群抽样 | 将总体分成不重叠的组(如街区组),随机抽取若干组进行普查 |
| 非概率抽样 | 随意抽样 | 调查人员选择总体中最易接触的成员来获取信息 |
| | 估计抽样 | 调查人员按自己的估计选择总体中可能提供准确信息的成员 |
| | 定额抽样 | 调查人员按若干分类标准确定每类规模,然后按比例在每类中选择特定数量的成员进行调查。 |

◆ 本节相关知识链接

1. http://www.hotel520.com/
2. http://www.chinahotel.com
3. http://www.acop.com/

◆ 本章试题与知识训练

一、填空题

1.因果关系调研的目的是为了弄清市场变量之间的_____,掌握相互之间的变动规律。

2.市场调研通常从收集_____开始,必要时再采用各种调研方法收集第一手资料。

3.调研人员在完成市场调研活动之后,向营销主管提出与进行决策有关的调研成果,通常表现为书面_____。

二、判断题

1.探测性调研一般要进行实地调查,收集第一手资料。（   ）

2.描述性调研主要是收集、整理和分析第二手资料。（   ）

3.收集第一手资料通常花费较大、周期长、但能掌握市场的即时信息。（   ）

三、选择题

1.企业在情况不明时,为找出问题的症结,明确进一步调研的内容和重点,通常要进行(   )。

　　A.探测性调研　　　　　　　　　B.描述性调研
　　C.因果关系调研　　　　　　　　D.临时性调研

2.市场营销调研划分为探测性调研、描述性调研和因果关系调研,其划分的标准是(   )。

　　A.调研时间　　　　　　　　　　B.调研范畴
　　C.调研内容　　　　　　　　　　D.调研目的

3.在已明确所要研究问题的内容与重点后,拟定调研计划,进行实地调查,收集第一手资料,如实地反映情况和问题,这是属于(   )。

　　A.探测性调研　　　　　　　　　B.描述性调研
　　C.因果关系调研　　　　　　　　D.定期性调研

4.为了弄清市场变量之间的因果关系,收集有关市场变量的数据资料,运用统计分析和逻辑推理等方法,判明变动原因和结果以及它们变动的规律,这是属于(   )。

　　A.探测性调研　　　　　　　　　B.描述性调研
　　C.因果关系调研　　　　　　　　D.定期性调研

5.收集第一手资料的主要工具是(   )。

　　A.计算机　　　　B.乱数表　　　　C.调查表　　　　D.统计年鉴

## 第二节 旅游市场预测

### 一、旅游市场预测的基本原理

在调研的基础上对未来旅游市场进行预测,就会使旅游企业找到方向、瞄准目标,旅游营销工作的步子迈起来才会更稳健,营销工作才会进行得更有绩效。旅游市场预测,就是在旅游市场调查获取的各种一手资料和二手资料等信息的基础上,运用各种定性和定量的科学方法,针对旅游企业的需要,对旅游市场未来一段时期内的发展趋势所做出的分析与判断。

市场之所以可以被预测,是因为人们通过长期的认识,积累起丰富的经验和知识,可以逐步了解市场变化规律;然后,凭借各种先进的科学手段,根据市场发展历史和现状,推演市场发展的趋势,做出相应的估计和推测。

1. 惯性原理

任何事物的发展在时间上都具有连续性,表现为特有的过去、现在和未来的演化过程。没有一种事物的发展与其过去的行为没有联系,过去的行为不仅影响到现在,还会影响到未来。因此,可以从事物的历史和现状部分推演出事物的未来。市场的发展也有一个过程,在时间上也表现为一定的连续性。尽管市场瞬息万变,但这种发展变化在长期的过程中也存在一些规律性,可以被人们所认识。惯性原理是时间序列分析法的主要依据。

2. 因果原理

任何事物都不可能孤立存在,都是与周围的各种事物相互制约、相互促进的;一个事物的发展变化,必然影响到其他有关事物的发展变化。比如,一个国家在一定时期内采用某种特定的经济政策,势必对市场发展产生某种影响;这时的政策是因,市场变化情况是果。过一段时间,国家根据市场发展变化的新情况,制定新的经济政策来刺激市场,或是稳定市场、限制市场,甚至改变市场发展方向等。市场情况成为因,经济政策又变为果。当然,一因多果或一果多因的现象也经常出现,但有其因就必有其果,这是规律。因此,从已知某一事物的变化规律,推演与之相关的其他事物的发展变化趋势,是合理的,也是可能的。回归分析法、投入产出分析法就是对因果原理的最好运用。

3. 类推原理

许多事物相互之间在结构、模式、性质、发展趋势等方面客观存在着相似之处。根据这种相似性,人们可以在已知某一事物的发展变化情况的基础上,通过类推的方法推演出相似事物未来可能的发展趋势。例如,中国旅游业的发展与外国旅游业的发展就有某些类似之处,我们可以利用外国旅游业的发展规律类推中国旅游业的发展规律。

4. 概率原理

任何事物的发展都有一个被认识的过程。人们在充分认识事物之前,只知道其中有些因素是确定的,有些因素是不确定的,即存在着偶然性因素。市场的发展过程中也存在必然性和偶然性,而且在偶然性中隐藏着必然性。通过对市场发展偶然性的分析,揭示其内部隐藏着的必然性,可以凭此推测市场发展的未来。从偶然性中发现必然性是通过概率论和数理统计方法,求出随机事件出现各种状态的概率,然后根据概率去推测预测对象的未来状态。

## 二、旅游市场预测的内容

一般主要包括以下六个方面。

### (一) 旅游营销环境的预测

旅游营销环境是旅游企业决策者们必须关注的因素,其预测主要包括:国际、国内政治、经济形势及国家产业结构变化趋势,自然环境和生活条件的变化趋势等。旅游业与许多产业有关联,随着生活水平的提高,人们的消费趋向发生了较大的改变,这些因素直接影响着旅游企业的经营。

### (二) 旅游市场需求预测

1. 需求总量的预测

旅游市场需求总量主要是指在一定区域和一定时间范围内,旅游者可能的购买力及购买力投向的总量。旅游需求总量可以标识旅游企业在一定时期和一定营销费用条件下,可能达到的最大销售额。

2. 旅游客源预测

预测客源地旅游者变动情况,包括旅游者数量变化、旅游时间分布变化、旅游者地区分布状况、旅游者构成变化和旅游浏览时间长短变动等。可以采用宏观总量比例预测法,基本思路是先预测旅游企业所在城市或风景区的客源总前景(包括外地游客流量和本地居民区内旅游量),再根据项目对游客的吸引力,确定适当比例以求得本项目客源量。

3. 旅游需求结构预测

旅游需求结构预测包括旅游者的餐饮、住宿、交通、游览、娱乐、购物方面的消费变动情况,因为这些是旅游企业收入的主要组成部分,其变化会直接影响旅游市场需求潜力和旅游产品的销售。

(三)旅游容量预测

旅游需求与供给是旅游市场的两个主要因素,在预测市场需求的同时,也应对旅游供给的发展趋势进行预测。具体说,就是对旅游容量或旅游承载力进行预测。旅游容量包括旅游资源容量、旅游心理容量、旅游生态容量、旅游经济发展容量和旅游社会容量等。准确地测定旅游地的现有旅游容量和旅游极限容量,可以使旅游地的接待能力处于合理容量之内,并能维持供需的相对平衡,以保证旅游资源的吸引力和自然生态环境不至退化。

(四)旅游价格预测

旅游价格是旅游市场波动的主要标志和信息载体,常表现为价格下降,需求量增加;价格上涨,需求量减少。各种旅游产品对价格的需求弹性不同,旅游企业必须预测旅游市场价格变化给旅游市场需求带来的变化,以确定在旅游企业可控制范围内的最优价格和供给水平的变动趋势。

(五)旅游市场占有率预测

市场占有率是旅游企业的旅游产品的销售量占该产品市场总销售量的比重。对它的预测,一方面可以通过市场容量指标与市场占有率预测,得出本企业的销售量;另一方面可以看出本企业在旅游业中竞争对手的实力以及本企业在旅游行业中的竞争力和所处的地位,以便掌握市场竞争的动态状况,采取相应的竞争策略。

(六)旅游效益预测

旅游企业通过对营销成本和利润的预测,可以了解旅游收入的数量、构成与收入水平,明确旅游经济活动的成果,包括经济效益、社会效益和生态效益,有助于提高企业经营管理水平,并为投资决策和营销决策提供依据。

## 三、旅游市场预测的步骤

旅游市场预测工作具有一定的科学性、系统性和相关原则性,所以必须严格按照预测工作的程序,加强组织管理,促进各个环节的相互协调,以保证旅游市场预测的顺利进行,并提高预测的精度和质量,其具体步骤如图4.2所示。

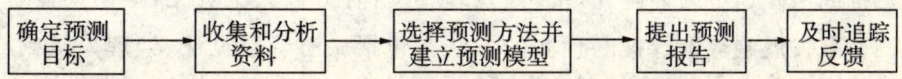

图4.2 旅游市场预测的步骤

### (一)明确预测目标

首先要确定预测对象和明确预测目标。这样才能有的放矢地制订计划,掌握工作要求,合理安排相关事宜。

### (二)搜集和分析资料

预测不是盲目的,必须依据相关资料及调查结果。通过核实、整理、审查这些结果,全面、系统、准确地掌握信息资料和调查结果,才能保证预测的质量。

### (三)选择预测方法并建立预测模型

根据预测的对象、目标及具体的环境、人员、成本等情况,选择合适的预测方法。市场预测要借助于经验判断、逻辑推理、统计分析、数学模型、计算机的计算等,并由此建立一种适合该次预测的模型。当然,也不能过于刻板,遇到具体的事物要根据具体的情况进行科学的整合,采取多种手段及方法来选择。

### (四)提出预测报告

旅游市场预测报告是对整个预测工作过程的概括和总结,其主要内容包括预测目的、预测对象和内容、采用的预测方法和模型、预测结果的准确性和可信度、实现预测结果的条件和措施等。要求对预测结果的可信度进行分析、修正和调整,确定预测结果后,再写出预测报告和策略性建议。

### (五)及时追踪反馈

旅游市场瞬息万变,预测结果与客观事实难免有不吻合之处,这就需要旅游营销人员时时监控,随时调整,使预测更具实用性、客观性、前瞻性。

## 四、旅游市场预测方法

不同的预测方法有不同的功能,正确选择,合理使用,才能事半功倍。科学的市场预测需要应用定性分析和定量分析两种方法,并且要能将两者有机结合起来运用。

### (一)定性分析预测法

在掌握的历史数据不多、不够准确或主要因素无法用数字描述进行定量分析时,定性预测就是一种行之有效的预测方法。常用的定性预测方法如下。

#### 1.意见推断预测法

意见推断法是通过调查研究,搜集、处理、分析各方面人士意见,运用集体智慧和经验对预测对象发展趋势进行推断预测的方法。包括旅游者意见法、经理人员判断法、营销人员估计法。旅游者意见法,是通过对旅游者进行调查或征询,来进行旅游市场预测的一种方法。其具体做法是:当面询问、电话征询、写信、要求填写调查表、设立意见簿、召开座谈会等。经理人员判断法,指旅游企业邀请企业内部各职能部门的主管人员根据各自的经验,对预测对象做出分析和估计,然后取其平均数作为预测估计数。此法简便易行,节省费用。营销人员估计法,是由企业的营销人员对市场做出预测。使用这种方法的企业,要求每个推销员对今后的销售做出估计,营销经理再与各个推销员一起复审估计数字,并逐级上报预测数字和汇总。

2.专家预测法

专家预测法是以专家为索取信息的对象,运用专家的知识、经验和分析判断能力,对未来市场变化趋势做出预见和判断的方法。主要包括个人判断法、头脑风暴法和德尔菲法。

(1)个人判断法。

个人判断法是指征求专家个人对未来市场变化趋势做出预见和判断的方法。这种方法是依靠个别专家的专业知识和特殊才能来进行判断预测的。其优点是能利用专家个人的创造能力,不受外界影响,简单易行,费用也不多。但是,依靠个人的判断,容易受专家的知识面、知识深度、占有资料是否充分以及对预测问题有无兴趣所左右,难免带有片面性。

(2)头脑风暴法。

头脑风暴法(Brain Storming),又简称为"BS"法,是在宽松的环境中,以专题讨论会的形式,通过专家的自由交流,在头脑中进行智力碰撞,产生新的智力火花,使专家的论点不断集中和深化,以形成优化方案的一种集体预测方法。它是美国 BBDO 广告公司学者 A·F·奥斯本于 1938 年首创的。其最大的特点是所要解决的是创造性问题而不是逻辑性问题,通过最大限度地发挥人们所具有的智慧和创造力,来寻找解决问题的各种可能性,最终得出令人满意的答案。头脑风暴法分为两类。一是直接头脑风暴法,即按照头脑风暴法的规则,通过一组专家会议,对所预测的问题进行创造性思维活动,从而得出满意方案的一种方法。二是质疑头脑风暴法,这种方法是同时召开有两组专家参加的两个会议进行集体讨论,其中一个专家组会议按直接头脑风暴法提出设想,另一个专家组会议则是对第一个专家组会议的各种设想进行质疑,通过质疑进行全面评估,直到没有问题可以质疑为止,从而形成一个更科学、更可行的预测方案。

(3)德尔菲预测法。

德尔菲(Delphi)法,我国称为专家调查法或专家意见征询法。德尔菲是古希腊城名,相传城中阿波罗圣殿能预卜未来,因而命名,此方法 20 世纪 60 年代初由美国兰德公司首创。为消除成员间相互影响,参加的专家可以互不了解,它运用匿名方式反复多次征询意见和进行背靠背的交流,以充分发挥专家们的智慧、知识和经验,最后汇总得出一个能比较反映群体意志的预测结果。

德尔菲法的一般工作程序如下:(1)确定调查目的,拟订调查提纲。首先必须确定目标,拟订出要求专家回答问题的详细提纲,并同时向专家提供有关背景材料,包括预测目的、期限、调查表填写方法及其他希望要求等说明。(2)选择一批熟悉本问题的专家,一般至少为20人左右,包括理论和实践等各方面专家。(3)以通信方式向各位选定专家发出调查表,征询意见。(4)对返回的意见进行归纳综合、定量统计分析后再寄给有关专家,如此往复,经过三四轮意见比较集中后进行数据处理与综合得出结果。每一轮时间为7~10天,总共1个月左右即可得到结果。时间过短,会因专家很忙难于反馈;时间过长,则外界干扰因素增多,影响结果的客观性。

这种方法的优点主要是简便易行,具有一定科学性和实用性,可以避免会议讨论时产生的害怕权威随声附和,或固执己见,或因顾虑情面不愿与他人意见冲突等弊病;同时也可使大家发表的意见较快收敛,参加者也易接受结论,具有一定程度综合意见的客观性。但缺点是由于专家一般时间紧,回答往往比较草率,同时由于预测主要依靠专家,归根到底仍属专家们的集体主观判断。此外,在选择合适的专家方面也较困难,征询意见的时间较长,对于需要快速判断的预测难于使用等。尽管如此,本方法因简便可靠,仍不失为一种人们常用的定性预测方法。

### (二)定量分析预测法

定量分析是一种用数学手段来研究、推测未来事件的变化及发展趋势的方法。用定量分析法预测旅游市场需求一般要使用多种统计方法和计量经济学方法,常用的方法有回归分析预测法、时间序列分析法和季节变动法。

1. 回归分析预测法

所谓回归分析就是研究某一个随机变量(因变量)与其他一个或几个变量(自变量)之间的数量变动关系,由回归分析求出的关系式通常称为回归模型。如果研究的因果关系只涉及两变量并且变量间存在确定的线性关系,则被称为一元线性回归。本书只讨论一元线性回归模型的应用。一元线性回归模型思路如下:

设预测目标因变量为$Y$,影响它变化的一个自变量为$X$。一元线性回归分析就是要依据一定数量的观察样本$(X_i, Y_i)(i=1,2\cdots,n)$,找出回归直线方程式:

$$Y = a + bX \qquad (4.1)$$

对应于每一个$X_i$,根据回归直线方程可以计算出一个因变量值$Y_i$。将求出的回归系数$a$和$b$代入式(4.1),就得到回归直线方程$Y_i = a + bX_i$。那么,只要给定$X_i$的值,就

可以计算出因变量 $Y_i$ 的预测值。

式中的回归系数 $a$、$b$ 可以根据过去的资料进行估算,通常的估算方法是利用最小二乘法,计算公式为:

$$\sum Y_i = na + b\sum X_i \tag{4.2}$$

$$\sum X_i Y_i = a\sum X_i + b\sum X_i^2 \tag{4.3}$$

式中:$X_i$——变量 $X$ 的第 $i$ 个已知数据;

$Y_i$——变量 $Y$ 的第 $i$ 个已知数据;

$n$——变量 $X$ 和变量 $Y$ 的已知数据系数。

$$当 \sum X_i = 0 \text{ 时}, a = \frac{\sum Y_i}{n}, b = \frac{\sum X_i Y_i}{\sum X_i^2} \tag{4.4}$$

例:山东省某国际旅行社 2002~2006 年国内业务营业总额情况如表 4.8 所示,请运用一元线性回归方法预测 2007 年该旅行社的国内业务总额。

表 4.8　　　　山东省某国际旅行社 2002~2006 年国内业务营业总额

| 年份 | 年营业额(千元) | $X_i$ | $X_i^2$ | $Y_i \cdot X_i$ |
|---|---|---|---|---|
| 2002 | 45 325 | −2 | 4 | −90 650 |
| 2003 | 46 116 | −1 | 1 | −46 116 |
| 2004 | 49 638 | 0 | 0 | 0 |
| 2005 | 43 227 | 1 | 1 | 43 227 |
| 2006 | 50 294 | 2 | 4 | 100 588 |
| $N=5$ | $\sum Y_i = 234\ 600$ | $\sum X_i = 0$ | $\sum X_i^2 = 10$ | $\sum Y_i X_i = 7\ 049$ |

解:

第一步:分别计算 $n, \sum X_i, \sum Y_i, \sum X_i^2, \sum X_i Y_i$ 的值

第二步:算出 $a, b$ 的值

$$a = \frac{\sum Y_i}{n} = \frac{234\ 600}{5} = 46\ 920$$

$$b = \frac{\sum X_i Y_i}{\sum X_i^2} = \frac{7\ 049}{10} = 7\ 04.9$$

则,回归直线方程为:$Y = 46\ 920 + 7\ 04.9x$

第三步:预测 2007 年国内业务营业额:

$Y = 46\ 920 + 7\ 04.9 \times 3 = 49\ 035$(千元)

2. 时间序列预测法

回归分析预测法必须要找到影响预测目标的主要因素,但是经济现象的复杂性使得

有时实际上难以找到影响预测目标的主要因素,或者即使找到了,也可能缺乏必要的统计资料,这时,回归分析预测法就不能使用,但可以使用时间序列预测法。

时间序列预测法也叫历史延伸法或外推法,是在时间序列变量分析的基础上,运用一定的数学方法建立预测模型,使时间趋势向外延伸,从而预测未来市场的发展变化趋势,确定变量预测值。时间序列预测法的基本特点是:假定事物的过去趋势会延伸到未来;预测所依据的数据具有不规则性;撇开了市场发展之间的因果关系。时间序列分析法包括简单平均法、加权平均法、季节变动法等。

(1)简单平均法。

简单平均法是用一定观察期内预测目标的时间序列的各期数据的简单平均数作为预测期的预测值的预测方法。在简单平均法中,极差越小、方差越小,简单平均数作为预测值的代表性越好。

简单平均法的预测模型是:

$$\overline{X} = \frac{1}{N} \sum_{i=1}^{n} X_i \qquad (4.5)$$

例:山东某旅行社 2004~2009 年接待入境旅游者人数时间数列见表 4.9,请用简单平均法预测 2010 年接待的入境人数。

表 4.9  　　　　某旅行社 2004~2009 年接待入境旅游者人数时间数列

| 时间 | 2004 | 2005 | 2006 | 2007 | 2008 | 2009 |
|---|---|---|---|---|---|---|
| 人数(万人) | 1 980 | 2 175 | 2 806 | 2 800 | 2 960 | 2 980 |

解:$\overline{X}$ =(1 980+2 175+2 806+2 800+2 960+2 980)/6

　　　= 15 701/6

　　　= 2 617(万人)

(2)加权平均法。

加权平均法是简单算术平均法的改进。它根据观察期各个时间序列数据的重要程度,分别对各个数据进行加权,以加权平均数作为下期的预测值。对于距离预测期越近的数据,可以赋予越大的权重。

加权平均法的预测模型是:

$$\overline{Y} = \frac{\sum_{t=1}^{n} W_t Y_t}{\sum_{t=1}^{n} W_t} \qquad (4.6)$$

例:山东某旅行社 2004~2009 年接待入境旅游者人数时间数列见表 4.9,请用加权平均法预测 2010 年接待的入境人数。

解：首先设置各个年份的权数：根据近几年(2004～2009)年旅游人数变化规律，假设2004～2007年权数为0.05，2008～2009年权数为0.4。然后根据公式计算：

$$\overline{X} = (0.05\times1\,980+0.05\times2\,175+0.05\times2\,806+0.05\times2\,800+0.4\times2\,960+0.4\times2\,980)/(0.05+0.05+0.05+0.05+0.4+0.4)$$

$$= 2\,865(万人)$$

(3) 季节变动法。

季节变动是指某些市场现象由于受自然气候、生产条件、生活习惯等因素的影响，在一定时间中随季节的变化而呈现出周期性的变化规律。旅游市场受季节因素影响很大，它主要是由于气候的变化、法定假日、带薪假期、风俗习惯等造成的。旅游市场季节变动的主要特点是，每年都重复出现，各年同月(或季)具有相同的变动方向，变动幅度一般相差不大。对季节变动进行分析研究，掌握其变动规律，可以预测季节型时间数列的季节变动值。研究市场现象的季节变动，收集时间序列的资料一般应以月(或季)为单位，并且至少需要有3年或3年以上的市场现象各月(或季)的资料，才能观察到季节变动的一般规律性。

季节分析主要是季节指数的比较分析。比较简易的方法是同期平均法，其计算公式为：

$$月(季)季节指数(\%) = \frac{各年同月(季)平均数}{全期数值的平均数} \times 100\% \qquad (4.7)$$

例：济南市某旅行社2005～2009年各季度的外汇收入(百万元)如表4.10所示。请预测2010年第三、第四季度的外汇收入。

表 4.10　　　　山东某旅行社 2005～2009 年各季度外汇收入

| 时间 | 一 | 二 | 三 | 四 | 年合计 |
|---|---|---|---|---|---|
| 2005 | 97 | 126 | 177 | 134 | 534 |
| 2006 | 102 | 145 | 195 | 146 | 588 |
| 2007 | 117 | 156 | 208 | 167 | 648 |
| 2008 | 129 | 168 | 219 | 178 | 694 |
| 2009 | 137 | 178 | 240 | 187 | 742 |
| 同季度合计 | 582 | 773 | 1 039 | 812 | 3 206 |
| 同季度平均 | 116.4 | 154.6 | 207.8 | 162.4 | 160.3 |
| 季节指数(%) | 72.61 | 96.45 | 129.63 | 101.31 | 400 |

表中数据计算方法如下：

全期数值的季平均值 $=\dfrac{3\ 206}{20}=160.3$（百万元）

各年一季度平均数 $=\dfrac{582}{5}=116.4$（百万元）

各年二季度平均数 $=\dfrac{773}{5}=154.6$（百万元）

各年三季度平均数 $=\dfrac{1\ 039}{5}=207.8$（百万元）

各年四季度平均数 $=\dfrac{812}{5}=162.4$（百万元）

一季度季节指数 $=\dfrac{116.4}{160.3}\times 100\%=72.61\%$

二季度季节指数 $=\dfrac{154.6}{160.3}\times 100\%=96.45\%$

三季度季节指数 $=\dfrac{207.8}{160.3}\times 100\%=129.63\%$

四季度季节指数 $=\dfrac{162.4}{160.3}\times 100\%=101.31\%$

现要预测2010年第三、第四季度的外汇收入，先计算出预测年份的年加权平均数（假设2005～2009年各年份的权重分别为1,2,3,4,5）：

$$Y=\dfrac{534\times 1+588\times 2+648\times 3+694\times 4+742\times 5}{1+23+4+5}=676（百万元）$$

计算预测年份(2010)年的季度平均数

$$Y_{2010(s)}=\dfrac{Y}{4}=\dfrac{676}{4}=169（百万元）$$

则2010年第三季度的预测值为：

$Y_{2010(3)}=169\times 129.63\%=219$（百万元）

则2010年第四季度的预测值为：

$Y_{2010(4)}=169\times 101.31\%=171$（百万元）

### ◆ 本节相关知识链接

1. http://www.cu-market.com.cn/
2. http://www.chinahotel.com
3. http://ctsho.com/
4. http://www.sdcsts.com/

## ◆ 本章试题与知识训练

### 一、填空题

1. 时间序列分析法主要特点是以_____的推移来研究和预测市场需求趋势。
2. 旅游市场预测可以综合运用_____和_____两种方法。
3. 用定量分析预测旅游市场需求一般要使用多种统计方法和计量经济学方法,常用的方法有_____、_____和_____。

### 二、判断题

1. 市场需求预测即是凭借预测者的经验和感觉对未来市场需求量的猜断。(　　)
2. 企业销售预测是确定营销计划或营销努力水平的基础。(　　)
3. 在用综合销售人员意见法对市场需求情况进行预测时,只要参加预测的人员都非常熟悉了解他所管辖的区域市场,就肯定能取得较准确的预测结果。(　　)

### 三、选择题

1. 在营销调研的基础上,运用科学的理论和方法,对未来一定时期的市场需求量及其影响因素进行分析研究,寻找市场需求发展变化的规律,为营销管理人员提供未来市场需求的预测性信息,作为营销决策的依据,这被叫做(　　)。
   A. 市场开发　　　　　　　　　　B. 市场调研
   C. 市场预测　　　　　　　　　　D. 市场控制
2. 市场预测的主要方法有(　　)。
   A. 回归预测法　　　　　　　　　B. 时间序列法
   C. 季节分析法　　　　　　　　　D. 经验预测法
3. 以下市场预测方法中,属于定性预测的有(　　)。
   A. 回归预测法　　　　　　　　　B. 头脑风暴预测法
   C. 意见推断预测法　　　　　　　D. 德尔菲预测法

### 四、计算题

已知某旅游地2009年的游客人数1月份为3 000人,2月份为4 000人,3月份为5 000人,4月份为6 000人,试分别用简单平均数预测法和加权平均数预测法来预测5月份的游客人数。

## ◆ 本章小结

### 1. 本章结语

旅游市场营销调研是旅游企业为满足营销决策的需要,而系统地设计、搜集、记录和分析并报告与该企业营销活动中的各种特殊问题相关信息的过程。按调研的目的分为探索性调查、描述性调查、因果性调查;按照调研的针对性分为经常性市场调研和专门性市场调研。旅游市场调查的基本内容包括旅游企业经营宏观环境调查和微观环境调查(顾客调查、市场供给调查、竞争对手调查、市场营销活动调查)。旅游市场调查的程序分为确定问题和调研项目、制订调研计划、收集信息资料、分析处理信息、提交调研报告五个步骤。

旅游市场预测,就是在旅游市场调查获取的各种一手资料和二手资料等信息的基础上,运用各种定性和定量的科学方法,针对旅游企业的需要,对旅游市场未来一段时期内的发展趋势做出的分析与判断。旅游市场预测的步骤一般有确定预测目标、收集和分析资料、选择预测方法并建立预测模型、提出预测报告、及时追踪反馈等几个阶段。按预测方法的性质可划分为定性预测和定量预测。定性预测是由预测者根据自己掌握的实际情况、实践经验等对旅游市场做出的判断,包括意见推断预测法和专家预测法。定量预测是以历史和现时的资料为依据,运用统计方法和数学模型,对旅游市场作出推算的预测方法,包括回归分析预测法、时间序列分析法和季节变化预测法。

**2. 本章知识结构图**

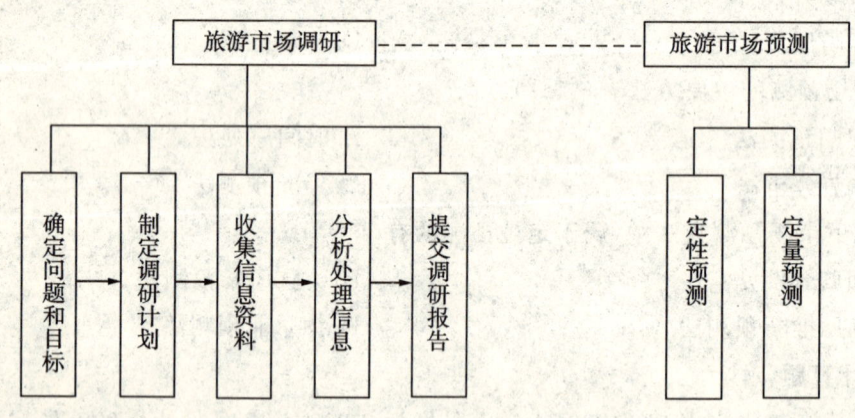

**3. 本章核心概念**

旅游市场调研 旅游市场预测

◆ 实训练习

选择一家您熟悉的旅游企业,根据旅游企业的调研目标,进行实地调研,为其做一份旅游市场营销调研报告。

◆ 延伸阅读

## 顾客是什么"东东"？

类似下面的市场调查案例，也许我们业界熟视或亲历太多了。

一家啤酒公司将一品牌啤酒瓶里灌上百威啤酒，再往百威的空瓶里灌上该啤酒，然后在繁华的大街上，请过往的行人免费品尝。先请他们品尝用该啤酒瓶装的百威啤酒。大多数的人都说不好喝，味道不正，其中一个当场吐了出来，抱怨说："这是什么味呀，真难喝。"然后请他们品尝用百威啤酒瓶装的该啤酒，结果清一色都说："这个好喝，味道正。"于是我们问他们喝过百威没有，都说喝过，其中一个还说："刚喝了一瓶，就是这个味。"接下来，调查者将瓶子上标签撕去，再让人品尝，这时品尝者表现同样无所适从，一会儿说这个好喝，一会又说那个好喝。这真令人哭笑不得，消费者就是"这样可爱"。

### 1. 顾客是什么"东东"

顾客是什么？自从有了商品经济，进入工业社会以来，在生产经营中，顾客一直被厂商视奉为主臬，拥有至高无上的地位，唯顾客意见是瞻，唯顾客利益是务；有的说"顾客是上帝"，有的说"顾客是衣食父母"，有的说"顾客第一"、"顾客至上"；还有的说"顾客的意见是永远正确的"、"顾客的建议百分之百是真诚的"；许多厂商为鼓励顾客大胆提意见，随心所欲讲道理，设立"金点奖"、"顾客意见箱"、"十佳顾客"，为迁就顾客，接受顾客的言行，内部还特设"委屈奖"。顾客地位如此之高，作用如此之大，几成了检验真理的标准。以致使不少公司有意无意均使企业自身经营行为、员工言行处于无足轻重的地位，往往在没有做市场调查，征得多数顾客意见之前，就贸然采取重大行动以应付这个瞬息万变、竞争激烈的社会。

顾客是什么？当你再次品味上述真实而又无奈的市场调查案例时，也许你该做出一个理智而不失公允以至相反结论：其实顾客不是真的是"上帝"，顾客的意见也有相当谬误的时候，顾客的意见不是金玉良言，包治百病。这种沉醉迷恋于顾客意见的做法，或许到了适可而止的时候了。现在越来越多的企业家和管理顾问以为，该是从顾客意见堆里解放出来的时候了，让那繁琐复杂、没完没了、耗费巨大的市场调查远离企业，唯有如此，才能在激烈的市场竞争中抢占先机，脱颖而出，在产品研发、市场推广中，保持独立性、新颖性、创造性，而立于不败之地。

### 2. 界定顾客身份很重要

当我们做产品的研发推广，采取重大行动之前，向顾客征求意见是对的，但那种为调查而调查的做法，往往会付出昂贵的代价。名牌企业在此也有败走麦城的时候。20世纪70年代末，面对百事可乐的挑战，可口可乐开始尝试研究新口味以取悦消费者。于是花了400万美元做了20万个消费者的市场调查,得到的结果是有半数以上的人接受可口可乐公司正在研制的新配方。然而,当正式新配方推出市场之后,其结果却是巨大的悲剧,遭到广大消费者的抛弃。由此而想,在征求顾客意见,进行市场调查时,我们首先应对顾客的身份进行挑选界定,如对顾客的学历、文化、性别、职业、收入、兴趣、民族、地域等有针对性地选择,因地制宜,对症下药。而面对毫无想象力、缺少理性感悟、没有专业水准的顾客,即使是取之于号称数百万芸芸众生的调查问卷,也无异于对牛弹琴,废纸一张。

### 3.了解顾客当时情况也很重要

市场调查了解顾客的身份性质很重要,但了解顾客当时的品质、态度、心境、动机等因素似乎更重要。我们知道,产生市场调查数据的可信度和有效度误差的原因有很大部分来自被调查的顾客,但通过调查问这种收束的数据织是一种梁化了的"表面文章",里面实际并没有多少可真实反应记录当时顾客的思想和意愿。试想一下,当你接受问卷调查时,你也常常仅是随手或急匆匆一勾,而不会像考试那样苦思冥想做出选择。那么这种"随手"或"急匆匆"而下的调查问卷,有多大的可信度?如果受测者——顾客参加调查问卷的动机是受调查企业所设立的礼物和资金所诱惑驱动,那么稀里糊涂或恶意答卷的行为就完全可能发生,那么这套调查问卷的价值就一文不值甚至祸害无穷。笔者就亲眼目睹,一些单位或个人为了那诱人奖金或集体荣誉,而有组织有目的有计划地"狂答"数百数千张调查问卷的事情。美国久负盛名的布里班调查公司曾问人们参加焦点受众访问的目的是为什么,居然有一半以上的人回答之是为了"钱"。多么令企业触目惊心!

### 4.市场调查本身也有错

上述对顾客的"投诉",并不是对顾客的蔑视恶意,全盘否定,而只说明"上帝不是万能的",不能过分迷信顾客,要以一颗平常心对待也有七情六欲的"凡体肉胎"的顾客,把他们意见权当作有价值的参考资料。事实上,市场调查结果的误差,不仅是顾客的错,市场调查本身也有问题。市场调查是一种复杂严谨的运作过程,涉及抽样方法的决定、调查技术的选择、调查问卷的设计、执行的力度与严谨度、资料的分析整理等,只要其中任何一个环节稍有闪失,市场调查结果就可能"失之毫厘,谬以千里"。可见,营销决策最后能否"运筹帷幄,决胜千里",除了依靠准确的信息资料之外,关键是要取决于经营者、决策人的智慧、胆识、经验和个人素质以及其他主客观条件与状况等复杂因素。

### 5.无顾客主义与专家治业

因此在没有办法保证市场调查的方法技术高准确率的条件下,在没有办法保证顾客及其意见尽善尽美的前提下,提倡一种"无他"境界,即现在欧美许多工商界非常崇奉的

"无顾客主义"的经营哲学——创立以少数精英、专家为主的企业智囊决策机构或顾问团,实现精英治业,专家理商,以节省大量费用,提高企业营运效率。此机构一般人数可有15~30人。这是企业有限资源与无限膨胀的行销费用的矛盾日益尖锐的情况下的必然要求。

那么,专家型市场智囊机构应具备什么条件?第一、以我为中心的精神,丰富实战经验,高深理论知识,独到的眼光,敏锐的思维,坚定的信心,尤其对自己企业的发明、创造和技术产品更应信心百倍,勇往直前,不要人云亦云,不要跟风,随大流走。让顾客说去,走自己的路。第二、超然的态度看行情。旁观者清,当局者迷。最准确最可靠的资讯数据是通过以一种中立的角度、平常的心态、超然的态度来理解顾客的心声,把脉顾客的行为,以比较客观公正的"距离"观察顾客。

另外,在对待顾客意见时,要重其行,次其言,甚至不用其言。英国剑桥大学贾斯汀教授说:"不理会顾客说什么,要注重顾客的动作","了解顾客的最好办法是研究他们在平常自然状态下的每个言行。"Steelcase公司是美国最大时装公司,在设计每一项新产品时,是采用实地调查研究而不是听顾客意见的方法,从而取得成功的。在关键的最初设计时段,Steelcase通常不想让消费者匆匆发表含糊不清的反馈意见搅乱了自己的设计思路。Steelcase认为,最有效的办法是观察顾客穿衣戴帽的第一手材料。于是它在各种公共场合如商场、机场、街道、居民区等抓拍和偷拍顾客各种真实形象,反复详细分析,从中寻找顾客的行为模式,以及连顾客自己都没注意的动作姿势。因此Steelcase总能迅速生产出让顾客喜爱的衣服。美国百威果汁酒的出炉、漏口型酒杯的出现都是观察顾客行为而发明的。

**分析思考题:**如何保证市场调研的准确性和科学性?

资料来源:http://www.1000tj.com/detail.aspx? id=385287

# 第五章

# 旅游市场细分、目标市场选择与市场定位

## 学习目标

**知识要点**：了解旅游市场细分的程序、旅游细分市场的评估和旅游地形象识别系统；理解旅游市场细分的意义、原则、影响旅游目标市场策略选择的因素和旅游市场定位的程序；掌握旅游市场细分、旅游目标市场和旅游市场定位的概念、旅游市场细分的依据、旅游目标市场策略和旅游市场定位的方法。

**技能训练**：到一家旅游企业进行调研，了解其是如何进行旅游市场细分、目标市场选择和旅游市场定位的，提出改进建议。

**能力拓展**：以小组的形式进行调研并讨论，为一个旅游目的地或旅游企业进行市场定位策划（要求涉及旅游市场定位的每一个程序）。

## 引 例

### 华美达饭店"一个市场、三种产品"

华美达是从吸引家族旅游者的汽车旅馆起家的，成立几十年来始终瞄准中等市场，饭店价格适中，设施使用方便，颇受游客的欢迎。

为了拓展饭店集团业务，他们为自己制定了一个目标，要向中等市场中各个消费者提供其所需的各种产品。于是，华美达又把他们的饭店分为三个不同的档次，满足三个不同层次的需求，各个档次都有自己的独特之处。

华美达客栈，他们是华美达公司的基础。这些饭店一般都是花园式的，位于高速公路沿线，靠近市中心和度假地，对驾车人最为方便。其服务、设施与城市大饭店所提供的相差无几，对那些希望舒适与经常出门旅行的个人来说，十分合适。在改造现有传统客栈的同时，1985年华美达又推出了一种新型客栈，这种客栈的建筑是住宅式的，公共活动

区不大,但客房很宽敞。客栈规模比较小,总体来说客房的规模和其他基本设施有一定的标准外,其他地方不要求一致,尤其是外观造型尽量与当地社会相匹配。

华美达复兴饭店是华美达档次最高的住宿设施,是为满足中等市场中高消费阶层的需求而建设的。其设施、服务与四星饭店相似,但集中在大城市市区、商业性公园和机场。其特点是设施豪华,环境优美,提供传统的欧式服务,但价格并不高。

华美达饭店,介于复兴饭店与客栈之间的产品,它提供客栈里没有的设施服务,如全服务餐厅、大型会议设施和室内健身活动场所,并能提供每天18小时以上的客房服务,其房价略高于客栈。

**案例引发的问题**:华美达饭店对中等市场进行细分的依据是什么?市场细分对于华美达饭店的经营有何意义?

资料来源:http://www.doc88.com。

# 第一节　旅游市场细分

现代旅游业的竞争日益激烈,旅游需求趋于多样化和个性化。面对这样一个复杂且瞬息万变的旅游市场,任何一家旅游企业,都很难同时满足旅游市场的所有需求,而只能选择其中的某一部分加以满足。因此,旅游企业需要进行市场细分。通过旅游市场细分,旅游企业可以发现潜在的市场机会,根据自身的条件选择最有利可图的目标市场。旅游市场细分是旅游企业制定旅游营销计划的基础,是旅游企业营销成败的关键。

## 一、旅游市场细分的概念与意义

旅游市场细分是在旅游市场调研的基础上,根据收集到的有关旅游需求的信息,对旅游市场的层面、类型、方位进行比较和划分,从而寻找可以利用的市场机会。

### (一)旅游市场细分的概念

旅游市场细分是指旅游企业根据消费者之间旅游需求的差异性,把一个整体旅游市场划分为若干个消费者群体的活动过程。每一个消费者群就是一个细分市场。具体地说,旅游市场细分的定义包含以下三层含义。

1.消费者对同一旅游产品需求的差异性是旅游市场细分的客观基础

旅游市场细分不是根据旅游产品的种类来划分旅游市场,而是依据消费者对同一旅游产品需求的差异性对旅游市场进行划分。如果在旅游市场上,消费者对某一旅游产品的需求不存在差异性,即当市场是同质市场时,消费者对旅游产品的需求以及旅游企业的经营策略的反应相同或相似,则企业就不必进行旅游市场细分。

在实际的经营过程中,同质市场只局限于极少数的产品。旅游是一种综合性很强的高层次消费活动,因此旅游市场属于异质市场,即消费者对旅游产品的需求存在差异。随着社会的进步,经济的发展,旅游活动内容的增加,旅游市场的异质程度还将进一步提高,这就为旅游市场细分提供了客观基础。

2. 旅游市场细分是对旅游市场进行分化整合的过程

旅游市场细分并不是将旅游市场划分得支离破碎,而是一个先分后合的过程。在细分后的旅游市场中,各个细分市场之间,旅游消费者的需求存在较大的差别,而在同一细分市场内部,旅游消费者具有某些共同的特点。

3. 旅游市场细分的目的是选择企业的目标市场

旅游企业对旅游市场进行细分,不是为细分而细分,而是通过对旅游市场的分化整合,选择确定最具有吸引力、并能为之提供最有效服务的市场部分作为自己的目标市场,以此提高企业营销活动的效率和效益。

**(二)旅游市场细分的意义**

由于旅游市场需求存在明显的差异性,旅游企业通常不可能有足够的精力和实力面向整个国际或国内市场,满足所有顾客的需求。因此,为了充分利用自己的有限资源,充分发挥自己的优势,提供适合顾客需要的产品和服务,旅游企业需要进行旅游市场细分。旅游市场细分的意义主要体现在以下几个方面。

1. 有利于旅游企业识别和发掘新的市场机会

通过旅游市场细分,旅游企业可以对每个细分市场需求状况进行了解,掌握不同消费者群的需求特点和需求的满足程度,发现哪些消费者群的需求得到了满足、哪些消费者群的需求未得到满足或未完全满足。旅游企业还可以分析和比较不同细分市场中竞争者的营销状况。因此,那些未得到满足或充分满足的需求而竞争对手又较弱的细分市场,可能就是企业新的市场机会。

2. 有利于旅游企业提高经济效益

在旅游市场细分的基础上,企业可以集中人力、物力、财力、技术和信息等各种资源,投入目标市场,使有限的资源集中使用在"刀刃"上,通过集中兵力打歼灭战的办法,取得理想的经济效益。这一点对中小企业来说尤为重要。中小企业整体实力较弱,无法与强大的竞争对手在整个市场上展开全面较量,但如果将其全部力量集中于某一个或某几个细分市场,则可以把自己的劣势转变为局部市场的优势,从而提高企业的对抗能力,取得投入少、产出高的良好经济效益。

3. 有利于旅游企业跟踪市场需求动态，及时调整市场营销策略

旅游市场细分后，各细分市场都变得小而具体，从而有利于旅游企业了解和把握消费者需求。在细分市场上，信息反馈快，一旦消费者需求发生变化，企业就可以迅速改变原有的营销策略，制定相应的对策，满足变化了的消费需求。例如，假日集团在市场细分的基础上，又推出了高档商务旅馆和低档的经济型旅馆，很好地满足了不同顾客的需求。

## 二、旅游市场细分的原则

为确保旅游市场细分的有效性，旅游市场细分应遵循以下原则。

### (一) 可衡量性原则

可衡量性原则要求旅游企业在进行市场细分时，旅游市场能够被清晰地划分开，各细分市场能够被界定和度量，包括三层含义：一是各细分市场之间旅游需求具有明显的差异性；二是各细分市场要有明确的组成成员，成员之间有相近的旅游消费特征；三是各细分市场的规模和购买力等要能被具体地测定。

要达到以上对旅游市场细分的要求，应注意选择恰当的旅游市场细分标准。首先，旅游企业所选择的细分标准要与消费者的旅游需求有必然的联系，这样才能使各细分市场的需求特征明显地区分开。例如，旅游者出生地这一变量虽然可以被确定，但与旅游者选择旅游项目的行为并无必然联系。其次，旅游企业所选择的细分标准必须清楚明确，容易辨认，能被定量地测定，从而能够明确划分各细分市场的界线。例如，旅游者的胆量、勇气等对旅游项目的选择虽有较大影响，但这样的因素却难以衡量，因而，对旅游市场细分的意义不大。

### (二) 可盈利性原则

可盈利性原则要求细分出的市场在顾客人数和购买力上达到一定的规模，从而使企业能从中获利，不但保证企业的短期利润，还要有一定的发展潜力。本原则具体包括三个要点：一是虽然市场细分有使整体大市场小型化的趋向，但又绝不能过分细分到失去一定规模经济效益的程度。例如，在内地一个普通的县城，如果要满足少数人喜欢西餐厅的要求而专门开设一家西餐厅，可能由于这个细分市场太小而得不偿失。二是应注意某些细分市场，虽然其在整体市场中比重很小，但其绝对规模或购买力足以达到盈利的水平，因而具有很大的开发价值。如老年人旅游市场和探险旅游市场，前者绝对规模大，后者消费高，各有其开发价值。三是在旅游市场细分时，还应考虑开发的成本问题。当由于外界条件的变化或者通过主观努力而使开发成本得以降低时，就可能使一些原本无力可图的市场变为有利可图。

### (三)可进入性原则

可进入性原则是指细分出的市场是企业利用现有的资源,通过一定的营销活动,可以通达的市场。也就是说,细分市场是企业可以进入并有所作为的,而不是可望不可即的。这要求细分市场必须具备两个条件:一是旅游企业与细分市场之间能进行有效的信息沟通;二是旅游企业与细分市场之间能建立畅通的销售渠道。对于无法进入或难以进入的市场进行细分是没有意义的。

### (四)稳定性原则

旅游市场细分是一项复杂而又细致的工作,因此,要求细分后的市场应具有相对的稳定性。如果细分市场变化太快、太大,会使制定的营销策略过快失效,造成营销资源重新调整的损失,并造成企业市场营销活动的前后脱节和被动局面。

## 三、旅游市场细分的程序

### (一)界定需要细分的产品市场范围

旅游市场细分是在企业总体经营方向和经营目标确定后,对顾客需求深入了解而开展的活动。因此,进行市场细分时,首先必须根据企业产品可能适用的范围,确定需要深入研究的消费对象,即哪些人或组织可能是企业的潜在购买者。实际上,细分化常常是在已经从一个整体市场划分出来的局部市场上进行的。例如,某一旅游景点在进行市场细分时,首先要选定产品市场范围,即考虑将哪一类型的游客作为自己潜在的顾客,它可能以观光型游客,也可能以疗养型游客或者是以度假型游客作为其旅游产品的潜在购买者。

### (二)列举潜在顾客的基本需求

在选定产品市场范围的前提下,旅游企业可以运用"头脑风暴"等方法,尽可能全面地列出潜在顾客的基本要求,对顾客需求做出大致分析。例如,顾客对疗养旅游的需求大致包括:宁静、清新、有益健康等。

### (三)分析潜在顾客的不同需求,初步细分市场

在初步分析的基础上,旅游企业以罗列出的各种需求为调研依据,采用文献研究、走访、问卷调查等方式,对不同类型、具有鲜明特征的潜在顾客进行调研,了解他们较为迫切的需求,然后加以归纳、集中,选出市场细分的标准,进行初步的市场细分。

### (四)评价和检查初步细分结果

通过这一步,了解初步细分后的各市场间是否存在较明显的差别,分析判断已确定的细分标准是否合适;各细分市场的特点哪些已知,哪些需要进一步了解;各细分市场是

否需要再度细分或合并。

(五)划分相应的市场群

经过前面几个步骤,各细分市场的类型已基本确定,结合细分市场的需求特征,为各细分市场暂时命名。

(六)进一步分析各细分市场的需求特点

深入考察各细分市场的需求特点,分析其原因,并了解影响细分市场的新因素,以便在此基础上决定是否对这些细分出来的市场再作细分或重新合并,以不断适应市场变化。

(七)评估各细分市场

考察各细分市场的潜在销售量、盈利能力、竞争状况和发展变化趋势等,为企业选择目标市场提供决策依据。

## 四、旅游市场细分的依据

旅游市场细分的依据是消费者旅游需求的差异性,因此,能导致消费者旅游需求出现差异的那些因素,就可以成为旅游市场细分的标准。概括起来说,地理因素、人口统计因素、心理因素和行为因素是细分旅游市场的主要标准。

(一)按照地理因素细分旅游市场

按照地理因素进行旅游市场细分,是指旅游企业按照消费者所在的地理位置来细分旅游市场。一般而言,处在不同地理环境下的消费者,对于同一类产品往往有不同的需求偏好。他们对旅游产品价格、销售渠道、广告宣传等营销措施的反应也常常存在差别。例如,我国北方地区的消费者饮食口味偏重,而南方地区的消费者饮食口味偏清淡,餐饮企业应"因地而异",提供不同口味的产品。因此,地理因素一直是一种传统的旅游市场细分标准。按照地理因素细分旅游市场,对于分析研究不同地区消费者的旅游需求特点、需求数量及其发展变化趋势具有一定价值。目前,用于旅游市场细分的地理因素主要包括洲别、国别、地区、空间距离、气候、客源规模、地形、城乡、城市规模等一系列具体的变量。

1. 按洲别细分

按照洲别这一标准,可以对世界旅游市场进行细分。例如,世界旅游组织根据洲际间在自然、经济、文化、交通以及旅游者流向等方面的联系,将世界旅游市场细分为六大旅游区域市场,即欧洲市场、美洲市场、东亚及太平洋地区市场、南亚市场、中东市场和非洲市场。根据有关的统计资料,欧洲和北美洲的出国游客以及所接待的国际游客最多,国际旅游收入也最高。而近20年来,旅游业发展和增长最快的地区则是东亚及太平洋地区。

2. 按国别、地区细分

按照国家进行市场细分,可以将我国旅游市场划分为国内旅游市场和国际旅游市场,国际旅游市场可以进一步细分为不同国家的客源市场。我国国内旅游市场按照地区这一标准,可以进一步细分为华东、华北、中南、东南、东北、西北、西南等地区旅游市场。

通过把消费者按其国别或地区划分,有利于旅游地或旅游企业了解主要客源国或客源地市场的情况,从而针对特定客源市场的细分特征来制定相关的市场营销策略,以期取得良好的市场营销效果。

◆案例驿站 5.1

### "观世博、游山东"青岛市推出系列旅游产品

记者从山东省青岛市旅游局获悉,上海世博会开幕在即,青岛将按照"政府主导、企业主体"的原则,准确分析入境和国内重点客源市场特点,突出青岛旅游资源特色和优势,设计系列"观世博、游山东"旅游产品。

青岛的入境市场主要包括日本、韩国、港澳台和东南亚以及俄罗斯等。针对这些市场,青岛将发挥口岸和产品优势,研究编排"青岛进、上海出"或"上海进、青岛出"的环线产品,设计"世博观光+海滨度假"的复合产品。国内市场方面,青岛主要以长三角、珠三角、京津冀、中原、华中、西北、东南等地区为重点,突出青岛海洋特色、奥运特色、欧陆建筑特色、"山海城"城市特色,推出系列"观世博、游青岛"产品。

青岛还将按照"细分市场、细分客源、分细产品"原则,利用上海世博会契机,培育系列旅游品牌。青岛拟与韩国旅行社合作,组织系列高尔夫比赛活动,提高青岛高尔夫旅游在韩国市场的影响力。青岛还拟于与日本旅行社合作,组织"日本游客青岛海滨健步行"活动,并逐步将其打造成系列品牌活动。青岛还将联络重点侨社团和重点人士组团"观世博、游青岛",利用"海外华裔青少年寻根之旅、夏令营"等系列活动,邀请海外华裔青少年组团来青岛开展"世博修学游"。

案例来源:傅军."观世博、游山东"青岛市推出系列旅游产品. 新华网,2009-03-17.

3. 按空间距离细分

按照旅游者所在地与旅游目的地之间空间距离的远近,可以将旅游市场细分为远程、中程和近程旅游市场。在同等条件下,旅游者一般选择近距离旅游目的地,其主要原

因是交通方便、费用低、信息灵便、生活方式比较接近。但远程旅游市场发展潜力大,远距离旅游可以满足旅游者求新、求异、求奇的心理需要,他们多属中上层生活条件的游客,在旅游目的地一般停留时间较长,消费水平高,因此,许多旅游地和旅游企业都有针对性地开发远程旅游市场。

4. 按气候细分

各地气候不同会影响消费者的旅游需求,影响消费者的旅游流向。例如,在我国冬季国内旅游市场,南方游客外出旅游的目的地常常是北京、哈尔滨等北方地区,而许多北方游客则把海南、云南等地作为外出旅游的首选。从国际旅游市场看,凡是气候寒冷,缺少阳光的地区的旅游者一般趋向于到阳光充足的温暖地区旅游。

5. 按客源规模细分

即根据不同客源国或地区旅游者流向某一旅游目的地的人数占该旅游目的地的总接待人数的比例来细分旅游市场。据此标准,可以将旅游市场细分为一级市场、二级市场和机会市场。一级市场是指一个国家、地区或企业的主要市场,一般占总接待人数的40%~60%。二级市场是指占总接待人数相当比例的市场。机会市场也叫边缘市场,是指那些人数少,但有潜力待开拓的旅游市场。

(二)按照人口统计因素细分旅游市场

人口统计因素一直是旅游市场细分的重要标准,主要包括年龄、性别、收入、职业、民族、家庭生命周期、社会阶层、宗教信仰、受教育程度等多个方面的变量。由于人口统计因素与消费者的欲望、偏好和使用率等有十分明显的关系,并且人口统计变量相对比较稳定,取得各种变量的资料也比较容易,因此人口统计因素成为旅游市场细分常用的标准。但是,消费者的欲望和需求并不单纯取决于人口统计因素,而是往往会受到其他因素特别是心理因素的影响,所以在使用人口统计因素细分旅游市场时,应注意多种因素对旅游需求的影响。

1. 按年龄细分

按照年龄可以把旅游市场细分为儿童旅游市场、青年旅游市场、中年旅游市场、老年旅游市场等。不同年龄段的旅游者,由于生理、性格、爱好的变化,对旅游产品的需求往往有很大的差别。例如,儿童喜欢色彩鲜艳、活泼、生动的事物。青年旅游者具有求新、求奇、求美、求名的心理倾向。中年人讲究舒适、稳妥,以及能否显示自己的身份地位。老年人喜欢怀旧,要求安全、舒适、有助于身体健康。

2. 按性别细分

男性旅游者和女性旅游者的旅游需求具有明显的差异。男性独自旅行的较多,对旅行中的安全感要求较低;女性爱好购物,注重卫生、舒适、安全,对色彩和气氛感受强烈。随着女性社会地位的提高,无论从工作需要、心理需求还是经济能力等方面都为女性旅游市场注入了极大的活力,使包括公务旅游在内的女性游客人数迅速增长。女性旅游市场的开发已受到旅游企业的关注。

◆ **案例驿站 5.2**

### 女性自驾游市场

2005年10月1日,济南市灵岩寺景区与旅行社共同推出了"百名佳丽游灵岩"自驾游活动,近200名女性成为参与者。越来越多的女性(特别是白领女性)希望借助自驾游进行自我展示,偏爱更具安全感的团队旅行,是自驾游市场的重要细分人群。

女性自驾游市场开发的特点有:启动较难,女性要更多地照顾家庭,当家庭需要大于自我需要时,女性会牺牲个人休息机会;规模大,女性市场较其他市场具有一次活动规模大的特点,她们喜爱和同伴一起出游,喜欢热闹的气氛和安全的感觉,小规模的自驾游活动很难吸引她们;主题和细节鲜明,女性表现为细心、细腻、细致,希望产品具有新颖的主题和现实的收获,对组织和细节服务要求较高。女性购买决策的主要参考人群是儿童和同性朋友,旅游诱因有:亲子、健身、博览、美容、美食、烹饪等。女性自驾游市场开发要注意女性的年龄段划分,如年轻女性喜爱探险、拓展训练等内容,成熟女性偏好美容、美食等内容。

案例来源:张晓燕,窦蕾,马勋.我国自驾车旅游市场细分研究——以华北地区为例[J].北京第二外国语学院学报(旅游版),2006(9).

**3. 按收入细分**

人们收入水平的高低不仅会影响其旅游消费水平和旅游消费构成,还会影响其旅游购买行为和购买习惯。例如,收入水平高的人出游率高,愿意选择豪华型旅游;收入水平低的人则相反,其旅游需求层次相对较低,更愿意选择经济型旅游。

**4. 按职业细分**

不同职业的人,其余暇时间、旅游机会、收入等方面存在差异,因而相应的旅游需求也不同。如教师、学生一般只能利用寒暑假旅游;政界要员和企业高级管理人员有较多的旅游机会,并且多为公费旅游,因此旅游消费水平较高。

◆ **案例驿站 5.3**

### 主题式夏令营

　　主题式夏令营的名字越来越"炫",形式与内容也渐趋多样。每年夏季,以强化英语学习为卖点的修学游依然会适时出现在旅行社的菜单上,目标锁定澳大利亚和新西兰两国,半个月的"学费"大致在 15 000~20 000 元之间。此外,一系列形式新颖的夏令营也将投放暑期高端市场,如在北京某国旅推出的"酷夏德国行"足球夏令营中,小队员可在贝肯鲍尔的故乡接受国际专业教练的培训,并将造访慕尼黑 1 860 俱乐部,观摩球队训练,并与效力于该队的中国球员邵佳一合影留念;此外,暑期市场上还将有德国音乐、韩流明星等主题鲜明的夏令营供孩子们选择。

　　业内人士指出,随着我国旅游市场的不断细分,长达两个月的暑期旅游市场越来越被旅行社所重视;对于"利润第一"的旅行社而言,应该在加强特色产品开发的基础上,多替学生们准备些"精神食粮",同时在主拼高端市场的前提下,也能适时开发一些利薄但社会效益显著的主题产品,进一步树立旅行社的品牌形象。

案例来源:http://www.tczj.net

5. 按民族细分

　　不同的民族有不同的传统习俗和生活方式,从而呈现出对旅游产品的不同需求。按民族进行细分,可以更好地满足不同民族的不同需求,从而可以扩大旅游市场份额。

**(三)按照心理因素细分旅游市场**

　　人们常常发现,利用地理因素和人口统计因素进行旅游市场细分后,同一细分市场上的消费者对于同类产品的需求并不完全相同。一般来说,这主要是心理因素作用的结果。消费者的生活方式、购买动机、个性等心理因素对其旅游消费需求有重要影响,因此也常被用作旅游市场细分的标准。

1. 按生活方式细分

　　生活方式是指人们在工作、消费、娱乐等方面特定的习惯和倾向。人们的生活方式不同,对产品的爱好和要求就有所差异。例如,家庭观念强的顾客,外出旅游时更多是家庭旅游;事业心强的游客外出旅游则以公务旅游、修学旅游为主。为了进行生活方式细分,旅游企业可以通过"AIO"尺度(A 指活动,I 指兴趣,O 指意见)来测量消费者的生活方式。按照消费者生活方式的不同,可以把旅游市场细分为传统型、新潮型、简朴型、奢侈型、潇洒型、高雅型等细分市场。

2. 按个性细分

个性是指一个人特有的心理特征,是影响旅游动机的重要因素之一。按照个性细分旅游市场,旅游企业可以更好地赋予其产品与消费者一致的品牌个性,激发消费者的购买欲望。按照个性可以把旅游市场细分为内向型和外向型两种细分市场。内向型旅游者常常以自己的理想为中心,注重安全和稳定,喜欢熟悉的事物。外向型旅游者对多种事物感兴趣,并且在行为上是自信的,他们具有很大的冒险性。

3. 按购买动机细分

旅游者的购买动机是引起旅游行为的内在推动力,购买动机不同会产生不同的旅游需求偏好和购买行为。根据人们外出旅游的购买动机不同,可以将旅游市场细分为:观光旅游市场、度假旅游市场、会议商务旅游市场、奖励旅游市场、探亲旅游市场、购物旅游市场、探险旅游市场、体育保健旅游市场等。

◆**专题笔谈 5.1**

### 基于购买动机为依据的旅游细分市场层次研究

传统的营销理论认为,旅游企业(旅游目的地)有效的营销战略和营销组合策略取决于两点:一是对异质化旅游市场的细分及目标市场的选择;二是单个的旅游企业(旅游目的地)所拥有的资源和竞争优势。笔者以为,仅从静态角度区分旅游市场需求差异和配置资源是不够的,而且所作决策往往是短视的。应该把旅游目的地(旅游企业)的营销战略和营销策略组合的制定置于整个社会消费趋势变化的大环境中,进一步对旅游细分市场之间及其内部进行层次划分的研究。唯有如此,企业行为才能更适应环境的变化,更有利于企业目标的达成。

一、旅游市场的宏观层次划分

以购买动机为变量来细分整体旅游市场是非常基本的方法,以此为依据可将整体市场细分成观光旅游市场、度假旅游市场、奖励旅游市场、商务旅游市场、探亲访友旅游市场、文化旅游市场、体育旅游市场等。这种细分方法可以为旅游产品的开发设计和营销组合的制定提供依据,且由此可以确定旅游产品的主要类别。虽然这些旅游细分市场及产品类别在内容上没有高低档次之分,但如果和整个社会的消费层次结合起来,就产生了明显的层次对应关系:低层次的观光旅游市场;中高层次的度假市场、奖励旅游市场、商务旅游市场、文化旅游市场；高层次的专项旅游市场，包括登山旅游、探险旅游、森林旅游、太空旅游等。而且随着整个社会消费层次的演化，各细分旅游市场及相应的产品需求在旅游整体市场中所处的位置也将不断变化，旅游企业（旅游目的地）的营销战略、营销组合策略也都要及时进行调整。

二、旅游市场的微观层次划分

不仅在各细分旅游市场之间存在消费层次，实际上在各细分市场内部，也存在着由于消费理念、偏好等因素造成的需求强度差别，形成层次区分。因此旅游企业也要对目标市场内部的层次差异进行研究，精准定位，突出特色，实现专业化经营，最大限度地获取经济利益。以观光旅游为例，就存在着普通观光、放慢节奏的深度观光和奢华观光旅游。普通观光旅游以团队旅游为主，价格便宜，主要针对普通大众，特征是走马观花、快节奏；深度观光节奏舒缓，在目的地停留的时间较长，在观光的同时体验当地的文化，如很多旅行社推出的纯玩团，其服务对象很多是收入较高的阶层；奢华旅游追求设施高档次，服务高水平，如国内有的旅行社推出了浪漫音乐之路奥地利自驾游，全程使用宝马车，住四星级以上酒店等，购买对象是高收入阶层。可见总体上处于低层次的观光市场，其内部也可以进行层次的划分。忽视旅游细分市场内部层次的划分，产品同质化，不仅使旅游者的个性化需求得不到满足，也使旅游目的地（旅游企业）的市场开拓受到限制。

资料来源：丁宗胜.基于购买动机为依据的旅游细分市场层次研究[J].商场现代化，2006(15).

### （四）按照行为因素细分旅游市场

旅游者的消费行为是一种客观的外在表象，比人们内在的心理活动更容易观察判断，因此，行为因素也是重要的旅游市场细分标准。用于旅游市场细分的行为因素主要包括消费者进入旅游市场的程度、购买旅游产品的数量、购买形式、购买时机、品牌忠诚度等细分变量。

1. 按消费者进入旅游市场的程度细分

按照消费者进入旅游市场的程度，旅游市场可以被细分为从未使用者、曾经使用者、初次使用者、潜在使用者以及经常使用者等消费群体。旅游企业可以根据自身的实力和经营目标，选择其中的细分市场，开展针对性的营销活动。一般来说，实力雄厚、市场占有率较高的企业，特别注重潜在使用者，通过营销努力，将潜在的消费者转变为企业产品的实际购买者，从而扩大企业的市场份额。而一些实力较弱的中小企业，一般更注重稳定的经常使用者,吸引竞争对手的曾经使用者和初次使用者。

2. 按购买旅游产品的数量细分

根据这一细分标准,可以把旅游市场细分为少量使用者、中量使用者和大量使用者等旅游消费群体。大量使用者虽然人数不一定多,但他们的消费量占总消费量的比重却可能很大。因此,大量使用者常成为许多旅游企业重要的目标市场。一般来说,消费数量不同的消费者具有不同的心理特征和消费特征,掌握了这些特点,企业就可以开展针对性的营销活动。

3. 按购买形式细分

购买形式是指消费者购买旅游产品过程的组织形式和所通过的渠道形式。按照购买形式,可以将旅游市场细分为团体旅游市场和散客旅游市场。团体旅游具有省时、省力、省钱、安全、方便等优点,但同时存在着灵活性较差的突出缺点。近年来,随着交通、通讯的不断发展,以及旅游消费者自主意识的增强,散客旅游市场发展非常迅速。散客旅游突出的优点就是灵活性较好,能够满足旅游者个性化的需要。散客旅游市场按照旅游的形式,可以进一步细分,如独自旅游、结伴同游、家庭旅游、驾车旅游、徒步旅游等旅游消费群体。

4. 按购买时机细分

旅游活动的时间性、季节性非常突出,根据购买时机这一标准,可以将旅游市场细分为旺季、淡季和平季市场,还可以细分出周末游、春节、国庆节、寒暑假等节假日市场。旅游企业可以把特定时机的市场需求作为服务目标,如餐厅可以在某个特定时机推出特定的菜品和服务,像春节年夜饭、中秋节团圆饭等。

5. 按品牌忠诚度细分

消费者对许多产品都存在"品牌偏好",比如对特定的航空公司、特定的旅行社、特定品牌酒店的偏好。根据消费者品牌忠诚度,可以把旅游市场细分为四类消费群体。一是单一品牌忠诚者,他们一贯忠诚于某种品牌,在任何时候都只买一种特定品牌的产品。二是多种品牌忠诚者,他们购买产品一般只限于几种固定品牌。三是转移型忠诚者,这种消费者从忠诚于某一品牌转变为忠诚于另一种品牌。四是非品牌忠诚者,他们在购买旅游产品时,没有一定的品牌偏好,购买行为带有很大的随意性。研究消费者的品牌忠诚度对企业营销有重要意义。在前两类消费者占很高比重的市场上,其他品牌难以进入;在"转移型忠诚者"占比重较大的市场上,企业应努力分析消费者品牌忠诚转移的原因,以调整营销组合,加强品牌的忠诚度。而对于那些"非品牌忠诚者"占较大比重的企业来说,则应审查原来的品牌定位和目标市场的确立是否准确,适时地加以调整。旅游企业应善于发现和保持自己的忠诚顾客，为他们提供更好的服务，比如很多酒店企业通过给忠诚顾客某种形式的回报，来鼓励培养顾客对本企业的忠诚，从而增加客源的稳定性。

在实际营销过程中，旅游市场细分的标准并不只局限于以上这些因素，旅游企业应根据具体旅游者的需求特征和营销者要达到的目标来选择运用。需要特别注意的是：

第一，所选择的旅游市场细分标准必须是能导致消费者旅游需求差异的因素。因为，旅游市场细分的客观基础是消费者旅游需求的差异性，否则，旅游市场细分是没有意义的。

第二，旅游企业应根据自身营销、财务、管理等方面的具体条件，选择对自己有特殊意义的标准来对市场进行细分。例如，酒店市场细分的标准不同于旅行社，旅行社的市场细分标准不同于旅游景点等。

第三，旅游市场细分化的程度要适当。市场细分化程度越高，旅游企业对市场的认识也越深刻，并且能满足消费者个性化的旅游需求，比如有一种极端形式的市场细分方式，它是根据每位顾客对某种产品的需求差异，将每位顾客划分为一个细分市场，然后专门为每一位顾客"定制"满足其特殊需求的产品和服务措施，但是，营销者由此付出的代价也会随着细分市场的增多而增加。因此，旅游企业应从收益与成本比较的角度出发进行适度的市场细分。

◆ **案例驿站 5.4**

### 私人定制旅游悄然兴起

你知道吗，旅行度假也可以高级定制。去一趟原创性质的冒险旅游，还是相约去圣地参观膜拜，或是来一趟私密的"美丽之旅"，甚至策划一次独特的蜜月旅行……这些看似有些奢侈的旅行，如今正大行其道。随着私人定制旅游的逐渐兴起，由此诞生了提供"一对一"服务的私人旅游顾问，他们一边享受着五星级酒店的顶级美食，一边拿着令人羡慕的高薪。

私人定制游——打造自己的 style。私人定制作为一种时尚的个性化消费方式正在世界流行，包括定制飞机、游艇、豪宅、汽车、宴会、服装等，涉及生活的方方面面。随着体验性、休闲性等现代元素渗入传统的旅游方式，私人定制旅游这样一种全新的旅游消费方式也走进了中国。从旅行准备、目的地选择，到定制玩乐地图，全部由自己说了算。这种类似自助游的私人定制旅游方式开始在上海、北京、广州等城市兴起。

2002年成立的班敦俱乐部是国内第一个私人定制旅游服务机构，也是内地第一个组团游南极的旅游单位。截至目前，班敦已经带团去过南极六次，北极两次。据了解，目前参加过班敦旅行活动的已达3 000多人。仅2009年，他们的足迹遍布七大洲，登上南北极，横跨澳洲，车行中亚五国，在美国进入印第安人的领地等等。2010年他们还将探秘亚马逊生命王国，游猎坦桑尼亚、登顶乞力马扎罗等等。

班敦俱乐部总经理袁建雄接受笔者采访时表示，"随着市场细分，追求个性体验的人越来越多。选择高端旅游的人往往不会在价格上斤斤计较，但非常重视出行全程的感受和体验，私人定制旅游由此诞生。"

医疗游、冒险游各种定制游层出不穷。晒晒太阳，拜拜庙宇，顺便再动个风险不太大的美容手术，在面对冰冷的医疗器械时，抬头就能看到窗外一片无垠的碧波……这样的治疗无疑像是在度假一样。如今很多旅游胜地不仅能让游客度假休闲，还可以提供专业的疗养、保健设施和服务，甚至是治病疗伤。这就是所谓的"医疗旅游（Medical Tourism）"。类似这种私人定制的特色旅行现在很流行，包括冒险游、蜜月游、医疗游、电影寻踪游、异国淘货游等，客户根据自己所需，请旅行公司制定专门的旅游计划。

案例来源：尚丽国.专业顾问：门槛高薪水更高. http://www.China91.com.

第四，选择旅游市场细分标准时，应有动态观念。旅游供给与需求在不断变化，新的旅游活动层出不穷，因此旅游企业应不断进行调查研究，随时修订细分标准，从而及时地抓住市场机会，使企业的旅游产品能始终适应旅游市场的需求。

◆ 专题笔谈5.2

### 心理旅游的市场细分研究

心理旅游是一项新兴的特色旅游活动。所谓心理旅游，是从有益于旅游者身心健康的角度出发，心理学专业人士全程参与，从心理学角度帮助旅游者放松身心的一种新兴的旅游活动。旅行社在活动组织过程中，针对有心理问题的旅游者精心设计旅行线路，并结合心理学的专业知识，安排与景点相适应的各种活动，以期游客能够在清新自然的环境中与心理专家相互沟通，从而达到调整心态、释放压力的目的，充分发挥旅游陶冶身心的作用。

根据旅游者年龄特征可以对心理旅游市场进行如下细分。

> 1. 在校学生的"独立、自主、创新游"。根据该旅游主体的特点,围绕"朝气蓬勃,独立自主"的主题,结合在校学生的夏令营和常规出游安排景点和心理训练活动,使学生释放学业上的压力,了解社会需求,给予其自主、自立的锻炼机会,从而注重在实践能力方面的培养和锻炼。同时通过心理旅游活动使同学之间做到团结互助,学到新的知识,开阔眼界,培养他们的创新意识。
>
> 2. 职场白领的"减压、释怀、休闲游"。根据该旅游主体的特点,围绕"豪华、舒适、放松"的主题安排景点和心理训练活动。针对单身白领,可以"愿白领能找到终身伴侣"的祝愿为主题,让年轻的白领释放工作和生活中的压力,广交天下朋友,以轻松愉悦的心态投入其中。旅游目的地以秀美、旷远之境为主,激励人们勇于创造和敢于超越的精神,使人解脱忧烦,心胸开阔,心情豁达。
>
> 3. 老年人的"疗养、休闲、社交游"。根据该旅游主题的特点,围绕"陶冶情操,健康长寿"的主题安排景点和心理训练活动,让老年人发泄郁闷,心情愉悦,健康长寿,继续为社会发挥余热。老年人团队以幽静、野趣之境为主,使人超然物外,可助人潜心静思,最宜养性颐情。
>
> 资料来源:张亚卿,褚秀彩,刘艳红等.心理旅游的市场细分研究[J].山东师范大学学报(自然科学版),2008(2).

旅游市场细分的主要变量可概括为表 5.1。

表 5.1　　　　　　　　　　　旅游市场细分的主要变量

| 变量 | 典型分类 |
| --- | --- |
| 1.地理变量 | |
| 地区 | 欧洲;美洲;非洲;大洋洲;亚洲东北部;东南亚;西亚等 |
| 城市规模 | 10 000 人以下;10 000~19 999 人;20 000~49 999 人;50 000~99 999 人;100 000~249 999 人;250 000~499 999 人;500 000~999 999 人;1 000 000~3 999 999 人;4 000 000 人以上 |
| 密度 | 城市;郊区和农村 |
| 气候 | 热带;亚热带;温带;寒带 |
| 2.人口变量 | |
| 年龄 | 6 岁以下;6~11 岁;12~20 岁;21~30 岁;31~40 岁;41~50 岁;51~60 岁;61 岁以上 |
| 性别 | 男;女 |

| 变量 | 典型分类 |
|---|---|
| 家庭规模 | 1~2人;3~4人;5~7人;8人或更多 |
| 家庭类型 | 中型家庭;小型扩展家庭;大型扩展家庭 |
| 家庭生命周期 | 青年,单身;青年,已婚,无子女;青年,已婚,有6岁以下的子女;青年,已婚,子女在6岁以上;老年,单身;老年,已婚,无子女;老年,已婚,子女均在18岁以上 |
| 家庭月收入 | 1 000美元以下;1 001~2 500美元;2 501~4 000美元;4 001~5 500美元;5 501~7 000美元;7 001~10 000美元;10 000美元以上 |
| 职业 | 专业技术人员;经理;官员和业主;职员;售货员;农民;学生;家庭主妇;服务人员;退休者;失业者 |
| 教育 | 小学以下;中学;专科学校;大学本科;研究生 |
| 宗教 | 佛教;天主教;印度教;穆斯林教;耶稣教;道教;其他;不信教 |
| 种族 | 黄种人;白种人;黑种人 |
| 国籍 | 中国;印度;印度尼西亚;日本;马来西亚;菲律宾;新加坡;泰国等 |
| 3.心理变量 | |
| 会阶层 | 下层;中层;上层 |
| 生活方式 | 变化型;参与型;自由型;稳定型 |
| 个性 | 冲动型;进攻型;交际型;权利主义型;自负形 |
| 4.行为变量 | |
| 时机 | 一般时机;特殊时机 |
| 追求的利益 | 便利;经济;享受 |
| 旅游者的地位 | 未曾旅游者;曾经旅游者;潜在旅游者;首次旅游者;经常旅游者 |
| 出游率 | 不出游;少出游;中等出游;经常出游 |
| 忠诚度 | 无;中等;强烈;绝对 |
| 准备阶段 | 不了解;了解;熟知;感兴趣;想旅游;打算旅游 |
| 对产品的态度 | 热情;肯定;不关心;否定;敌视 |

资料来源:[美]菲利普·科特勒等.谢彦君译.旅游市场营销学[M].北京:旅游教育出版社,2002.

◆ **本节相关知识链接**

1. http://www.sino-manager.com/

2. http://www.docin.com/

◆ 本章试题与知识训练

一、选择题(含单选和多选)

1.细分市场的客观基础是(　　)。

A.同一产品的消费需求存在着差异性　　B.不同产品的消费需求具有多样性
C.同一产品的生产企业的差异性　　　　D.消费者的购买力存在着不同层次

2.市场细分化的理论是由著名营销专家(　　)在20世纪50年代提出的。

A.麦克塞　　　　　　　　　　　　　　B.科特勒
C.温德尔·史密斯　　　　　　　　　　D.雷诺汉

3.以下各细分旅游市场,依据心理变量细分市场的是(　　)。

A.传统型、新潮型　　　　　　　　　　B.观光、商务、探险
C.内向型、外向型　　　　　　　　　　D.男性、女性

4.市场细分的最大弊端是(　　)。

A.不利于企业发掘新的市场机会
B.不利于企业提高竞争能力
C.不利于企业降低生产成本和推销费用
D.不利于企业满足千变万化的市场需求

5.在旅游消费者市场上,影响消费需求呈现差异性的因素主要有(　　)。

A.地理环境因素　　　　　　　　　　　B.人口统计因素
C.消费心理因素　　　　　　　　　　　D.消费行为因素

二、判断题

1.市场细分的客观基础是产品的种类、规格和质量的差异。(　　)

2.市场细分并不总是意味着把一个整体市场加以分解,实际上,细分化常常是一个聚集而不是分解的过程。(　　)

3.同质市场是指不同的消费者对同一产品的需求和爱好相近程度较高的市场。(　　)

三、填空题

1.旅游市场细分要真正有效地发挥作用,必须遵循一些原则,如:可衡量原则、_____、_____、稳定性原则。

2.按照客源规模细分旅游市场,是指根据不同客源国或地区旅游者流向某一旅游目的地的人数占该旅游目的地的总接待人数的比例来细分旅游市场。依据此细分标准,可

以将旅游市场细分为_____、_____和_____。

3. 旅游市场按购买形式可细分为_____旅游市场和_____旅游市场。

**四、简答题**

1. 旅游市场细分的概念是什么？
2. 简述旅游市场细分的作用。

## 第二节　旅游目标市场选择

旅游企业在市场细分的基础上，需要进一步选择自己的目标市场。旅游企业在选择目标市场时，首先要对各细分市场进行评估，然后按照一定的原则进行筛选。目标市场确定之后，企业应综合考虑自身的资源条件、竞争者的情况、市场需求的特征等多种因素的影响，确定企业的目标市场营销策略。

### 一、旅游目标市场及其选择

经过旅游市场细分后，旅游企业会发现有一个或几个细分市场是值得进入的。此时，企业需要进行选择，以确定进入哪些细分市场。

**(一)旅游目标市场的概念**

旅游目标市场是指旅游企业准备用自己的产品来满足的特定的消费者组群。它可以是一个或者几个细分市场，甚至是整个市场。

对于旅游企业来说，旅游目标市场是最具有吸引力的，并能为之提供最有效服务的那部分市场。通过目标市场营销，有利于提高旅游企业营销活动的效率和效益。那么，哪些细分市场可以成为企业的目标市场呢？旅游企业需要按照一定的原则来选择自己的目标市场。

**(二)旅游目标市场选择的原则**

第一，目标市场要足够大，即目标市场要有足够多的购买者和足够大的购买力，并且比较稳定，从而保证旅游企业足够的销售量和收益。目标市场的需求变化也应尽量与本企业新产品开发方向或能力一致，以便企业能及时地按需求变化调整产品或服务。

第二，目标市场上的竞争者应较少，或相对实力较弱。如果一个细分市场具备众多的竞争者或者竞争对手实力比较强，那么该细分市场的吸引力会下降。美国哈佛大学商学院教授迈克尔·波特将市场上的竞争力量分为五类，即行业竞争者、潜在进入者的威胁、替代品威胁、购买者的议价能力和供应商的议价能力。根据波特的理论，一个市场的吸引力是以上五种要素强度的一个函数。竞争的强度越大,则市场吸引力越小。因此,从竞争的角度,旅游企业应选择竞争者数量较少、竞争强度较小的细分市场作为自己的目标市场。

第三,目标市场与旅游企业之间能进行有效的沟通。这里的沟通包括信息的沟通和产品的销售渠道。旅游企业应优先选择那些能建立有效地获取市场信息网络的细分市场作为目标市场。旅游企业与目标市场之间还要有比较畅通的销售渠道或者企业有可以建立相应销售渠道的条件,这样企业的产品才能顺利进入市场。

第四,旅游企业必须具备开发该目标市场相应的资源和能力。针对一定的目标市场,旅游企业必须具备开发该市场所需的人力、物力、财力、技术以及信息等资源条件,并且要有提供相应的旅游产品和开展营销活动的能力。因此,企业应详细研究各细分市场的需求,分析企业是否具备满足细分市场需求所需的条件。旅游目标市场应该能使企业充分发挥自身的优势,充分利用自身的资源,突出自己的特色,这样才能使营销活动取得成功。

第五,目标市场必须与企业的经营目标和企业形象相符合。假如旅游企业的档次比较高,例如高星级的酒店,则企业应选择收入水平较高,社会地位较高的消费者作为目标市场。而档次比较低的旅游企业,则应选择中低档或者大众化的消费者作为目标市场。因为,如果目标市场的消费水平、消费习惯与企业的经营目标和企业形象不相符合,那么企业对该目标市场的吸引力会下降。

## 二、旅游细分市场评估

对各旅游细分市场进行全面、科学的评估是选择旅游目标市场的基础。旅游细分市场的评估主要包括如下几个方面。

### (一)评估各细分市场的销售规模和发展趋势

旅游企业应分析各细分市场目前和未来的销售量、销售额和发展趋势。具体地说,就是要估计目前整个行业的销售情况和本企业在市场上占有的销售份额,并对未来的趋势作出预测。为此,旅游企业应注意收集历史的和当前的能反映各细分市场销售情况的数据,如接待人数、游客停留的天数、人均消费额等,然后利用这些统计数据预测各细分市场未来的需求量及发展趋势。一般来说,增长型的细分市场,即销售增长率高的细分市场和目前业务量最高的细分市场可以优先考虑选择为目标市场。

### (二)评估各细分市场的盈利能力

前面对各细分市场销售情况的评估并不能表明企业的盈利能力,因为旅游企业的盈利能力不仅与销售量、销售额有关,而且还与经营成本等因素有密切联系。因此,企业在选择目标市场时,应分析各类细分市场所需要的经营成本情况。重点分析在企业产品生产经营中,销售量、销售额与固定成本和变动成本之间的关系,比如有的细分市场销售额比较高,但其经营成本也比较高,因而该细分市场的实际盈利并不理想。所以,旅游企业应认真估计各细分市场的利润率,作为目标市场选择的依据。

### (三)评估各细分市场需求的季节变化模式

旅游活动具有季节性的特征,因而绝大多数旅游企业在一年中会有淡旺季之分。在旅游市场上,各细分市场的季节变化模式存在差异,例如,有的细分市场旅游需求具有很强的季节性,淡旺季差别明显,而有的细分市场季节性却相对较弱;不同细分市场对企业营销活动的反应也存在差别,有的细分市场对企业淡季时的营销活动反应敏感,需求量容易增加,而有的细分市场则相反,即使企业花很大的精力做营销工作,需求量也不会有很大的提高。因此,旅游企业应分析各细分市场需求的季节变化模式,包括细分市场是否具有明显的季节性特征,细分市场对企业营销活动(尤其是淡季的营销活动)反应的敏感程度,以及竞争者在不同季节吸引细分市场的能力等。

### (四)评估本企业的生产经营能力

旅游企业在选择目标市场时,不仅要评价外部各细分市场的吸引力,而且要考虑企业内部的资源条件,分析自己是否具有招徕和满足目标市场需求的能力。因此,旅游企业应对本企业的各种有形和无形的资源进行分析,包括分析企业的产品特色、服务质量、企业形象、设施情况等多方面的因素。通过分析,进一步判断企业现有的产品和服务能否满足目标市场的需求,哪些需求没得到满足,企业能否通过改进和提高去适应这些需求。

### (五)评估竞争对手的营销能力

除了分析旅游企业自身的条件外,还应对竞争对手的营销能力进行评估。某些细分市场虽然有一定的潜力,但在这些细分市场上的竞争很激烈,若企业还进入该细分市场,就有可能会造成资源的浪费,甚至会导致企业间的恶性竞争,这是企业经营应该注意避免的。因此,旅游企业在选择目标市场时需要分析竞争对手的情况,比如,分析在各细分市场上企业有哪些竞争对手;竞争对手与本企业相比有哪些优势和劣势;竞争对手的产品能否满足这些细分市场的需求;竞争对手是否具备招徕这些细分市场的能力等。

◆案例驿站 5.5

**STATRAVEL 的目标市场选择**

STATRAVEL 的全称是世界学生青年旅行社,成立于 1963 年,最早的总部设在墨尔本和伦敦，现在总部在新加坡和伦敦。STATRAVEL 是全球最大的学生青年旅行服务机构，服务遍及 90 多个国家，目前在全球 54 个国家开设了 450 多间全资连锁店，有 2 000 多家合作伙伴公司。

从外部市场吸引力来看，学生青年旅游市场很有吸引力。全球学生青年旅游市场容量很大，占全球旅游市场的 20%；市场成长性也较高，以每年 5%～25%的速度增长；欧洲、北美和亚太地区，这些学生青年旅游者的主要客源地政治稳定，均出台了不同的优惠政策以支持学生旅游；社会上普遍支持学生和青年旅游，旅游的意义重大；整个旅游市场竞争激烈，但学生青年旅游市场缺少专营者，一般的旅行社仅将其作为业务的一部分。而有限的几个专营者都是非营利组织，如 ISIC（国际学生旅游同盟协会）、YHA（国际青年旅舍联盟）、SATA（学生航空旅游）。据笔者了解，STATRAVEL 是第一家以学生青年为旅游目标市场的企业。

从企业内部资源能力来看，在学生青年旅游市场上已经积累了一定的资源。STATRAVEL 常年代理 ISIC 的业务，已在学生青年旅游市场树立起一定的专家形象。此外，STATRAVEL 与 YHA 有很好的协作关系，是 SATA 的董事会成员。而母公司 Diethelmler Holding 有限公司强大的财力支持，帮助 STATRAVEL 顺利地调整业务方向。

根据以上分析，可以清楚地看出来，STATRAVEL 专注于学生青年旅游这一细分市场，将公司定位为"学生青年旅游市场的专家"，能够有效地避开其他旅行社的竞争，充分发挥公司自身资源优势，从而在目标市场上树立起与众不同的公司形象。

案例来源：陈朝霞.STA 旅行社营销战略和战术研究[D].对外经济贸易大学，2006.

## 三、旅游目标市场策略

旅游企业在市场细分的基础上选择目标市场，企业的目标市场范围不同，采用的市场营销策略也必须有所差别。常用的旅游目标市场策略有三种：无差异性目标市场策略、差异性目标市场策略和集中性目标市场策略。

### （一）无差异性目标市场策略

即旅游企业把消费者看成是具有同样需求的整体，将整体性大市场作为目标市场，力图吸引所有的消费者，并且采用单一的营销组合来开拓市场，即推出一种产品，采用一种价格，使用相同的销售渠道，应用相同的促销手段。无差异性目标市场策略可以用图

5.1表示。

图 5.1 无差异性目标市场策略

无差异性目标市场营销的核心理念是"市场是一个整体",旅游企业无需进行市场细分,因为消费者具有共同的需求特征。比如,南非旅游局曾提出过"世界村"的营销主题;20世纪70年代末我国兴建的第一批合资饭店中,所有客房基本上都是一种没有差异的标准间,这些都是无差异目标市场营销理念的体现。

无差异性目标市场策略的优点表现在三个方面:一是可以降低企业的成本,因为,生产单一的产品既可以通过规模化的生产,降低生产成本,也可以减少营销成本,比如单一的分销渠道可以节省分销费用,单一的广告主题可以节省设计费用,不必对不同细分市场分别进行营销研究和规划,因而还可以减少营销研究成本和管理费用;二是由于企业大批量生产,推销面广,所以无差异性目标市场策略也有利于企业在消费者心目中建立名牌形象;三是企业产品标准统一,易于管理。

但是,无差异性目标市场策略的不足之处也是很明显的,它忽视了市场需求的差异性。对于大多数企业来说,这种策略是不适用的。这主要是因为消费者的旅游需求存在着差别,他们不可能长期接受同一产品,而企业又不能适应需求的改变,因此市场可能很快饱和。当许多同类企业都采用这种策略时,就会出现在大的细分市场上竞争极为激烈,而小的细分市场的需求却无法得到满足的现象。

无差异性目标市场策略主要适用于同质市场、企业的产品供不应求、产品处于生命周期的导入期或者竞争较弱的市场,比如垄断性较强的旅游产品市场。

(二)差异性目标市场策略

即旅游企业选择数个甚至是全部细分市场作为目标市场,针对不同细分市场的需求特点,提供不同的旅游产品,制定不同的营销组合,以满足不同细分市场的需求。例如,酒店向客人提供从标准间、单人间、普通套房、豪华套房一直到总统套房等不同规格、设施、价格的客房体系;旅行社推出观光、度假、商务、探险等多品种的团体和散客旅游产品,以适应兴趣各异、支付能力不同的各类消费者。差异性目标市场策略可以用图5.2表示。

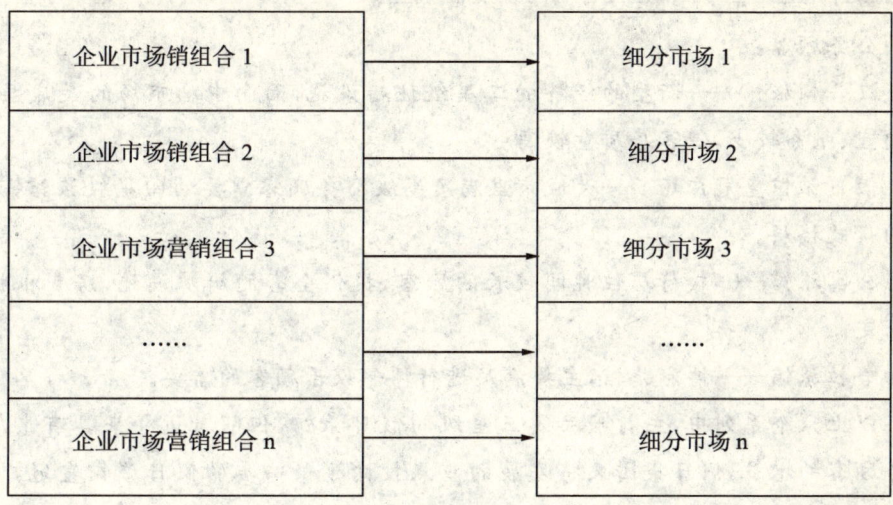

图 5.2　差异性目标市场策略

差异性目标市场策略的优点表现为企业能够满足消费者不同的旅游需求,提高了企业产品的针对性,增强了企业的适应能力,有利于扩大市场;同时,经营数个细分市场,也有利于分散经营风险,提高竞争力。此外,企业经营的市场面广,也有助于深化企业在消费者心目中的形象。

差异性目标市场策略的缺点主要体现在,增加企业的营销组合,组合过于复杂,会增大企业生产、管理、促销等方面的费用支出,管理难度也会加大。

这种目标市场策略适用于规模大、资源雄厚的旅游企业,竞争比较激烈的市场,或者产品处于生命周期的成长期和成熟期。

◆**案例驿站 5.6**

### 假日集团的市场细分

随着商务酒店市场的发展和顾客群体的日益细化,假日集团发现自己在商务酒店市场上的迟钝反应和措施不力已经使自己耽搁了不少机缘。

作为有史以来最善于经营的酒店群体,假日集团很快就找到了迎头赶上的好办法——多元化品牌策略,即将下属旅馆分为六个系列,针对不同的顾客需求特点,采取不同的名称,提供不同的设施和服务。这六大类型的酒店分别是:

1. 假日旅馆——价格适中、服务全面的三星级旅馆。
2. 大使套房与皇家豪华旅馆——一种全套房型旅馆,其中主要对象是逗留时间比较长的公务顾客。

3. 汉普顿旅馆——新型的经济的二星级住宿设施,面向中档市场的最底层顾客,价格便宜、服务较少,但客房质量较高。

4. 假日旅馆皇冠广场——大城市里满足高级公务顾客需要的四星级旅馆,开设有专门的行政楼层。

5. 公寓旅馆——接待居住时间较长的顾客,提供全套的厨房设施,房费根据居住时间而定。

6. 哈拉旅馆——博彩旅馆,主要满足进行博彩娱乐顾客的需要。

在以上六个系列中,主打产品是三星级的假日旅馆,但随着近年来具有丰厚收入的公务顾客的增多,假日集团又将发展的重点投向了第四类的假日旅馆皇冠广场,专门开辟了行政楼层、会议室和宴会厅等高级服务,价格也比普通的假日旅馆高出了40%。

假日集团的多元品牌在不同经济发达程度的国家和地区间表现得尤为明显,如在亚洲多为三四星级的中高档酒店,而在美国本土则多为二星级甚至经济型的旅馆,这与它在不同市场上的定位选择不同有关。

案例来源:郑凤萍.酒店营销实务[M].北京:化学工业出版社,2009.

### (三)集中性目标市场策略

即旅游企业只选择一个或少数几个细分市场,采用一定的营销组合来满足其需要。企业所追求的不是在较大的市场上占有较小的份额,而是在较小的细分市场上占有较高的市场占有率。例如,肯尼亚拥有许多国家公园,公园的吸引物以野生动物为主,那么公园的营销重点就应放在对户外教育和对观赏野生动物有兴趣的细分市场上。集中性目标市场策略可以用图5.3表示。

图5.3 集中性目标市场策略

集中性目标市场策略使旅游企业经营更加专业化,满足目标市场消费者需求的程度更高,从而有利于提高企业在较小的细分市场上的市场占有率和企业的知名度;由于企业只面向一个或少数几个细分市场,所以市场面较小,这有利于企业及时掌握顾客的反应和要求;企业进行专业化生产与销售,也有助于提高企业资源的利用率,节约成本。

但是,这种策略的突出缺点表现为,由于目标市场单一或较小,企业经营范围狭窄,所以企业经营风险比较大,当目标市场需求突然变化或有强大竞争者出现时,企业可能会陷入困境。

集中性目标市场策略适用于中小型、资源并不多的企业,或者竞争比较激烈的市场。

### 四、影响旅游目标市场策略选择的因素

上述三种旅游目标市场策略各有利弊。在实际经营中,旅游企业在选取某种策略时,应考虑企业内外部环境各种因素的影响,具体来说,需考虑以下几个因素:企业资源、市场同质性、产品同质性、产品生命周期、竞争对手的数量、竞争对手的策略以及市场供求关系。

#### (一)企业资源

企业的资源包括企业的人力、物力、财力、技术、企业的形象等各种资源。如果旅游企业的规模较大,资源雄厚,有能力占领更大的市场,则可以采用无差异性目标市场策略或者差异性目标市场策略。如果企业资源有限,实力较弱,无力兼顾整体市场,则可采用集中性目标市场策略。

#### (二)市场同质性

市场同质性是指市场上消费者需求和偏好所具有的类似性。当市场同质性高,即各细分市场的顾客需求和偏好大致相同,对营销策略的反应也大致相似时,旅游企业可以采取无差异性目标市场策略。当市场同质性较低,即消费者对产品的需求和偏好相差甚远时,企业就应该选择差异性目标市场策略或集中性目标市场策略。

#### (三)产品同质性

产品同质性是指本企业产品与其他企业产品的类似性。如果产品同质性高,即旅游企业之间产品相似程度较高,替代性强,那么企业可以在一定程度上采用无差异性目标市场策略。如果产品同质性较低,比如旅游餐饮企业之间产品相似程度较低,则企业宜采用差异性或集中性目标市场策略。

#### (四)产品生命周期

在产品的导入期,适宜选择无差异性目标市场策略,此时竞争者少,同时也是为了探测市场需求情况。当产品进入成长期或成熟期,投入市场的产品品种增多,市场竞争也日益激烈,企业为了在竞争中获胜,应采用差异性目标市场策略。当产品进入衰退期时,企业应采取集中性目标市场策略,集中力量于最有利的细分市场,延长产品的

市场生命。

### (五)竞争者的数量

当同一类产品的竞争对手很多时,消费者对产品的印象和态度很重要。为了使消费者了解企业产品的特性,使之产生兴趣和爱好,增强企业的竞争能力,企业适宜采用差异性目标市场策略或集中性目标市场策略。当同一类产品的竞争对手较少时,企业可以采取无差异性目标市场策略。

### (六)竞争者的营销策略

企业采取何种目标市场策略,往往要视竞争对手的情况而定。如果竞争对手采用无差异性目标市场策略,企业则应采取差异性目标市场策略,利用差别优势与之对抗。如果竞争对手已采用了差异性目标市场策略,企业用无差异性目标市场策略将很难取胜,而应在对市场进一步细分的基础上,采用差异性目标市场策略或集中性目标市场策略。

### (七)市场供求关系

当市场的供求关系表现为供小于求时,旅游企业可采用无差异性目标市场策略。而在供大于求的买方市场上,企业则适宜采用差异性目标市场策略或集中性目标市场策略。

一般而言,旅游企业在选择目标市场策略时,应综合考虑上述各种因素,权衡利弊方可做出决策。

◆ **本节相关知识链接**

1. http://www.doc88.com/
2. http://www.sino-manager.com/

◆ **本章试题与知识训练**

一、选择题(含单选和多选)

1. 旅游者的兴趣、爱好及其他特点很相近,也就是市场类似程度极高时,可采用(    )策略。

   A. 集中性目标市场营销　　　　　　　B. 差异性目标市场营销
   C. 整合市场营销　　　　　　　　　　D. 无差异性目标市场营销

2. 差异性目标市场营销策略的优点有(    )。

   A. 更好地满足各类旅游者的不同需要　　B. 有利于建立旅游企业品牌的知名度
   C. 有利于旅游企业抓住市场机会,降低风险　D. 更好地利用企业资源

3.无差异性目标市场营销的最大优点是( )。
A.有利于企业发现新的市场机会　　　B.降低产品成本
C.有利于提高企业的应变能力　　　　D.有利于提高企业的竞争能力

二、判断题

1.差异性目标市场营销的最大优点是成本的经济性,它适用于大批量、少品种的产品生产。(　　)

2.选择目标市场,应根据企业的实际情况及市场状况而定,如果企业的资源雄厚,可以考虑实行集中性目标市场营销。(　　)

3.对于实力雄厚,管理能力强,拥有充足的人力、物力和财力等各方面资源条件的企业,一般可采取差异性目标市场营销策略。(　　)

三、简答题

1.旅游目标市场的概念是什么?
2.对旅游细分市场应进行哪几方面的评估?
3.简述集中性目标市场策略的含义及优点。

# 第三节　旅游市场定位

旅游企业在选定旅游目标市场之后,还应确定本企业旅游产品在目标市场上的竞争地位,即进行市场定位,才有可能制定出针对性强的旅游市场营销组合。旅游市场定位是旅游营销战略计划中的一个重要组成部分,是关系到一个旅游企业和旅游区能否突出自己的特色,以及能否在激烈的竞争中争得一席之地、求得发展壮大的重要战略问题。

## 一、旅游市场定位概念

市场定位就是确定企业及其产品在目标顾客心目中的地位、形象,使企业及其产品具有一定特色(与竞争者相区别,可表现在4P中的一个P或全部),适应一定顾客的需求和偏好,即为本企业及其产品在目标顾客心目中树立和造就某一与众不同或突出的地位。

"定位"一词是由艾尔·里斯和杰克·特劳特于1972年提出来的,他们认为:"定位并不是你对一件产品本身做什么,而是你在有可能成为你的顾客的人的心目中做些什么。也就是说,你得给你的产品在他们的心中定一个适当的位置。"不管企业是否意识到产品的定位问题,对于消费者来说,不同品牌的产品在他们心目中会占据不同的位置,他们会在内心按自己认为重要的产品属性将市场上他们所知的产品进行排序。随着市场上商品越来越丰富,与竞争者雷同的产品通常无法吸引消费者的注意。因此,企业应该根据竞争者现有产品的特色以及在市场上所处的地位,针对消费者对产品特征或属性的重视程度,强有力地塑造本企业产品与众不同的、形象鲜明的个性或特征,并把这种形象生动地传递给消费者。

在西方市场营销学中,市场定位、产品定位、竞争性定位三个术语经常交替使用。市场定位强调的是企业在满足市场需求方面与竞争者比较,应处于什么位置,使顾客产生何种印象和认识;产品定位是针对企业的营销产品属性而言,企业与竞争者的现有的产品应在目标市场上各处于什么地位;竞争性定位是指企业在目标市场上与竞争者相比,自己突出的企业形象和比较优势在何处。虽然这三个术语在表述上有细微的差别,但从本质上而言,它们是相通的,是从不同的角度认识同一事物。

针对旅游业,美国营销学者戴维斯从一个清晰的角度给市场定位下了一个定义:"从根本上说,定位实际上是一种理念的表达,是消费者(旅游者)的理念的感知和凝固。在较理想的状况下,这种感知定位(实际上,区域旅游组织和企业很难控制)是定位策略(旅游组织和企业可以完全控制)作用的结果。"

旅游市场定位就是旅游企业或旅游地在进行市场调研、了解竞争者旅游市场定位的基础上,充分挖掘和塑造自身的特色,以区别于竞争者,从而凝练、培育旅游品牌形象的营销过程。

旅游市场定位的核心内容是努力实现旅游产品差异化与旅游市场形象差异化,以引导、培育旅游者的需求偏好、甚至品牌忠诚,强化和巩固旅游地与旅游企业在旅游者心目中的地位。旅游产品的差异化可体现在旅游产品本身的属性、价格、分销渠道、促销或其组合等方面,以突出企业及其旅游产品能为旅游者带来的特殊效用与利益。对于旅游目的地而言,应认真梳理、分析旅游地的文脉、地脉,挖掘、凝练旅游地的优势、特色,以塑造旅游地独特的旅游形象。

## 二、旅游市场定位的作用与意义

旅游市场定位对于旅游地与旅游企业的作用与意义主要表现在以下几个方面。

1. 有利于旅游地与旅游企业有针对性地开展市场营销活动

旅游市场定位的前提与基础是进行旅游市场细分和旅游目标市场选择。经过科学、准确地市场细分,选择目标市场和旅游市场定位,旅游企业便可以对各细分市场中旅游者的消费需求和市场竞争状况加以充分地比较,掌握各细分市场中旅游者的需求满足程度,以及自身的优势与劣势,采取有针对性的营销措施,提高营销效率、效益,从而在市场上为本旅游地或旅游企业创造某种竞争优势。

2. 有利于旅游地与旅游企业强化在旅游者心目中的地位

旅游市场定位是通过为旅游地或旅游企业及其产品创立鲜明的特色或个性,从而塑造出独特的市场形象来实现的。旅游市场定位是一个持续性的过程,旅游者由产生兴趣与注意到深入了解、认识旅游地与旅游企业的特色与形象这一系列活动,强化和巩固了旅游地与旅游企业在他们心中的地位,提高了旅游地与旅游企业的市场竞争能力。

3. 有利于旅游地与旅游企业拓展目标市场潜力

一方面,通过旅游市场定位,旅游市场的范围更加清晰与明确,反馈变得迅速而敏捷,旅游地与旅游企业可以据此来开展集中有效的营销活动,并且可以充分发掘市场潜力;另一方面,旅游地与旅游企业可以充分合理地安排营销投入,避免了由于过度开发而造成的人力、财力、物力浪费,也避免了由于开发不足而失去有效的市场。

### 三、旅游市场定位的原则

每种产品都有各自的一项或几项特点能够满足消费者不同的需要,而市场定位主要是根据这些特点进行的,如饭店可以满足顾客休息、饮食、娱乐及社会交往等多方面的需要。每位客人或不同细分市场对产品的各项特征或功能都有不同的要求,有些顾客可能更加注重饭店内客房的舒适与安静,而有些客人可能会更加注重饭店档次给他带来的社会地位和声誉的满足。尽管市场需要及产品特征千差万别,但市场定位仍需遵循重要性、独特性、可沟通性、优越性、可支付性及可获利性原则。

1. 重要性

选择旅游产品和服务的一个或几个特点进行定位时,这些特点对于旅游消费者必须是非常重要的,它是旅游目标市场上的消费者购买时首先要考虑的因素。

2. 独特性

旅游产品和服务必须与众不同,其他竞争对手均不能提供相同特点的产品和服务,或无法用相同的方式来提供。

3. 可沟通性

营销人员能够用一种既简洁又明确的方式让旅游消费者了解这一不同之处,保证定位信息传播与反馈的畅通。

#### 4. 优越性

旅游产品和服务的某一优势特点难以为竞争对手模仿,并能够始终保持领先地位,这是营销主体在成功的市场定位后获得一个相对稳定时期的经济收益的保证。

#### 5. 可支付性

由于某项特征使旅游产品与众不同,有可能使产品成本增加、价格提高,但价格的提高不应使消费者感到超出了其支付能力。消费者希望以合理的支出增加获得合理的价值增加。

#### 6. 可获利性

企业通过提高旅游产品的优势、特色而实现产品的差异化的前提是企业必须能够获得新增的利润,即产品差异化不能导致大幅度提高产品成本,而降低获利能力。

### 四、旅游市场定位程序

旅游市场定位是一项缜密的工作,需要遵循一定的市场定位步骤。

#### 1. 确定定位层次

对于旅游企业或旅游目的地而言,一般应考虑三个层次的定位:组织定位、产品线定位和单一产品定位。组织定位是指一个企业整体或旅游目的地的市场定位。例如,某一旅游城市定位为海滨休闲度假和历史文化并重的旅游目的地;而城市中某一家酒店企业定位为最温馨的商务旅游酒店。产品线定位是对一组或一系列旅游产品的定位。例如,上述城市中的一家旅行社将自己的城市一日游系列旅游线路定位为最适宜家庭旅游的产品项目。单一产品定位是对某一项旅游产品的市场定位。

显然,旅游目的地或旅游企业不需要同时在所有层次上定位,重要的是要选准定位的层次,以有效提高定位的准确度和效率。组织定位往往与旅游目的地或旅游企业的长远发展战略紧密相关,短时间内很难发生改变,更多的情况是针对不同的旅游目标市场,开发、包装不同的旅游产品并为其定位。

#### 2. 识别关键属性

一旦确定了定位层次,就有必要识别旅游目标市场中区别于竞争者的最重要的"产品属性"。这些属性既是旅游产品中必须具备的,也是目标顾客最看中的核心"利益点",而不能仅满足于一般性的市场需要,因为消费者正是在对不同旅游产品的差异性评估的基础上做出购买决策的。例如,对入住五星级饭店的客人来说,顾客最关注的产品特征不是"价格",而是"环境"和"服务"。因此,企业需要研究在选择决策中哪一个是关键属性,这将形成定位的基础。而有些营销者认为,应该为每种品牌的产品选择一种比较适当的属性或特征,然后全力专注于这一主题。

3. 绘制定位图

在识别出产品最重要的属性后,企业要为这些特性寻找最佳的市场位置。一个简单有效的办法就是把企业的相关属性与竞争对手的属性标注在同一张图上,形成专门的"定位图"。通常,市场定位图是由两个直角坐标轴分别代表产品的两种特征,各竞争产品以这两种特征为标准而确定在定位图上的位置。如图5.4所示。

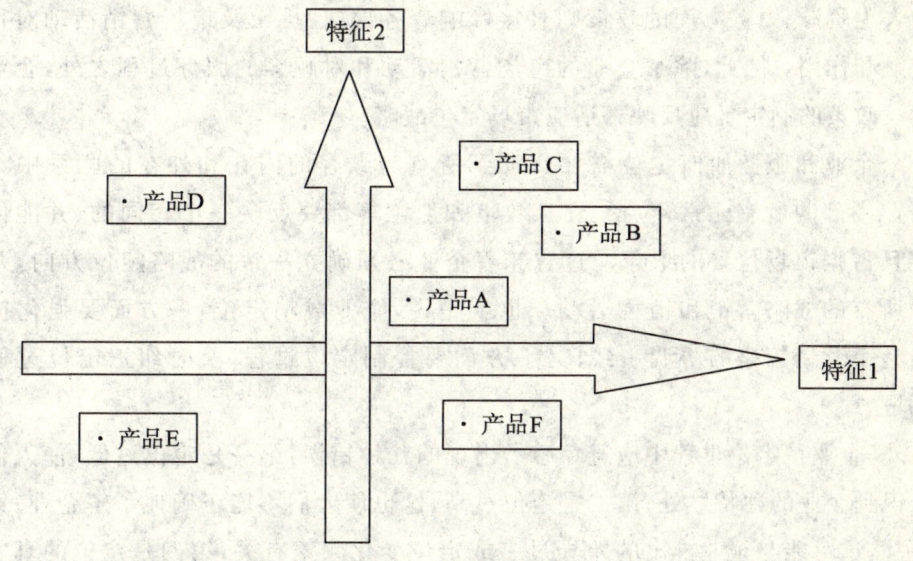

图 5.4　定位图

营销人员可以根据定位图判断并分析自己的产品与竞争者的产品的相对位置,从而更好地了解竞争产品之间的相似性与差异性。定位图不仅可以帮助企业识别竞争对手的市场优势,还能及时发现市场机会,为企业选择最佳的市场"位置"。当市场类别以及影响竞争的属性比较复杂时,企业可以绘制多维的定位图,也可以为每个市场绘制单独的定位图,以做好更细致的分析,更准确地反映市场特性,为企业或产品找准优势机会点,找准市场位置。

4. 评估定位选择

营销学家考斯尼克认为,通过绘制定位图,企业应当回答以下问题以找到最佳的市场定位:(1)哪一种定位最能体现企业的差异化优势?(2)每个主要竞争对手占据哪个位置?(3)目标市场上哪个位置最有价值?(4)哪个位置上充斥着众多的竞争者?(5)哪些位置上目前竞争尚不激烈?(6)哪个企业或经营单位的位置能提供最适合本企业产品和产品系列的定位战略?

旅游企业在确认自己的市场位置之后,需要努力维持或提升其相对于竞争对手的市场位置。对此,考斯尼克提出了成功定位必备的三个特征:(1)定位应当是有意义的;(2)定位应当是可信的;(3)定位必须是独一无二的。

5. 实施定位

市场定位最终是通过企业与目标市场的互动过程实现的。这些互动过程包括企业各个部门、员工以及市场营销活动对目标市场的各种接触和作用。而企业的运营制度、内部的人力资源、财务方面的政策则直接影响着各部门、员工及市场营销活动对目标市场的接触和作用。因此,除了企业的市场营销活动和对顾客的服务过程之外,企业的内部制度及政策的制定也应反映并适应市场定位战略。

一个企业和服务如何定位需要贯彻到所有与顾客的内在和外在的联系中。这就要求企业内部的所有元素,包括员工、政策和形象等都要反映一个相同的、并能传播共同希望且占据市场位置的形象。这意味着企业必须确立一致的战略定位方向,并沿着它组织所有的战略营销和销售活动。也就是说,企业成功定位,一方面要强化执行并注意与整个营销策略的协调一致;另一方面要控制定位过程,及时纠正定位过程中出现的问题。

此外,企业在定位过程中应避免容易出现的几种错误:第一是定位过低,使人们没有真正认识到企业的独特之处;第二是定位过高,这也使人们不能正确地了解企业;第三是定位混乱,这可能与企业推出的差异过多或定位变化频繁有关;第四是定位的真实性出现问题,导致人们对企业的定位产生怀疑。显然,企业出现任何定位失误,都会在目标顾客心目中产生不利的影响。

关于旅游定位的工作程序及其内容,美国的一些旅游营销学者曾厢出过一讨"5Ds"模型(Document,Decide,Differentiate,Design,Deliver),即:①识别需要:分析和识别目标顾客最看重的利益或要素;②决定形象:决定要向目标市场推出的形象;③辨别优势:识别竞争者的情况并确定本企业的产品和服务如何有别于竞争者;④传递设计:将这些有别于竞争者的长处(优势)纳入产品或服务之中,运用营销组合手段将这些不同之处传递给目标市场;⑤落实承诺:将所承诺的利益提供给消费者。

## 五、旅游市场定位方法

旅游市场定位战略的制定大致有以下6种可供选择的方法。

1. 根据产品特色进行定位

根据旅游产品的某种或某些优点或者说是根据目标顾客所看重的某种或某些利益

去进行定位,力求凸现自身的特色,这是应用最广泛的一种定位方法。例如对于饭店企业来说,这些优点或利益的基础可以是本饭店的建筑风格、坐落地点、服务项目、服务质量、房间和装潢的设计与质量,或者这些方面产品特色的任何组合。

构成旅游产品内在特色的许多因素都可作为市场定位的依据。如号称"川中四绝"的"峨眉天下秀,夔门天下雄,剑门天下险,青城天下幽",同样是山,其特色各有不同,市场定位也不同。

2. 根据质量—价格之间的联系进行定位

"质量—价格"反映了消费者对旅游产品实际价值的认同程度,即对产品"性价比"的分析判断。这种定位方法是旅游企业将产品价格作为反映其质量的标志。价格战略的重要作用之一便是象征产品的质量。产品质量越高、特色越突出、鲜明,价格越高。对于一个提供高质量旅游产品的企业来说,为自己的产品制定高价,本身就会对顾客起到一种知觉暗示作用,既他们可以获得高效用、高利益。国际上有些饭店就是根据这种方法来考虑自己的市场定位,对于一个硬件设施先进、提供全方位侍应服务的高档饭店来说,高价本身就暗示顾客可在这里得到周到的高等级服务。以产品质量价格比为主要依据的市场定位,必须注意产品质量与其价格相匹配。超值定位即优质廉价,或水货定位即劣质高价,均不利于塑造良好的旅游品牌形象。

3. 根据产品的用途进行定位

这一方法尤其是指根据旅游产品的某种特别用途去进行定位。例如,如果一家饭店拥有足够的会展场地和健全的会议设施,则可以围绕适合接待某些类型的会展或演出活动这一长处去树立形象。这样,当会议和会展组织者或者某些演出活动的主办者寻找场所时,这种定位的饭店就有可能因此而受益。

4. 根据产品使用者进行定位

根据使用者的心理与行为特征及特定消费模式塑造出恰当形象来展示其产品定位。旅游企业通过营销努力,特别是通过公关活动,同某一社会阶层或社会名流建立起较为经常的主顾关系,则会变得为某些类型的顾客所关注。如在莎士比亚故乡莎士比亚剧场附近的一家餐馆,该餐馆的规模很小,在服务方面也谈不上有什么值得令人称道之处,但由于同莎士比亚剧场演员关系较好,这些演员经常光顾该餐馆,以致很多对莎剧特别是对其演员感兴趣的人也纷纷前来光顾,从而使该餐馆在当地很有一些名气。同样,有些饭店因被某些著名的运动队视为"福地"而经常光顾,因而在定位上也受益匪浅。一些可以起消费示范作用的社会阶层、名流(如影视明星、体育明星、社会名人)被邀请到某旅游地或游览观光、或休闲度假,都能为旅游市场定位战略的实施起到促进作用。

#### 5. 根据产品的类别进行定位

即企业按目标顾客所追求的主要利益,通过变换其产品类别的归属去进行市场定位。工业企业中有许多运用这种方法进行定位的成功案例。例如,西方国家中的一些酿造厂商所生产的本来是酒精含量较低的啤酒类产品,但是它们不是将其产品定位于啤酒,而是定位于软饮料产品。通过这样定位,可以使其产品吸引完全不同于啤酒饮用者的消费者市场,从而使其产品的市场规模得以有效地扩大。同理,有些温泉度假饭店可不必将自己定位为饭店,而是定位于温泉疗养中心之类的场所;又如某度假村定位为"情侣之家"或"儿童乐园"。通过诸如此类的做法,企业可扩大或控制自己的目标市场范围。

#### 6. 借助竞争者进行定位

即企业通过将自己同市场声望较高的某一同行企业进行比较,借助竞争者的知名度来实现自己的形象定位。其通常做法是,通过推出比较性广告,说明(诉求)自己产品与竞争者产品在某一或某些性能特点等方面的相同甚至优异之处,从而达到引起消费者注意并在其心目中形成印象、树立形象的目的。如牙买加的旅游形象定位表述为"加勒比海中的夏威夷",从而使牙买加从加勒比海众多海滨旅游地中脱颖而出,又如中国苏州定位是"东方威尼斯"。

值得注意的是,这种定位方法不利于创造自己的名牌,只适用于开拓某些新市场的初期。当在该市场有了一定知名度后,应以塑造自己的品牌形象为核心,根据自身主要特色重新定位。如苏州重新定位为"中国古都水城,世界园林精华"。同样,如果某一旅游地或旅游企业是市场主导者,则应采取"领先定位"法,或称"垄断定位"法,强调唯一性或领先性的市场定位,如泰山——"五岳之首",桂林——"桂林山水甲天下"。

### ◆ 案例驿站 5.7

#### 山东省及其 17 地市旅游形象定位

山东省高度概括本身资源优势、文化优势、服务优势、市场需求趋势,确定了"文化圣地、度假天堂"的旅游形象定位和"好客山东"的旅游品牌形象标识。

山东旅游曾先后出现过"一山一水一圣人"、"走进孔子,扬帆青岛"等多种不同的形象定位。这些定位大都是对"物"的定位,没有深入到旅游文化的深层次中。"好客山东"旅游品牌形象以人为本,抓住了山东旅游文化的核心,标志着对旅游产业规律的认识又上升到一个新的层次。

山东未来的区域旅游整合发展应体现统一的旅游品牌形象。各地市、重点景区都要结合区域和景区文化地域特色,梳理、概括当地的文脉、地脉,提炼出与全省整体旅游形象诉求相一致且反映自身特色的旅游形象,形成省市一体化的"好客山东"旅游品牌体系。目前,山东17地市都凝练、推出了各自的旅游形象定位。

| 地市 | 旅游形象定位 |
| --- | --- |
| 济南 | 老济南,新泉城 |
| 青岛 | 海上都市,欧亚风情 |
| 烟台 | 人间仙境,梦幻烟台 |
| 威海 | 拥抱碧海蓝天,体验渔家风情 |
| 日照 | 阳光海岸,生态日照 |
| 泰安 | 中华泰山,天下泰安 |
| 济宁 | 孔孟之乡,运河之都 |
| 临沂 | 灵秀山水,亲情沂蒙 |
| 枣庄 | 千年古檀,冠世榴园,生态之乡 |
| 菏泽 | 中国平原林城,中华牡丹之乡 |
| 聊城 | 江北水城,运河古都 |
| 德州 | 大德之地,休闲之城 |
| 淄博 | 齐国故都,聊斋故里,足球故乡,陶瓷名城 |
| 潍坊 | 放飞梦想,逍遥潍坊 |
| 莱芜 | 休闲度假胜地,山水生态乐园 |
| 东营 | 齐鲁神韵,豪情山水,黄河与大海相约的地方 |
| 滨州 | 四环五海,生态滨州,孙子故里 |

案例来源:根据山东省及各地市旅游网站资料整理。

## 六、旅游地形象识别系统

旅游地形象识别系统(Tourism Destination Identity System,TDIS)源于企业形象识别系统(Corporate Identity System,CIS),是旅游市场定位与旅游地形象塑造的重要手段与方法,一般来说,包括理念识别系统(Mind Identity System,MIS)、行为识别系统(Behavior Identity System,BIS)、视觉识别系统(Visual Identity System,VIS)和其他识别系

统。其中理念识别为灵魂核心,行为识别、视觉识别和其他识别系统传播扩散,它们相互作用形成一个密不可分的整体。

1. 旅游形象理念识别系统

理念识别系统是指旅游地及其企业的经营宗旨、经营方针和价值观,表现了一个旅游地独特的文化、个性、精神面貌、伦理道德水平、宣传口号、发展目标等,是 TDIS 设计的灵魂,也是 TDIS 设计的基础,它一旦被公众所接受,既能对内部公众产生巨大的凝聚力,又能对外部公众产生巨大的吸引力,从而集聚旅游地内外的各种力量,保持旅游地良好形象,实现持续发展。

在理念识别系统中,应对旅游地与旅游企业进行形象定位,即进行旅游形象创意策划,将旅游地与旅游企业的形象用富有个性的、准确的、鲜明生动的语言表达出来,如"夏威夷是微笑的群岛,这里阳光灿烂";"香港——乐在此,爱在此"。

### ◆案例驿站 5.8

#### 沂蒙竹乡泉上古村

竹泉旅游区位于山东省沂南县竹泉村,旅游资源的最大特色是"优美的自然环境和古朴的人居村落"的有机结合,其资源品位之高在中国北方堪称少见,展现出一种令人震撼的独有魅力。在综合分析竹泉旅游区的自然、人文、地域、空间等各方面因素基础上,将其旅游形象定位为"沂蒙竹乡、泉上古村"。

竹泉村自然旅游资源的代表即"竹"和"泉",千百年来翠竹盈村,清泉长流。若仅仅是有竹、有泉,这样的资源条件却也并不能称得上是高度稀缺,有些景区也具备这样的资源条件,竹泉村的珍贵之处还在于其村落格局,在于其自然与人居的结合,这构成了竹泉旅游区独特的景观格局,这样的资源是高度稀缺的,因此,从自身资源条件方面来分析,"竹"、"泉"、"村"三个词代表了旅游区最突出的特色。

从地域特色角度分析,竹泉村位于临沂境内,"沂蒙"二字最恰当的概括了其民风、民俗,强调了旅游区的人文特色。从村落格局来说,"泉上"二字恰当地体现了"泉"与"村"之间的关系,反映了旅游区依水理村、村泉相依的空间布局特色和独特意境。"乡"字映出了"竹"之盛,"古"字则一语双关地道出了竹泉村的历史和旅游区的风格。

案例来源:山东省旅游规划设计研究院,沂南县竹泉旅游区控制性详细规划,2007.

## 2. 旅游形象行为识别系统

行为识别系统是旅游地为体现 MIS 的精神而设计的一整套全面、具体、系统的集体行为活动准则，是理念识别的具体化和可操作化，主要表现在旅游地的政府行为、民众行为和企业行为三方面。政府行为体现在政府的各种旅游管理与公关活动中；民众行为主要体现为当地居民形象，反映在居民的言谈举止、精神风貌、整体素质及热情好客程度等方面；企业行为主要表现在对内的员工管理、对旅游者的服务和对外的社会公益行为三个方面。政府的优质、高效管理，居民的良好精神风貌，企业的标准化、细微化、个性化服务是旅游地行为形象的核心。

## 3. 旅游形象视觉识别系统

视觉形象识别系统是旅游地在 MIS 和 BIS 的基础上，所设计的向社会公众传达的全部视觉形象的总和，以突出旅游地整体形象的特色与个性，使广大消费者在众多同类旅游地及其产品中，一眼就能识别出来。人类获得的外部信息中有70%以上通过视觉获得，视觉形象是旅游者能够最直观感受到的信息，其传播途径最为广泛，内容灵活多样。视觉形象设计具体表现为对旅游地一切可视资源的系统化、规范化、符号化，其作用不仅限于传递各种信息，更应成为旅游地景观的组成部分，起到对旅游地景观进一步美化和强化的作用。在类型和风格类似的两个旅游地之间，依靠视觉设计形成差异化，在竞争中占据优势地位更显重要，实际是向旅游者提供了更丰富的附加价值。视觉形象设计的内容，主要包括旅游地名称、标徽、标准字体、标准色、象征性吉祥物、形象人物、户外广告、旅游纪念品、旅游交通、人的视觉形象及企业的视觉形象等。

## 4. 旅游形象其他识别系统

旅游地形象识别还包括听觉识别、味觉识别和意觉识别等。

听觉识别的常用手法就是"让旅游插上歌声的翅膀"。由日本著名歌星演唱的《无锡旅情》，让日本人按歌索景成群结队的来到无锡，就是一个成功的例子。随着旅游业的发展，旅游歌曲形象传播的作用逐渐显露出其市场价值。值得注意的是旅游歌曲必须情景交融，要把一定的理想、追求，或者是一种思想、情绪，结合在景观之中，才能激发出消费者的旅游欲望。

味觉识别主要是就旅游六要素中的"食"加以品牌化的包装，使之具有旅游地所独有的特色。味觉化包装在特定环境下可以构成影响旅游者购买决策的重要因素之一。

意觉识别是对旅游地及旅游产品进行情境化、体验式的包装，可通过营造一种环境、设计一种场景、完成一个过程等来实现，强调互动性、参与性与融入性，为旅游者建立一种个性化、值得记忆的联系,使旅游产品与旅游者之间建立起更加亲密的关系,并充分互动活化起来,实现一种精神层面的情感诉求与亲和。

◆ 本节相关知识链接

1. http://www.sdta.gov.cn/
2. http://www.plansky.net/
3. http://www.aatrip.com/

◆ 本章试题与知识训练

一、填空题

1. 旅游市场定位的核心内容是努力实现_____差异化与_____差异化,以强化和巩固旅游地与旅游企业在旅游者心目中的地位。

2. 旅游市场定位需遵循的原则有重要性、_____、_____、_____、_____和_____。

3. 关于旅游定位的工作程序及其内容,美国的一些旅游营销学者曾提出过一种"5Ds"模型,即:_____、_____、_____、_____和_____。

4. 旅游形象行为识别系统是旅游地为体现 MIS 的精神而设计的一整套全面、具体、系统的集体行为活动准则,是理念识别的具体化和可操作化,主要表现在旅游地的_____行为、_____行为和_____行为三方面。

二、判断题

1. 市场定位的实质就是差异化。(    )

2. 不管企业是否意识到市场定位问题,消费者都会在内心按自己认为重要的产品属性将市场上他们所知的产品进行排序。(    )

3. 旅游市场定位实际上是一种理念的表达,是旅游者理念的感知和凝固,这种感知定位是区域旅游组织和企业能够控制的。(    )

4. 某一旅游目的地的一家旅行社定位为"探险者之友",属于旅游市场定位层次中的单一产品定位。(    )

三、名词解释

1. 市场定位
2. 旅游市场定位

3.旅游形象视觉识别系统

### 四、简答题

1.简析旅游市场定位程序。

2.旅游市场定位的方法主要有哪些?

## 本章小结

**1.本章结语**

旅游市场细分、旅游目标市场选择与旅游市场定位三者之间有着密切的关系。旅游市场细分是旅游目标市场选择与旅游市场定位的前提和基础,旅游目标市场选择与旅游市场定位是旅游市场细分的深化和归宿。此三者与旅游市场调研共同构成一个旅游营销战略体系。

旅游市场细分是指旅游企业根据消费者之间旅游需求的差异性,把一个整体旅游市场划分为若干个消费者群体的活动过程。旅游市场细分应遵循可衡量性、可盈利性、可进入性和稳定性原则。旅游市场细分的程序包括界定需要细分的产品市场范围、列举潜在顾客的基本需求、分析潜在顾客的不同需求并初步细分市场、评价和检查初步细分结果、划分相应的市场群、进一步分析各细分市场的需求特点、评估各细分市场七个步骤。旅游市场细分的依据是旅游需求的差异性,因此,导致旅游需求出现差异的那些因素,就可以成为旅游市场细分的标准。概括起来说,地理因素、人口统计因素、心理因素和行为因素是旅游市场细分的主要标准。

旅游目标市场是指旅游企业准备用自己的产品来满足的特定的消费者组群。在选择旅游目标市场时,应对各细分市场的销售规模、盈利能力、需求的季节变化模式等进行评估,还要对企业生产经营能力、对竞争对手进行评估。旅游目标市场策略主要包涉无差异楔、差异性和集中性目标市场策略。影响旅游目标市场策略选择的因素主要有企业资源、市场同质性、产品同质性、产品生命周期、竞争对手的数量、竞争对手的策略以及市场供求关系等。

企业在选定旅游目标市场后,还必须进行市场定位,才能制定出针对性强的旅游市场营销组合。旅游市场定位应遵循重要性、独特性、可沟通性、优越性、可支付性和可获利性等原则。旅游市场定位的程序包括确定定位层次、识别关键属性、绘制定位图、评估定位选择和实施定位等步骤。旅游市场定位的方法主要有根据产品特色进行定位、根据质量—价格之间的联系进行定位、根据产品的用途进行定位、根据产品使用者进行定位、根据产品的类别进行定位和借助竞争者进行定位等。旅游地形象识别系统源于企业形象识别系统,是旅游市场定位与旅游地形象塑造的重要手段与方法。

**2. 本章知识结构图**

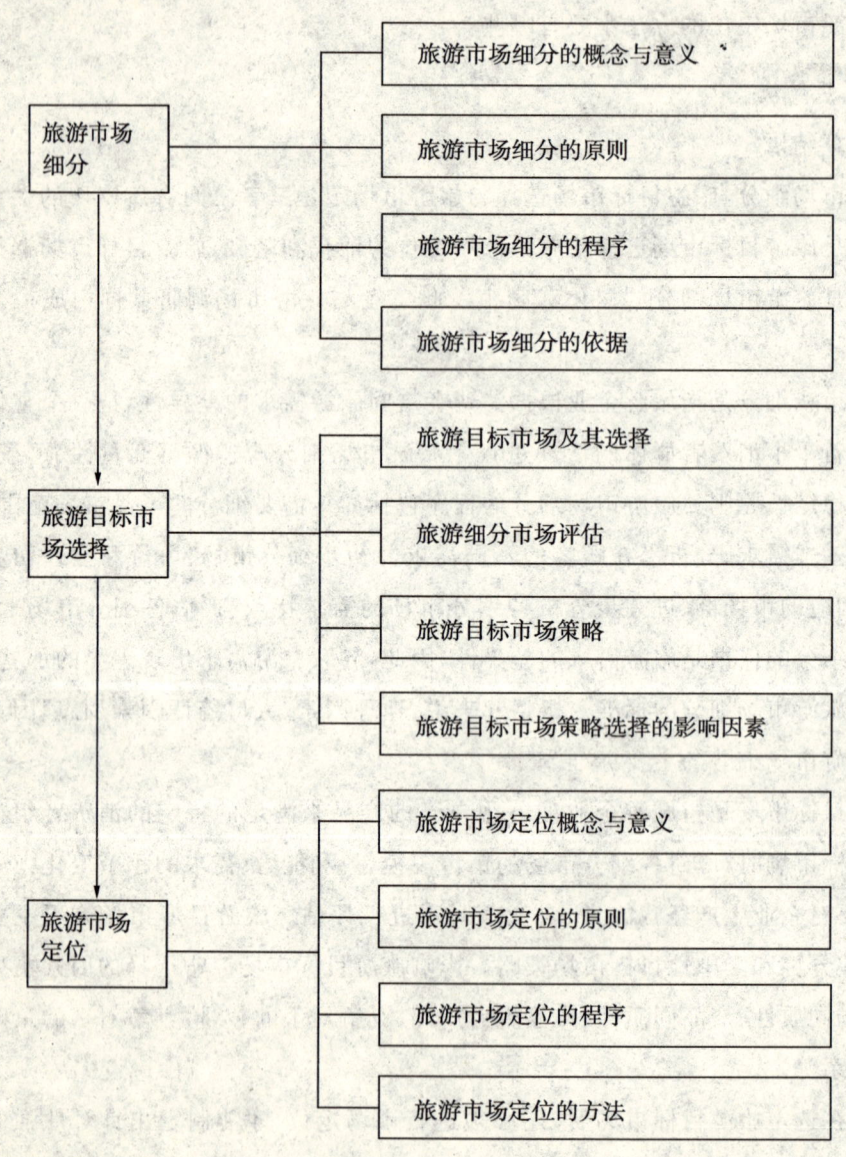

**3. 本章核心概念**

旅游市场细分　旅游市场细分依据　旅游目标市场　旅游目标市场策略　旅游市场定位　旅游市场定位方法

◆ 实训练习

以小组的形式进行调研并讨论,做一份某旅游目的地或旅游企业市场定位的研究报告。

◆ 延伸阅读

### 论区域旅游发展中非优旅游区目标市场的选择

随着我国各地"旅游支柱产业热"的兴起,旅游景区数量上有了明显的突破,但旅游经济未必在每一个旅游开发地区都得到较好的发展。对于一些旅游优越区,因拥有一个或几个全国高知名度的旅游资源,形成了相对稳定的客源市场,特别是在旅游旺季时呈现出人满为患的现象。而对于一些非优旅游区,尽管具有丰富的旅游资源,也开发了较多的旅游景点,但由于景区间竞争激烈和其他多种原因,旅游区的游客规模随机性很大,旅游经济贡献尚不尽如人意。本文拟对非优旅游区的目标市场选择进行初步探讨,以期提高非优旅游区营销能力和竞争能力。

1. 根据本地资源实际,应把本地市场和高频游市场作为核心市场

非优旅游区的旅游资源吸引力客观上存在一些不利要素,游客吸引范围和层次不可能很大。但随着各地经济发展和人们生活水平的提高,旅游者出游次数的不断增多,旅游者不可能重复多次地去那些优秀级旅游区,尤其对于高频游市场,也就是说,本地和周边省区的高频游市场应该是非优旅游区最佳的目标市场。由于我国实行双休日制度,二日游市场规模较大,且极有可能发展为高频游市场,应引起非优旅游区的重视。

2. 按游客行为规律,选择与本地环境差异较大的客源市场作为重点目标市场

按照游客行为规律,旅游者追求旅游最大效益原则,即人们在作旅游决策时倾向于追求在资金和闲暇时间限制下的最大旅游体验。最大旅游体验很大程度上就是为了追求新、奇、特的旅游体验与审美,而这一切以客源地与目的地间地理环境的差异性和丰富性为前提。地理环境的差异性和丰富性与人类各自居住环境的局限性和单调性构成的矛盾,激发了人们外出旅游的好奇心。如果不考虑距离阻力,地理环境特征差异性越大,彼此间吸引力越大。如高、低纬度间,内陆与沿海间,城市与乡村间都具有较大的环境差异吸引力。由于旅游资源具有地域性的特点,具有环境差异性的地区,旅游资源往往也具有较大差异。因此,非优旅游区目标市场应该选择在与非优旅游区环境差异较大的地区,当然,更为理想的是选择在近距离而又环境差异较大的客源市场。

3. 认清旅游需求发展趋势,重视参与型、体验型旅游市场

随着世界旅游业持续快速地发展,旅游需求正在出现新的趋势。康身健体旅游成为

一种时尚,生态旅游度假将逐渐成为未来旅游的热点,文化旅游需求越来越旺盛,休闲观光度假旅游不断升温。参与型旅游是康体旅游、文化旅游、休闲旅游的重要体现,又受自然条件和人文条件的限制和约束最小,对旅游资源等级要求相对较低,因此非优旅游区应重视参与型旅游市场。同时,要看到体验经济时代已经到来,很多人追求体验式生活,城市人希望体验农村生活,东部人希望体验西部生活,而体验型旅游市场不要求高等级旅游资源作为依托,只要求体验对象的旅游目的地与旅游者日常生活具有一定的差异性,差异性越大,越能够激发旅游者的体验旅游愿望。只有认清上述旅游市场发展动态,才能具有发展的、远见的眼光来进行目标市场选择。

资料来源:李跃军.论区域旅游发展中非优旅游区目标市场的选择[J].台州学院学报,2005(1).

**分析思考题:**结合本文思路,旅游目的地如何深化旅游市场细分,选准旅游目标市场,以适应旅游需求的日益个性化、差异化?

第 六 章

# 旅游营销战略和营销组合策略

## 学习目标

**知识要点**：了解市场营销观念转变与整合营销传播理论核心思想、旅游市场营销组合因素、特征；理解旅游营销战略和营销组合策略的含义；掌握旅游市场营销战略和旅游市场竞争战略以及旅游目的地整合营销内容。

**技能训练**：分析某一旅游企业的经营状况，为其制定旅游市场营销组合策略。

**能力拓展**：应用所学理论，以小组形式开展旅游市场调研，分析某一旅游企业所处的竞争环境和所采取的市场营销战略，并提出建设性意见和措施，帮助企业完善、修正或制定其市场营销战略。

## 引 例

### 环球泛太平洋饭店的营销战略

环球泛太平洋饭店集团建于 1993 年，位于泰国曼谷商业旅游地区之一的中心地带。它将自己定位于一家提供四星级以上住宿、五星级服务的宾馆。饭店主要迎合两种类型截然不同的消费者：国际商务人员和寻欢作乐的游客。该饭店约 60% 的年利润来自客房服务以及如洗衣、商务服务等相关项目。其余的 40% 则来源于酒水饮料、食品等服务项目。客房服务项目的综合销售比率如下：商务客人：55%～60%；游客及广告会议：25%～30%；航空公司员工：15%。

环球泛太平洋饭店一直致力于吸引商务旅客的入住率，因为这一类型消费群体的利润产出要高于其他类型的消费群体。

休闲旅游类房客可分为两大类：单身游客和团体游客。由于饭店周边各类饭馆、饮食店星罗棋布，他们使用饭店内设餐厅在中午和晚间用餐的可能性比商务旅客要小得多。这一状况迫使该饭店必须注意吸引曼谷地区当地居民来饭店用餐。

日本商务游客类旅游者占环球泛太平洋饭店经营业务项目中一个不小的份额，日本游客占该饭店经营利润额的30%，旅游住客服务利润额的40%左右。

对于各个饭店来说，争取航空公司机组人员的订房合同具有极大的竞争性。这些订房合同有助于各家饭店实现自己的上房率指标。

在开发一种确保充分发挥饭店在区域市场中作用的市场营销战略计划时，销售与营销部经理卡林汗先生发现，实现饭店更高上房率和客房平均利润率的目标可以有多个市场营销创新选择方案。

首先，可以考虑组织、运用下属营销人员在饭店所在区域市场中实行闪电式大规模促销活动，提高人们对环球泛太平洋饭店价值的认同以及饭店服务项目的知名度。

其次，必须考虑让饭店营销人员在曼谷地区周边两个较大的卫星城市去开发新的商务客源。这两个卫星城市分别位于该饭店以东20千米处和30千米处，是几个新近获得较大发展的实业集团公司总部所在地，还有规模不小的外贸开发特区。这两个新兴城市目前缺乏四星级以上的饭店。

第三，将饭店客源新目标对准旅游业中的经纪人，特别是当地的旅游经纪人。他们控制着当地一些相关旅游市场，也以自己的信誉对外提供海外旅游导游担保。与这些旅游经纪人保护良好的关系，休闲娱乐业的现状将会得到根本性的改善。

环球泛太平洋饭店目前面临一家航空公司可能停止续签订房合同的威胁，被迫与其他航空公司加强联系，以便在该航空公司不续订房协议时，保证饭店的上房率不受大的影响。

此外，环球泛太平洋饭店还存在其他选择方案。曼谷作为全球各国外交使馆最集中的地区之一，拥有约50多个国家的驻泰使馆和领事馆，其中一半左右距该饭店的路程在3千米以内。此外，曼谷作为泰国的首都，从各个省府来曼谷的各级政府官员络绎不绝。而且国家政府机关在萨丽凯特女王会议中心召开的各种会议数量也很多。

环球泛太平洋饭店周边有众多的饭店，形成了激烈的市场竞争环境。但饭店前三年的经营可以说是业绩辉煌，十分成功。卡林汗先生在对饭店区域市场将存在更为激烈的竞争有了充分的了解后，目前必须决定如何通过营销创新推动环球泛太平洋饭店的继续成功。

**案例引发的问题**：请根据环球泛太平洋饭店的现状和营销机遇，分析卡林汗先生提出的营销举措，并为该饭店设计几项旅游营销创新策略。

案例来源：http://classroom.dufe.edu.cn/jp/C385/zccs.htm

## 第一节　旅游营销战略

市场营销战略起源于早期的西方管理理论。20世纪60年代以后,市场竞争日趋激烈,市场环境发生了巨大的变化,而社会、经济、政治和技术等环境因素变得越来越复杂和难以预测,这使得人们更加意识到营销战略对企业成功的重要意义。

旅游营销战略是指在市场调查研究和预测的基础上,根据市场环境并结合自身能力,对旅游企业发展方向和长远目标所做的全局性的安排。

旅游企业的生存和发展依赖于旅游市场。如何不断地拓展旅游市场是旅游市场营销活动必须制定的战略之一。从产品—市场组合角度出发,旅游市场营销战略大致可归纳为集中化发展战略、一体化发展战略和多元化发展战略三种。如图6.1所示。

|  | 现有产品 | 新产品 |
|---|---|---|
| 新市场 | 市场开发战略 | 多元化发展战略 |
| 现有市场 | 市场渗透战略 | 新产品开发战略 |

图6.1　旅游市场营销战略中"产品—市场"互动关系

### 一、集中化发展战略

集中化发展战略也叫密集性增长战略,属于企业内部发展战略,即企业在原经营领域内集中力量挖掘市场潜力,改进产品和服务,扩展市场,也就是说它是以现有旅游产品或者现有旅游目标市场为基础去扩大旅游市场的一种战略。这种战略主要有市场渗透、市场开发和产品开发三种形式。

#### (一)旅游市场渗透

即以现有旅游产品通过促销活动等手段在现有市场增加销售,其主要目的是扩大现有市场占有率。具体途径有:努力增加目标顾客的数量,将潜在顾客转变为现实顾客;采用鼓励策略增加现有顾客的消费次数;增加营业网点,方便顾客购买;提高和完善服务质量,争取新顾客。

#### (二)旅游市场开发

即以现有旅游产品去开发新的市场来增加销售,其主要目的是增加新的市场份额,扩大旅游产品销售领域。主要途径是选择新的区域市场,开发现有旅游产品的新客户;

挖掘现有旅游产品的新功能去争取新顾客；调整销售渠道，扩大促销范围，拓展目标市场。

### （三）旅游产品开发

即通过对旅游产品的更新改造，去巩固原有市场份额，进而提高市场占有率，这是旅游企业常用的方法。采用这种方法，旅游企业可以充分利用原有市场资源，降低市场开发成本，容易被目标顾客接受。产品开发的途径有旅游产品升级（提高产品规格、深化服务内涵）、开发旅游新产品和旅游产品延伸开发（在现有产品的基础上增加新品种）。

## 二、一体化发展战略

一体化发展战略不是要建立全新的经营体系，而是在原有产品的基础上进行业务拓展，即以原有旅游产品为中心向上、下游产品和平行产品延展。它可以加强旅游企业对市场的控制力，节省产品与市场开发费用，提高经济效益，增加盈利空间。其具体方式包括后向一体化、前向一体化和横向一体化。

### （一）后向一体化战略

即旅游企业通过收购、合并、参股、联营等市场运作手段向旅游产品组成的资源供应体系发展业务。例如，旅行社向旅游交通领域拓展客运业务，或者投资景区、景点企业建设，参股经营。

### （二）前向一体化战略

即旅游企业面向市场即产品销售体系发展业务。如景区和酒店企业创办旅游中介企业，发展旅行社业务。

### （三）横向一体化战略

即旅游企业发展所从事的同类旅游项目业务。如饭店通过收购、租赁、承包、投资、合营、授权等手段在不同区域开展连锁经营，又如迪斯尼在其他国家建迪斯尼乐园等。

## 三、多元化发展战略

多元化发展战略与一体化增长战略不同，它是以企业拥有的技术、管理、人力、财力、市场等资源为基础进行市场拓展，而一体化是以产品的供应与销售，即产品运动过程为主线拓展市场。多元化就是打破行业界限，新增与现有业务有一定联系或者毫无联系的业务，进入新的经营领域，实行跨行业经营。当企业所属行业发展潜力有限，而其他行业有很好的发展机会时，可采用这种战略。多元化发展战略有三种形式：同心多元化、横向多元化和混合多元化。

### (一)同心多元化

旅游企业利用拥有的技术、管理、人力、财力等富余资源来开展与本行业关系密切的新业务。如:酒店利用出色的管理优势组建酒店管理公司和物业管理公司,输出技术、管理及人力资源,利用富余的技术和人力对外开展维修业务;旅行社开展客运票务业务等。

### (二)横向多元化

旅游企业根据顾客多方位的需求,以现有市场为平台展开多种服务,开发与企业现有产品在技术和性质上不同的新产品。例如,景区企业对游客开展医疗服务、影像服务和旅游用品租赁服务等;饭店、旅游交通企业开展食住行一条龙服务。

### (三)混合多元化

旅游企业利用雄厚的资本开展全新领域的多元化经营(也叫非相关多元化经营)。这种战略模式追逐的是有吸引力的市场前景、财务收益和风险的分散,带来的负面影响是企业有效资源分散,不能发挥资源合力的乘数效应。

## 四、旅游市场竞争战略

竞争战略的一个中心问题是企业在其产业中的相对地位。地位决定了企业的盈利能力是高于还是低于产业中的平均水平。一个地位选择得当的企业即使在产业结构不利、产业的平均盈利能力水平不高的情况下,也可以获得较高的收益率。

不同旅游企业的实力有强有弱,在整个旅游市场中,客观上处于不同的地位。一般把企业在市场中所处的地位分为4个层次,即市场领导者、市场挑战者、市场跟随者和市场补缺者。地位不同的旅游企业所采用的市场竞争战略也有所不同。

### (一)旅游市场领导者战略

占据市场统治或支配地位的企业称作市场领导者。它采用的竞争战略是突出企业强大的实力和独有的产品特色,制定高人一筹的营销战略,其侧重点有三个。

1. 尽量扩大市场总需求

主要从市场拓展和产品升级、更新方面吸引新顾客,努力增加老顾客的购买频度。通常采取的措施有:强调行业领头形象与强大的广告宣传;尽一切办法抢占并扩大市场,强化营销通路;强调"我就是市场所求"的营销诉求;率先降价;整合市场竞争态势。

2. 维持现有市场份额

维持现有市场份额是这类企业的营销底线。这类旅游企业通常采用以下6种防御措施:(1)阵地防御(Position Defense):竞争对手在哪里挑战就在哪里与之对阵,打阵地战,进行保守防御,目的是维护市场份额;(2)侧翼防御(Flanking Defense):注意自己的弱势方面,及时弥补自己的不足与失误;(3)先发防御(Preemptive Defense):先下手为强,一开始就针对竞争对手,从旅游产品、宣传、营业推广手段等几个方面将其全面覆盖起来,不让其有露头机会,把竞争对手"扼杀"于摇篮之中;(4)反攻防御(Counter Offensive Defense):以攻为守,杀入竞争对手"阵营",与之唱对台戏,搅乱其营销计划;(5)运动防御(Mobile Defense):做到"人无我有,人有我优,人优我廉,人廉我转",加强服务质量管理和成本控制,加快旅游产品的升级,注重旅游产品创新,不断领导旅游时尚,在运动中拖垮竞争对手;(6)收缩防御(Contraction Defense):当企业遇到强劲对手,自己实力不济、竞争力不从心时,就要收缩营销战线,以保存有生力量,准备以后瞅准时机再战。

### 3. 进一步扩大市场份额

当旅游市场份额分散、领导者企业的市场份额达不到垄断时,就要采取一切办法扩大市场份额,以确保企业的市场主导者地位。

◆**案例驿站 6.1**

**中国国旅和美国运通联合成立"国旅运通"**

美国运通和中国国际旅行社的合资企业——国旅运通在上海的成立,标志着国旅运通全面进军日益重要的上海市场,这是国旅运通在中国设立的第二家商务旅行管理公司。据估计,中国每年的旅行及餐饮支出高达 100 亿美元,其中 40~50 亿美元为商务旅行支出。同其他市场相比,中国商务旅行市场的发展潜力惊人,规模已达法国、德国等欧洲主要国家的水平。

作为全球最大的旅游管理公司,全球财富 500 强中的 70%企业都是美国运通的客户,国旅运通作为中国商务旅游市场的领导者,是中国商务旅行服务的首创企业,迅猛发展的中国市场及其增长潜力使中国业务成为美国运通公司的重中之重,国旅运通经融入美国的运通客户系统、供应商系统以及信息网络系统,使合资公司的技术水平、管理水平与美国运通全球标准接轨,从而为各地的客户提供全方位、高质量、一站式服务。

中国国旅总裁曾表示,作为中国知名的国际旅行社,国旅希望为中国人带来旅行的概念,而不仅仅停留在旅游的层面上,随着跨国公司越来越多地涌入中国市场,如何为跨国公司提供商务旅行服务成为新的旅游需求。美国运通是全球商务旅行服务市场的领导者,中国国旅通过与美国运通全面战略合作,为中国的跨国公司提供商务旅行服务,适应了跨国公司在中国经营活动的市场需求,商务旅行服务日益成为完善中国投资环境的一个有机部分。

中国国旅总裁在评价合作伙伴时深有感触地说:"比建立合资企业更重要的是,美国运通带来了全新的经营理念,它进入中国并不是去争抢竞争激烈的旅游市场和票务市场,而是看准了尚未全面开拓的中国商务旅行市场,通过与美国伙伴的合作,我们获得了两个方面的收获:一是经营理念的革新,即当今的社会需要这样一个公司,它能够为集团客户提供差旅管理,通过设计、分析、策划,达到省钱而有效的目的;二是运通之所以有能力为全球庞大的市场包括中国市场提供全方位、高质量、一站式服务,是因为支撑这种管理服务的是严谨科学的数据管理和分析,是高科技助其成功的"。他还表示,跨国公司和国内企业客户得益于这项发展计划,享受国旅运通在全国各地提供的统一水准的优质服务,美国运通的专业知识和国旅在中国市场的占有率,将使国旅运通成为商务旅行市场上的双赢组合。

案例来源:樊雅琴主编.旅游市场营销[M],北京:中国发展出版社,2009.

### (二)旅游市场挑战者战略

实力较强而又非第一的旅游企业被称为市场挑战者。市场挑战者企业要从别的企业手中抢夺市场,敢与市场主导者"叫板",一争高低。它采用的是针锋相对的迎头定位战略,其营销战略的步骤和策略如下。

1.选择进攻对象

进攻市场领导者。当企业实力达到一定程度、与市场领导企业不分伯仲时,往往把市场领导企业作为挑战对象。

进攻实力与己相当的企业。当旅游企业达不到与市场主导企业挑战的实力,但又比较有竞争能力时,就会挑选实力与本企业相当的竞争对手为进攻对象。但这样的旅游企业要注意市场主导企业的态度,以防"螳螂捕蝉,黄雀在后"。

攻击弱小企业。当企业实力虽到一定程度但还不足以与比较强的企业挑战时,就会先采取"拣软柿子捏"的策略。他们会先攻击、收编弱小企业,以壮大自己的实力,增加自己的市场份额,提升自己的市场地位,然后再作别的打算。

2.进攻策略

正面进攻。当企业实力已超过对手时,就可以针锋相对地与竞争对手直接对抗,进行正面抗争。

侧翼进攻。攻击竞争对手的薄弱环节。

围堵进攻。当市场挑战者旅游企业在局部市场的营销能力优于竞争对手时,会采用追击堵截策略,彻底将竞争对手逐出市场。

迂回进攻。当市场挑战者推出的旅游产品与竞争对手雷同,且弱于对方时,可针对目标顾客群的其他需要,推出新的旅游产品或改造旅游产品,通过满足这些需求来吸引顾客,把市场夺过来。

游击进攻。以降价或其他促销手段在市场主力顾及不到的地方争夺顾客,当主力意识到并反击时则主动放弃,另辟蹊径,采取"打得赢就打,打不赢就走"的策略。

◆案例驿站6.2

### 黑龙江冰雪旅游的挑战者

一说起冰雪旅游,人们就会认为这是黑龙江的地理优势,纬度高,冬季寒冷,有冰雪资源。其实,凡事有其利,也有其弊。应该看到,黑龙江的地域劣势所带来的负面效应也是很大的。

由于黑龙江地处中国最北方,给旅游者的交通带来诸多不便,从东南亚和我国港、澳、台或南方各省来黑龙江的旅游者,都要付出很大的时间成本和货币成本。因此,从南到北每一处新型的冰雪旅游景点都会截留来黑龙江的客源。

首先,吉林省已成为黑龙江省强劲的对手,吉林省地域条件优于黑龙江省,南方各省飞往长春的机票价格都低于哈尔滨的价格,长春市还借承办2007年亚冬会的机会,提出了建设中国冰雪旅游名城的目标,这对哈尔滨的冰雪旅游是一个极大的威胁。

其次,2003年春节期间,北京周边滑雪城游客天天爆满,大众滑雪旅游的热潮在北京形成。北京和黑龙江相比,具有更多的地域优势,地域经济发达,人均GDP高,有钱的人多,地域文化先进,人的素质高,时尚的人多,中外合作广泛,国际化水平高,外国人多,纬度低,气候适宜大众滑雪等等。

另外,韩国、日本也是黑龙江冰雪旅游的挑战者。由于国际航班价格策略灵活,从广州到日本和韩国的机票价格也低于到哈尔滨的价格,从广州到韩国滑雪旅游地只要3 600元,而从广州到哈尔滨冰雪旅游地要5 000元。花钱便宜又可以领略异国风情,当然具有更大的吸引力。2003年雪季,来黑龙江滑雪的客流比2 002年减少了15%～20%。地域劣势所带来的问题如果不能很好的解决,将给黑龙江的冰雪旅游带来不小的负面影响。

案例来源:樊雅琴主编.旅游市场营销[M].北京:中国发展出版社,2009.

## (三)旅游市场跟随者战略

市场跟随者不是要取代市场主力,而是跟随市场主导企业一同进入目标市场,推出同样或类似的旅游产品,尽量与其"和平共处",达到共荣共生的目的。这是一种避实就虚的跟进定位战略,是一种寄生策略。其战略要点如下。

谨防跟随对象打击。市场跟随者往往是跟随对象打击的目标,所以在模仿时要注意法律法规问题,打好"擦边球"。

保持和扩大自己优势。除借用模仿以求低成本进入市场外,还要有自己独特的产品特点以招徕顾客,并注意保持和逐步扩大优势。

灵活运用跟随策略。可选择的跟随策略有:①紧密跟随,推出的旅游产品和服务亦步亦趋模仿跟进;②距离跟随,推出的旅游产品和服务模仿程度在"像与不像"之间;③选择跟随,部分模仿,即选择创新成本大的部分进行模仿。

## (四)旅游市场补缺者战略

市场补缺者在西方被称为"Niche",意为"狭缝市场"经营者。它是专拣市场缝隙经营的"拾遗补缺"定位战略。市场补缺者将市场细分的程度比较深。它所瞄准的市场一般规模不大,大企业看不上眼,一般企业不愿意进入。实力较弱的企业或较大企业需进一步拓展业务时往往注意这一块市场。这样的市场虽然不大,但可"闹中取静",避开竞争,获取比较稳定的收入。

### ◆案例驿站 6.3

**更细化的专业化老年旅游产品开发**

有专家提供养生咨询,免费学习保健舞蹈和拳术,专职人员提供保健服务。针对越来越火的中老年旅游市场,重庆旅行社 2006 年推出了比普通夕阳红老年旅游产品更细化的专业化老年旅游市场。

推出该旅游产品的旅行社负责人介绍说,该专程旅游实行的是一种候鸟式生活方式,冬季可安排旅客到三亚、云南丽江等南方地区活动,夏季则安排其在北京、大连、青岛等北方地区旅游,老年游客在这些地区短则疗养数天,长可达一个月,这种旅游方式主要以健身、养生、养老为主题,如每天向游客提供专业营养师安排的膳食,入住地的游泳池、健身房、娱乐室等设施全部免费开放,同时配有设施完备的医疗中心,由全国知名医疗机构的专家定期提供保健、医疗及心理咨询服务。

案例来源:樊雅琴主编,旅游市场营销[M].北京:中国发展出版社,2009.

### ◆ 本节相关知识链接

1. http://classroom.dufe.edu.cn/jp/C385/zccs.htm
2. http://www.attrip.com

### ◆ 本章试题与知识训练

**一、填空题**

1. 集中化发展战略主要有_____、_____和_____三种形式。
2. 一体化发展战略具体方式包括_____、_____和_____三种方式。
3. 根据市场定位,旅游企业可供选择的竞争战略有_____、_____、_____和_____。

**二、名词解释**

1. 集中化发展战略　　2. 一体化发展战略　　3. 旅游市场竞争战略

**三、简答题**

占据市场统治或支配地位的企业称作市场领导者。它采用的竞争战略是突出企业强大的实力和独有的产品特色,制定高人一筹的营销战略,其侧重点有哪些?

## 第二节　旅游市场营销组合策略

### 一、旅游市场营销组合策略内涵

营销组合策略简称营销组合,是现代营销学理论一个重要的概念,1964年由美国哈佛大学的鲍敦教授首先提出,此后受到学术界和企业界的普遍重视和广泛运用。

企业可控制的营销因素是很多的,市场学有几种分类方法,其中E·J·麦卡锡分类法是常用的一种分类方法,它把各种营销因素归纳为四大类:产品(Product)、价格(Price)、渠道(Place)和促销(Promotion),因为这4个英文单词的第一个字母都是P,所以简称"4P"。所谓营销组合,也就是这四个"P"的适当组合与搭配,它体现着现代市场营销观念指导下的整体营销思想。以后,学术界不断地又提出了其他的一些因素。但是到目前为止,广为流传的仍然是4大类型的分法。

营销组合因素对企业来说都是"可控因素",企业可以根据目标市场的需要,灵活自主地决定对这些营销手段的运用和搭配。但企业决策还要受各种微观和宏观环境因素的影响和制约,这些是企业的"不可控因素"。营销管理者的任务就是适当安排营销组合,使之与不可控因素相适应,这是企业营销能否成功的关键。

旅游市场营销组合是指旅游企业在选定的旅游目标市场上,综合运用企业可以控制的各种因素(旅游产品、旅游价格、旅游分销、旅游促销等)并进行优化组合,满足旅游市场需求,以实现旅游企业的经营目标。

对旅游市场营销组合的概念,可以从以下几个方面来理解。

第一,旅游市场营销组合的实质是综合发挥旅游企业的整体优势,从多方面做到"适销对路",以满足旅游者的整体需求,从而提高企业经济效益和社会效益。

第二,旅游市场营销组合表现为在特定时期向特定旅游目标市场销售特定的旅游产品。

第三,旅游市场营销组合是旅游市场竞争策略的组合。

## 二、旅游市场营销组合因素

旅游企业在收集市场信息,细分市场,选择目标市场和市场定位以后,就要根据目标市场的需要、影响市场销售的不可控制的宏观因素以及本企业可以控制的一系列因素,制定企业的经营策略,确定最适合的经营方案,有效地利用人力、物力和财力资源,以便实现企业的预期目标。这时候,企业经营的成败,在很大程度上就取决于经营组合的选择和运用了。

旅游企业应当根据企业所处的环境和内部条件,使产品设计、定价策略、分销渠道和促销手段等相互配合起来,进行最佳的组合,使这些经营因素综合地对目标市场的潜在消费者发生作用。

市场经营因素多种多样,为了便于分析,市场学家提出了各种分类方法。在旅游市场研究中运用最广泛的分类法有麦卡锡分类法、考夫曼分类法、雷诺汉分类法等。这里,着重介绍这几种影响较大的观点。

### (一)麦卡锡分类法

市场学中应用最广泛的分类法,是麦卡锡提出的4P分类法。

1. 产品(Product)——确定适销对路的产品

企业必须设计和生产适应目标市场需要的产品,供消费者购买使用。这就要求企业研究:(1)如何选择最能适应目标市场需要的产品。(2)如何根据市场需求变化,增减产品的品种。(3)如何确定商品品牌。(4)如何组装产品。(5)如何确定产品的标准化和评定产品的等级。

2. 分销渠道(Place)——把适销产品送到目标市场

企业需要研究在何时、何地,由谁来向目标市场的消费者提供商品。有些商品的分销渠道相当复杂,也有些商品的分销渠道很简单。但大多数企业经理人员要研究批发、零售等方面的问题。

3. 价格(Price)——价格应公平合理,而且应对目标市场有吸附力

在制定价格时,企业管理人员应考虑目标市场中竞争状况,以及成本加成式等目前市场上的一般做法。此外,还要考虑到国家法律方面的规定。

4. 促进销售(Promotion)——使消费者了解商品,并向目标市场促销

企业营销人员要研究如何向目标市场提供信息,使消费者了解他们能在合适的地点,以合适的价格,购买到合适的商品。促进销售通常包括销售推广、公共关系、广告宣传、人员推销等。

### (二)考夫曼分类法

考夫曼是美国著名旅游市场学家,认为营销组合是旅游企业力图使用的几个变数的综合,能更好地满足顾客群不同的需要。对饭店来说,营销组合是指适当的设施、服务、地点,适量的促销,合理的价格等的综合。更具体地说包括下列 12 种因素:产品计划、定价、品牌、分销渠道、人员推销、广告、促销(如各种能增加企业利润的措施)、组合(指能建立旅馆形象的风格、设计、主题等)、陈列展示、服务、贮存、市场调查(指要了解市场、消费者、市场发展趋势等)。考夫曼在《旅游销售》一书中,又将上述 12 种组合因素概括为 6 个"P":

1. 人:指旅客或市场。企业通过市场调查确定本企业消费对象,再详尽了解他们的需求与愿望。

2. 产品:指企业向顾客提供的使其能完全满意的产品与服务。

3. 价格:指产品定价,一要符合顾客愿望,二要满足企业利润需要。

4. 促销:使顾客深信本企业产品是他们所需产品,促使他们增加购买。

5. 实施:指产品的传递,这是使顾客再次购买的方法,使在店旅客花费最大量金钱的方法,并使其离店后能为本企业作好的口头宣传的方法。

6. 组合:旅馆产品的"组合"和商品包装不同,它是指产品和服务的结合,使旅客心目中形成本企业独特的形象。其中包括:外观、风景、内部布局、维修、清洁卫生、服务人员的态度和仪表、广告与销售印刷品设计,以及分销渠道等。

### (三)雷诺汉分类法

美国康奈尔大学旅馆管理学院的雷诺汉认为,鲍敦等人提出的多种营销组合概念都不能充分体现服务业的特点。服务业的经营策略与制造业应有所区别,就是要显示出服务经营策略的各个要素及其重要性,并表明各要素之间的关系。他把旅馆营销组合归纳

为由以下三个次组合组成。

1. 产品与服务。旅馆通常是同时提供产品与服务。旅游者往往把产品与服务视为一体,并从得到的产品实体和服务中获得满足,而不是仅仅以占有产品实体获得满足。因此,这与过去从工、商业引入的营销组合(侧重于有形产品即实体推销)有很大的不同,它要求旅游企业应把整个产品、服务次组合连成一体,而不应把产品或服务当作孤立的营销手法。

2. 表象。包括使企业产品和服务为有形的所有因素。这些不同的因素,使消费者区别出各个不同的餐馆和旅馆。表象次组合一般由下列因素组成:(1)建筑。(2)地理位置。(3)气氛。这可使服务更具形象,使其了解无形服务,并影响购买者决策。例如:企业提供"优雅"的气氛,通过家具、灯光、空间、面积、音乐、装饰等布置,可使消费者心中加深印象,促进销售。(4)价格。服务有多少价值,消费者事先亦不知道,往往是以价格来推断服务质量。(5)旅游服务具有无形性的特点。消费者接受服务人员的服务,因而服务人员的外表、态度直接影响旅客对服务质量的感受。服务人员就是"活广告",就是"企业产品"。

3. 信息传递。这个次组合有两个作用:一是向消费者提供无形服务质量的形象,并使之有形化,例如让旅客观看闭路电视、图片都可使无形服务有形化;二是造就顾客对服务的质量期望,便于企业了解其意向。形象化信息传递,有助于刺激顾客的购买欲望,达到推进销售本企业产品的目的。

近年来,由于新形势的发展,在国际旅游市场竞争激烈的情况下,美国著名市场学家菲利浦·科特勒于1984年提出的"大市场营销"理论对旅游市场营销的指导意义也日益重大。大市场营销理论认为:企业的营销人员能够影响企业所处的营销环境,而不应单纯地顺从和适应环境。因此,营销组合的"4P"之外,还应加上两个"P",即"权力"(power)与"公共关系"(Public Relations),成为"6P"。这就是说要运用政治力量和公共关系,打破国际、国内市场上的贸易壁垒,为企业的市场营销开辟道路。大营销是从一般形式的营销发展过来的,大营销对旅游市场有着更密切、更深刻的关系,对旅游市场营销具有更深刻的意义。该理论给旅游市场营销的启示是:(1)不要将市场营销目标局限于了解和满足目标顾客需要,应在满足国际游客需要的同时,采取一切手段打入新的国际旅游市场,开辟新市场。即必须宣传,启发消费者新需求或改变消费者的习惯,创造目标顾客新需求。(2)利用包括政治权力与公共关系的"6P"来开拓新市场。为进入待定市场就必须找到有权力的人去打开市场大门,还必须注重公共关系,通过公共关系树立起来的旅游企业及其产品的良好形象,总是能收到更持久、更广泛、更深入人心的效果。(3)影响外部环境因素,而不单单是服从或适应它。

### 三、旅游市场营销组合特征

#### (一)可控性

旅游营销组合因素是旅游企业可以加以控制的产品、价格、渠道及促销手段等各种营销工具,与之相对应的还有社会、人口、经济、政治、法律、文化以及资源技术等旅游企业不可控制的因素,这些因素被称为市场环境。

市场营销组合各种因素作为营销手段,旅游营销主体对其是可以控制的。如旅游企业可以根据市场细分与市场定位的结论,对自身经营的旅游产品形式与服务方向进行选择;也可以根据市场竞争状况,自行制定旅游产品价格;还可以根据所经营产品的特色,自行选择分销渠道类型及广告宣传手段。总而言之,要有效运用这些营销工具,旅游企业必须掌握一定的自主权,有自己选择的余地,否则,就无法根据企业目标市场的需要,确定适合自身的市场营销组合策略。当然,这种可控性也是相对的。旅游营销组合要受宏观市场环境的影响与制约,不可能无拘无束地任意经营。因此,在实施市场营销组合时,既要善于有效地利用可控性因素,又要善于灵活地适应外部环境的变化。只有这样,才能在市场中争取主动,制定出最佳市场营销组合策略。

#### (二)动态性

旅游营销组合并不是静态的组合,而是一个不断变化发展的动态组合过程。营销组合中的各个因素都是变量,而每个变量又包含着许多小变量,只要一个营销组合中的一个因素发生变化,其他因素与之原先形成的适应性和协调性就难以维持。为了保持最佳组合,就应该重新调整各因素状况以设计新的组合。举例来说,一家旅游产品供给商制定的市场营销组合决策为:

旅游产品——面向国内目标市场的黄山三日游;

旅游价格——基本价格水平,在付款期限方面可以优惠;

旅游分销——通过直销或由零售商完成;

旅游促销——利用各媒体大做广告宣传。

如果经过一定时间的经营,该旅游产品供给商的实力增强了,目标市场范围扩大到国外,而使旅游产品组合因素发生调整,变成"面向国际市场的黄山一日游",这就会引起其他营销组合因素的相应变化:

旅游分销——由国外旅游总代理和旅游产品批发商负责国外市场的开发。

旅游价格——在基本旅游产品价格的基础上实行各种折扣价。

旅游促销——旅游产品供给商自身不必进行太多的促销宣传,主要由中间商针对所处市场状况制订方案并承担相应的促销工作。

由于原营销组合中的产品因素发生了动态变化,造成其他因素也要进行相应的调整,该旅游产品供给商的整体组合方案也就变得根本不同了。

### (三)复合性

旅游营销组合的由各个因素构成,但事实上每个构成因素并非单一,其中又分别包括几个次级因素,从而形成每个"P"因素的次组合。因此,在正确运用营销组合时不仅要综合利用主要因素,而且要充分重视该营销工具的次组合的构成与协调。比如,旅游产品是市场营销组合中的一种,而在运用这项手段时又要利用旅游资源、旅游设施、旅游交通运输、旅游餐饮以及服务等综合手段;人员管理组合又包括激励、监督与人员培训等;分销渠道组合包括各种类型的渠道;定价组合包括基本价、季节因素、付款时间、信用时间等;促销组合包括广告宣传、营业推广、人员推销与公共关系等。旅游企业在进行整体营销活动时,必须针对目标市场的需求,协调内部人财物力各种资源,考虑外部环境因素,用各次要因素组成多种营销组合,从中选择最优决策方案。

另外,旅游企业在运用营销组合解决经营问题时,还要注意各个因素自身次组合的内部作用,这被称为分组合决策问题。例如,旅游促销是营销组合的一个构成因素,其中又包括四个下级因素,而每个下级因素又可再细分。总之,营销组合的复合性要求对所有各级、各层次因素进行灵活运用与有效组合,这是旅游营销组合成功的基础和关键。

### (四)统一性

旅游产业涉及社会生产诸多部门,旅游企业自身也包括生产、开发、采购、财务以及销售等很多业务部门。市场营销部门担负着协调各部门、各行业的任务,以便调动整个旅游产业的全部营运力量,合理利用一切资源,达到满足旅游消费主体需要的目标。为了全面满足市场需求,旅游营销主体必须充分认识到,各种营销手段都在影响消费者的购买心理与行为,要注意采取整体营销手段组合,以保证营销活动的统一性与有效性。

## 四、旅游市场营销组合优化

随着著名的营销专家科特勒在1995年第8版的《营销管理学》中首次增加了关于顾客价值和顾客满意度的讨论,"关系营销"、"一对一"营销等微营销的名词和观点越来越为人们所接受,标志着微营销时代的来临。原来的大众营销、分众营销发展到品牌营销,到现在一对一营销。

目前,在大旅游、大产业、大市场的旅游格局已经形成的背景下,旅游企业在经营发展过程中依然存在很多问题,在市场营销方面主要是:知名度低、市场份额达不到应有的目标、销售收入不令人满意、销售渠道单一、企业利润率普遍很低等。因此,借助市场营销学的经典理论,研究旅游市场营销策略,进行旅游市场营销组合优化,是旅游市场开发的必然趋势。

### (一)营销中的4P策略

旅游市场营销,根本问题在于解决好以下四个基本因素。

1. 旅游产品策略(Product)。是指与旅游企业向市场提供的旅游产品有关的策略。旅游企业不能从企业本身的角度出发,而应该站在旅游者的角度,了解其需求,并针对其需求提供旅游产品。旅游产品策略是旅游营销组合的一个重要策略,是旅游企业制定相关营销策略的基础,主要包括旅游产品生命周期策略、旅游产品组合策略、旅游品牌策略、旅游新产品开发策略等。

2. 旅游价格策略(Price)。旅游者往往用价格衡量旅游产品的价值,因而,产品的价格往往会影响旅游者的购买决策。价格是否适当,不仅会影响旅游产品在目标市场中的竞争地位和市场占有率,而且对企业的销售收入和利润的影响也很大。因此,旅游企业应根据旅游目标市场和竞争者的情况以及旅游企业本身情况,对旅游产品进行合理定价。旅游产品定价策略主要包括旅游产品定价目标、旅游产品定价方法、旅游产品定价策略等。

3. 旅游渠道策略(Place)。市场营销渠道决策是旅游企业的重要决策之一。客户网络是重要的外部资源,通常经过多年才能建立起来。旅游产业逐渐呈现规模发展态势,因此,营销渠道以及与之相适应的配套系统的建立是必要的。不能忽略的是,网络经济的发展,可以使消费者和营销者之间建立更直接和快捷的营销渠道,甚至省略了以往传统的营销渠道和环节,这就要求我们营销队伍、营销体系完整、高效,体系合一、办公环境的网络化、智能化程度要高。

4. 旅游促销策略(Promotion)。旅游企业还必须同现实的、潜在的消费者进行沟通,承担起沟通与促销的职责。保证沟通信息有效,关键是沟通的内容、对象和频率。旅游企业必须同关联企业、消费者及各类上下游企业、政府相关部门、行业协会,甚至企业内部员工进行彻底的沟通。各个群体的沟通均反馈给企业,旅游企业制订销售计划、培训营销人员、设计优秀的广告、开展各种促销活动,就是市场营销沟通组合——促销组合运作的内容。促销组合由四个工具——广告、营业推广、公共关系和人员推销构成。

### (二)营销中的4C策略

1990年,美国的劳特朋教授提出了4C理论:把产品搁置一边,赶紧研究消费者的需求与欲望（Consumer Wants and Needs），不要再卖你所生产的产品，而要卖别人想购买的产品；暂时忘掉定价策略，快去了解消费者为满足其欲望所愿意付出的成本（Cost），而不是一味追求自己获利；忘掉渠道策略，应当思考如何让消费者方便（Convenience）地购买产品；最后忘掉销售促进，考虑如何与顾客进行有效的双向沟通（Communications）。

1. 顾客。企业选定了新的市场和产品后，不要急于考虑推销给顾客，而是先了解自己的顾客需要什么样的旅游产品，他们的购买力如何等，再去为他们寻找到适合的推介。

2. 成本。了解你的顾客的内在需要后，先不要考虑用什么样的价格策略确定投资回报率，而要先计算提供给顾客的产品需要付出多大的成本，然后结合了解到的顾客想为这次旅游付出的成本，决定价格策略和利润目标。

3. 便利性。忘掉固定的销售渠道，选择更能让顾客接近的销售方式，包括旅游选线、组团方式、交通方式、付款方式，办理途中各种入住、接待手续，实施旅游服务等使客户轻松满意。

4. 沟通。最后忘掉促销，用服务和产品与顾客沟通，使顾客得到充分的真实的信息，做出满意的决策，最终建立顾客与企业的高度忠诚关系。

### （三）营销中的4R策略

美国学者唐·舒尔茨在4C营销理论的基础上提出了营销组合的新理论——4R营销组合理论。4R分别指代Relevance（关联）、Reaction（反应）、Relationship（关系）和Reward（回报）。该营销理论认为，随着市场的发展，企业需要从更高层次上以更有效的方式在企业与顾客之间建立起有别于传统的新型的主动性关系。

1. 关联。在竞争的环境中，厂商、经营商、零售商都必须时刻关注顾客的需求及其变化，提高顾客的满意度和忠诚度，同时必须注意与上游企业形成一个卓越的价值让渡系统或战略网，提高整个战略网的竞争力。

2. 反应。企业应在顾客的需求变化时，甚至在变化前做出适当的反应，以便与顾客的需求变化相适应。

3. 关系。企业应当与顾客建立长期、稳定、密切的关系，降低顾客流失率，建立顾客数据库，开展数据库营销，从而降低营销费用。

4. 回报。企业营销的真正动机在于为企业带来短期的利润回报和长期的价值回报，这是营销的根本出发点。

营销组合框架由4P到4C再到4R的发展过程，明显受到关注"顾客价值"思想的影响。随着社会经济的发展，市场营销环境发生了很大的变化，消费个性化、人文化、多样化的特征日益突出。传统的 4P 理论不能满足企业营销实践对更大的创造顾客价值的要求，这就促使了 4C 理论的形成。然而 4C 理论依然存在一些不足，从总体上看，4C 是 4P 的转化和发展，但被动满足顾客需求的色彩还несколько很浓，再加之考虑到顾客需求的合理性问题，这就使得营销者们开始思考如何在企业与顾客之间形成一种新型的主动性关系，以求实现企业、顾客之间的双赢目标。这样一种思考也就推动了营销理论框架向一个更高的层次发展，因此引入竞争观念，在新的层次上概括了营销新框架的 4R 理论就应运而生了。

从 4P、4C 到 4R，反映了营销理论在新的条件下不断融合碰撞，不断深入整合的变革趋势。这三者不是简单的取代关系，而是后者对前者的创新、发展与完善。4P 被认为是营销中四个关键的组合因素；4C 告诉企业要忘掉产品，研究客户的需要和欲求；忘掉定价，去了解客户愿意付出多少，而不是一味追求自己的获利；忘掉渠道，考虑如何让客户方便地购买产品；忘掉促销，考虑如何与客户进行有效双向沟通；4R 要求企业通过各种有效方式与客户建立紧密关联，提高客户忠诚度；要求企业建立快速反应机制，提高对变化着的需求的反应速度和回应力；要求企业注重营销活动的回报，要营利性地满足客户需求；要求企业搞好关系营销，满足客户、员工、供应商、中间商等各方面的利益，协调好与各方的关系。4R 虽然主要是讲竞争，但也反映了要以顾客为中心。可以这么认为，4P 告诉企业如何满足客户需要，4C 告诉企业如何提高客户满意度，4R 告诉企业如何去培养客户忠诚。市场营销组合框架一直就是指导市场营销实践的重要思路，该组合框架围绕对顾客重视程度的演进，也就要求将顾客作为市场营销定义的核心了。

◆ 本节相关知识链接

1. http://www.davost.com/Item/3093.aspx
2. http://www.nanyue.net.cn/news.php?id=218
3. http://www.dss.gov.cn/Article_print.asp?ArticleID=277137

◆ 本章试题与知识训练

一、填空题

1. 营销组合策略简称营销组合，是现代营销学理论的一个重要的新概念，是 1964 年由美国哈佛大学的_____教授首先提出来的，此后受到学术界和企业界的普遍重视和广泛运用。

2. 营销中的 4R 策略分别指代_____、_____、_____、_____。

3. 营销中的 4P 策略包括_____、_____、_____、_____。

**二、简答题**

旅游市场营销组合的特征有哪些?

**三、综合分析题**

试分析 4P、4C、4R 三者之间的关系。

## 第三节 旅游市场整合营销

### 一、市场营销观念转变与整合营销传播理论核心思想

20 世纪 50 年代杰罗姆·麦卡锡提出的营销组合(4Ps)理论奠定了市场营销理论发展的框架。此后,市场营销理论与实践的发展基本上是在不断传播、充实与完善这一思想体系。

随着市场竞争的愈益激烈,科学技术尤其信息技术的迅速发展,消费者需求的多样化、个性化趋势日益突出,刺激了企业营销实践的不断创新,拓展了传统营销理论的内涵,并取得突破。

由美国 D·E·舒尔兹教授于 1993 年首先提出的整合营销传播理论(Integrated Marketing Communication,IMC),被认为是市场营销理论在 20 世纪 90 年代的重大发展。

目前,对整合营销的概念还没有统一的认识,全美广告业协会的定义有较广泛的代表性。

整合营销传播是一种强调整合所带来的附加价值的营销传播理念,这种理念强调通过评价广告、直接营销、销售促进和公共关系等传播方式的战略运用,并将不同的信息进行完美的整合,从而最终提供明确的、一致的和最有效的传播影响力。IMC 的核心思想主要体现在三个方面。

**(一)由 4Ps 转向 4Cs**

IMC 认为传统营销的 4Ps 理论是以产品为导向的营销策略,在当前以消费者为中心的市场环境里,企业要暂时忘掉自己制造的产品,充分重视消费者的需要和欲望(Consumer Wants and Needs);暂时忘掉定价策略,深入了解消费者为满足自身需求所愿意付出的成本(Cost);暂时忘记产品的分销策略,系统地研究如何使消费者在购买、使用产品时更方便(Convenience);暂时忘掉企业的促销策略,考虑如何与消费者进行多层次的双向沟通(Communication)。

**(二)从由内向外的营销模式转向由外向内的模式。**

传统的营销模式是企业根据自己制造的产品,确定一定的利润目标,寻找合适的销售渠道,向消费者进行促销说服,即采用"消费者请注意"的自内向外的模式。

整合营销传播则相反,企业系统地研究消费者,分析他们的购买行为,与消费者进行双向沟通,以此为基础整合企业的信息传播渠道,达到销售产品的目的,即采用"请注意消费者"的由外向内的模式。

**(三)从一般的促销宣传转向控制消费者的心理变化过程**

在传统营销中,企业希望通过大量的信息传递来影响消费者的购买行为,但在现代社会里,消费者的素质不断提高,对信息选择的自主意识增强,信息的冲击效应对消费者购买行为的影响减弱或者并不持久。

IMC 认为,消费者对产品的认识有一个心理变化过程,企业需要通过与消费者的双向沟通对消费者的心理变化过程进行管理。

企业通过不同的传播通道,将有关信息传递给消费者,并设法求得消费者的反馈,建立消费者数据库,分析消费者的行为,对信息进行有针对性的加工和传播,达到控制消费者购买心理变化过程的目的。

## 二、旅游市场需求变化与整合营销理论的应用

随着社会经济的发展和旅游业自身的不断成熟,旅游市场由于不同类型需求的出现而经历了不同程度的"非大规模化",因而被自然分割成了多样化的微观细分市场,尤其是 20 世纪 80 年代后期以来,以互联网为代表的信息技术飞速发展和以其为背景的旅游者消费意识的转化、成熟度的提高,更加剧了旅游需求的个性化和多样化趋势。

这种变化迫使旅游目的地开始关注需求的差异性,通过提供多样化旅游产品来针对性地满足日趋复杂多变的旅游需求。

旅游目的地为了将众多的旅游产品推销给旅游者,在媒体传播过程中往往选取了过多的诉求点,因而难以在旅游者心中留下深刻的印象,进而产生品牌形象效应,创造更多的附加值。

如何将这些旅游产品有效的整合起来,通过一致的媒介诉求点使其形成广为人知的旅游形象,从而形成巨大的吸引招徕力量就成为首当其冲的问题。IMC 理论为解决这一矛盾和问题提供了很好的途径。

旅游产品空间位置的不可移动性与所有权的不可转移性,决定了旅游营销的特殊重要性。将 IMC 理论应用到旅游业中,则要求旅游目的地以旅游者需求为中心,重组旅游

企业行为和市场行为，综合协调地使用各种形式的传播方式，以统一的目标和统一的形象，传递一致的产品信息，实现与旅游者的双向沟通，更有效地达到旅游地形象传播和产品营销的目的。

旅游整合营销的核心思想是对旅游者客户关系进行管理，强调以"旅游者需求"为中心，要求旅游目的地不同部门、不同人员从各自不同角度与顾客沟通时有统一的口径、统一的品牌个性、统一的顾客利益点和统一的销售创意，形成集中的旅游形象冲击力，及时通过不同的渠道进行系统的旅游者信息反馈，进而动态性调整促销策略。

IMC理论在1997年前后传入我国，并在一些大型企业得到结合中国市场实际的应用，并逐渐渗透到旅游营销研究与实践中，但由于该理论本身发展的时间不长，应用于旅游营销实践的内容与方法等并不完善，需要进一步的、不断的探索。

### 三、旅游目的地整合营销内容

旅游业与旅游市场需求有自身的特点与发展规律，旅游整合营销不仅包括营销"传播"，不仅是多种营销传播工具的简单叠加或者是集合运用，而应包含更广泛的内容。

#### (一)旅游目的地公共营销组织整合

旅游目的地公共营销的产品是具有公共性质的旅游目的地整体形象、重大旅游节事活动以及代表性旅游景区等，受益群体具有广泛性和边界模糊性。目前，我国旅游目的地公共营销活动主要由政府部门承担，营销主体单一、公共投入不足、营销效益低下等现象相当普遍。

随着我国旅游业的迅速发展和旅游市场经济的不断成熟，旅游目的地公共营销组织必然出现由政府、企业、第三部门（如旅游行业协会）以及国际组织（或区域组织）等共同参与的多元化整合趋势。必须辨析各主体的自身优势、调整我国旅游公共营销组织结构，重新确定政府在多主体系统中的地位以及职能变化，整合各营销主体的优势，推进以政府为主导的多元化旅游公共营销组织整合构建，协同开展旅游目的地公共营销活动，提高旅游公共营销效率、效益。

旅游目的地营销受到越来越多的国家与地区的重视，而多元化主体参与的旅游目的地公共营销组织的整合构建与发展，是旅游目的地营销顺利实施的重要组织保障。由于世界不同国家与地区社会经济体制、机制的不同，旅游目的地公共营销组织结构存在差异，总的发展趋势是营销主体日益多元化，其中公私合作的趋势日益增强，政府以外的利益主体，尤其是私营部门的作用越来越重要。这种情况在国外表现尤为显著，如瑞典的旅游营销由公私合营机构瑞典旅游开发公司负责；埃及的私营部门通过产业联邦和协会全面介入国家旅游促销;智利建立了公私合营的旅游促销公司,但私营部门起主要作用。

### (二)旅游行业部门优化整合

旅游业是具有高度关联性和综合性的产业,包括旅游餐饮住宿业、旅游交通业、旅行社业、旅游景区经营业、旅游娱乐业、旅游购物业等众多行业部门,它们围绕满足旅游市场需求从而获利的目标运行,存在着分工、合作的互补关系。

在充分发挥市场调节机制的同时,旅游目的地政府应通过有效的政策与制度安排,调控、整合旅游各行业部门按比例协调发展,以提高旅游业整体经济效益。要整合区域生产要素与企业资源,培育大型旅游企业集团,构建大型旅游企业集团化、中型旅游企业连锁化、小型旅游企业专业化与网络化的企业发展模式,解决我国旅游企业小、散、弱、差等问题,积极推进旅游企业的合作与优化整合。

### (三)旅游产品开发整合

随着社会经济的迅速发展,旅游者可自由支配收入、闲暇时间不断增加,旅游市场需求日趋多样化、个性化、层次化与复杂化。为了有效适应旅游市场需求发展变化的趋势,形成或保持旅游目的地旅游主题与特色,提高市场竞争力,应重新认识区域旅游资源的开发价值,明确区域旅游发展的资源优势与不足,科学甄别、筛选主打(拳头)旅游产品,加强旅游产品开发类型、功能定位与层次结构的整合,调控、整合地区间的旅游项目建设,避免低水平重复建设、资源浪费与恶性市场竞争。

### (四)旅游品牌形象整合

围绕统一的旅游营销诉求点,培育统一的区域旅游品牌形象,构建由品牌塑造、包装、传播与管理构成的旅游品牌形象整合体系,取代单纯的旅游产品促销行为,获取最佳、高效的旅游营销传播影响力。

旅游品牌塑造要以资源与市场分析为依据,通过旅游形象定位、旅游产品设计与开发来实现。

旅游品牌包装的主要手段是设计、导入包括理念识别、行为识别、视觉识别以及听觉、味觉和意觉识别等的旅游形象识别系统。

旅游品牌形象传播的方法主要包括营销与消费过程控制和各类旅游营销方式、手段与媒体整合。

旅游品牌管理的主要方式是构建目标市场游客关系数据库,实现与旅游者的反馈式沟通,调整、控制旅游整合营销传播过程。

### (五)旅游营销区域一体化整合

随着国内外旅游业的迅速发展,地区间的旅游竞争日趋激烈,加强区域旅游合作、整合,适应经济全球化与区域经济一体化发展趋势,实现区域旅游一体化发展,已成为地方旅游业发展的新动力和提高市场竞争力的重要方式和途径。

以发展共谋、资源共享、线路对接、市场互动、客源互送、效益共赢为目标,打破行政区经济格局,在一定区域空间范围内(如长江三角洲、珠江三角洲),整合各类旅游经济要素,促进相关地区间旅游营销的分工与合作,追求资源整合、旅游市场"蛋糕"做大后的区域旅游板块整体利益最大化,促进区域内部旅游业有序、协调与可持续发展。

◆**案例驿站 6.4**

### 济南市旅游整合营销

1. 设计统一的旅游形象

通过对济南市已有形象以及感知度进行分析,济南市将旅游形象定位为"老济南,新泉城"。根据这一形象定位,全面导入城市旅游形象识别系统:规范旅游公共服务机构使用品的设计,如宣传纸张、文件夹、制服以及其他使用品的设计要采用统一的图案、色彩和文字;改善济南的城市标识系统,如街道名称、交通干线的指示牌、景点的介绍牌以及车站和商业机构等公共服务设施的指示牌要采用或改用标准字体、特定色彩的中英文,公共活动场所如停车场、公厕、电话亭等尽量推行国际通用的图案标识等。提高旅游服务者的整体素质,树立起他们为旅游者服务的意识,创造良好的旅游环境,使得旅游者拥有对"品牌"旅游地的良好体验,从而获得更多的"品牌"忠诚度。

2. 各种媒体信息的整合

整合各种媒体信息,包括旅游宣传册、电视广播、报纸杂志、户外广告、网络媒体等,使其统一传达"老济南,新泉城"这样一个形象主题。开展的节事活动、公共关系活动也应为突出这一形象主题服务。

3. 旅游品牌资源数据库

通过建立济南旅游品牌资源数据库来实现接触管理。所谓旅游品牌资源数据库,就是将历史上和现在济南曾经使用过或被大众所感知的旅游品牌形象收集起来,并对各品牌形象的形成方式以及传播路径进行管理,以达到强化正面传播,消除负面传播的目的。

4. 与游客"一对一"沟通

设计中文、英文、日语和繁体版的济南旅游网站,建立目标市场游客关系数据库;提供互动式泉城旅游社区虚拟空间或电子邮件地址;让旅游者通过 Internet 方式自选自组体现自己个性的旅游产品;逐步开发电子货币、在线交易等电子商务活动;设专人管理"济南旅游"网站,负责及时更新和解答游客疑问或投诉、处理旅游电子商务信息。

5.细分市场个性化促销

在统一传达"老济南,新泉城"这样一个形象主题的基础上,针对不同目标市场旅游者的消费特点,采取不同的媒体组合、不同的广告诉求点。特别要强调的是,"老济南,新泉城"是济南旅游的形象主题,在细分市场的基础上所选用的媒体诉求点虽然各不相同,但它们是与这个形象主题密不可分的,应为突出这个形象主题服务。就像杰拉尔德·米歇尔在1997年提出的品牌核心理论中指出的,品牌可以看成一种社会表达,由"核心"和"外围系统"两部分组成。品牌资产的价值是在于它能使旅游者产生特定的联想和联系,当某种联系被大多数人认为是如此,那么便可认为是核心联系,既成为品牌的核心,相反便只能称之为外围系统。在济南旅游中,"老济南,新泉城"可以称之为济南旅游品牌形象的核心,而由针对特定的目标市场所延伸出的诉求点则是品牌形象的外围系统,只是"老济南,新泉城"这个核心的品牌延伸。只有做到这一点,才达到了真正意义上的整合型促销。

案例来源:吴必虎等,济南市旅游总体规划.2001.

### ◆ 本节相关知识链接

1. http://www.cotsa.com/

2. http://www.attrip.com

### ◆ 本章试题与知识训练

一、填空题

1.由美国D·E·舒尔兹教授于1993年首先提出的_____,被认为是市场营销理论在20世纪90年代的重大发展。

2.旅游目的地整合营销的内容包括_____、_____、_____、_____、_____。

3.旅游品牌塑造要以_____与_____分析为依据,通过旅游形象定位、旅游产品设计与开发来实现。

二、简答题

IMC的核心思想主要体现在哪些方面?

### 三、综合分析题

整合营销传播理论在旅游目的地营销中的应用分析。

## 本章小结

### 1. 本章结语

旅游营销战略是指在市场调查研究和预测的基础上,根据市场环境并结合自身能力,对旅游企业发展方向和长远目标所做的全局性的规定性安排。从产品—市场角度出发,旅游市场营销战略,大致可归纳为集中化发展战略、一体化发展战略和多元化发展战略三种。旅游市场竞争战略实际是企业定位战略。一般把企业在市场中所处的地位分为4个层次,即市场领导者、市场挑战者、市场跟随者和市场补缺者。

旅游市场营销组合是指旅游企业为增强竞争力,在选定的旅游目标市场上,综合运用旅游企业可以控制的各种因素并进行优化组合,以满足旅游目标市场的需求,实现旅游企业的经营目标。市场经营因素多种多样,为了便于分析,市场学家提出了各种分类方法。在旅游市场研究运用得最广泛的分类法有麦卡锡分类法、考夫曼分类法和雷诺汉分类法等。

旅游市场营销组合具有以下显著特点:可控性、动态性、复合性、统一性。传统的4P策略包括产品策略、价格策略、渠道策略和促销策略,以此为基础,在后来的市场营销研究中,又出现了4C策略和4R策略等新观点。

旅游目的地整合营销内容包括旅游目的地公共营销组织整合、旅游行业部门优化整合、旅游产品开发整合、旅游品牌形象整合以及旅游营销区域一体化整合。

### 2. 本章知识结构图

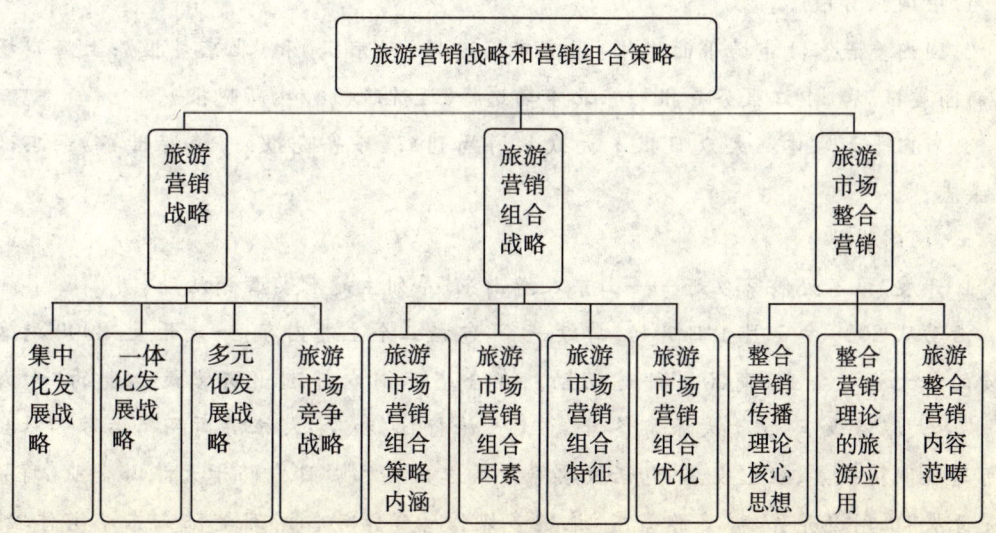

**3. 本章核心概念**

旅游营销战略 集中化发展战略 一体化发展战略 多元化发展战略 旅游市场竞争战略 旅游营销组合策略 旅游整合营销

◆ 实训练习

分析某个旅游行业或某类旅游企业（当地酒店、旅行社、景区景点、航空公司、游船公司、汽车租赁公司等）的市场领导者、市场挑战者、市场跟随者和市场补缺者，调查并分析其市场营销战略的优缺点。

◆ 延伸阅读

### 山东旅游"联合推介，捆绑营销"

2008年以来，山东省推行"联合推介，捆绑营销"机制，设立配套资金，整合了省内30多个地市、主要景区和旅游企业，依托强势媒体，开展了多层次、高频率、广覆盖的旅游市场促销活动，收到了较好效果。以下为《山东省旅游局2009年旅游"联合推介，捆绑营销"实施方案》概要。

一、电视媒体

1. 中央电视台：CCTV－1/频道《朝闻天下－媒体广场》栏目；CCTV－4频道《走遍中国》栏目之后。

2. 山东卫视

二、平面媒体

1. 中国旅游报

2. 国内重点客源市场平面媒体：北京市场选择《新京报》和《北京晨报》；上海市场选择《新闻晨报》和《申江服务导报》；东北市场选择《辽沈晚报》和《新晚报》。

3. 省内平面媒体：《大众日报·大众旅游周刊》；《齐鲁晚报》；《旅游世界》杂志；《凯旋》杂志。

三、网络媒体

1. 开展"谁不说俺家乡好——山东人游山东"系列主题有奖营销活动

活动从2009年1月1日开始，持续一年，包括三个主题内容：一是开展"2009游客最喜爱的十大旅游企业（商品）"评选活动。在全省范围内评选出游客最喜爱的"十大景区"、"十大旅游饭店"、"十大旅游餐馆"、"十大旅行社"和"十大旅游商品"，游客和社会公众可通过网络投票、短信投票、电话投票等方式选出自己心目中的十大旅游企业（商品）。二是开展"上网逛齐鲁，得奖游山东"旅游多媒体营销活动。游客登陆山东旅游体验网，完成以旅游城市、景区、酒店为主题的简单网络游戏等活动就可参与抽奖。三是开展"谁不说俺家乡好——家乡游记"征文评选活动,游客可通过邮寄或网上投稿等方式投出原创山东游记作品。

2. 广泛开展旅游多媒体网络营销工作

以山东旅游体验网为基础,为全省各级旅游管理部门、旅游企业开发制作网上多媒体宣传内容,协助各市县区旅游局改版各城市旅游政务网、旅游资讯网,建设城市旅游多媒体体验网,在山东旅游体验网上建设网上展览专区,将传统的展台展厅在网上多媒体化实现,运用先进的三维多媒体技术开发各类宣传品。

另外省局计划2009年联合省交运集团,开展旅游车体广告宣传工作,利用长途旅游巴士车体车窗制作山东旅游形象、各级旅游城市目的地以及旅游区形象广告,省局将补贴部分广告费用,各城市旅游局、各旅游区可利用车体广告平台,联合开展宣传推广工作。

3. 开发应用山东省旅游电子商务交流平台,积极开展旅游电子商务营销工作

山东省旅游电子商务交流平台是我省旅游网络宣传营销、旅游信息服务工作的进一步延伸和有效补充。建成后的系统在为游客提供丰富的指南信息服务基础上,增加旅游产品预订功能,为旅游企业提供一个网上业务平台,为社会公众和游客提供一站式旅游产品服务平台。采取的服务方式是以目的地为核心,横向整合各类运营商的预订资源,为游客提供多样化选择的旅游产品预订渠道。旅游线路产品方面,将与上海德比旅游网络公司合作,开发线路发布系统,旅行社批发商和零售商可通过该系统进行产品管理、订购和发布,游客可以查询线路产品及报价,并进行预定。酒店产品方面,将整合携程网、艺龙网、芒果网、旅行社门市以及酒店网站在内的多种渠道,游客可登陆我省电子商务平台自由选择所需要的产品进行预订。

另外还将与同程网合作,为我省旅行社提供最优惠的会员加盟政策以及产品发布平台。

4. 深入开展海外市场网络营销工作

(1)美国市场:调整山东旅游英文网站网络营销思路,与美国运通、美国哈雷俱乐部合作,对目标市场、目标客户群开展有针对性的网络营销和信息服务工作,计划对英文网站进行改版,改建成为哈雷山东骑行网,网站一段时期内主要的作用是为来山东参与骑行旅游活动的游客提供相关信息服务。另外哈雷俱乐部计划将我省作为哈雷骑行基地,利用山东旅游英文网站信息平台,向其60万俱乐部会员进行推介,并将继续组织会员来山东参加骑行活动。各市局各旅游企业可在山东旅游英文网站制作发布包含视频、音频等多媒体在内的营销信息,联合促销。

(2)日本市场：与JTB集团合作，进一步丰富山东省旅游日文网站内容，制作旅游多媒体宣传专题，播放日文版山东省旅游多媒体宣传片，进一步丰富客户关系管理系统中日本客户数据，提高访问量。各市局各旅游企业可将各自宣传资料包括各类宣传片、大型旅游活动信息、专题信息放置在山东旅游日文网站，也可通过省局客户关系管理系统对外进行发送。

(3)韩国市场：委托韩国最大的旅行社HANATOUR制作山东旅游韩文网站，仿照日本网站模式，利用其宣传渠道，将传统营销与网络营销相结合，以提高我省知名度及影响力。

(4)中国台湾市场：继续开展中文繁体网站宣传推广，主要是山东旅游产品、专项旅游广告等。建设运营好山东旅游呼叫中心专席，设立专号为台湾游客针对山东省旅游信息产品进行说明。进行台湾旅行社旅游同业推广，利用雄狮旅行社网站及其他宣传途径，开展山东省热点旅游城市宣传推广活动。

5. 开展山东旅游移动信息营销工作

计划与中国移动、中国电信、中国联通三大通讯运营商合作，推出移动信息营销平台，利用通讯运营商的渠道优势和客户资源，整合全省各级旅游管理部门、A级旅游区、星级酒店、旅行社、旅游六真店、导游等行业要素资源，开展旅游产品移动营销工作，向进入山东的游客推介旅游产品，提供旅游信息咨询服务。还将共同搭建"山东旅游信息卡"服务平台，为游客会员提供旅游彩铃、旅游有奖问答、旅游折扣、语音导游、旅游资讯手机报等信息服务，开展旅游信息无线增值服务工作。

6. 与"去哪儿"、"金色世纪"旅游网合作，开展旅游搜索营销

与国内著名的旅游搜索引擎公司——"去哪儿"旅游网、金色世纪旅游网合作，开展山东旅游产品推荐、旅游产品搜索合作，通过合作网站的影响力和访问量，进一步宣传推广"谁不说俺家乡好——山东人游山东"活动。

7. 与携程网联合开展营销推广工作

在其"目的地指南"等栏目中，重点推出山东旅游城市专辑、儒家文化旅游专辑、山东休闲度假专辑，出版青岛、烟台、威海、济南、泰安、曲阜PASS。以携程网中高端客户群为目标对象，通过携程网《携程自由行》杂志"声色中国"专栏重点推介山东旅游城市，联合出版《山东自由行》旅游口袋书，提高山东旅游在中高端市场的影响力。在全国各主要机场的携程度假体验活动中心，集中摆放山东旅游宣传品、纪念品，重点推广山东主要旅游城市和知名景区。开展山东旅游有奖咨询活动，利用我省机场、码头、长途汽车站，通过携程网销售人员对旅客推广山东省知名景区，进行一对一宣传。联合邀请重点客户群体、旅游专家或旅行商等

到山东考察线路、策划产品。联合开发度假旅游产品,吸引更多的中高端旅游者到山东旅游度假,重点推介温泉、葡萄酒庄旅游。携程网在"度假"专栏中,增设山东旅游板块,将青岛、烟台、威海、日照及济南等重点旅游城市列为携程网"热门目的地";在"天天特价"、"热门推荐"等产品专栏增加山东度假旅游产品线路。共同开发以儒家文化为代表的中华文化系列旅游产品,重点开发针对青少年的文化教育之旅、针对企业专业人士的中华传统文化管理培训、针对外国人及华侨的中华文化寻根之旅等。

四、其他媒体

2009年省局除在电视媒体联合推介外,还为省内各旅游单位搭建新的捆绑营销平台,推出国内主要客源市场城市火车、火车站、候车亭等其他媒体,具体如下。

1. 北京红墙媒体。该公司拥有25座电视屏幕墙的广告经营权。省局集中采购13期30秒版本广告,各单位可以5秒的倍数时长进行认购。

2. 北京德合传媒广告有限公司。该公司拥有全国30个城市公交候车亭户外广告发布权。具有覆盖面广、网点众多、受众广泛、冲击力强等优势。拟在北京、上海两大城市各投放公交候车亭广告牌10块。

3. 鼎程传媒。主营列车电视广告,是国内目前唯一拥有《车载电视播放广播电视节目许可证》和《广播电视节目制作经营许可证》的铁路电视媒体运营及广告经营商。拟在42条途经山东的线路上投放山东旅游广告。

五、大社合作

1. 韩国市场与HANATOUR进行合作。

HANATOUR是韩国最大旅行社。与之建立战略合作伙伴关系,全面营销山东旅游产品。合作主要内容:委托HANATOUR在韩国利用新闻媒体、报纸杂志、网站及销售网络,宣传营销山东旅游产品线路。

2. 日本市场与JTB株式会社进行合作。

与日本最大旅行社JTB株式会社建立战略合作伙伴关系,共同开发营销山东旅游产品,委托JTB在日本全面宣传山东省旅游资源、营销山东产品线路。

3. 欧洲市场与德国途易(TUI)进行合作

与中旅途易(TUICHINA)建立战略合作伙伴关系,共同在欧洲推介山东旅游形象和产品线路。

资料来源:根据《山东省旅游局2009年旅游"联合推介,捆绑营销"实施方案》整理。

**分析思考题**:运用本章所学有关理论,分析山东省旅游市场"联合推介,捆绑营销"的优点、缺陷和改进措施。

第七章

# 旅游产品策略

## 学习目标

**知识要点**：了解旅游产品的分类体系、旅游品牌的概念和作用、旅游产品生命周期理论、旅游新产品的概念及分类；理解旅游产品的构成和特点、旅游组合的概念和影响因素、旅游新产品开发的趋势；掌握旅游品牌化策略、旅游品牌设计和培育内容、旅游产品组合策略、旅游产品不同生命周期阶段的营销策略、旅游新产品开发的程序和内容。

**技能训练**：通过具体案例，学会旅游品牌设计和培育方法、旅游产品组合策略的选择及旅游产品不同生命周期阶段营销策略的调整。

**能力拓展**：分组对某一旅游地进行旅游资源和旅游市场调查，策划、设计该旅游地的旅游产品谱（旅游产品体系）。

## 引 例

### 未来的饭店客房

当一位饭店客人结束一天的繁忙工作回到客房后，他能看到什么样的窗外景色？是千篇一律的停车场还是没有任何特色的城市街道？不，他看到的将是自家的小院，森林草地，在大海中航行的游船或其他任何能使他感到宁静舒适的风景。这听起来像是科幻小说中的情节，但在美国休斯敦大学的希尔顿饭店和餐饮管理学院，旅游业的研究者们正在使之成为现实。

近年来，世界饭店业日益感到来自旅游者和新技术的双重压力——如何使饭店业更加适应旅游者的需要和科技的发展是新世纪饭店业最重要的课题之一。作为世界最负盛名的旅游院校之一，美国休斯敦大学希尔顿饭店和餐饮管理学院一直致力于研究符合饭店市场发展新趋势的产品。由于拥有一家提供全套服务的希尔顿饭店,该学院可以十分方便地试验与评估各种新的饭店技术,并随时了解真正的住店客人的感受和建议。现在,他们正在其饭店内设计安装三套"21世纪的饭店客房",虚拟现实、生物测定、"白色噪音"等先进技术将赋予饭店客房传统的"舒适"、"安全"等标准以全新的含义。著名饭店专家、希尔顿学院院长 Alan T. Stutts 博士介绍说,持续的科技进步和饭店业日益普遍使用的"常住客计划"使21世纪的饭店客房更趋向于由客人设计而不是饭店来设计。由于"常住客信息库"已经记录了每一位客人的喜好,新的客房程序将与该信息库配合运作,从而使以下产品和技术在"未来客房"中成为可能。

光线唤醒,由于许多人习惯根据光线而不是闹铃声来调整起床时间,新的唤醒系统将令在客人设定的唤醒时间前半小时逐渐增强房间内的灯光。直到唤醒时刻使灯光亮得像白天一样。

无匙门锁系统,以指纹或视网膜鉴定客人身份。

虚拟现实的窗户,提供由客人自己选择的窗外风景。

自动感应系统,光线、声音和温度却可以根据每个客人的喜好来自动调节。

"白色噪音",客人可选择能使自己感到最舒服的背景声音,客房内虚拟娱乐中心,客人可在房间内参加高尔夫球、篮球等任何自己喜爱的娱乐活动。

客房内健身设备,以供喜爱单独锻炼的客人使用。

电子控制的床垫,可使不同的客人都得到最舒服的床上感觉。

营养学家根据客人身体状况专门设计的食谱。

针对未来的旅游者需求,特别是针对美国10年后将有一半以上的人超过65岁这一新形势,客房将被设计得更适合老年人,如触摸式可调节的灯光,更方便使用的把手,更好的淋浴设备等。

总之,"未来客房"的目标是尽量满足所有客人——他们可以有不同的旅行目的(商务或度假)、不同的年龄、不同的健康状况、不同的职业、对客房不同的要求。Alan T. Stutts 博士指出,无论客房技术如何更新换代,饭店业所追求的永远都是:尽量给客人提供一个舒适的晚间睡眠和一处"远离家的家"。

**案例引发的思考题**:1."未来饭店客房"这种旅游新产品的开发中体现了什么思想?2."未来饭店客房"这种旅游产品的生命周期曲线走势如何?

案例来源:马勇,刘名俭.旅游市场营销管理[M].大连:东北财经大学出版社,2008.

## 第一节　旅游产品概述

旅游产品是旅游业发展的基础,没有旅游产品,旅游活动无从谈起,旅游业也就成了纸上谈兵。旅游业的发展不仅依靠旅游产品,而且需要有适合市场需求的旅游产品。这是因为,旅游产品特色、品种、数量和质量及是否符合当前旅游需求和未来的发展趋势,关系到旅游业的兴衰。

### 一、旅游产品概念

研究旅游产品策略,首先必须明确什么是旅游产品,旅游产品与其他产品有什么不同,区别在什么地方。

旅游市场营销学认为,旅游产品的概念应从旅游供给者和旅游者两个角度理解。从旅游供给者角度来看,旅游产品是指旅游供给者为满足旅游者在旅游过程中的需要,向旅游者提供的各种物质产品和服务。通过旅游产品的生产与销售,旅游供给者达到营利的目的。而从旅游者的角度来看,旅游产品是指旅游者支付一定的金钱、时间和精力所获得的满足其旅游欲望的经历。旅游者通过对旅游产品的购买与消费,获得心理上和精神上的满足。无论从哪个角度看,旅游产品既包括旅游资源和设施,也包括各种服务。但它们在旅游产品中的地位是不同的,各种物质产品只是旅游经营者向旅游者提供各种服务的凭借,而旅游服务贯穿整个旅游活动的始终,构成了旅游产品的核心,资源、设施与服务的结合共同构成了旅游产品。

旅游活动是一个综合性的活动,包括食、住、行、游、购、娱等要素。因此,旅游产品是一种以顾客需求为中心的整体概念。需求不同,对食、住、行、游、购、娱的组合的要求也不同,于是形成了不同类型的旅游产品。如观光旅游产品和度假旅游产品对旅游产品中各组成要素的组合和要求标准就差别很大,侧重点不同。观光旅游对旅游景点的标准要求较高,要求景观独特、知名度高、吸引力大,对食、住、购等要求次之;而度假旅游产品强调休息、消遣,对环境、气候、设施的要求明显地高于观光旅游。特定的旅游产品为满足一次特定的旅游活动,需要将构成旅游产品的各种要素进行特定组合。

### 二、旅游产品结构

为了能更准确地理解旅游产品,研究旅游产品的营销策略,我们应研究旅游产品的构成要素。现代市场营销理论认为,一切产品都是由三个部分所组成,即产品的核心部分、形式部分和延伸部分。核心部分是指产品满足消费者需求的基本效用和核心价值;形式部分是指构成产品的实体和外形,包括质量、包装等;延伸部分是指随产品销售和使用而给消费者带来的附加利益。根据现代市场营销理论,旅游产品的一般构成也同样由核心部分、外形部分和延伸部分所组成。

1. 旅游产品的核心部分

旅游产品的核心部分是指产品满足旅游者需求的基本效用和价值,涉及旅游资源和旅游服务,是整个旅游产品的基础和最具竞争力的部分。

旅游资源是旅游者选择旅游目的地的决定性因素,也是一个国家或地区能否进行旅游开发的先决条件和构成旅游产品的基本要素。正是由于旅游地具有相当吸引力的旅游资源,才吸引旅游者不吝花费货币、时间、精力前往旅游。旅游资源可能是物质实体,也可能是某个事件,还可能是一种自然或社会现象。旅游资源的区位、数量、质量和组合状况决定着旅游产品市场的规模。旅游服务是旅游从业人员凭借旅游资源和旅游接待设施向旅游者提供的各项服务。旅游产品虽然包括在餐饮和旅游活动中消耗的少量有形物质产品,但大部分是接待服务和导游服务等无形产品。旅游服务贯穿于旅游者旅游活动的始终,根据经营阶段可分为售前服务、售时服务和售后服务三部分。售前服务是旅游活动前的准备性服务,包括旅游咨询、产品设计、旅游线路编排、出入境手续、货币兑换等;售时服务是在旅游活动过程中向旅游者直接提供的食、住、行、游、购、娱及其他服务;售后服务是当旅游者结束旅游后离开目的地时的服务,包括送到机场、车站,办理有关离境手续,托运行李、委托代办服务及旅游者返家后的跟踪服务等。

◆ 案例驿站 7.1

### "两战圣地"——临沂

临沂素称沂蒙,是全国著名的革命老区,红色旅游资源多样,分布广泛,内涵丰富,被旅游专家誉为"两战圣地"(抗日战争和解放战争)。沂蒙山革命根据地持续时间长,大量红色遗址遍布全境,主要有孟良崮战斗遗址、大青山战斗遗址、渊子崖保卫战遗址、柱子山战斗遗址、南北岱崮保卫战遗址。特别是孟良崮战斗遗址扬名国内外,在这里由陈毅、粟裕两位将军指挥的孟良崮战役,一举歼灭国民党王牌军整编74师,扭转了全国解放战争的战局。沂蒙山区在抗日战争和解放战争时期是整个华东革命根据地的指挥中心,党政军机关驻地旧址多,红色旅游资源品位高,如中共中央山东分局旧址、新四军军部旧址、八路军115师司令部旧址等。沂蒙山区是人民群众支援革命战争的典型表现区域,是闻名全国的"沂蒙精神"的承载地。当时的根据地人口共420

万,就有 120 多万人拥军支前,20 多万人参军参战,10 万将士献出了生命,以至村村有烈士,乡乡有英雄,涌现出了闻名全国的用乳汁救伤员的"红嫂"、沂蒙母亲王换于、支前模范"沂蒙六姐妹"、模范担架队等一批英雄典型。1959 年陈毅元帅曾动情地说:"我进了棺材也忘不了沂蒙山人,他们用小米供养了革命,用小车把革命推过了长江!"

华东革命烈士陵园

丰富、高品质的红色旅游资源使临沂成为全国红色旅游热点之一。2005 年 3 月,国家发改委、中宣部、国家旅游局等 13 部委联合发文,将临沂、孟良崮战役遗址和华东革命烈士陵园分别纳入全国 30 条红色旅游精品线路和百个红色旅游经典景区。2007 年 5 月,临沂又被列为全国 8 个红色旅游重点城市之一。山东省把沂蒙山革命根据地作为全省红色旅游发展的核心,把八路军 115 师在山东的转战路线作为山东红色旅游的一条主线,沂蒙红色文化旅游线被列入 7 条精品线路之一。2009 年,临沂市红色旅游接待国内游客达 1 086 万人次,接待入境游客 3.7 万人次,实现红色旅游综合收入 65.83 亿元。红色旅游成为临沂的一个王牌旅游产品。

案例来源:山东临沂市旅游局

**2. 旅游产品的形式部分**

旅游产品的形式部分是指构成产品的实体和外形,包括产品的载体、品牌、形象、特色、质量、声誉及组合方式等,是旅游产品向市场提供的实体和劳务的具体内容。

旅游产品的载体,主要指各种景区景点、旅游接待设施、旅游购物品、娱乐项目等,是以物化形式反映出来的实体部分,如映射区域传统文化特征的一个民族娱乐项目,用于景区内部的特色交通工具等等。

旅游产品的品牌、形象、特色、质量和声誉,是产品依托旅游资源、旅游设施而反映出来的外在价值,是激发旅游者旅游动机,引导和强化旅游者决策和消费行为的具体形式。由于旅游资源和旅游接待设施等方面的差异,会导致旅游产品品牌、形象、特色、质量和声誉的不同,即产品的差异。

不同的组合方式形成了各种功能和类型互异的旅游产品,可以更好地满足旅游者的多样化、个性化的需求;因此,组合方式也成为旅游产品的形式部分。组合方式的不同,致使旅游产品表现出不同的品质及前景。

3. 旅游产品的延伸部分

旅游产品的延伸部分,是指旅游者购买和消费旅游产品时获得的优惠条件及其他附加利益。例如团队游客在购买某一住宿旅游产品时得到的价格优惠,消费者参与某项游览活动所获赠的小礼品等。延伸部分不构成旅游产品的主要内容,一般情况下,对旅游产品的生产和经营影响不大。但当旅游产品核心部分和形式部分表现出较强的替代性,且任何组成都能满足旅游者的基本需要时,延伸部分往往成为旅游者对旅游产品进行判断和决策的重要依据。

◆ 案例驿站 7.2

**阳春三月春游实惠多**

2010年春节过后,花木感春而开,又是一年山花烂漫的季节,处处阳光明媚、鸟语花香,在万物复苏的春天,还有什么比在此时此刻出游更令人愉快。清明节前,济南万里行旅行社推出沂水天上王城、地下画廊特价超值一日游190元/位,并且执行2免1,即两人同时报名免一人费用。

中旅总社济南分公司在阳春三四月份推出多条精彩线路供客人选择。在出境游线路方面,推出的台湾环岛八日游、港澳纯玩五日游、日本全景豪华六日游具有极高的性价比,而广受游客青睐。为答谢新老顾客凡报名参加中旅总社出境游的游客,一律赠送价值30元的人身意外险一份。

案例来源:许超.阳春三月春游热起来线路丰富实惠颇多[N].齐鲁晚报,2010-03-24.

## 三、旅游产品的特点

从旅游产品的概念和构成的论述中可以看到,旅游产品既有有形的物质实体,又有无形的旅游服务,而且无形的服务在旅游产品中起主导作用。随着旅游业的不断发展,旅游竞争的日趋激烈,旅游产品中的服务越来越受到旅游供求双方的重视,越来越多的旅游者购买旅游产品,除了关注购买的旅游产品中的有形部分外,关心更多的是大量的无形服务。旅游者通过享受更多的服务,得到心理、精神的满足,从而获得旅游者想获得的最终利益。因而说,旅游产品既不同于工农业生产的物质产品,也不同于一般服务行业所提供的服务性产品,它是一种特殊的产品,具有以下一些主要特点。

1. 综合性

旅游产品的综合性是由旅游活动的综合性和旅游需求的复杂性决定的。旅游活动是一种综合性的社会、经济、文化活动。旅游者在整个旅游活动中的需求是多方面的,从而要求旅游产品的内涵也必须是丰富多样的。因此,旅游经营者出售的旅游产品,通常是包括食、住、行、游、购、娱等在内的综合性产品。

旅游产品的综合性首先表现为其是由旅游吸引物、旅游基础设施、旅游上层设施、旅游商品和可进入性以及旅游服务组成的"整合"产品。它既包括有形的物质产品和无形的服务等旅游从业人员的劳动成果,也包括非劳动产品和自然物,可以满足旅游者在旅游活动中食、住、行、游、购、娱等各方面的需求。其次,旅游产品综合性还表现为旅游产品是由众多的部门和行业生产或提供,除了直接向旅游者提供产品与服务的旅游部门或行业外,还涉及间接向旅游者提供产品和服务的其他国民经济部门和行业。前者如旅馆业、餐饮业、景区(点)、娱乐场所以及旅行社等,后者如轻工业、卫生、环保、文化、科技、治安、金融等部门。再次,旅游产品的综合性还表现为旅游产品涉及非部门性质的自然与社会因素,如旅游目的地国家和地区人民对旅游者的态度、旅游目的地民情风俗与生活方式等。

旅游产品的综合性表明,旅游产品的各个组成部分既是相互促进又是相互制约的。每个旅游企业的产品都会影响旅游者的整体旅游经历,影响其对整体旅游产品质量的评价。例如,旅游企业纵然有特色浓郁的民族风情等资源,但没有合适的展示设施和方式,及缺乏高质量的服务工作,那么就很难让旅游者领略其特色,旅游产品的销售前景不会看好。因此,旅游企业在进行旅游产品生产时必须全面考虑,通盘策划,使旅游产品各组成部分之间保持一定的质和量的比例,使产品的生产部门之间协调发展,任何一部分的脱节都会影响旅游者的总体感受。同时,旅游企业也需要对所提供的产品组合进行策划,对服务设施、服务项目和内容、服务过程以及旅游服务人员等各种有形和无形的内容进行最佳组合,以树立良好的产品形象和企业形象。

2. 无形性

根据旅游产品的概念,旅游产品大量地表现为旅游服务。而服务性产品的基本特征是无形性。

旅游产品的无形性主要表现在以下几个方面:第一,旅游产品的服务内容,很多时候都是无形无质的,不能让人触摸或凭肉眼看见其存在。而且,服务不仅无形无质,甚至使用服务后的利益也很难被察觉，或是要等一段时间后，旅游者才能感觉到"利益"的存在。因此，在被购买以前，旅游产品不可能感觉、嗅到或触摸。只有当旅游者到达旅游目的地，在旅游活动中享受到交通、住宿、餐饮和游览娱乐的服务时，才能感受到旅游产品的使用价值。而当旅游者在决定购买旅游产品之前却无法对其进行检查和验证。第二，无形性还表现在旅游产品的价值和使用价值不是凝结在具体的物上，而是凝结在无形的服务中。只有当旅游者在旅游活动中享受旅游服务时，才能认识到旅游产品使用价值的大小。也只有当旅游者消费旅游服务时，旅游产品的价值才真正得以实现。因此，旅游产品质量的评价取决于旅游者个人主观感受的满意与否。

旅游产品的无形性表明，在大体相同的旅游基础设施条件下，旅游产品的生产及供应可以具有很大差异，旅游产品的策划应较多地依赖于无形产品的开发，即提高旅游服务的质量和水平。此外，无形性要求在推销旅游产品时，对产品进行创意策划，把无形产品有形化，即利用多种沟通手段，把旅游产品的特征和质量转化成旅游者能看到或感觉到的信息，传递给潜在目标市场，使潜在的旅游者能对旅游产品有所认识，让旅游者建立购买该项产品能获得相应的利益意识，从而促进消费者的旅游购买行为。

3. 不可转移性

有形产品生产出来之后需要经过运输和一系列中间环节，才能到达消费者手中，对有形产品的购买表现为物质流动和所有权的转移。而旅游产品与有形产品不同，具有不可转移特性。这是因为：第一，旅游服务所凭借的旅游吸引物和旅游设施无法从旅游目的地运送到客源所在地供旅游者消费。旅游产品只有通过旅游信息的传递，通过旅游宣传促销活动把旅游者吸引到旅游目的地来进行消费。因此，旅游产品在空间地点上是不可转移的，旅游者只能到旅游产品的生产地点进行消费。第二，旅游产品销售后，在所有权上不可转移。有形的物质产品的交换带来了所有权的转移。而旅游产品的交换带来的不是产品所有权的转移，而是旅游者在一个特定的时间和地点上对旅游产品暂时的使用权，而不是旅游产品的永久所有权。旅游产品的所有权在任何时候都属于旅游目的地或旅游企业所有，不能转移给旅游者。

4. 生产与消费的同一性

旅游产品的大部分内容表现为旅游服务，其生产过程就是旅游服务的提供过程。而旅游服务的提供必须以旅游者的到来为前提，服务活动的完成需要由生产者和消费者双方共同参与。换言之，旅游产品的生产与消费是同时发生的，并且是在同一地点同时发生的。

旅游产品的这一特性表现为对旅游产品的质量很难严格控制，旅游产品的生产过程很难标准化。因为,不同顾客的需求、偏好、个性各不相同,使每位顾客都满意的服务不可能是同一的。所以,在当前旅游需求个性化的发展趋势下,旅游经营者和服务人员需要针对不同的需求提供不同的个性化产品,提高产品质量。另外,一般商品如出现质量问题,可以退换;而旅游产品由于生产、消费的同一性,旅游者只有在消费中才能体会到产品的质量高低,如果质量不高,是不能返工的,其造成的损失是无法挽回的。旅游产品生产、消费的同一性,对旅游产品的质量提出了更高的要求,旅游产品生产或经营者必须为旅游者提供优质特色服务,努力提高旅游产品在旅游者心目中的地位和影响,才能赢得声誉。

5. 不可储存性

旅游产品具有生产与消费的同一性,只有当游客购买并现场消费时,旅游资源、设施与服务相结合的旅游产品才得以存在,没有旅游者的购买和消费,旅游资源、设施与服务就不能实现这种结合,以服务为核心的旅游产品就不会生产出来。因此,旅游产品不可能像其他有形产品那样,不断地生产出来并储存起来,待机销售。虽然必要的设施、设备及劳力可以事先准备好,但这些仅仅表示具备了旅游产品的生产能力或旅游接待能力,而不是旅游产品本身。生产能力超过顾客需求量的部分其价值会白白丧失,而当需求超过供应时,也没有储备的旅游产品可利用。例如,饭店客房一天无人租住,这一天客房服务的价值就得不到实现,白白地丧失了。虽然这间客房第二天可能被租用,但该客房只能实现第二天的价值,而未被租用的这一天的客房价值则永远无法得到补偿。

6. 审美和愉悦性

旅游产品与一般物质产品最明显的不同是为了满足旅游者的精神需要,令旅游者愉悦身心,获得的美的享受,这决定了旅游产品具有审美愉悦性的特点。

旅游产品的审美和愉悦性主要表现在以下几个方面:首先,审美追求和愉悦身心是旅游者普遍的旅游动机之一。观光度假旅游是当今最主要的旅游形式,外出旅游,能获得美的享受,放松身心,是旅游者对旅游产品最基本的要求。因此,陶冶情操、放松身心应是旅游产品生产的出发点。如果一个旅游产品连旅游者最基本的要求都不能满足,就很难想象其有广阔的市场。其次,旅游者的满意度是评价旅游产品的核心依据,获得旅游者高满意度的途径就是满足其需要,令其高兴。故追求审美和愉悦应成为旅游产品生产的主要目标。

旅游产品的审美和愉悦性要求旅游生产者或经营者应将审美性和愉悦性作为旅游产品开发的基本原则,对旅游产品进行精心设计,提升旅游产品的审美品位和愉悦层次,提高旅游产品的质量,使旅游者获得最大的满意,从而提高旅游产品的吸引力和竞争力。

## 四、旅游产品分类及其体系

依据旅游产品的定义,旅游产品是一种综合性产品,也往往以单项产品的形式存在。旅游者在根据自己的需求购买旅游产品时,可以选购整体旅游产品,也可以购买组合产品中的不同单项产品。因此,为了使旅游产品的营销能充分地满足旅游者的不同需求,必须根据不同的标准,对旅游产品进行分类。根据旅游产品的特点、功能、组成要素等,可将旅游产品划分为不同的类型。

### (一)根据旅游产品的特点分类

根据旅游地景观特点和旅游活动内容的差异,旅游产品可划分为观光旅游产品、度假旅游产品、专项旅游产品和特种旅游产品四大类。

1. 观光旅游产品

观光旅游产品是旅游者以游览、观赏各类旅游景观为主要目的的旅游产品,是人类萌生旅游动机的第一选择,最容易为各层次的人所接受,也是开发其他旅游项目的基础,与多种旅游产品具有良好的兼容性,目前仍是世界旅游产品的主要构成部分。观光旅游产品又可分为传统观光旅游产品和新兴观光旅游产品两类。前者主要有自然景观观光、历史遗址与遗迹观光、城市风光观光、农业观光等旅游产品,后者主要包括国家公园、主题公园、野生动物园、海洋观光等旅游产品。

2. 度假旅游产品

度假旅游产品是旅游者以休养、消遣和娱乐为主要目的的旅游产品,具有目的地相对固定,流动性小,更加强调休息,停留时间较长,消费水平较高,回头率较高,无需导游陪同,对食宿、娱乐等设施要求较高等特点。度假旅游产品主要有海滨度假、山地森林度假、温泉度假、乡村田园度假等旅游产品。随着世界各国经济与社会的发展,人们对度假旅游产品的需求规模不断扩大、层次不断提高。

3. 专项旅游产品

专项旅游又称专题旅游,其特点是:主题明确,旅游者偏好突出,兴奋点集中,寻求更高层次的自我满足和自我实现;客源市场相对稳定,复游率高,可调节、平衡旅游淡旺季;产品形式多种多样,某些专项旅游产品常常与观光旅游、度假旅游等组合开发。发展专项旅游是区域旅游业走向成熟的标志,也会为旅游业带来更大的综合经济效益。专项旅游产品类型众多,主要有生态旅游、节庆旅游、商务旅游、文化旅游、修学旅游、工业旅游、农业旅游、购物旅游、军事旅游等。

生态旅游又称绿色旅游、环境旅游,是旅游者追求自然享受时增强环境意识、参与环境保护、增长知识的低密度、小规模、分散性的自然与文化旅游，是一种集旅游活动、自然保障、文化修养三位一体的高品位、高格调的旅游活动。

节庆旅游是一些含有多种旅游项目的事件，包括节事活动、旅游演艺、地方特色产品展览、体育比赛等具有旅游特色的活动或非日常发生的特殊事件。

商务旅游是因从事商务活动而进行的旅游，主要是指为了与他人洽谈生意、会晤、交流而形成的出游、会议等行为，以公务为主，旅游为辅。商务旅游产品包括会议旅游、奖励旅游、大型商业性活动、公务出差等众多类型。

文化旅游是旅游者以了解、体验异国他乡的特色文化为目的的旅游活动。文化旅游产品通常蕴含着较为深刻而丰富的文化内涵，旅游者一般都具有较高的文化素养和造诣及特殊兴趣。文化旅游产品种类繁多，主要有文化遗产旅游、博物馆与美术馆旅游、艺术欣赏旅游、民俗与民族风情旅游、怀旧旅游与历史人物遗迹旅游、寻根祭祖旅游、宗教旅游、文学旅游等类别。

修学旅游是以获取知识、感悟人生和修身养性等为目的的旅游方式。修学旅游产品具有多种形式，包括科学考察、社会经济调查、民俗采风、冬夏令营、求法取经、短期进修、游学等。

工业旅游是人们对工业景观、生产流水线、工艺流程及劳动场面的参观、学习，加深了解的过程，以获得知识、增长见闻。

农业旅游是乡村旅游的一个重要组成部分，是现代旅游业与农业生产相结合的一种参与性、体验性、休闲性、娱乐性较强的旅游产品形式。

购物旅游作为一种专项旅游产品的开发，对提高旅游经济效益具有重要意义。几乎所有的研究都证实，旅游者在旅游过程中的消费具有明显的挥霍倾向，即产生消费攀高或购物欲扩张现象，为开发商的购物旅游的推展提供了市场潜力。

军事旅游是利用遗弃的军事设施及设备、军事历史遗迹及纪念地、军事博物馆、开放的军营及军用装备、国防训练基地、军事演示馆等，或者营造模仿军事活动的旅游产品，逐渐受到旅游者，特别是青少年旅游者的欢迎。

4. 特种旅游产品

特种旅游产品是有特殊兴趣和较强自主性的旅游者在特殊的旅游目的地或线路上实现其带有参与性、探险性、刺激性和竞技性的个人体验目的而进行的旅游活动及其产品的总称，主要有探险、野营、科学考察、特种体育等旅游产品形式。特种旅游产品市场面较窄，但具有产品功能、宣传功能、经济功能和引导功能，对旅游目的地的发展具有特殊意义。

## (二)旅游产品的功能分酯

根距产品功妮,旅游曹品可分为康体旅游产品、刺激旅游产品、享受旅游产品、业务旅游产品等。

### 1. 康体旅游产品

康体旅游产品即能够使旅游者身体素质和体况得到不同程度改善的旅游产品类型。康体旅游产品的显著特点是其康体的效果比其他旅游产品更明显,包括体育旅游、保健旅游等类型。体育旅游产品主要指旅游者通过参加某项体育活动而促进身体改善的康体旅游产品形式,有滑雪、高尔夫、漂流、滑水、探险等类型。保健旅游产品主要指旅游者以治疗疾病,恢复或增强身体素质等为目的的旅游产品类型,主要有健身旅游、疗养旅游、森林旅游等。康体旅游通常需要一定的设施、器材和场地等条件。

### 2. 刺激旅游产品

刺激旅游产品即旅游者从未见过、听过或经历过,既标新立异又使人特别兴奋或惊心动魄的旅游产品形式。刺激旅游产品主要有探险旅游、秘境旅游、沙漠旅游、狩猎旅游、海底旅游、火山旅游、惊险游艺旅游、斗兽旅游等。探险旅游产品能充分满足旅游者的好奇心,令旅游者处于高度紧张和兴奋状态,从而使旅游者留下难忘的记忆。

### 3. 业务旅游产品

业务旅游产品即主要满足旅游者学习和探求业务知识、技能,提高自身业务水平等业务方面需求的旅游产品。主要包括修学旅游、学艺旅游、考察旅游、科学旅游、工业旅游、农业旅游等旅游产品。这些旅游产品都是满足旅游者某一方面业务的特殊需要,其内容专业性很强。业务旅游产品以功能突出、内容深刻丰富深受旅游者的青睐。

### 4. 享受旅游产品

享受旅游产品即随着人们物质生活水平的提高,为满足人们物质和精神的享受而提供的旅游产品。享受旅游产品主要有豪华列车旅游、豪华游船旅游、美食旅游等。如1989年美国的"美欧特别快车"、1990年东南亚的"东方快车"等。享受旅游通常具有消费高、娱乐项目多、活动自由和专业的服务等特点。

## (三)旅游产品的组成要素分类

按照旅游产品的组成要素,可将旅游产品分为饮食产品、住宿产品、交通产品、游览产品、购物产品、娱乐产品等。

### 1. 旅游饮食产品

旅游饮食产品首先是为了满足旅游者在旅游过程中的基本生理需要,此外也包含着品尝异国他乡饮食的风味,体验不同地区、不同民族饮食文化差异的需求。我国是一个饮食大国,饮食文化历史悠久、博大精深。因此我们在生产旅游饮食产品时,应当注重民族饮食文化的开发,突出本国、本地、本民族的特色,增强对旅游者的吸引力。

**2. 旅游住宿产品**

旅游住宿产品主要是为了满足旅游者身心休息、体力恢复等基本的生理需要。但在现代旅游活动中,一些旅游饭店不只是满足旅游者的基本生理需要,在饭店中还设有购物、健体、娱乐等服务项目,以满足旅游者精神享受的需要。特别是一些豪华饭店,本身就具有一种吸引力,成为一种旅游资源。一般而言,旅游饭店的数量多少和服务质量的高低,往往成为评价一个国家或地区旅游接待能力的重要标准之一。从时间上说,旅游者的旅游活动扣除每天的游览时间,大多数旅游者有一半以上时间是在旅游饭店里度过的,所以旅游饭店是游客旅途中的"家"。因此,使旅游者在饭店中真正感到"宾至如归"是旅游住宿产品使用价值的最集中的体现。此外,旅游者需求的多层次性,决定了经营者提供旅游饭店产品应当是多种类型的。就使用特点而言,可分为汽车饭店、商务饭店、会议饭店、疗养饭店、公寓式饭店、度假饭店等;按质量等级划分,一般分为一星至五星。由于旅游饭店产品有严格的质量标准,购买各种不同档次质量的旅游饭店产品,所提供的附加服务项目也是有差别的。

**3. 旅游交通产品**

旅游交通产品是为旅游者由常住地到旅游目的地往返以及在旅游区内移动提供服务的产品。旅游者购买交通产品,是为了实现自己旅游活动的空间转移。对于旅游者来说,购买旅游交通产品就是购买旅游交通服务,如飞机一次飞行中的舱位,轮船或火车、汽车一次运输中的一个铺位或座位,而不是交通工具的本身。一个国家或地区,旅游交通越发达,可提供的旅游交通产品越丰富、越优良,就越有利于旅游业的发展。

**4. 旅游游览产品**

旅游游览产品主要是指旅游吸引物。游览观光是旅游活动的核心内容和主要目的,游览观光的对象是各种旅游景点的景观,即旅游吸引物。旅游资源是旅游吸引物的基础条件。一个国家或地区的旅游业兴旺与否,一方面取决于它客观上拥有旅游资源丰富的程度,另一方面也取决于它在主观上开发、利用和保护这些旅游资源的程度和合理性。旅游者的兴趣爱好多种多样,其旅游动机各不相同,单一的旅游资源或单调的旅游景点难以满足旅游者的多种需求。因此,多样化是进行旅游资源开发和旅游景点建设的一种趋势。这主要表现在两个方面:一是强调自然资源、人文资源的综合开发,二是强调相关互补的旅游景点交叉结合。

**5. 旅游购物产品**

旅游购物品是指旅游者在旅游活动中所购买的,对旅游者具有纪念性、礼品性、实用性等的各种物质形态的产品,也称为旅游商品。旅游者到达旅游目的地后大都要购买一些旅游纪念品、工艺美术品、土特产品及生活必需品。这些商品大部分在旅游结束后留作纪念、欣赏或使用,或作为馈赠亲友的礼品,具有某种纪念意义。旅游购物品从某种意义上是旅游活动的延伸。在吃、住、行、游、购、娱等旅游收入中,前四项收入是"有限"消费,而旅游购物品在一定意义上说是"无限"消费。只要旅游者喜欢,他就可能购买旅游购物品,从这点看,旅游购物品可挖掘的经济效益潜力巨大。因而世界上旅游业发达的国家和地区都十分重视发展旅游购物,鼓励旅游者在短暂的旅游期间内购买本国或本地区的产品,以增加其整体的旅游效益。

6.旅游娱乐产品

旅游娱乐产品是指满足旅游者在旅游活动过程中娱乐需要的产品。旅游者在紧张的旅途中,需要通过娱乐来放松精神,并加深旅游者之间的交流。因此旅游娱乐产品成为大多数旅游者的一种基本需要。娱乐产品的多样化、新颖化、趣味化和知识化,可以充实旅游产品的内涵,从而更广泛的吸引具有各种爱好的旅游者,提高旅游目的地或旅游企业的经济效益。

### ◆ 本节相关知识链接

1. http://www.cotsa.com/
2. http://www.aatrip.com/
3. http://dlib.edu.cnki.net/kns50/
4. http://www.tourbbs.cn/

### ◆ 本章试题与知识训练

**一、填空题**

1.根据现代市场营销理论,旅游产品的一般构成由_____、_____、_____三部分构成。

2.按产品的功能划分,旅游产品可分为_____、_____、_____、_____四种类型。

3.在旅游产品的特点分类中,最基本的旅游产品是_____。

**二、判断题**

1.旅游产品的一般结构虽然分为三部分,但每部分对旅游产品的生产和经营的影响都同等重要。(　　)

2.由于旅游产品具有所有权不可转移性特征,在任何时候都属于旅游目的地或旅游

企业所有,所以旅游目的地或旅游企业怎么开发旅游资源都是正当的。（　　）

3.商务旅游强调旅游设施和服务的舒适、方便和档次,活动计划性强。（　　）

### 三、简答题

旅游产品与一般产品相比具有什么特点？

## 第二节　旅游品牌策略

### 一、旅游品牌的概念及功能

**(一)品牌与商标**

1.品牌

品牌是用来识别企业、经营者或其产品的名称、术语、标记、符号、图案等要素或这些要素的组合。著名营销学者菲利普·科特勒认为：品牌是一种名称、名词、标记、符号和设计,或是它们的组合运用,其目的是借以辨认某个销售者或某群销售者的产品或劳务,并使之同竞争对手的产品和劳务区别开来。

品牌由品牌名称和品牌标志组成。品牌名称是品牌中可用语言表达的部分,如"可口可乐"、"海尔"；品牌标志是品牌中可被识别而不能用语言表达的部分,包括专门设计的符号、图案、字体等,如"好客山东"旅游标志、广州花园酒店的花篮形标志,假日饭店和希尔顿饭店的变形英文字母等。

目前,品牌已经超越了区别的功能,成为企业形象和文化的象征,消费者从企业形象和文化中能感受到消费该品牌产品或服务带来的心理上的价值利益。因此,品牌最持久的含义是其价值、文化和个性,它们构成了现代品牌的实质。

2.商标

商标是生产经营者在其生产、制造、加工、拣选或者经销的商品或服务上采用的,为了区别商品或服务来源,具有显著特征的标志,一般由文字、图形或者其组合构成。商标分为注册商标、未注册商标,经核准注册的商标为"注册商标",受法律保护。商标注册人享有商标专用权,可依法买卖,是企业重要的无形资产。商标是品牌的一个法律名称,是指受法律保护的一个品牌或品牌的一部分。所有的商标都是品牌,但并非所有的品牌都是商标。

**(二)旅游品牌的概念及作用**

1.旅游品牌的概念

从品牌的概念出发并结合旅游的特点,旅游品牌可定义为旅游企业或其产品的名称、术语、标志、符号、图案或是它们的组合,目的是区别于竞争者,在消费者心目中形成一种综合体验和认知。

旅游品牌是旅游企业及其产品差异化的基本标志,能使旅游消费者通过其提供的有效信息来识别企业及其特定的产品,是吸引旅游者购买其产品与服务的一个主要的决定性因素。在旅游营销中,旅游品牌是形成企业产品和服务特色、取得竞争优势的重要武器。

2. 旅游品牌的作用

(1)品牌对旅游消费者的作用。

①旅游品牌有助于旅游者辨认、识别所需产品,从而有利于消费者权益的保护。《中华人民共和国消费者权益保护法》规定:"保护消费者的合法权益是全社会的共同责任","消费者因购买、使用商品或者接受服务受到人身、财产损害的,享有依法获得赔偿的权利","经营者应当标明其真实名称和标记"。另外,同一品牌商品表明应该达到同样的质量水平和稳定的服务质量,这样便于消费者选购不同品牌的产品。

②旅游品牌有助于旅游者规避购买风险,降低购买成本,从而有利于旅游者选购旅游产品。品牌是一个差异化符号,它代表着产品的品质、特色、服务,这就缩短了旅游者识别旅游产品的过程和购买的时间。正如世界著名的庄臣公司董事长杰姆斯·莱汉所说:"如果你心中拥有一个了解信任的品牌,那它将有助于你在购物时能更轻松快捷地做出选择。"

③旅游品牌有利于旅游者形成品牌偏好。旅游者一旦形成品牌偏好,就可以减少旅游消费失调行为,从而获得一种满足,再继续购买该品牌时,就会认为他们购买了同类较好的商品,从而获得一种满足。再者,他们已经了解了购买该品牌所能带来的好处或利益,他们也乐意继续购买,而且认为购买是值得的。另外,品牌是有个性的,当这种个性与旅游者个性相对一致时,旅游者会购买该品牌,并且认为该品牌成为他们生动形象的一种象征性标志。

(2)品牌对生产者的作用。

①旅游品牌有助于旅游产品的销售和占领市场。品牌一旦形成一定的知名度和美誉度,旅游企业就可以利用品牌优势扩大市场,促成旅游消费者形成品牌忠诚,从而使销售者在竞争中得到某些保护,并使他们在制定市场营销计划时具有较大的控制能力。知名品牌代表一定的质量和性能,容易吸引潜在的旅游者,从而降低营销费用,所以有人提出品牌具有"磁场效应"和"时尚效应"。

◆ 案例驿站 7.3

**"好客山东"旅游品牌让山东旅游响彻全国**

"好客山东"旅游品牌是山东省旅游产业为了实施"品牌带动"战略,高度概括山东资源优势、文化优势、服务优势,邀请著名设计专家确定的旅游品牌。

山东是中华文明的发祥地之一,齐鲁文化是中华民族文化的主流,在数千年中华民族文化的形成发展进程中发挥着主导作用。早在2600年前,被誉为春秋第一相的齐国宰相管仲就提出了"以人为本"的理念。山东是孔子的故乡,"好客文化"凝聚着齐鲁文化的基因。2500年前,孔子就提出了"仁者爱人"、"有朋自远方来,不亦乐乎"的理念,后来孟子又加以丰富。2000多年来,"好客山东"文化已经沉淀为热情豪爽的山东人性格,凝练成为"仁者爱人"的"山东精神",演变成为知行合一的山东民俗。

山东人朴厚的心地,朴实的品性,朴素的感情,朴质的行为,构成了历代传承而相沿不辍的好客文化,这是山东旅游发展最重要的文化基础和道德资源,"好客山东"旅游品牌以人为本,抓住了山东旅游文化的核心。

在确定了"好客山东"旅游品牌后,2008年山东省31家单位联合在央视等主流媒体共同推介,在全国产生了轰动效应。据央视索福瑞公司提供的数据,2008年度,全国71%的电视观众约9.12亿人次看了"好客山东"形象广告。"好客山东"成为国内外高度认同的山东旅游品牌。

案例来源:http://www.sdta.gov.cn.

②旅游品牌有助于保护产品所有者的合法权益。旅游品牌通过注册获得商标专有权,受到法律保护,可以有效地防止假冒产品的侵害,品牌本身是一种特殊的无形资产。

③旅游品牌有助于市场细分,进而进行市场定位。品牌有自己的独特的风格,除有助于销售外,还有利于企业进行市场细分。企业可以对不同的细分市场推出不同品牌以适应不同旅游消费者的个性差异,更好地满足旅游消费者。

④旅游品牌有助于扩大旅游产品组合,节约新产品投入市场成本。一个新产品进入市场,风险是相当大的,而且投入成本也相当大,但是企业可以成功地进行品牌延伸,借助已成功或成名的品牌,扩大企业的产品组合或延伸产品线。采用现有的知名品牌,利用其知名度和美誉度,推出新产品以节约促销成本,提高经济效益。

⑤旅游品牌有助于旅游企业抵御竞争者的攻击,保持竞争优势。新产品推向市场后,如果畅销,很容易被竞争者模仿,但品牌是企业特有的一种资产,可以通过注册得到

法律保护。另外，品牌忠诚也对其他企业构筑了进入壁垒。品牌忠诚是竞争者通过模仿无法达到的，当市场趋向成熟，市场份额相对稳定时，品牌忠诚是抵御竞争者攻击的最有力的武器。所以，从一定程度上说，品牌是企业保持竞争优势的一种强有力工具。

### 二、旅游品牌策略

旅游企业从事品牌运营，科学而合理地制定品牌策略是其核心内容。品牌策略主要包括品牌有无、品牌归属、品牌统分、品牌延伸、多品牌、品牌再定位等策略。

1. 品牌有无策略

拥有自己的品牌对供应者和旅游者的好处是不言而喻的，品牌的有益作用是旅游企业选择品牌战略的重要原因。但是拥有自己的品牌必须支付相应的费用，增加旅游企业的运营成本，同时也要承担一定的市场风险。尽管品牌能给旅游企业、旅游者带来很多的好处，但并不是所有的旅游产品都必须一定有品牌，要看品牌运营的投入产出比较而定。

当然，旅游产品有无品牌不是一成不变的。随着品牌意识的增强，许多旅游企业都在不断地提高品牌化程度。

2. 品牌归属策略

旅游企业在决定要进行品牌经营时就会涉及如何选择品牌归属问题。对此，一般有三种可供企业选择的策略，一是使用自己的品牌，即企业品牌；二是将产品销售给中间商，由中间商使用其品牌将产品出售，即中间商品牌；三是企业对部分产品使用自己的品牌，而对另一部分产品使用中间商品牌。

旅游企业是选择生产者品牌还是选择中间商品牌，即品牌归属生产者还是归属中间商，要全面考虑各种因素，综合分析得失，最关键的是要看生产者和中间商谁在旅游产品分销链上居主导地位，谁拥有更好的市场信誉和拓展市场的能力。一般来说，在生产者市场信誉好、实力强、市场占有率高的情况下，宜采用生产者品牌；相反，在生产者资金拮据、市场营销薄弱的情况下，应以中间商品牌为主，或全部采用中间商品牌。当然，如果中间商在某目标市场拥有较好的品牌忠诚度及庞大而完善的销售网络，即使生产者有自营品牌的能力，也应该考虑使用中间商品牌。

3. 品牌统分策略

企业的大部分产品或是全部产品都使用一个品牌，还是各种产品分别使用不同的品牌，如何决策关系到品牌运营的成败。品牌统分上通常有四种可供选择的策略。

（1）统一品牌。

统一品牌即所有的产品都统一使用一个品牌。旅游企业采用统一品牌策略能够降低新产品的促销费用,可以在企业的品牌已经赢得良好市场信誉的情况下,顺利推出新产品,有助于显示旅游企业的实力和塑造企业形象。但是,若某种产品出现问题,可能会产生"多米诺骨牌"效应,影响其他产品和整个企业的信誉。此外,统一品牌策略还存在易相互混淆、难以区分产品质量档次等令旅游者不便的缺憾。

(2) 个别品牌。

个别品牌指旅游企业对各种不同的产品分别使用不同的品牌。这种策略可以保证旅游企业的整体信誉不至于受某种产品声誉的影响,便于旅游者识别不同质量、不同档次的旅游产品,也有利于企业新产品向多个目标市场渗透,但是促销费用相对较高。

(3) 分类品牌。

分类品牌指旅游企业对所有产品在分类基础上使用不同的品牌。同一类旅游产品可以采用统一品牌策略,也可以采用个别品牌策略。

(4) 企业名称加个别品牌。

企业对各种不同产品分别使用不同的品牌,并在各种产品的品牌前面冠以企业名称。这种做法可以使新产品与老产品统一化,进而享受企业的整体信誉。同时,各种不同的产品分别使用不同的品牌名称,可以将不同的产品区分开来。

### 4. 品牌延伸策略

品牌延伸是指将一个现有的品牌名称使用到一个新类别的产品上;品牌延伸策略是将现有成功的品牌,用于新产品或修正过的产品上的一种策略。品牌延伸并非只借用表面上的品牌名称,而是对整个品牌资产的策略性使用,是实现品牌无形资产转移与发展的有效途径。因为品牌也受生命周期的约束,存在导入期、成长期、成熟期和衰退期,品牌作为无形资产是企业的战略性资源,如何充分发挥企业的品牌资源潜能并延续其生命周期便成为企业的一项重大的战略决策。品牌延伸一方面在新产品上实现了品牌资产的转移;另一方面又以新产品形象延续了品牌寿命,因而成为企业的现实选择。须注意的是,品牌延伸策略是一把双刃剑,如果新的延伸产品得不到消费者的认可,则会影响该品牌的市场信誉。

### 5. 多品牌策略

在相同产品类别中引进两个以上的品牌的策略称为多品牌策略。企业运用多品牌策略可以在产品分销过程中占有更大的市场空间,而且多种不同品牌代表了不同的产品特色,可以吸引各种不同需求的旅游者,有助于企业培植、覆盖市场,降低营销成本,限制竞争对手。但是运用多品牌策略时容易造成自身品牌的过度竞争,如新老产品之间的竞争。因此要注意各品牌的市场份额大小及变化趋势,适时减少市场占有率过低的产品。

#### 6.品牌重新定位策略

品牌重新定位策略也称再定位策略,即全部或部分调整品牌的原有市场定位。也许一种品牌在市场上最初的定位是适宜的、成功的,但是到后来企业可能不得不对之重新定位。原因是多方面的,如竞争者可能继企业品牌之后推出新的品牌,并抢占企业的市场份额;顾客偏好的转移,对旅游企业品牌的需求减少;旅游企业决定进入新的细分市场。为使旅游品牌能持续发展,必须适时、适势地做好品牌重新定位工作。

在品牌重新定位决策时,首先应考虑将品牌转移到另一个细分市场所需要的成本,包括产品品质改变费、包装费和广告费。一般来说,再定位的跨度越大,所需成本越高。其次,要考虑品牌定位于新位置后可能产生的收益。收益大小是由以下因素决定的:某一目标市场的消费者人数、消费者的平均购买率;在同一细分市场竞争者的数量和实力,以及在该细分市场中为品牌再定位要付出的代价。

### 三、旅游品牌设计与培育

在确定了旅游品牌策略之后,为了获得旅游消费者的注意、欣赏,必须进 P 品牌策划设计。品牌名称和品牌标志对消费者来说是最直接、最有效和最感性的视觉识别及最重要的品牌决策依据。因此,品牌名称、品牌标志和品牌包装也就构成了品牌设计的最主要内容。

#### (一)旅游品牌设计

##### 1.品牌名称

品牌名称是旅游品牌构成中可以用文字表达出来并能用语言进行传播交流的部分,是形成品牌概念的基础和实施品牌营销的出发点。一个好的品牌名称应具有以下特征。

(1)具有美感。首先,听起来悦耳动听。一般知名品牌的名称都符合声韵学的要求,大致符合平仄之声的要求。其次,看后赏心悦目,视觉上能给旅游者留下有关品牌的良好形象。

(2)易读易记。品牌必须让旅游消费者熟悉和掌握,名称确定也应该简单明了、易读易记。以中国汉字为例,一般以两个或三个字为宜。也可用一个字的名称,后面加上一个"牌"字,部分具有特色的四字名称也能够为消费者接受。

(3)突出个性。旅游品牌名称贵在标新立异,不落俗套,有独特个性与风格,这样才有利于发挥旅游品牌的独到魅力,给消费者以鲜明印象和感受,经久难忘。

(4)启发联想。目前,我国旅游产品的名称一般突出产品的实质内容,例如"×地双飞七日游",这虽然使产品的内容一目了然,但缺少暗示的寓意,无法引发消费者的联想,没有充分发挥名称在促进旅游购买动机方面的潜力。

2.品牌标志

品牌标志由于其特有的视觉形象效果,如同品牌名称一样可以创造产品的差别化、品牌的联想和消费者的品牌偏好,进而影响品牌的市场表现与消费者的品牌忠诚。

(1)品牌标志设计的要求

品牌标志是一种视觉语言,通常通过图案、颜色、符号或词组的方式向消费者传递产品信息,实现识别品牌、产生联想、刺激购买的目的。品牌标志设计在符合有关法律和不同地区的民族生活和风俗习惯的基础上,应做到:

要有利于塑造企业及其产品的良好形象。品牌标志是最重要的旅游形象要素之一,具有对旅游产品直接的促销功能。好的品牌设计象征着高知名度、高质量、高美誉度,使消费者得到视觉满足、心理满足和价值满足,可以促使消费者产生喜爱的感觉。

要有利于引发品牌联想。人们从好的品牌设计容易联想到有关产品属性和功能,形成对企业实力、创造力和价值提供的期望。

要有利于市场竞争。市场竞争在形式上主要表现为品牌竞争。在产品的质量、功能、价格、服务等差别不大或对产品的质量等信息不完全了解的情况下,品牌标志是消费者识别和记忆品牌的主要指示器,消费者选购商品的重要依据就是品牌标志。

要有利于产品宣传。无论是新闻宣传、广告宣传,还是产品推介,品牌标志始终是宣传的中心议题。好的品牌标志可以强化消费者接受产品宣传的印象,体现品牌产品的质量水平和美誉度,培养消费者忠诚。

(2)品牌标志设计的内容

品牌标志是文字、图案和色彩等因素的综合。因此,根据品牌标志采用的表现方式可以分为:文字设计、图案设计、色彩设计等几个方面。

①品牌的文字设计。品牌的文字标志常常采用品牌名称,如可口可乐。

②品牌的图案设计。我们可以发现许多国际著名品牌的图案是产品推广和促使消费者记忆的重要工具。许多品牌标志是用图案或图案与文字的结合来表示的。各种自然界的动物、植物、文字组合和地理天象等都是构成品牌图案的素材。以饮料品牌太阳神的标志为例,我们可以发现,太阳神品牌的图案设计,以简练、强烈的圆形与三角形构成基本定格,用圆与三角构成对比中力求和谐的形态,圆形是太阳的象征,代表健康、向上的商品功能与企业经营宗旨。

③品牌的色彩设计。品牌标志的色彩设计通常都采用标准色来体现品牌。标准色是企业选用某种特定的颜色或一组色彩系统,作为所有视觉媒体的同一色彩,用以表现

企业的产品和企业的经营理念。由于色彩具有强烈的视觉刺激,在许多场合中,色彩比品牌图案更易吸引人们的视线,造成强烈的视觉冲击,加深人们对品牌产品及企业的印象。如"好客山东"色彩的搭配。

◆ 案例驿站 7.4

### "鲜明、形象、生动"的山东旅游品牌标识

山东旅游品牌标识,结合了传统元素与现代设计的新动向,通过文字符号图形化设计融汇古今元素,突出"山东Shandong"与"山东人"最核心的形象表达:"好客Friendly";同时,绚丽的英文符号色彩组合与汉字"山东"以及一枚清晰的"好客"朱文印章,共同组成了这个文化气息浓厚、充满愉悦感的现代标志。

好客山东"Friendly Shandong",是对山东旅游最生动、最直接的信息传递。"有朋自远方来,不亦乐乎?"(出自《论语·学而篇第一》),两千多年传承下来的齐鲁待客之道,从未改变。中英文的组合设计方式也是国际化趋势的要求所在。

而"文化圣地,度假天堂"这一具象描述,则是对山东以文化体验与休闲度假为特色的旅游品牌形象的重要"提示"。

山东旅游品牌标识,将中外古今的语言、文字等设计元素融合到一起,以丰富的色彩变化,对应山东深厚的历史文化底蕴和独特的休闲度假魅力,丰富、动感、亲切,构成强烈的视觉冲击。以五岳之首、大海之滨、孔孟之乡、礼仪之邦的整体形象,结合"山东、山东人"的"好客之道",以"诚实、尚义、豪放"的鲜明个性,传递特色化、国际化的现代形象与文化意识。一个饱含"山东人"热情的充满感召力的新形象,构成强烈的视觉记忆。这一品牌标识通过多角度、多层面的立体化推广和应用,可以形成丰富的信息传递,增强山东旅游品牌的社会认知度,也将呼唤起更多更强烈的对山东和中国文化的向往、求知与探索欲望。

案例来源:山东省旅游局

### 3. 品牌的包装

旅游产品作为一种特殊产品，进行品牌包装是为了宣传，以抓住消费者的心理，增强消费者的感受和满意度。品牌包装主要包括理念包装、文化包装、物质包装和旅游品牌商标化。

(1) 理念包装。

所谓理念包装是指对定位后的品牌赋予特定的理念内涵，树立高品位的理念形象，并用简单鲜明的语言表达出来。如泰山的理念形象定位为泰山是中华民族的神山、圣山，进而引申的意义是：中华民族的传人，一生起码应当登一次泰山。

(2) 文化包装。

文化包装是指在理念充分认识的基础上，深入挖掘文化价值，用一种或多种文化现象作为载体表达这种理念。理念毕竟是抽象的，没有外在的文化现象解释和证明这种理念，会阻碍人们对理念的解读，影响理念形象的传播，会给人名不副实、哗众取宠的印象。

(3) 物质包装。

物质包装是指以有形的实体凸显品牌的内涵，强化品牌的理念和形象。以景区为例，物质包装包括：精心设计、施工，创造精品；创造优美环境；完善设施，建设星级厕所、游客中心、医疗急救中心，设计完善的公共信息图形符号、各类告示牌等。景区建设以人为本，以游客为中心，努力打造精品。

(4) 品牌商标化。

品牌商标化是指尽可能地将品牌在有关部门注册商标，这是加强品牌保护、维护品牌形象的重要措施。旅游产品是一种服务性产品，注册商标是树立服务品牌的基础。由于旅游产品的无形性、各种服务要素的连续组合性、易重复性、模仿性，并有事后获得效益、不能重复使用、弹性大的享乐型消费的特点，使旅游产品商标注册存在一定的难度。旅游品牌商标的要素有：商标名称及旅游景区名称、酒店名称、标徽、标准字体、吉祥物或标志物等。

### (二) 品牌的培育

#### 1. 品牌的建立

品牌培育是一项长期的、艰苦的工作。在明确了品牌名称和品牌标志以后，品牌工作重点就要转移到品牌建立的工作上来，主要有以下几个方面。

(1) 品牌产品质量的建设及管理。

著名品牌专家大卫·阿克在对品牌的定义中指出，品牌首先向公众承诺的是保持并不断改善的产品质量。品牌是一种物化了的经济形象,这一形象的树立,是通过"物"的形式来表现的,即产品及其质量水平。一个品牌名称或设计符合市场需求还是远远不够的,品牌的背后一定要有稳定的、持续改进的产品质量水平在支撑,才不至于名不符实,昙花一现。品牌市场竞争的首要因素是产品的质量,产品质量高,就为企业的品牌竞争奠定了良好的基础。一个品牌成长的生命力来源于质量,一个品牌在市场上垮掉,许多也是缘于质量出现了问题。所以说产品质量是品牌的生命,是支撑品牌的基础。

旅游品牌的质量包括旅游产品自身质量和旅游品牌质量给消费者的感受。其中,旅游产品质量是品牌质量的基础,消费者对质量的感知是品牌质量的扩张。品牌质量的评价有内外两方面的标准,应该在保持旅游产品质量的前提之下,提高旅游消费者对戏牌的认知度和忠诚度。

旅游品牌质量管理是以旅游品牌质量为管理对象,确定质量方针、目标和责任,借助质量体系中的质量策划、质量控制、质量保证和质量改进等手段来实施全部管理职能的所有活动。具体的旅游品牌质量管理的方法有:

①旅游产品设计开发的质量管理。旅游品牌的质量管理始于产品的设计开发。旅游产品是无形的服务产品,在设计开发中,工作主要围绕功能设计展开。旅游产品功能的出发点和归宿应该是消费者的需求。旅游企业必须对旅游消费者的需求特征、企业经营的宏观和微观环境、自身资源条件等进行准确的调研和科学的分析,设计开发出适应旅游者需求的产品。

②旅游产品生产(销售)过程中的质量管理。旅游产品的生产、销售过程是品牌质量管理的关键环节。旅游产品具有生产与消费同一性的特点,产品是通过一线员工的个性化服务得以生产和销售的。要保证产品的高质量,必须使生产过程处于控制状态之下。即尽可能地保证生产过程能稳定、持续地生产出符合设计质量的产品。

旅游产品生产过程中的质量管理应包括以下几个方面:首先,对于旅游服务所依托的硬件设施、设备的管理;其次,对于服务人员工作标准化与个性化的管理;最后,对于旅游消费者行为的引导。

③旅游者期望值的管理。旅游者对品牌的期望值会直接影响旅游者对品牌质量的感知。在品牌质量管理中,应根据实际情况有效调整旅游者的期望值,将其引导至合理水平,提高消费者对旅游品牌的质量认知。

④旅游品牌质量的检验与监督。首先,建立明确的品牌质量标准。品牌质量标准是对品牌质量进行衡量、测度和比较的规范与尺度。质量标准应通过规范化的标准文件明确规定,以便进行测度、衡量和比较质量是否符合标准以及质量的优劣。其次,进行品牌

质量检验。质量检验是对产品以及服务的一种或多种特性进行测量、检查、实验、计量,并将质量特性与规定的要求进行比较以确定其符合性的活动。质量检验主要通过度量、比较、判断,处理完成品牌把关、预防、报告和改进的职能。最后,进行品牌质量监督。质量监督是为了确保规定的质量要求,按有关规定,对程序、方法、条件、过程、产品和服务进行记录、分析。据此进行连续监视与验证。旅游品牌的质量监督包括外部监督和内部监督,外部监督如国家监督、行业监督、社会监督,内部监督则包括部门内部的"线内"监督和部门之间的"线外"监督。此外,在保持稳定的产品质量水准的同时,品牌产品质量建设要根据顾客的需求,以满足顾客和消费者最大效用为出发点,不断提高和改进产品的质量。

(2)拥有核心竞争能力。

品牌价值的创造,有效手段之一是建设企业的核心竞争能力。核心竞争能力是指企业所具有的开发独特产品、独特技术及独特营销活动的能力。企业产品、服务带给消费者以独特的价值、利益,其他企业难以模仿,拥有核心竞争能力的品牌可以长期和稳定地获取高于其他品牌的价值收益。

(3)品牌投资。

品牌投资是指企业在品牌的建设过程中要花费大量的人力物力,来培植品牌资产。品牌是企业的无形资产,对于这一点,所有的企业和企业家都十分理解,但是在实际营销活动中却忽视了"种瓜得瓜,种豆得豆"的基本规律,即只注意利用品牌开发市场,获取利润,而忽视对品牌发展和完善的投资。国内外许多拥有知名品牌的企业对品牌的投资力度是非常大的,他们把品牌视作企业的生命,不惜投入巨资设计品牌和发展品牌,特别是消费品生产企业每年用于品牌的技术和宣传投资达到其销售收入的10%以上。加大对品牌的技术和人才的投资力度,提高品牌的科技含量,更是企业实施品牌战略的切入点,名牌的崛起与发展往往是通过品牌之间科技含量的竞争来实现的。只有开发高技术含量、高附加值、高质量的产品,才能在当今激烈竞争的市场中占有一席之地,致力于增强企业的发展后劲,从而为品牌的长远效益奠定基础。

**2. 品牌的沟通与传播**

品牌的价值在于消费者对品牌的认知和接受,而品牌的沟通与传播是建立消费者品牌认知和品牌忠诚的主要手段,也是提高品牌知名度的有效途径。从信息经济学理论的角度来研究品牌现象,我们可以发现品牌是一个不完全竞争市场的产物,这是由于品牌拥有者与品牌产品的使用者所掌握的信息是不对称的,品牌的沟通是在一个不完备、不确定和非系统的信息传递市场条件下展开的,那么品牌作为信息载体是市场参与者引导和反馈各种市场现象与市场功能的主要工具之一,这就需要企业采用多种沟通和传播方式,利用品牌向消费者提供各类所需的信息。消费者对产品信息掌握的越少,就越需要进行品牌信息的沟通与传播。

品牌的沟通与传播主要采用的手段有:广告宣传、销售推广和公共关系等。市场营销的重要内容之一就是沟通与传播活动,而这种传播是持续而统一的,在沟通过程中要持续保证品牌形象、声音、个性的一致性,使广告、促销、公关、直销、包装、新闻媒体等传播手段一体化,用统一的信息与消费者沟通,在消费者心目中产生不可磨灭的良好记忆与联想。此外,信息高速公路作为新的品牌沟通方式引起了企业的关注。

◆ **专题笔谈 7.1**

**认知心理的旅游地品牌培育对策**

旅游者获得信息、萌生游意、做出决策,直至获得游后体验的过程,实际上就是在心理上对旅游地形成认知、产生联想、心生赞誉,最终建立品牌忠诚的过程。基于这一心理认知机制,旅游地品牌的培育必须增强信息刺激,扩大旅游地品牌的知名度;创设情境空间,拓展旅游地品牌的联想度;强化品质观念,提高旅游地品牌的美誉度;做好价值营销,增强旅游地品牌的忠诚度。

资料来源:谢春山,张岚.认知心理的旅游地品牌培育对策[J].大连民族学院学报,2008(4).

◆ **本节相关知识链接**

1. http://www.cotsa.com/
2. http://www.aatrip.com/
3. http://dlib.edu.cnki.net/kns50/
4. http://www.tourbbs.cn/

◆ **本章试题与知识训练**

**一、名词解释**

1.旅游品牌　　2.品牌理念包装　　3.旅游品牌质量管理

**二、填空题**

1.在品牌统分上,通常有_____、_____、_____和_____四种可选择的策略。

2.一个好的品牌名称应具有_____、_____、_____和_____等特征。

3.品牌包装包括_____、_____、_____和_____四个方面的内容。

### 三、简答题

1.旅游企业如何确定自己的品牌归属?

2.多品牌策略对旅游企业及其品牌有何影响?

## 第三节　旅游产品组合策略

### 一、旅游产品组合及相关概念

旅游产品组合是指旅游企业提供给市场的全部产品线和产品项目的组合或搭配,即经营范围和结构。

旅游产品线,又称旅游产品大类,即旅游企业生产经营的一组具有类似特征、密切相关的旅游产品。如观光类、度假类、探险类旅游产品,分别构成一条产品线。划分依据:产品功能上相似;消费上具有连带性(如旅游住宿与饮食);供给相同的顾客群(如旅游度假者);有相同的分销渠道;属于同一价格范围等。

旅游产品项目是指旅游产品线中各种不同种类、规格、质量和价格等的特定的旅游产品。如观光旅游产品线中的山东泰山观光、蒙山观光、青岛海滨观光等。

反映旅游产品组合的指标有:产品组合的长度、宽度、深度和关联度。如图7.1所示。

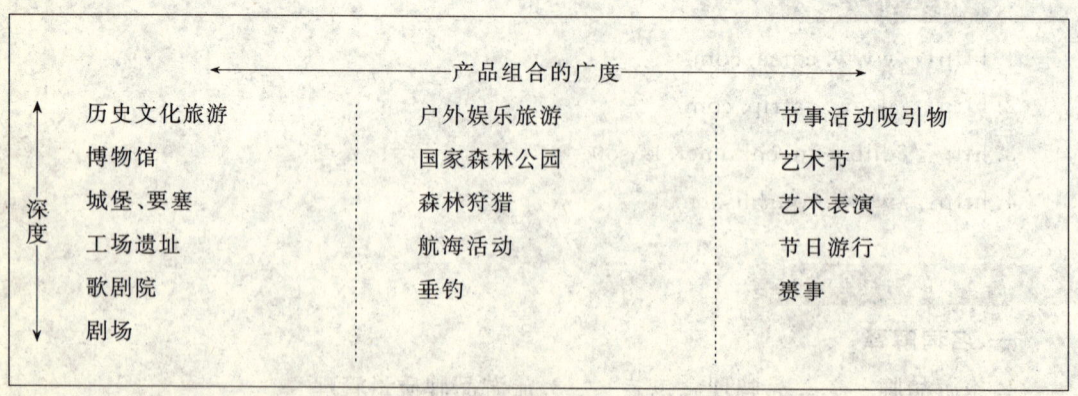

图7.1　旅游产品组合示意

产品组合的长度是指企业所有产品线中产品项目的总和。

产品组合的宽度（或称为广度）是指旅游企业所经营的产品线的数量。产品线数量越多，产品组合的宽度就越大，否则越窄。例如，一家旅行社经营观光旅游产品、度假旅游产品和修学旅游产品三种不同旅游产品线，以满足旅游者不同的旅游需要，我们称这家旅行社产品组合的宽度为3。又如，一家饭店向客人提供住宿服务，同时还向客人提供餐饮、购物、健身、娱乐服务，那么饭店的产品组合的宽度就是5。宽的产品组合可以拓展市场面，多方面地满足旅游者的需求，提高旅游企业的市场应变能力和抵御经营风险的能力，增加企业的经济效益；窄的产品组合则有利于旅游企业降低经营成本，集中力量提高旅游产品质量，实现专业化的经营。

产品组合的深度是指平均每条产品线中所包含的产品项目数量。例如，饭店经营的客房服务产品中，分为标准间、豪华间、普通间和总统套房服务等。旅行社经营的观光产品中有以山水旅游为主的产品，有以文物古迹旅游为主的产品。其中，山水旅游又有桂林、苏杭、西安等几条不同的旅游线路，文物古迹旅游又有去北京参观明清时期的古迹或者去陕西、河南参观明清以前的古迹的线路。增加产品组合的深度可以满足多层次旅游者的需求，占领同类产品内的更多细分市场，提高企业的市场竞争力。

产品组合的关联度，又称密度，指企业产品组合中各产品线在最终用途、生产条件、分销渠道或其他方面相互联系的程度。比如，旅行社的观光产品和度假产品就有比较强的关联度。产品组合的关联度越高，产品线之间相互协调、配合的可能性就越大，越有利于企业节约生产成本，增强竞争力。

## 二、影响旅游产品组合的因素

1. 旅游需求

旅游产品组合是为旅游需求服务的，不同的消费者有不同的需求，不同时代和地区的消费者有不同的旅游需求。远古时代以宗教和商务旅游需求为主，度假和疗养成为中世纪旅游的时尚，继而发展到观光旅游、非观光旅游，这些不同的旅游需求便成为旅游企业组合旅游产品的依据。需求是随着时代和地区而变化的，因而产品的组合也是动态的。

2. 旅游企业的生产能力

企业的生产能力在很大程度上决定着旅游产品组合的状态。因而，旅游企业应切合实际，根据本企业的生产能力推出最适合的旅游产品组合，切忌盲目照搬，推出与本企业不相符的旅游产品组合。

3. 旅游企业的目标市场状况

目标市场状况决定了旅游需求状况，旅游产品组合要有的放矢，先选择企业要进入的目标市场,再根据目标市场状况决定旅游产品组合,使产品适销对路,提高市场占有率。

4.竞争企业的状况

在进行旅游产品组合时,还须对竞争者予以透彻的了解,知己知彼,方能百战不殆,比较双方的优势和劣势,扬长避短,避实就虚,才能形成科学、合理的旅游产品组合。

此外,影响旅游产品组合的因素还有旅游产品生产技术的发展、旅游基础设施状况、政府政策、其他旅游产品的市场销售状况和旅游企业未来的预期等因素。

## 三、旅游产品组合策略

旅游产品组合策略是指旅游企业根据经营目标、资源条件以及市场需求和竞争状况,对旅游产品组合的长度、宽度、深度和关联度进行的决策。可供企业选择的产品组合策略主要有如下四类。

1.产品组合扩大策略

产品组合扩大策略即旅游企业通过增加新的产品线或增加原有产品线中的产品项目来扩大产品组合规模。

当旅游企业预测到现有产品线的销售额和盈利率在未来的经营周期内有可能下降时,就需要考虑在现有产品组合中增加新的产品线,或加强其中有发展潜力的产品线的长度;当旅游企业想要增加产品的特色,或是要为更多的细分市场提供产品时,可以选择在原产品线内增加新的产品项目。通常情况下,产品组合扩大策略可以充分发挥企业的人力、物力、财力等资源条件,分散风险,增强竞争力。

2.产品组合缩减策略

产品组合缩减策略即旅游企业在目前经营范围内,削减产品线中的某些产品项目甚至整条产品线。

旅游市场环境是多变的,当市场不景气时,缩减产品组合能够使企业走出危机,总利润上升。旅游企业在原有产品组合中剔除获利小、甚至不获利的产品项目或产品线,可以集中人力、财力、物力,发展获利多的产品项目和产品线。有些旅游产品线是呈不断延伸趋势的,如以自然资源为依托的观光旅游项目可以延伸发展成生态旅游项目。在这种情况下,要剔除那些得不偿失的产品项目,使产品线缩短,以适应新的市场需求。

3.产品延伸策略

产品延伸策略即旅游企业突破原有产品经营档次和范围调整产品组合。各个旅游产品都有其特定的市场定位,而产品延伸策略是将全部或部分地改变原有旅游产品组合的市场定位,包括向上延伸策略、向下延伸策略和双向延伸策略三种。

(1)向上延伸策略。

向上延伸策略即旅游企业在某些产品线中,增加高档次产品项目,并适当削减低档次产品项目,使产品组合向高档化、名优化发展。因为高档产品具有较大的成长率和较高的利润吸引力,在旅游企业内部技术能力、财力、物力以及营销能力等因素均已具备时,企业就可以重新进行产品线的市场定位,进入高档产品市场。这一策略风险较大,处置不当不但难以收回所投资本,而且会影响原有产品的市场份额。

◆ **案例驿站 7.5**

### 走出人造主题公园怪圈 济南园博园寻求"突围"

开幕时车水马龙热热闹闹,时隔不久却门可罗雀,鲜有游客上门——如何解答这一人造主题公园普遍遇到的难题,济南园博园日前提出一个方案:举办首届齐鲁民间艺术展演活动,增加景区的文化内涵。

"畅游园博园,欢乐过大年。农历虎年正月初三到初六,将有来自济南各县(市)区的40支优秀民间艺术表演队伍到园博园轮番献艺,演出舞龙、舞狮、高跷、秧歌、锣鼓等具有浓郁山东风情和民族特色的群众性文艺节目。"济南市园林局负责人介绍说。"此举意在弥补景区冬季景观不足,拉动旅游消费,更重要的是充分发挥园博园的平台作用,增加园博园的文化内涵,为今后园博园的品位经营和长期运营积累经验。"

济南园博园位于长清区大学科技园,是第七届中国(济南)国际园林花卉博览会的主要载体,园博园参展城市达到86个,参展各类展园达到108个,创造了"建设时间最短,要求最高;展园不漏省份,数量超过往届"的园博奇迹。自2009年9月23日开园后,已接待旅客70多万人次,不仅自身实现了经济效益和社会效益双丰收,也有效地提升了济南西部地区的环境和人气。但随着冬季的到来,园内花谢叶落,园区运营也遇到了"严寒"。

"应该说园博园建设之初就已经计入虑到了淡期运营的问题。"济南市园林局有关负责人介绍说。一方面,济南地处我国南北交汇之处,兼具沿海城市与内陆城市的双重特性,园林风格也集南方私家园林与北方皇家园林之长,从气候到物种再到造园手法,具有过渡地带的代表性。这是济南园博园有别于其他同类主题公园的独特之处。另一方面,已经举办和将要举办的活动有高层论坛、未来民居设计方案大赛和盆景、赏石、插花艺术、书画摄影展览,以及以齐鲁文化或儒家文化为基本主题的中国特色文化论坛、园博城市文化周、大学生文化艺术节、迎新春济南民俗文化展等,以增加对游客的吸引力。

"毕竟园博会为济南留下一座永久性的优秀园林建筑,这是一笔丰厚的旅游文化资产,将成为山东'一山一水一圣人'旅游热线上的重要景点。"园博园所在的长清区对此表现出了更大的积极性。据介绍,长清区正努力将园博园与灵岩寺、五峰山各种文物古迹及大学科技园各高校博物馆、文化馆、科技馆等资源进行重新整合,打造以园博园为龙头的"灵山秀水,休闲长清"旅游品牌。目前,长清区推出的"园林博览、宗教胜境一日游","泉城中心区、灵岩寺、五峰山、济南国际园博园二日游"等四条精品旅游线路,已解决了多年来长清区景点未能纳入旅行社线路的问题,取得了借势园博会加速发展全区旅游业的突破。

资料来源:晁明春.走出人造主题公园怪圈 济南园博园寻求"突围"[N].大众日报,2010-02-08.

(2)向下延伸策略。

向下延伸策略即旅游企业在某些产品线中,增加低档次产品项目,并相对减少高档次产品项目,使产品组合趋向大众化。由于高档旅游产品声誉较高,一些购买力水平较低的旅游者容易慕名购买该产品线中的廉价旅游产品。而由于高档旅游产品的销售额增长缓慢,企业为了获得更多的利润和争取更多的消费者,会将产品线向下延伸。有些旅游企业最初进入高档产品市场是为了树立形象、建立品牌,然后再进入中、低档产品市场,借以扩大市场占有率。另外,有些旅游企业为了补充自身产品线的空白,也会实行这一策略。这一策略营销费用较高,也有一定的风险,处理不当会有损于原有高档旅游产品的形象和旅游企业的声誉。

(3)双向延伸策略。

双向延伸策略即旅游企业在某些只有中档产品项目的产品线中,同时增加高档和低档产品项目,使产品组合趋向完整和层次化。此策略可阻止竞争者利用产品需求空档加入市场竞争,从而加强企业的市场地位。

4.产品组合现代化策略

此策略强调产品组合与现代科学技术的结合。随着当代科学技术的快速发展,一些旅游产品组合的长度、宽度、深度虽然依然适合,但产品组合的形式却已经过时了,这意味着必须对该旅游产品组合实行现代化的改造。例如,某旅行社的"黄龙、九寨沟双卧游"的旅游线路,在20世纪80到90年代一直很火爆,但到了21世纪却不再受旅游者青睐，人们开始热衷"双飞游"，因为时间对于当代人而言，更加宝贵。面对这一问题，旅游企业要增加新的、科技含量高的旅游产品项目，逐步实现产品组合的现代化，以适应市场需求的变化。

◆ **本节相关知识链接**

1. http://www.cotsa.com/
2. http://www.aatrip.com/
3. http://dlib.edu.cnki.net/kns50/
4. http://www.tourbbs.cn/

◆ **本章试题与知识训练**

一、名词解释

1. 旅游产品组合　　2. 旅游产品组合宽度　　3. 旅游产品线

二、填空题

1. 饭店经营的客房服务产品中，分为普通间、标准间、豪华间和总统套房，则该饭店产品的深度是_____。
2. 产品延伸策略在具体的方法上有_____、_____、_____三种。
3. 产品线现代化策略强调_____与_____相结合。

三、简答题

1. 影响旅游产品组合的因素有哪些？
2. 简述旅游产品组合扩大策略和缩减策略的内涵。

## 第四节　旅游产品生命周期与策略

### 一、旅游产品生命周期理论

如同人体要经过出生、生长、成熟与衰老一样，绝大多数产品在市场上都有一个产生、成长、成熟和衰退的过程，旅游产品也不例外。

旅游产品生命周期，是指旅游产品从进入旅游市场到最后被淘汰出旅游市场的全过程，一般包括导入期、成长期、成熟期和衰退期四个阶段。

若以销售量的变化来衡量产品生命周期，则产品生命周期曲线如图7.2所示。

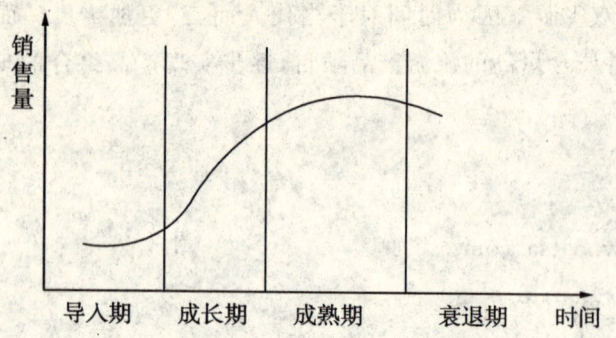

图 7.2 旅游产品生命周期示意

这里给出的产品生命周期曲线图是一种典型形式,实际上并非所有产品都按照该曲线图运行。有些产品由于开发研究及市场预测失误,刚一上市就不受消费者欢迎而夭折;有些产品几十年甚至更长时间畅销不衰;而有些产品可能在经历了成熟期之后,并未步入衰退期,反而又进入第二个快速成长期。市场营销学者在研究了数百种产品之后,发现了产品生命周期的六种不同形式。主要有:循环—再循环型,这种形式是由于企业采取各种不同的市场营销策略,使产品生命周期出现了再循环现象。扇型,这是一种比较特殊的产品生命周期形式。它表示一种产品由于发现了新的产品特性,找到了新的用途,或者发现了新的市场,从而使其生命周期不断延长。非连续循环型,大多数时尚产品的生命周期属于此类。该类产品一上市即热销,而后很快在市场上销声匿迹。上述三种形式的产品生命周期曲线如图 7.3 所示。

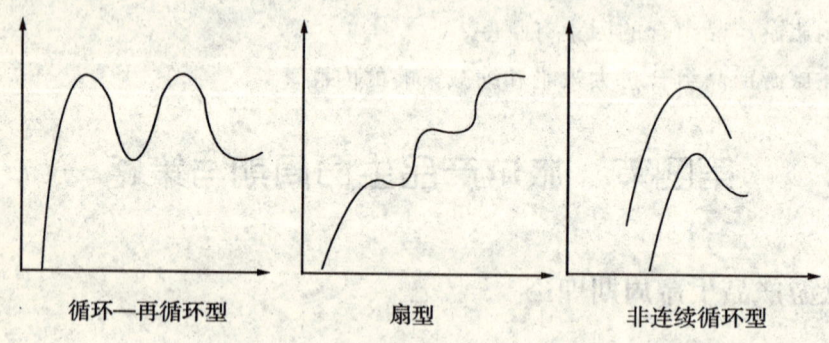

图 7.3 产品生命周期的不同形式

## 二、旅游产品生命周期不同阶段的特点与营销策略

在旅游产品生命周期的不同阶段,旅游产品的成本、价格、销售额、单位利润水平、总利润水平等呈不同的变化趋向,具有不同的特征。这些变化特征正是旅游企业制定营销

策略的基点。因此,旅游企业必须准确掌握不同阶段的特点,采取针对性的策略,并随着时间的推移和市场形势的变化不断做出适当的调整。

**(一)导入期的特点及营销策略**

导入期是指新产品首次正式上市后的最初销售时期。如新的旅游线路开通面市,新的旅游景点、旅游饭店、旅游娱乐设施的建成使用,新的旅游项目、旅游服务的推出等等。在这一时期,新产品尚未被旅游者了解和接受,企业须做大量的宣传促销活动,广告费用和其他营销费用开支较大,而销售量小,单位产品成本较高,利润较少,甚至出现亏损。企业在这一阶段承担的市场风险较大。但这一阶段市场竞争者通常也较少,企业的市场机会比较大。

在导入期,旅游企业营销的目标应该是:使产品尽快地为旅游者所接受,缩短产品的投入期,迅速进入和占领市场,尽快步入成长期。企业应开展大量的促销工作,运用各种促销手段,宣传产品特性以及给旅游者带来的利益,使旅游者及中间商认识和了解产品。在分销方面,导入期的旅游产品适宜于采用全方位的销售策略,以迅速扩大市场面。大多数旅游产品在导入期采取高价策略,以弥补较高生产成本和促销费用。同时,企业应继续改进产品,建立健全各项管理规章制度,提高管理水平和服务质量。

从定价和促销组合的角度考虑,旅游企业在产品导入期可选择的营销策略有四种。

**1. 快速撇脂策略**

快速撇脂策略即以高价格和高促销水平的组合方式推出新的旅游产品。高定价可以获取尽可能多的销售利润,使企业尽快收回开发时的投资并给市场以"高质"的印象。利用高促销迅速提高产品的知晓度,使产品尽快进入市场、打开销路。这种策略比较适用于有鲜明特色且短期内难以仿制、吸引力较强、需求潜力较大、消费者不甚了解并愿意支付高价格的旅游产品。例如,国内市场推出的"新、马、泰十日游"初期。

**2. 缓慢撇脂策略**

缓慢撇脂策略即以高价格低促销费的组合方式将新产品推向市场的策略。以高价出售保证单位产品利润的最大化,较低的促销水平可以减少产品的销售费用。这种策略的适用范围是:产品具有高度垄断性、市场容量较小,市场基本了解这类产品,并愿意出高价消费,竞争对手的潜在威胁不大。比如,三峡大坝合龙时推出的"告别三峡游"。

**3. 快速渗透策略**

快速渗透策略即以低价格和高促销水平的组合方式将新产品推向市场的策略。低价格可以迅速渗透扩展市场,较大地提高产品的市场占有率,并且可以有效地阻止潜在竞争者的介入。市场容量较大、消费者对此产品不了解且对价格十分敏感、潜在竞争激烈的旅游产品较适用此策略。比如,到河南焦作云台山的各种专列旅游就属于该类产品。

4. 缓慢渗透策略

缓慢渗透策略即旅游新产品以低价格和低促销水平的组合进入市场的策略。低价格可以使市场尽快接受这类产品,然后在占领市场的基础上,再逐渐提价。低促销则是为了降低销售费用,提高利润率。这种策略适用情况是:市场容量较大,产品需求价格弹性较高,消费者对此产品已有相当了解且对价格反应敏感,促销的作用不明显,有一定的潜在竞争者。比如,国内市场推出乡村旅游之初即采取这种策略。

(二)成长期的特点与营销策略

旅游产品成长期的特征是:产品逐渐被消费者接受和认同,销量迅速增加,营销的相对成本降低,平均促销费用相对减少,利润水平提升;由于利润高,吸引竞争者大量进入,市场竞争加剧。

这一时期,旅游营销的主要目标是稳定已有市场,开拓新市场,扩大产品的市场占有率。旅游营销策略重点应放在提高产品质量,加强品牌形象塑造,开辟新的销售渠道和降低产品价格上。

1. 提高产品质量

旅游企业可进一步完善企业基础设施的配套建设,规范服务流程和技巧,增加新的产品,在增加产品特色和优质服务上下工夫,力求创出声誉较高的名牌旅游产品,吸引更多的潜在顾客。

2. 加强品牌形象塑造

导入期的促销重点在于提高产品知名度,成长期的促销重点应转移到以树立旅游产品形象和旅游企业声誉上来。加强旅游品牌形象培育的力度,争取潜在旅游者,促使旅游消费者增强对旅游企业及其产品的信任度和忠诚度。

◆ 案例驿站 7.9

### 南岳旅游发展焕发新活力

南岳衡山是一个老牌景区,自古有"五岳独秀"的美誉,但随着新景区的不断增多,旅游市场竞争日趋激烈,如何使老品牌焕发出新活力便成为南岳旅游发展的最大问题。针对世界旅游发展已进入休闲时代的新趋势和人们普遍追求健康长寿的新要求,结合南岳寿文化源远流长的资源特征,景区所在地南岳区旅游局于 2000 年提出了"旅游品牌强区"的发展战略。在品牌文化方面进行了大胆创新,将南岳衡山的品牌形象

> 革新定位为"中华寿岳",确定了打"中华寿岳,天下独寿"这张王牌,以品牌树立形象,以形象扩大影响,以影响促进发展。2002年,南岳区顺应世界旅游发展大势,以超前的意识确立了南岳2002年"生态文化旅游年"的工作主题,提出了"中华生态游,寿岳写春秋"、"五岳衡山独秀,天下南岳主寿"、"祈福到南岳,求寿上衡山"、"寿山福地南岳游"等时尚化、个性化的旅游形象主题宣传口号。针对三个黄金周,突出参与性、娱乐性和文化性,南岳区分别策划了"幸运香火游"、"南岳冰雪游"、"十万游客名山赏烟花"、"寿岳送福"文艺晚会、第二届南岳衡山山地车赛等文化特色旅游活动。特别是2002年中国南岳衡山第3届寿文化节暨庙会再一次成为南岳品牌传播的成功之举。
>
> 案例来源:袁平.旅游市场营销[M].郑州:郑州大学出版社,2006.

3.开辟新的销售渠道

通过市场细分,在完善产品质量的同时,针对不同目标市场的旅游需求,选择对产品生产和销售都有利的中间渠道,并给予相应的优惠,拓展、完善旅游销售渠道。

4.降低价格

选择适当的时机,适当降低产品价格,或给予消费者一定的优惠和折扣,以吸引对价格敏感的低层次消费者群体,及阻止潜在竞争者的过多涌入。

(三)成熟期的特点和营销策略

在此阶段,旅游产品已被绝大多数可能的购买者消费,潜在顾客已经较少,产品的销售增速已放慢,市场需求渐趋饱和,销量达到最高点,利润达到最大化,许多竞争者进入市场,市场竞争处于最激烈的阶段。

成熟期是产品生命周期的黄金阶段,企业应采取主动出击的策略,延长成熟期,或使旅游产品生命周期出现再循环。可选用的策略如下。

1.市场改良策略

市场改良策略即通过市场细分,努力寻找和开拓新的目标市场,向市场需求的深度和广度发展。具体方法有:一是刺激重复购买。例如,通过提高产品质量、调整产品价格、改进广告内容等方法,刺激旅游消费者增加对产品的使用次数,进一步挖掘市场潜力,增加销售量。二是市场多元化。设法开辟新市场,寻找新顾客,把产品推入尚未购买该产品的市场。成功的案例有深圳华侨城的民俗文化村、世界之窗、锦绣中华的市场运作,其最初的市场定位是面向港澳市场,进入20世纪90年代后,华侨城就把目标市场由已经饱和的港澳市场转向了内陆市场,在全国人造景观中产生了轰动效应。

### 2. 产品改良策略

产品改良策略即以产品自身的改变来满足顾客不同需求的策略。旅游企业可改变产品功能、特性、形式、内容等来吸引更多的消费者，提高销量。①提高产品质量。改进旅游配套设施，增设新的服务项目和游览项目。②开发新产品。根据市场不断涌现的新需求，创新产品形式，开发适合消费者需求特点的新产品，实现产品的升级换代和新旧产品自然衔接。

### 3. 营销组合改良策略

营销组合改良策略即通过改变市场营销组合中的价格、分销、促销因素来延长产品成熟期的策略。如价格方面采用灵活的定价方法、实行价格优惠、运用多种定价技巧等来保持原有市场和吸引新的市场。分销方面扩大销售渠道，增加销售网点，科学评价、选择中间商，适当增加直销比例。促销方面要提高促销水平，调整促销方式等。

## （四）衰退期的特点与营销策略

在这一阶段，旅游产品原有的吸引力丧失，销售额迅速下降，利润减少，甚至亏损，产品逐渐被更适合顾客需要的新产品所取代，竞争者逐渐退出市场。

面对处于衰退期的产品，旅游企业须进行认真研究分析，决定采取什么策略，在什么时间退出市场。通常有以下几种策略可供选择。

### 1. 继续策略

继续策略即继续沿用以前的策略，使用相同的销售渠道、定价和促销方式，直到产品完全被市场淘汰为止。

### 2. 集中策略

集中策略即把企业能力和资源集中在最有利可图的市场和销售渠道上，从中获取利润。这样有利于缩短产品退出市场的时间，同时又能为企业创造更多的利润。

### 3. 收缩策略

收缩策略即大幅度降低促销水平，尽量减少销售和推销费用，以增加目前的利润。这样可能导致产品在市场上的衰退，但又能从忠实于这一产品的顾客中得到利润。

### 4. 放弃策略

放弃策略即对衰退比较快的产品应该当机立断，放弃经营。可以采取完全放弃的形式，也可采取逐步放弃的形式，使该产品所占用的资源逐步转向其他产品。

## 三、旅游产品生命周期与企业产品战略转移

尽管不同旅游产品的生命周期长短不同，但任何产品的市场生命都是有限的。

随着市场的变化,老的产品会被新的产品所取代,最终走向消失。每个旅游产品只是企业产品体系的一个组成部分,即使部分产品退出,企业也将开发新的旅游产品,从而继续生存下去。不过,旅游产品生命周期的不同阶段呈现出不相同的特点,如何恰到好处地掌握产品的退出时机,对企业获得产品利益的最大化和市场经营至关重要。

如果老产品在市场上处于衰退期,新的换代产品又不能及时问世,这时其他企业会乘虚而入,抢夺市场,造成旅游企业推出新产品的机会损失。同理,如果新老产品替代时机较早,新产品的投放,会对老产品产生排挤,不能充分发挥其经济效益。因此,面对战略转移问题,企业至少要具备一定的战略眼光,必须掌握住产品的战略转移时机。新产品进入成长期后,就要研制开发第二代或第三代新产品。对于旅游企业而言,应同时拥有第二至第三代新产品,方可使企业在市场竞争中处于主动地位。

### ◆ 本节相关知识链接

1. http://www.cotsa.com/
2. http://www.aatrip.com/
3. http://dlib.edu.cnki.net/kns50/
4. http://www.tourbbs.cn/

### ◆ 本章试题与知识训练

**一、名词解释**

1. 旅游产品生命周期　　2. 缓慢撇脂策略　　3. 快速渗透策略

**二、填空题**

1. 旅游产品生命周期大致分_____、_____、_____和_____四个阶段。

2. 旅游企业在产品导入期的快速撇脂策略是指以_____和_____的组合方式推出新的旅游产品。

3. 在旅游产品的成长期,旅游产品营销策略的重点是_____、_____、_____和_____。

**三、简答题**

1. 简述旅游产品成熟期的特点及营销策略。
2. 旅游产品衰退期有哪些可供选择的策略?

## 第五节　旅游新产品策略

### 一、旅游新产品的概念与分类

市场营销学中所指的新产品与科学技术领域中所指的新产品在含义上是不同的。在市场营销学中,新产品是相对未被满足的需求而言的,凡是对产品整体概念中任何一部分进行创新和改革,从而能满足潜在消费者需求的产品都属于新产品的范畴。因此,旅游新产品是指旅游生产者初次设计生产的,或者原来生产过,但又做了改进,在内容、结构、服务方式、性能上更为科学、合理,与原有旅游产品存在显著差异的产品。如新建一处旅游景点,是新产品;酒店出售的同一间客房,提高了设施用品水准,也是新产品;某地旅游景点不变,但改变了旅游线路,同样是新产品。根据产品的新颖程度,旅游新产品可分为4种类型,即全新型、换代型、改进型和仿制型。

1. 全新型旅游新产品

全新型旅游新产品即市场上以前从未生产和销售过的新产品,如开辟一条新的旅游线路、新开发一个景点、新开展一项有特色的专项旅游项目等。全新旅游产品的开发周期长,投入大,风险也较大。如锦绣中华、世界之窗主题公园的出现,都是当时我国旅游市场上前所未有的旅游新产品。

2. 换代型旅游新产品

换代型旅游新产品即旅游企业对现有产品进行较大改革后产生的新产品。总体上看,旅游产品一般都会经历由传统的观光旅游产品到主题观光旅游产品再到非观光旅游产品的升级换代的过程。换代旅游新产品意味着旅游产品在向高级阶段发展,并且与原有的旅游产品在时间上是继起的,在空间上则可以并存。如我国在最初观光型旅游产品的基础上,把旅游城市西安、兰州、张掖、敦煌、哈密、乌鲁木齐、喀什等城市连接起来推出了大型专线旅游产品——"丝绸之路"游,这是一种经过组合的主题型观光旅游产品,对于观光旅游就是一种换代型产品。

3. 改进型旅游新产品

改进型旅游新产品即旅游企业对原有产品进行局部改进而不进行重大改革的新产品。可能是旅游企业在配套设施或服务方面的改进,也可能是旅游项目的增减。例如,客房服务增加免费早餐服务、包价旅游中采用几种旅游者自由度较大的小包价旅游方式等,都属于改进新产品范畴。

#### 4. 仿制型旅游新产品

仿制型旅游新产品即旅游企业对市场上已经存在的畅销产品进行模仿而生产出的新产品。企业在仿制旅游产品的过程中还可能有局部的改进和创新,但是基本原理和结构是仿制的。仿制旅游产品是旅游市场上一种重要的竞争策略,世界旅游市场仿制旅游产品非常普遍。如仿照锦绣中华、民俗文化村而推出的北京世界公园。

### 二、旅游新产品的开发趋势

随着生活水平的提高,旅游产品逐渐成为人们经常性的消费品,人们对旅游产品的需求也逐渐多样化和复杂化,为了更好地满足市场需求,旅游新产品的设计开发层出不穷,出现了下列一些新的趋势。

#### 1. 科技含量日益增高

目前,新技术日新月异,且广泛地运用到社会经济的各个领域,对人类社会的发展产生了巨大的影响。这种影响也已深入到旅游产品的创新中,包括交通、饭店、景区等各个方面。如许多饭店正在大力研究开发的具有设备自动化、消防自动化、保安自动化、办公自动化、通信自动化即"5A"功能和良好服务的"智能酒店"就具有极高科技含量。

#### 2. 更加"物超所值"

今天的消费者不再满足旅游企业仅提供单一的观光线路和简单的住宿、就餐服务,同时还有健身、娱乐、增长知识等多元化需要。因此,企业在研究开发新产品时,必须在重视满足消费者基本需求的同时,努力使新产品具有更多的功能,以给消费者更多的方便,满足现代消费者对旅游的多元化需求。

#### 3. 更具有多样性

新的旅游产品层出不穷,呈现多样化趋势。国际上著名城市和度假胜地纷纷推出会展旅游,以期获得相应的经济及社会效益。乡村旅游是以城市居民为目标市场,以满足旅游者娱乐、求知和回归自然等方面需求的一种旅游产品。修学旅游可以使旅游者通过旅游活动接受教育,增加对不同国家、地区的社会文化的了解,补充原来在书本上所学不到的东西。猎奇旅游以满足现代人求新、求奇的需要为目的,现在已有多位旅游者实现了太空之旅。这些多样化的旅游产品同时也是在满足个性化的需求。

#### 4. 更具地方文化性

旅游是一种体验,消费者不仅要求在旅游过程中得到娱乐享受,也希望能够体验不同民族带有传统特色的民俗和生活方式,得到同样的精神上的满足。旅游产品的设计首先应该尊重消费者的宗教信仰、文化传统、风俗习惯。另一方面,也应该更加体现地方文化特色,保持文化的原真性,使消费者感受到不一样的文化经历,并从中获得精神上的满足。随着各种人造及合成的物品、民俗风情舞台化表演的泛滥,人们对纯自然文化产品的需求越来越多,更倾向于对真实文化的亲身体验。

5. 更加注重保护生态环境

旅游业在开始发展时被称为"无烟产业",但随着社会发展,人们逐渐认识到旅游产业的发展对自然和人文环境存在着一定的破坏作用。地球环境的污染和破坏给世界各国的人们敲响了警钟,保护生态环境已成为全世界共同的呼声。追求生活品质的消费者,已不仅仅满足于优越的物质享受,更希望拥有美好的生活环境,这种希望也反映在旅游需求中。因此,为了适应人类文明的进步和满足消费者的需求,旅游企业将更加重视研究开发保护生态环境的新产品。日益受到市场追捧的生态旅游开发,正是这种趋势的表现之一。

◆案例驿站 7.7

### 潍坊推出农业旅游观光新方式

近日,笔者从潍坊市旅游局获悉,山东潍坊推出了创新型农业旅游观光方式——"土地认领",受到游客好评。

近年来,潍县萝卜生态旅游体验景区作为生态农业旅游观光项目,成为带动都市农业发展的有力引擎。潍坊市从去年首届中国潍县萝卜文化节上,推出了"土地认领"活动,游客都表现出了强烈的参与愿望。今年,在第二届潍县萝卜文化节即将举行之际,"一屋一地"、"一家一户"的农家小菜园成为广大游客关注的焦点,报名的达到五六十人,报名者主要是孩子和退休老人。

"土地认领"是寒亭区益民合作组织负责人张广元的得意作品,他在潍县萝卜交易中心中负责潍县萝卜生产、管理、销售。张广元介绍,今年他们针对萝卜种植、管护季节的到来,及时出台了土地认领活动,开辟了总面积 300 亩、每块 100~150 平方米的若干块富有农家特色的"一屋一地"土地认养休闲体验专区。在专区内,合作社种植萝卜、白菜、香菜、菠菜等农家常用蔬菜,采取租赁、寄养等多种方式,提供一切管理设施和技术指导。在游客生产、体验、娱乐时提供全方位的农业服务,无形中提高了萝卜的附加值,增加了农户的收入。

"孩子看到自己的收获,非常高兴。土地认领活动,让孩子多亲近自然,通过劳动增强了对社会、人生的认知,丰富了他们的情感。"在交易中心,来自市区的一位游客说,他们一家人刚刚参加了"田园体验"领地活动,花不多的钱,就为孩子活动找到了一块"自留地"。同时也弥补了自己多年的"土地情结",找回了儿时的回忆。

"'农村土地城市消费',潍县萝卜交易中心在这方面走在了前列,都市农业的内涵在这里得到完美体现。"张广元从活动策划中发现,依托农业的服务消费项目是市场空白,具有巨大的商机。

资料来源:山东旅游信息中心

### 三、旅游新产品的开发程序和内容

旅游新产品开发是有风险的,因此要选择一些既有特色又有市场,本企业有能力开发又能较快获得效益的产品。为此,有必要建立研制新产品开发的科学管理程序。从市场营销学的角度出发,旅游新产品从设想到开发成功的过程,大体要经历七个阶段。

#### (一)创意阶段

即旅游新产品构思产生的阶段。为满足某种旅游市场需求而提出的产品研制、开发的设想、创意,称为旅游新产品构思。一般来说,旅游新产品构思的来源有以下几个方面。

1. 旅游消费者

依照市场营销的观念,消费者的需求和欲望是寻找新产品构思的出发点。旅游企业可以通过对消费者的直接调查、建议和投诉信件来确定顾客的需求和欲望,从而得到不同的新产品构思。通常情况下,征询意见和处理投诉是获得新产品构思极为重要的来源。

2. 旅游企业营销人员

旅游营销人员工作在旅游的第一线,长期与顾客打交道,交往联系频繁,因此他们所提供的资料和所反馈的信息全面、真实,往往有利于产品构思创意的产生。

3. 旅游企业内部职工

企业内部职工一般是所在领域的专家,让职工参与创意,可以集思广益,但重要的是调动职工的积极性,让全体职工来为企业的新产品构思出谋划策。旅游企业应建立制度化的合理化建议处理体系,包括对合理化建议的有效奖励,也就是说,在保证服务质量的同时,也要提倡和鼓励创新意识。这在旅游市场竞争激烈的情况下尤为重要。

4. 旅游中间商

旅游中间商掌握着客人需求和投诉的第一手资料,了解顾客的需求所在,同时对多种旅游产品的类型和特点了如指掌,掌握着大量供需信息。为了产生新的构思,越来越多的企业正在培训和奖励它们的中间商。

5. 竞争者

分析竞争者产品的成功和失败之处,特别是客人的评价意见,往往可以发现新的创意。或者模仿、或者改造、或者避其锋芒,从而可激发对新产品的构思。

6. 专家和调研人员

旅游专家、旅游调研人员可根据国内外的信息和情报以及供需间的变化等进行可行性研究,然后提出建议和方案。

此外,旅游企业在构思新产品时,还可以向行业顾问、管理顾问和广告公司等调查。

◆ 案例驿站7.8

### 蔚蓝世界海底幻境

青岛海底世界位于青岛汇泉湾畔,它整合了青岛水族馆、标本馆、淡水鱼馆等原有旅游资源,与依山傍海的自然美景相融合,形成山中有海的奇景。独特的地理位置,现代化的展示手段,使其成为全国独具特色的海洋生态大观园。

青岛海底世界是现代化大型海洋生态旅游展示项目,集海洋观光旅游与科普教育于一体。目前已推出"人鲨共舞"表演、美人鱼表演等众多特色表演项目,独创了"海底探险"、"海底婚礼"等时尚旅游体验项目。

青岛海底世界创造了多项业内纪录,拥有2个世界第一、4个全国第一,形成了青岛黄金海岸线上一道独特的亮丽风景线。(1)拥有世界上最大的单体亚克力圆柱展缸。(2)拥有世界上馆藏最为丰富的海洋生物标本馆。(3)国内第一个展示部分全部在地下的海底世界。(4)国内首家采用180°常规视窗、254°大视窗和360°圆柱视窗等多种形式相结合的海底隧道结构,游客观赏范围和角度实现最大化。(5)国内第一家从国外引进荧光壁画的海底世界,向您展现出梦幻般深邃的海洋、宇宙景象。(6)国内第一家拥有开放式海洋实验室的海底世界,并附有海洋科普教室,实现了海洋旅游和科普教育的有机结合。

案例来源:http://www.qdhdworld.com/

(二)构思筛选

第一个阶段的目的是产生大量的构思,然而哪些构思付诸实施,还需要进行构思筛选,即对各种新产品构思进行去劣存优的工作,常用方法是制定新产品构思评估表。评估结果的准确程度,关键在于评估因素及其权重的确定。在筛选的过程中,要防止两种错误发生:一是"误舍",即把本来很好的构思误认为是不可行的而舍弃掉;二是"误用",即采用错误的构思,造成时间和成本的浪费。对新产品构思进行筛选时,要从以下几方面来考虑企业的成功要素有多大:企业声誉和影响、营销力量、研究和开发力量、员工素质、财务实力、生产能力、地理位置和设施、采购供应等。

(三)产品概念的发展和测试

产品概念的发展是将选定的产品构思具体化,用文字或图像等描述出来;产品概念的测试是将产品概念在选定的消费者中征求、收集意见、建议,使其完善。

(四)商业分析

所谓商业分析,就是要预测一种产品概念的销售量、成本、利润率及收益率,预测开发产品的资金风险和机会成本。在目前旅游市场竞争愈演愈烈,消费者对价格和价值之间的关系越来越敏感,开发新产品风险不断增大的背景下,商业分析的重要性日渐显现。

商业分析要求旅游企业进行深入细致的旅游市场调查和预测,广泛收集各种数据。调查和预测的内容包括:社会经济的发展水平;顾客的收入状况、人口结构、旅游偏好;国内外有关旅游产品的品种、数量、规模、价格、销售渠道及消费者的反映;旅游市场的需求变化和旅游新产品的发展前途,等等。分析内容主要包括需求分析、成本分析、价格水平分析、盈利分析等。商业分析的方法常用的有盈亏平衡分析法、回收期法、投资报酬率法、净现值法、内部收益率法等。通过对各方面信息的综合分析,就可有效地确定旅游新产品的竞争能力、潜在需求量及获利能力。

(五)新产品研制与开发

这一阶段的工作主要包括两方面:研制样品和对新产品样本进行严格的测试和检查。研制样品就是企业投入资金、设备和劳力,将产品概念实体化;对新产品样本进行严格的测试和检查,包括功能测试和消费者测试。功能测试主要看新产品的使用功能、外观功能、地位功能及性能质量等是否达到规定的标准。消费者测试主要是试用样品,看消费者的满意程度如何,并发现使用中的问题。

(六)市场试销

试销是把少量通过测试和检查的样品作为正式产品投放到有代表性的小范围市场上进行试验销售,旨在检验这种新产品的市场效应,然后决定是否进行批量生产。试销的目的是使新产品失败的风险趋于最小。当然,并非所有新产品都必须经过试销,是否需要试销,主要取决于企业对新产品成功率的把握。

### (七)商品化

新产品试销成功后,新产品就正式进入了商业化的推广阶段,亦即进入了生命周期的导入期阶段。这一阶段产品的利润很低,甚至可能出现亏损。因此,企业应注意何时、何地、用什么策略将新产品投入市场。

#### 1. 投入时机

旅游产品的需求具有较强的季节性,应在最恰当的季节投入市场,以争取最大销量。如选择在旅游旺季时,在原有旅游产品空缺较大时,在政治经济大环境较为宽松时投入市场更为有利。

#### 2. 投入地区和目标市场

新产品是投入到一个区域还是几个区域?是国内市场还是国际市场?一般情况下,先集中投入某一地区市场,然后随着时间的推移有计划地逐步进行市场扩展。实力雄厚并拥有顺畅销售渠道的大企业,也可直接将新产品全面投入市场。最理想的目标市场应该是最具有潜力的消费群,他们一般最早购买新产品,最善于理解和接受新生事物,最具传播影响力。

旅游新产品投放市场后,还要对其进行评价。旅游经营者要搜集旅游者的反映,掌握市场动态,检查产品的使用、消费效果,为进一步改进产品和调整市场营销策略提供依据。

### ◆ 本节相关知识链接

1. http://www.cotsa.com/
2. http://www.aatrip.com/
3. http://dlib.edu.cnki.net/kns50/
4. http://www.tourbbs.cn/

### ◆ 本章试题与知识训练

**一、名词解释**

1. 旅游新产品　　2. 改进型旅游新产品　　3. 旅游产品的商业分析

**二、填空题**

1. 根据产品的新颖程度,旅游新产品可分为 _____、_____、_____ 和 _____ 四种类型。

2. 一般情况下，旅游新产品构思的来源主要有_____、_____、_____、_____、_____、_____等。

3. 在新产品构思筛选的过程中，要防止_____和_____两种错误发生。

三、简答题

1. 旅游新产品的开发呈现什么样的发展趋势？
2. 旅游新产品开发的程序包括哪几个阶段？

## ◆ 本章小结

**1. 本章结语**

旅游产品是旅游业发展的基础和企业经营的对象。从旅游供给者角度来看，旅游产品是指旅游供给者为满足旅游者在旅游过程中的需要，向旅游者提供的各种物质产品和服务。而从旅游者的角度来看，旅游产品是指旅游者支付一定的金钱、时间和精力所获得的满足其旅游欲望的经历。旅游产品是一个综合性的概念，整体旅游产品由产品的核心部分、形式部分和延伸部分三个层次构成。旅游产品具有综合性、无形性、生产和消费的同一性、不可贮存性、不可转移性、审美和愉悦性等特点。根据旅游产品的特点、功能、组成要素等，可将旅游产品划分为不同的类型。

旅游品牌是旅游企业或其产品的名称、术语、标志、符号、图案或是它们的组合。旅游品牌对旅游企业发展和旅游者的消费都具有重要作用。旅游品牌策略主要包括品牌有无策略、品牌归属策略、品牌统分策略、品牌延伸策略、品牌再定位策略等。品牌设计的主要内容包括品牌名称设计、品牌标志设计和品牌的包装。品牌名称、标志形成之后，需要进行品牌的建立、沟通与传播，以培育品牌，积累品牌资产。

旅游产品组合是指旅游企业提供给市场的全部产品线和产品项目的组合或搭配。评价旅游产品组合的指标有产品组合的长度、宽度、深度和关联度。在进行旅游产品组合时，应考虑旅游需求、旅游企业的生产能力、目标市场状况、竞争企业的状况等，可选择扩大或缩减产品组合、产品组合延伸、产品组合现代化等策略。

旅游产品生命周期是指旅游产品从进入旅游市场到最后被市场淘汰的全过程，一般包括导入期、成长期、成熟期和衰退期四个阶段。各个阶段都有自身的市场特点，旅游企业应据产品不同阶段的特点制定相应的营销策略，并选择合适的时机进行营销策略的调整及产品的战略转移。

旅游新产品是相对未被满足的旅游需求而言的，可分为仿制型、改进型、换代型和全新型新产品四个类型。旅游新产品开发呈现出科技含量日益增高、更"物超所值"、更具有多样性、更具地方文化性、更注重保护生态环境等趋势。旅游新产品开发程序一般可分为创意、构思筛选、产品概念的发展和测试、商业分析、研制与开发、市场试销和商品化七个阶段。

## 2. 本章知识结构图

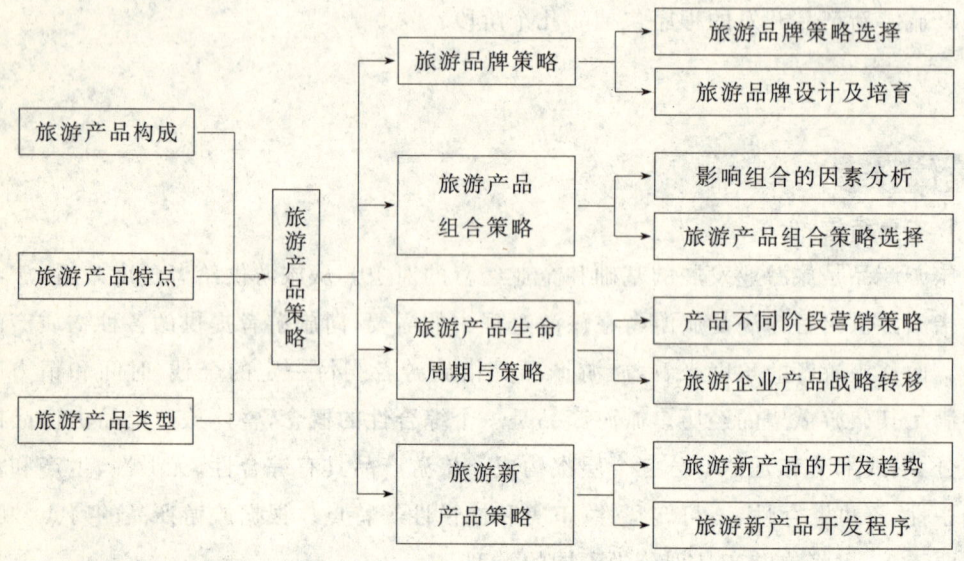

## 3. 本章核心概念

旅游产品　旅游品牌　旅游产品组合　产品线　产品线的广度　产品线的长度　产品线的深度　关联度　旅游产品的生命周期　旅游新产品

### ◆ 实训练习

通过小组形式展开讨论,做一份有关某地"逍遥游"产品组合的研究报告。要求在报告中进行产品组合的影响因素分析、组合策略分析、组合结构分析。

### ◆ 延伸阅读

中国主题公园出路何在

进入21世纪,旅游业吸引了投资者越来越多的关注。在中国,以浙江民营企业大举进军旅游业、投资建设各种各样的主题公园为标志,带动了全国新一轮的主题公园热。这使我们回想起在上一轮的主题公园热中,全国各地一窝蜂建起几百个"西游记宫"后所出现的冷冷清清、门可罗雀的凄凉景象。相反,在大洋彼岸,有着几十年历史的迪伺尼公园抗是风光遗旧,历久不衰。那么,迪斯尼主题公园是如何成功的呢?答案是多方面的,除了迪斯尼创业者和继任者的胆识、勇气和坚毅等个人素质以及营销大环境等因素之外,对我们大有启示的是其独特的市场策略和产品开发与经营策略。借鉴迪斯尼公司的成功经验,无疑对我国旅游业的发展及旅游产品开发大有意义。

迪斯尼乐园非我们一般人概念中的游乐场,它所提供的产品是具有相当规模的、很有层次的欢乐世界,对游客有很强的吸引力,游客一般要逗留一两天才能比较全面地享受迪斯尼乐园的产品项目。

1. 国内主题公园先热后冷

深圳推出第一座人造景观"锦绣中华"后,游人络绎不绝,在全国引起强烈反响。这个投资上亿元的项目,很快就连本带利赚回来了,深圳也一跃成为全国的重点旅游城市。与之后再建起的"中国民俗村"和"世界之窗"三大主题公园,联袂形成深圳乃至中国旅游的新热点。

榜样的力量是无穷的。在此之后的短短10余年间,中国的主题公园就已超过1 000家。其题材从中外名胜、历史古迹、神话传说、山海人文到休闲娱乐、科幻刺激等,古今中外,无奇不有,无所不包。可以说,十几年来主题公园遍布全国的绝大部分省(市)区。从表面上看,似乎呈现出一片热热闹闹的繁荣景象,然而事实却令人震惊。绝大多数的主题公园没有用长远的眼光、严格的标准来对待本地的投资项目,而是一哄而上,简单模仿异地的经验,粗制滥造,运气好的痛"宰"游客,运气差的便关门大"吉"。在1 000余家主题公园中,竟然沉积了高达3 000亿元的资金。旅游界人士以"尸骨如山,血流成河"这样语言来形容这种悲惨的局面。

近几年来对主题公园的探讨和议论中,指责主题公园的很多,说中国不该建此类项目;有人断定主题公园投资大、寿命短;甚至有人把主题公园的建设和经营中存在的问题简单地归咎于旅游管理的不力和失控。其实,从深层次分析,这些现象的出现是中国旅游经济尚不成熟的一个侧面,也反映了我国旅游业在项目策划、产品设计及经营管理上的缺陷。

2. 国外主题公园乘虚而入

在国内一些主题公园经营开始滑坡、倒闭、转产,甚至有人怀疑中国有没有主题公园生长土壤的时候,世界顶尖级的主题公园却纷纷向中国市场扩张。与迪斯尼乐园齐名的美国环球影城已在北京恒基中心亮相。热带与亚热带海洋中五彩斑斓的珍奇鱼类、贝类带着太平洋的热浪已经走进北京动物园,使我们充分感受到了大海的魅力。这些旅游项目和旅游产品的开发与建设,无疑为这些较前卫的旅游城市增添了一朵绚丽的奇葩。

### 3. 中国主题公园出路何在

对于改革开放多年来的中国旅游业而言，建造大型主题公园已成为一个成熟的旅游城市发展的重要标志。

国家旅游局的一位官员曾谈到："中国有若干个特大城市，而主题公园正是都市旅游的重要组成部分。另外，据世界旅游组织预测，主题公园将成为21世纪与探险、海上娱乐、文化旅游等并列的几大旅游产品之一，我国当然不会例外。"

主题公园的建设和经营，不论其投资是国有还是民营，是中是洋，其实都是一种市场行为。联系投资者、经营者和消费者的纽带是一只无形的手——旅游市场，决定其投资和经营成败的关键是是符合还是违背旅游市场的经济规律。客源需求决定一切，是旅游市场经济的第一规律。因此，中国的旅游业要想走出低谷，首要更新观念，分析市场，抓住需求变化的机遇，加快产品结构调整的步伐，利用自身优势，创造品牌，开发能够满足消费者需求的产品，提高竞争能力，在竞争中才能取得胜利。

案例来源：苟自钧主编.旅游市场营销[M].郑州：郑州大学出版社，2006.

**分析思考题**：国内主题公园在产品设计与开发方面存在哪些问题？在今后主题公园建设中应如何避免这类问题再次发生？

# 第八章

# 旅游产品定价策略

## 学习目标

**知识要点**：了解旅游产品定价的影响因素、定价程序；理解旅游产品价格的构成、旅游产品定价的原则和定价方法；掌握旅游定价策略和旅游价格调整策略。

**技能训练**：分组调查一家旅游饭店或旅行社，了解其定价情况，运用所学理论，分析其利弊得失。

**能力拓展**：应用所学理论，分组讨论旅游市场竞争中价格调整的原因与策略，为某一旅游企业制定一份价格调整方案。

## 引 例

### 庐山拟将票价上调70%引发热议

庐山风景名胜区管理局拟将庐山进山门票价格由现行的每人次135元调整为230元，上调幅度达70%。这是继1997年、2001年、2003年之后，庐山第四次向有关部门提出的门票上调申请报告。2006年11月，江西省发改委为此组织有关人员召开了庐山门票价格听证会。

申请方：提高票价势在必行

理由一：庐山旅游基础设施建设投入不断加大，资金入不敷出。

理由二：按照《庐山总体规划大纲》，未来5年庐山旅游景区将进行大规模的升级改造，项目投资预计将超过12.28亿元，而按现行门票价格取得的收入难以支撑。

理由三：庐山门票价格本应体现世界级风景区的价值，但目前较同类景区门票价格水平明显偏低。

理由四：通过提高门票价格，调控游人数量，可以更好地保护庐山的资源。

听证方：票价不宜上涨过快

应邀参加听证会的有人大代表、政协委员、社团代表、专家学者、经营者代表、消费者代表和相关单位代表共19人。会上，代表们围绕庐山风景名胜区管理局的调价申请，从不同角度发表了意见，普遍认为，门票价格调整应综合考虑，不宜上涨过快。

观点一：门票价格涨幅过高，应考虑低收入者利益。

观点二：实行一票制，且淡旺季价格有别。

观点三：涨价应与提升景区质量同步。

观点四：堵塞漏洞，强化审计监督。

社会各界：围绕调价进言献策

庐山门票调价听证会后，各方人士从不同角度，提出了自己的见解：

看法一：门票价格可调但不宜过高，要考虑到调价后的"负面影响"。

看法二：不能把"入不敷出"转嫁给游客，门票价格最好不上调。

**案例引发的问题**：为适应旅游市场需求和市场竞争的需要，旅游企业如何正确运用旅游定价策略？

案例来源：李少豪．庐山拟将票价上调70％引发热议[N]．中国旅游报，2006-12-4．

# 第一节 旅游产品价格构成

由于旅游产品价格相对于其他因素来说，灵活性最大，旅游产品价格制定是否合理及其策略运用的恰当与否，直接关系到旅游市场营销组合的科学性、合理性，进而影响到旅游市场营销的成功。

## 一、旅游产品价格构成及其体系

### (一)旅游产品价格概念

旅游产品是商品，凝结了一般人类劳动并具有满足旅游者旅游需求的使用价值，所以在交换中的价值表现为价格。因此，旅游产品价格是旅游者为了满足旅游活动的需要所购买的旅游产品价值的货币表现形式，它是旅游产品价值、旅游市场的供求和一个国家或地区的币值三者变化的综合反映。在市场经济中，一方面旅游活动的商品化是必然结果，旅游者吃、住、行、游、购、娱等需求必须通过交换活动，通过支付一定的货币量才能获得满足。另一方面，旅游经营者在向旅游者提供旅游产品时，必然要求得到相应的价格补偿,于是在旅游者与旅游经营者之间围绕着旅游产品的交换而产生了一定货币量的收支,这就是旅游价格。

**(二)旅游产品价格的构成**

研究旅游产品的价格构成,首先要区分旅游产品的存在形式。在现实的旅游市场交换中,旅游产品主要以两种形式存在:一种是单项旅游产品,一种是组合旅游产品或线路旅游产品。

1.单项旅游产品的价格构成

单项旅游产品是旅游者在旅游活动中所要涉及的住宿、餐饮、交通、游览、娱乐、购物等当中的某一项,无论哪一种单项旅游产品,其价格都是由成本和盈利两部分构成的。

(1)成本。

成本是生产单位产品所需费用的总和。旅游产品的生产成本包括三部分内容:一部分是提供旅游服务所凭借的旅游接待设施设备、交通运输工具、建筑物以及各种原材料、燃料、能源等的成本;第二部分是旅游从业人员的工资,是旅游劣业人员玲供劳务聊价值补隶,是活劳动的耗费部分;第三部分是旅游企业的经营管理费用,是企业在生产经营活动中必须支付的一定费用。需要指出的是,旅游产品价格中的生产成本,是指生产同类型旅游产品的社会平均成本。生产同种类型旅游产品的众多企业中,由于各种各样的原因,他们所生产产品的个别劳动耗费是不一样的,导致旅游产品的价值有高有低,但在市场上,价格中的生产成本只是该产品一定时期内的社会平均成本。

(2)盈利。

盈利是旅游产品价格扣除成本的剩余部分,是旅游从业人员为社会劳动所新创造的价值。一般情况下,盈利与价格是成正相关的。

2.线路旅游产品的价格构成

线路旅游产品或组合旅游产品是旅游经营者,特别是旅行社把多个单项旅游产品组合在一起提供给旅游者的。其价格是由购进成本加上旅行社的自身经营成本和利润构成。其中,旅行社在组合旅游产品时,用于购买各单项旅游产品的费用之和,称为旅行社的购进成本或代办费。由于这些交通费、餐饮费或住宿费是由旅行社批量代办的,所以旅行社的购进费用总是要比旅游者分别、多次购买后的总费用低。

无论是单项旅游产品,还是线路旅游产品,其价格构成本质上是一致的,都是成本与盈利之和,只是统计口径和计量部分上有所差别,这种差别在不同类型的旅游价格中也普遍存在。

**(三)旅游产品价格的分类**

由于旅游产品价格构成的综合复杂性,因而根据不同的划分标准,旅游价格可以分为不同的类型。

1. 从旅游者购买旅游产品的方式划分

根据旅游者购买旅游产品的方式,旅游产品价格可分为统包价格、小包价格和单项旅游价格。

统包价格是指旅游者根据自己的需要,一次性购买旅行社推出的某条旅游线路的价格。小包价格是指旅游者通过旅行社购买旅游线路,但旅游者只一次性支付线路产品中的某一部分或几部分,其余部分由旅游者以零星购买的方式支付。在国际旅游中,越来越多的游客趋向选择只含机票和饭店的包价,而游览的门票、导游翻译费等则由旅游者自己视具体情况而定。旅游统包价格和小包价格是旅游者在购买旅游线路产品时发生的价格,反映的主要是旅游者与旅行社之间的一次性交换活动。其价格是由三部分构成:各单项旅游产品的价格总和、旅行社的盈利和管理费。其特点首先是方便,避免了多次购买的烦琐;其次是优惠,可以享受批量购买带来的折扣。不足在于不能完全适合旅游者的需要。单项价格是旅游者不通过任何中介机构,以零星购买方式所购买的旅游产品的价格。旅游者每次购买的,只是旅游活动诸多环节中的某一项或几项单项旅游产品,如旅游者单独购买的车票的价格、客房的价格、景点门票的价格等。单项价格是由旅游产品经营者的成本和盈利构成。采用单项价格支付的优点在于灵活,旅游者可以根据自己的喜好和时间安排所要购买的内容。不足在于,手续烦琐且价位较高。

2. 从旅游者活动所涉及的范围划分

根据旅游活动所涉及的范围,旅游价格可以划分为国际旅游价格和国内旅游价格。

国内旅游价格是指旅游者在本国国内旅游的价格。具体还可再细分为国内旅游包价和国内旅游单价。

国际旅游价格包括出境旅游价格和入境旅游价格,一般都包含三部分,即国际交通费用、旅游目的地国家或地区旅游产品价格、客源国的旅游服务费。在我国,国际旅游价格的标准是针对国际旅游者制定的,国内旅游的价格标准是针对国内居民制定的。目前,无论是在国内机票、火车票、景点门票,还是在饭店的入住支出上,国际旅游价格与国内旅游价格都有很大的差别。其原因与我国现阶段的经济发展水平和旅游发展状况有关,我国目前还属于发展中国家,旅游的发展也是先国际、后国内、而后才是出境,因此,国内居民的可支配收入没有海外旅游者高,旅游的意识也普遍没有海外旅游者强,决定了我国国内旅游价格暂时要低于国际旅游价格。

3. 从旅游者对旅游产品的需求程度划分

根据旅游者对旅游产品的需求程度,旅游价格可以分为基本旅游价格和非基本旅游价格:基本旅游价格是旅游者在活动过程中必不可少的旅游需求部分的价格,主要包括住宿价格、餐饮价格、交通价格、游览价格等,是旅游者必须要进行消费支出的价格。非基本旅游价格是指旅游者在活动过程中可发生也可不发生的旅游需求部分的价格,如向旅游者提供的日用品价格、医疗美容价格、旅游纪念品价格等,旅游者支付与否,支付多少,都不会影响旅游活动的顺利进行。

划分基本旅游价格和非基本旅游价格,对旅行社具有实际的操作意义,可以帮助旅行社在组合线路产品、编排具体游览行程时,明确哪些项目应当包括在内,并计算其价格,哪些项目可以由旅游者自由决定,不必计算其价格,也不纳入线路旅游产品的价格构成当中。

4. 从旅游企业营销角度的划分

根据旅游企业营销策略,旅游价格可分为两类,即旅游差价和旅游优惠价。

旅游差价是指同种旅游产品,由于在时间、地点、质量、销售环节等方面的差异而引起的价格差额。同其他商品差价一样,旅游差价是产品价值的实现形式,是价值规律作用于价格的具体表现。旅游优惠价,是旅游产品经营者在明码公布的价格基础上,根据销售量大小,以及与旅游者或同行业者的业务往来关系的频繁程度,在销售产品时给予对方一定比例的折扣或优惠而确定的价格。

## 二、影响旅游产品价格的因素

影响旅游价格形成的因素是极其复杂的,其主要因素有旅游产品自身所包含的价值量、旅游市场的供求状况、市场通货膨胀率以及外汇汇率变动等。

### (一)旅游产品成本

旅游产品成本是产品在生产和流通环节所有花费的总和,是产品价值的主要组成部分,不同的旅游产品,成本构成不同,旅游产品价格应能补偿企业在一定生产水平下固定成本和可变成本的总和。因而,旅游产品的成本是影响旅游价格的最基本、最直接的因素。

◆**案例驿站 8.1**

**调图后部分旅游线路价格面临调整**

自2009年4月1日零时起全国铁路将实施新的列车运行图。据悉,此次铁道部调图新增直通旅客列车89对,其中包括动车组41对。"铁路调图对我们旅行社整个行业影响都非常大,如果旅游价格不变的话,在火车上的时间缩短就意味着游玩的时间相对增加,直接决定旅行社所需要支付的食宿成本。"长春市东北假日旅行社总经理丁吉胜表示。旅行社普遍认为,有动车组的旅游线路成本肯定会比普通列车高,这样的线路比较适合有一定经济实力的中端消费游客。动车组使城市与城市之间在短时间内到达成为现实,也使旅游线路的景点组合更加自由和富有个性化。

对于现有的飞机游团或专列游团,这种影响不是很明显,因为机票打完折后的价格也很便宜,而专列游团也有相对稳定的消费群体。

动车组速度提上来了,价格也提上来了,动车组的增加对旅游线路的组合很有利,也对散客、高端游客团体比较适合,但对普通的游客团体就不一定适合了。

长春文化旅行社计调组经理于余对此则认为:"4月1日,新的铁路列车运行图对于现有的旅游产品价格不一定会造成太大影响。"按于余的说法,旅游线路要考虑成本控制问题。比如:长春到郑州,普通列车一般要24小时的路程,普通卧铺票价379元,乘飞机全价票1550元,打完4折为670元,"如果动车组的票价在500元左右,并且可以在8~10个小时到达,那么动车组会是我们首选的交通工具,相应的旅游线路价格可能也要调整。"

案例来源:张伟伟.调图后部分旅游线路价格面临调整[N].新文化报,2009-3-27.

### (二)市场供求弹性

产品成本决定了产品价格的最低限度,而产品的市场供求弹性决定了价格的最高限度,因而,旅游产品的价格制定必须考虑市场需求状况。一般情况下,旅游产品价格与旅游市场需求成反比,遵循一般市场价值规律,当然,也会有一些在市场上鲜有竞争、富有吸引力的产品在特定时期会随着定价升高而需求量上涨,这是"价高质必优"的思想使然。

不同旅游产品的市场需求对价格变动的反应不同,也就是不同产品的需求弹性有差别,因而旅游企业在进行产品定价时要充分考虑到弹性需求的大小,对于弹性需求大的产品可以采取适当降价来刺激消费者需求,扩大销售量,反之,需求弹性小的旅游商品,其价格变动的调节作用则不明显。

### (三)宏观经济环境

宏观经济环境包括政府的宏观价格调控政策、汇率变动及通货膨胀率等。

政府对旅游产品价格干预和管理的目的在于通过法律法规限制企业间不正当竞争,维护良好的市场秩序,保障行业的顺畅发展,通常通过制定最低限价和最高限价的措施进行调控。

汇率是指两国货币之间的比价。外国币值上升对海外旅游者来说旅游价格下降,有利于促进入境旅游者数量增加。反之,若旅游目的地国家货币升值,则相当于旅游费用升高,容易导致入境旅游人数减少,旅游者会转而投向同类"替代品"目的地。

通货膨胀是指在流通领域中的货币供应量超过了货币需求量而导致的货币贬值、物价上涨等现象。旅游目的地的货币膨胀会导致单位货币购买力下降,企业生产、运营成本增加,于是企业被迫提高产品价格,并且价格提升幅度往往大于通货膨胀率,这样才能保证企业略有盈余。但是价格的较大幅上涨一定程度上会影响旅游产品竞争力,致使游客减少、旅游收入下降。

◆ **专题笔谈 8.1**

### 旅游景区价格形成的基础

景区作为旅游产品,离不开劳动和资本的投入,这些构成了景区价格的主要成本,景区的收费应不低于这个界限。除此之外,景区的价格形成还受以下几种因素影响。

1. 景区资源的垄断性和稀缺性。独一无二的自然风光和名胜古迹等景区旅游资源存在于世界特定的地区,具有自然和人文的一定特色,这些都是人工难以模仿的,有独特的吸引力和竞争优势,在旅游者的心目中形成了一定的消费偏好倾向,其独特的价值决定其在价格形成时享有比同类其他景区更主动的地位。

2. 旅游景区的效用。游客对景区的需求在很大程度上取决于景区给游客带来的效用大小。效用大,游客愿意支付的价格高,反之就低。因此研究不同景区的目标市场至关重要。对任何一个旅游产品,游客都会根据自身的价值观念和消费经验形成一个理解价值,如果景区价格超过这一理解价值所反映的价格,那么就会遏制需求。反之,则会刺激需求。同时,旅游作为一项收入弹性较大的活动,人们收入的提高会促进对旅游产品的需求。因此,在确定景区的价格时,就需要分析不同景区客源市场的收入、文化层次和旅游心理等因素,以便制定合理的景区价格。

3. 旅游景区需求的季节性。目标市场对景区的需求还存在着很大的季节性。季节、气候条件不同,景区的观赏价值也不同。在旅游者出游高峰时产生大量需求,出游低谷时则需求锐减。因此有必要充分研究不同景区的淡旺季,旺季收费水平可适当提高一些,淡季往往游客较少,则需要降低收费水平。

4. 旅游景区竞争因素。由于旅游景区这个产品的独特性和垄断价值,在利益的驱使下,国家和地方政府想方设法开发利用旅游资源,增加旅游景区,在短期内景区之间构成不了威胁,而在长期内对于一国或一个地区而言,竞争者会大量涌入,导致旅游景区的可替性较大,加剧景区之间的竞争。在制定价格时,应从长远发展战略出发,充分考虑竞争因素,或通过高价尽快收回投资,或通过低价争取大量游客,提高市场占有率等,或通过增设景点,改善服务水平取得竞争优势,提升自身的核心竞争能力。

旅游景区也存在优质优价,低质低价的现象。从管理级别来看,风景名胜区可分为被联合国教科文组织列入的世界级景区、国务院公布的国家级重点风景名胜区,以及省级和市(县)级风景名胜区等,这一方面反映了景区的稀缺程度,另一方面反映景区的品位高低,以及由此形成的知名度的大小,这些都是其价格形成的价值基础。同时,旅游景区作为一项综合旅游产品,其景点的多少、是否有特色、是否引人入胜,服务设施是否先进、舒适、方便,服务质量是否令人满意,交通是否便利以及管理水平的高低和卫生的状况等都是决定景区价格的重要因素。

5.旅游环境资源成本。在制定旅游景区价格时,必须考虑旅游环境成本,也即环境资源消耗,否则,会在一定程度上鼓励牺牲环境,出现掠夺性开发旅游资源等粗放型发展的现象。通过把旅游资源环境成本纳入景区的开发成本,可以真实地反映对资源的利用和破坏程度,重新界定景区旅游产品的价值构成,增加资源开发者的经济负担,刺激其在开发过程中采取措施来减少环境污染,对环境进行等量补偿,实现旅游业的可持续发展。

资料来源:欧阳泉.旅游景区价格形成基础和定价原则的探讨[J].价格月刊,2003(3).

### 三、旅游产品定价的原则

在旅游产品定价过程中受到诸多因素的影响,为了在激烈的市场竞争中拥有一定的优势,在进行价格制定时应遵循如下几个原则。

1.反映产品价值

产品价格是价值的货币表现,产品价值大小决定着价格的高低,是影响价格变动的基本本质因素。马克思在《资本论》中指出,商品价值包括不变资本、可变资本和剩余价值三部分。在市场经济体制下,商品价值是由生产过程中已消耗的生产资料价值、劳动者为自己劳动所创造的价值和劳动者为社会所创造的价值三部分构成。所以,旅游产品定价应以产品价值为基础,使产品的价格符合其价值,以保证产品在交换时能够按等价交换原则进行。

## 2. 适应市场需求

旅游产品价格不仅要反映产品的价值，而且要反映市场供求关系。旅游产品定价及其价格变化受市场供求规律的支配。在供过于求的买方市场，价格会降低，而在供不应求的卖方市场，价格会提高。前面提到的旅游差价和旅游优惠价正是旅游企业定价适应市场需求、反映市场供求关系的具体表现。

## 3. 灵活性和稳定性相结合

旅游产品定价的灵活性是由市场竞争形势的多变性和旅游需求的易变性、可替代性、不可储存性、季节性以及竞争性等特点所决定的。旅游差价和旅游优惠价也是旅游产品定价灵活性的表现。

在考虑灵活定价的同时，旅游产品价格应保持相对的连贯性和稳定性。旅游产品价格体现了旅游地和旅游企业的市场形象，频繁的价格调整会给消费者带来心理上不稳定的感觉，引起反感情绪，影响旅游购买。在进行旅游产品价格调整时，每次调价的幅度不宜过大，一般不应超过20%，而且要给购买者一个心理上的准备过程，在西方国家一般会有不少于3个月的预报期。在预告旅游报价时，要留有余地，以保留调价的权力。

## 4. 符合社会利益

旅游产品定价应符合社会利益，服从国家的政策要求。从可持续发展理念出发，将旅游开发与运营过程中的环境污染防治、资源保护的投入纳入旅游产品成本。要从维护旅游地和旅游企业形象、保护旅游者的合理利益考虑，提高定价的透明度，如景区的统票制和景区各景点的分票制、旅行社的线路报价等，消除暗箱操作，禁止价格欺诈行为，保证产品质价相符。应抵制通过价格手段进行不正当竞争，共同维护旅游市场秩序。

## 四、旅游产品定价程序

旅游产品价格的制定建立在诸多因素的影响和一定定价目标的考虑之上，所以必须遵循一定的过程和步骤。一般来说，旅游产品的价格制定可以按照以下步骤进行（图8.1）。

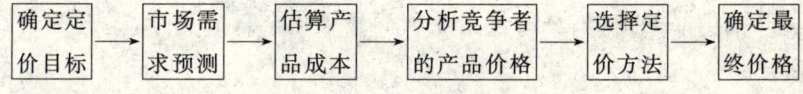

图 8.1 旅游产品定价步骤示意

### （一）确定定价目标

定价目标是企业在对其生产或经营的产品制定价格时，有意识的要求达到的目的和标准。它是指导企业进行价格决策的主要因素。定价目标取决于企业的总体目标。不同行业的企业,同一行业的不同企业,以及同一企业在不同的时期、不同的市场条件下,都可能有不同的定价目标。

1. 以获取利润为目标

获取利润是企业从事生产经营活动的最终目标,具体可通过产品定价来实现。获取利润目标一般分为以下三种。

(1)以获取投资收益为定价目标。

投资收益定价目标是指使企业实现在一定时期内能够收回投资并能获取预期的投资报酬的一种定价目标。采用这种定价目标的企业,一般是根据投资额规定的收益率,计算出单位产品的利润额,加上产品成本作为销售价格。但必须注意两个问题:第一,要确定适度的投资收益率。一般来说,投资收益率应该高于同期的银行存款利息率。但不可过高,否则消费者难以接受。第二,企业生产经营的必须是畅销产品,与竞争对手相比,产品具有明显的优势。

(2)以获取合理利润为定价目标。

合理利润定价目标是指企业为避免不必要的价格竞争,以适中、稳定的价格获得长期利润的一种定价目标。采用这种定价目标的企业,往往是为了减少风险,保护自己,或限于力量不足,只能在补偿正常情况下的平均成本的基础上,加上适度利润作为产品价格。条件是企业必须拥有充分的后备资源,并打算长期经营。临时性的企业一般不宜采用这种定价目标。

(3)以获取最大利润为定价目标。

最大利润定价目标是指企业追求在一定时期内获得最高利润额的一种定价目标。利润额最大化取决于合理价格所推动的销售规模,因而追求最大利润的定价目标并不意味着企业要制定最高单价。最大利润既有长期和短期之分,又有企业全部产品和单个产品之别。有远见的企业经营者,都着眼于追求长期利润的最大化。当然并不排除在某种特定时期及情况下,对其产品制定高价以获取短期最大利润。还有一些多品种经营的企业,经常使用组合定价策略,即有些产品的价格定得比较低,有时甚至低于成本以招徕顾客,借以带动其他产品的销售,从而使企业利润最大化。

2. 以提高市场占有率为目标

也称市场份额目标。即把保持和提高企业的市场占有率(或市场份额)作为一定时期的定价目标。市场占有率是一个企业经营状况和企业产品在市场上竞争能力的直接反映,关系到企业的兴衰存亡。较高的市场占有率,可以保证企业产品的销路,巩固企业的市场地位,从而使企业的利润稳步增长。

在许多情形下市场占有率的高低，比投资收益率更能说明企业的营销状况。有时，由于市场的不断扩大，企业可能获得可观的利润，但相对于整个市场来看，所占比例可能很小，或本企业占有率正在下降。无论大、中、小企业，都希望用较长时间的低价策略来扩充目标市场，尽量提高企业的市场占有率。以提高市场占有率为目标定价，通常有以下几种方式。

(1) 定价由低到高。

定价由低到高，就是在保证产品质量和降低成本的前提下，企业入市产品的定价低于市场上主要竞争者的价格，以低价争取消费者，打开产品销路，挤占市场，从而提高企业产品的市场占有率。待占领市场后，企业再通过增加产品的某些功能，或提高产品的质量等措施来逐步提高产品的价格，旨在维持一定市场占有率的同时获取更多的利润。

(2) 定价由高到低。

定价由高到低，就是企业对一些竞争尚未激烈的产品，入市时定价可高于竞争者的价格，利用消费者的求新心理，在短期内获取较高利润。待竞争激烈时，企业可适当调低价格，赢得主动，扩大销量，提高市场占有率。

3. 以应付和防止竞争为目标

企业对竞争者的行为都十分敏感，尤其是对价格的变动状况更甚。在市场竞争日趋激烈的形势下，企业在实际定价前，都要广泛收集资料，仔细研究竞争对手产品价格情况，通过自己的定价目标去对付竞争对手。根据企业的不同条件，一般有以下决策目标可供选择。

(1) 稳定价格目标。

以保持价格相对稳定，避免正面价格竞争为目标的定价。当企业准备在一个行业中长期经营时，或某行业经常发生市场供求变化与价格波动，需要有一个稳定的价格来稳定市场时，该行业中的大企业或占主导地位的企业率先制定一个较长期的稳定价格，其他企业的价格与之保持一定的比例。这样，对大企业是稳妥的，中小企业也避免遭受由于大企业的随时随意提价而带来的打击。

(2) 追随定价目标。

企业价格的制定，主要以对市场价格有影响的竞争者的价格为依据，根据具体产品的情况稍高或稍低于竞争者。竞争者的价格不变，企业也维持原价，竞争者的价格或涨或落，此类企业也相应的参照调整价格。一般情况下，中小企业的产品价格定得略低于行业中占主导地位的企业的价格。

(3) 挑战定价目标。

如果企业具备强大的实力和特殊优越的条件，可以主动出击，挑战竞争对手，获取更大的市场份额。一般常用的策略目标有：

打击定价。实力较强的企业主动挑战竞争对手，扩大市场占有率，可采用低于竞争者的价格出售产品。

特色定价。实力雄厚并拥有特殊技术或产品品质优良或能为消费者提供更多服务的企业，可采用高于竞争者的价格出售产品。

阻截定价。为了防止其他竞争者加入同类产品的竞争行列，在一定条件下，往往低价入市，迫使弱小企业无利可图而退出市场或阻止竞争对手进入市场。

### (二)市场需求预测

旅游需求是旅游价格的重要影响因素，要确定价格，必须知道旅游需求状况，预测旅游市场需求。应开展旅游市场调研，了解旅游市场预期价格。旅游产品价格高于或低于预期价格，都会影响其销售。分析价格对旅游市场需求的影响，估算不同价格下的产品销售量，并确定最有利的价格水平。

### (三)估算产品成本

通过计算旅游市场的显在需求和潜在需求总量可以确定旅游产品最高价格，而产品成本则是最低价格的决定主因。对单位旅游产品成本的估算可以测算最佳生产规模时的平均成本，并从中了解不同生产规模阶段旅游产品的平均成本变动规律，为不同阶段的产品价格制定提供可靠依据。

### (四)分析竞争者的产品价格

考虑竞争者的产品价格，是旅游企业在制定产品价格时不能忽视的一个重要因素。旅游企业可以通过向旅游者询问、调查市场同类产品价格和搜集竞争对手的销售统计情况等手段了解竞争对手情况，然后将之作为借鉴，结合自身企业产品情况确定产品价格。当然，最终制定的价格水平同时要考虑自身的市场竞争地位来确定高于市场平均价还是等于、小于市场平均价。

### (五)选择定价方法

旅游产品价格定得过高容易超过消费者预期而丧失市场，定得过低则不能保证正常利润甚至亏损。要兼顾市场需求和产品成本因素，在竞争中通过价格确定一定竞争优势，于是产生了成本导向定价法、需求导向定价法、竞争导向定价法三类不同定价方法，旅游企业应该根据自身营销战略阶段选择合适方法。

### (六)确定最终价格

除了旅游产品成本、行业需求、行业竞争者因素外，旅游企业在最终确定价格时还有外部宏观环境影响和内部企业自身条件等不能忽视的影响因素。只有综合考虑了对企业产品经营影响较显著的综合因素才能最终制定出有效的旅游产品价格。

◆ 本节相关知识链接

1. http://wiki.mbalib.com/wiki
2. http://jpkc.scezju.com/jjx/showindex/978/7

◆ 本章试题与知识训练

**一、填空题**

1. 无论是单项旅游产品，还是线路旅游产品，其价格构成本质上基本一致，都是_____与_____之和。
2. 根据旅游者购买旅游产品的方式，旅游产品价格可分为_____、_____和_____三类。
3. 旅游产品定价应遵循的原则主要有_____、_____、_____和_____。

**二、简答题**

1. 影响旅游产品价格的因素有哪些？
2. 分析旅游产品定价的程序。

# 第二节　旅游产品定价方法

在市场经济条件下，旅游产品的价格主要是由供求关系决定的，旅游产品作为市场产品体系中的一种，符合基本的市场经济规律，同时因为旅游产品是综合性、高附加值性的服务型产品，它同时具备波动性大、价格起伏规律性不明显等特征。

在实际工作中，旅游产品的定价方法多种多样，旅游企业可以根据自己的需要挑选适合自身产品的一种或几种。但是无论采用何种定价方法，旅游企业都必须分析市场需求、产品成本和竞争状况。所以，旅游产品定价方法，可以根据侧重考虑的因素分为成本导向定价法、需求导向定价法和竞争导向定价法。

## 一、成本导向定价法

成本导向定价法是以产品单位成本为基本依据，再加上一定的预期利润来确定价格的定价方法，即"将本求利"，是企业进行产品定价时最常用、最基本的定价方法。成本导向定价法又衍生出了总成本加成定价法、目标收益定价法、边际成本定价法、盈亏平衡定价法等几种具体的定价方法。

成本导向定价法的主要优点在于：一是简单明了；二是在考虑生产者合理利润的前提下，当顾客需求量大时，价格显得更公道些——服务企业会维持一个适当的盈利水平，当需求旺盛时，顾客购买费用可以合理降低。

其缺点在于：一是不考虑市场价格及需求变动的关系；二是不考虑市场的竞争问题。三是不利于企业降低产品成本。为了克服成本加成定价法的不足之处，企业可按产品的需求价格弹性的大小来确定成本加成比例。由于成本加成比例确定得恰当与否、价格确定得恰当与否依赖于需求价格弹性估计的准确程度，这就迫使企业必须密切注视市场，只有通过对市场进行大量的调查，详细地分析，才能估计出较准确的需求价格弹性来，从而制定出正确的产品价格，增强企业在市场中的竞争能力，增加企业的利润。

### （一）成本加成定价法

企业把所有为生产某种产品而发生的耗费均计入成本的范围，计算单位产品的变动成本，合理分摊相应的固定成本，再按一定的成本加成率来决定价格。成本加成定价法计算公式：

$$P = AC + AC \times X = AC(1+X)$$

其中，$X = Pf \div TC \times 100\%$

式中，$P$：产品单价；$TC$：总成本；$AC$：单位总成本；$Pf$：预期总利润；$X$：成本加成率。

成本加成率一般以产品生命周期阶段、季节性、市场需求变化情况等作为确定依据。

### （二）目标收益定价法

目标收益定价法又称投资收益率定价法，是根据企业的总成本或投资总额、预期销量和目标收益额（目标利润）来确定价格。其基本公式为：

$$P = (TC + Pf)/Q$$
$$= (FC + VC + Pf)/Q$$
$$= (FC + DC \times Q + Pf)/Q$$

式中，$P$：产品单价；$TC$：总成本；$FC$：总固定成本；$VC$：总变动成本；$DC$：单位变动成本；$Pf$：目标利润；$Q$：预计销售量。

### （三）盈亏平衡定价法

在销量既定的条件下，企业产品的价格必须达到一定的水平才能做到盈亏平衡、收支相抵。既定的销量就称为盈亏平衡点，这种制定价格的方法就称为盈亏平衡定价法。

在目标收益定价法计算公式中，若 $Pf=0$，即企业不亏不盈，保本销售，则：

$$P = (FC + VC)/Q \text{ 或}$$

保本销量 $Q=FC/(P-DC)$

据此原理，饭店业推导出有名的千分之一法，即认为饭店保本经营，每间客房的房价应为饭店造价的 1/1 000。

设饭店投资（造价）为 $M$，5 年收回投资，客房数为 $N$，保本客房出租率为 55%，一年按 365 天计算，则：

$M=N\times 55\%\times P\times 365\times 5$

$P=M/N\times 55\%\times 365\times 5=M/100\ 3.75N\approx M/1\ 000N$

这是一种经验公式，房价仅与饭店投资造价相联系，没考虑生产经营费用等，很少正式使用。

### （四）边际成本定价法（边际贡献定价法）

在竞争激烈的市场中，企业定价只考虑可变成本，而不考虑固定成本，而形成的定价方法，称为边际成本定价法或边际贡献定价法。

边际成本是指每增加或减少单位产品所引起的总成本的变化量。单位边际贡献则指增加单位产品的销售获得的总收益的增加量，总边际贡献就是单位边际贡献与产品销量的乘积。由于边际成本与变动成本比较接近，而变动成本的计算更容易一些，所以在定价实务中多用变动成本替代边际成本，而将边际成本定价法称为变动成本定价法。计算公式如下：

$AM=P-DC$

$TM=AM\times Q$

$P=(VC+TM)\div Q$

式中，$P$：产品单价；$TM$：总边际贡献；$AM$：单位边际贡献；$VC$：总变动成本；$DC$：单位变动成本；$Q$：预计销售量。

总边际贡献首先用于补偿固定成本，补偿了固定成本后若有余额，即成企业利润。

当总边际贡献＝固定成本，企业经营处于保本状态；

当总边际贡献＞固定成本，企业处于盈利状态；

当总边际贡献＜固定成本，企业处于亏损状态。

## 二、需求导向定价法

需求导向定价法又称顾客导向定价法、市场导向定价法，是指企业根据市场需求状况和消费者对价格的不同反应确定产品价格的一种定价方法，一般分为理解价值定价法、需求差别定价法和需求价格弹性定价法。

### (一)理解价值定价法

企业以消费者对产品价值的感受和理解程度为依据定价。此定价方法与市场定位理论相吻合,产品在消费者心目中的地位(对其价值和效用的理解)主要取决于三个方面:产品市场形象;产品提供给消费者的利益或效用;与竞争对手的差异。此三方面是企业促销的重点,以提高消费者对产品价值理解的程度。

理解价值定价法通常采用顾客听证的形式,邀请顾客来参与价格的制定,只有产品价格符合旅游者的理解时,他们才有可能接受这一价格。

### (二)需求差异定价法

企业以产品销售对象、时间、地点等条件变化所产生的需求差异为主要依据定价的方法。需求差异定价的前提条件是:市场可以细分,各细分市场具有不同的需求弹性;价格歧视不会引起顾客反感;低价格细分市场的顾客没有机会将商品转卖给高价格细分市场顾客;竞争者没有可能在企业以较高价格销售产品的市场上以低价竞争。

需求差异定价法主要包括以下几种形式:

1. 对不同顾客采取不同价格。如同种产品对购买量大和购买量小的采取不同价格;航空票价对国内、国外乘客分别定价等。

2. 根据产品式样和外观的差别制定不同的价格。对不同样式的同种产品制定不同价格,价差比例往往大于成本差的比例。如在 2008 年奥运会举行期间,标有奥运会会徽或吉祥物的 T 恤等一些商品的价格,比其他同类商品的价格要高。

3. 相同产品在不同地区销售,价格不同。例如,如国内机场的商店、餐厅向乘客提供的商品价格普遍要远高于市内的商店和餐厅。

4. 相同产品在不同时间销售价格不同。如需求旺季的价格明显高出淡季的价格。

### (三)需求价格弹性定价法

需求价格弹性指一种物品需求量对其价格变动反映程度的衡量,用需求量变动的百分比除以价格变动的百分比来计算。这种方法的判断标准为:若价格需求弹性系数大于 1,则产品富有弹性,即需求量变动百分比大于价格变动百分数,降价可以大幅增加销售量;若价格需求弹性系数等于 1 或者无限趋近于 1,称为单位弹性,即需求量变动的百分数与价格变动的百分数相同或相近,降低或提高价格会增加或减少产品销售量,但是影响不大;若价格需求弹性小于 1,说明这种产品缺乏弹性,即需求量变动的百分数小于价格变动的百分数,在提高产品价格的同时,产品销售量有所下降,但是下降幅度较小。

最近几年我国各大景点门票纷纷涨价的目的之一就是通过价格需求弹性的杠杆作用调节景区客流量。

## 三、竞争导向定价法

竞争导向定价法是企业为了应付市场竞争而采取的定价方法,它优先考虑市场能承受的消费能力以及优先考虑在竞争对手面前能占一定的优势,而不是盲目追求本企业的利润最大化。企业通过研究竞争对手的生产条件、服务状况、价格水平等因素,依据自身的竞争实力,参考成本和供求状况来确定商品价格,是以市场上竞争者的类似产品的价格作为本企业产品定价参照系的一种定价方法。竞争导向定价主要包括以下几种方法。

### (一)随行就市定价法

以同一行业的平均价格或主要竞争对手的平均价格为依据定价。在垄断竞争和完全竞争的市场结构条件下,任何一家企业都无法凭借自己的实力而在市场上取得绝对的优势,为了避免竞争特别是价格竞争带来的损失,大多数企业都采用随行就市定价法,即将本企业某产品价格保持在市场平均价格水平上,利用这样的价格来获得平均报酬。此外,采用随行就市定价法,企业就不必去全面了解旅游者对不同价差的反应,也不会引起价格波动。

### (二)率先定价法

在市场竞争中,一些实力雄厚或产品独具特色、拥有一定竞争优势的企业率先制定出符合市场需求的价格,起到市场领头羊的作用,在同行中取得"价格领袖"的地位,加强自身的竞争优势力。率先定价法多为市场领导者采用。

### (三)追随领导企业定价法

以市场上起主导作用的核心企业的产品价格为依据,追随市场领导者的价格水平而定价或调整价格。

◆ **本节相关知识链接**

1. http://jpk.sicnu.edu.cn/viewolc.asp? cno=20081111&olcid=36
2. http://www.gldx.cn/lesson_show.php? Lessonid=645
3. http://www.sdci.com.cn

◆ **本章试题与知识训练**

一、填空题

1. 竞争导向定价法主要包括_____、_____和_____三类。
2. 成本加成定价法以企业产品的单位成本为基础,再按一定的_____来制定产品价格。

3. 边际成本是指每增加或减少单位产品所引起的_____的变化量,单位边际贡献则指增加单位产品的销售量获得的_____的增加量。

二、简答题

1. 简析需求导向定价法的内涵及类型。

2. 利用目标收益定价法、盈亏平衡定价法和边际成本定价法,制定产品价格的计算公式分别是什么?

三、计算题

某市新建四星级宾馆,总投资1亿元,共有客房400间,预计投资回收期5年。每客房平均年服务管理费为12 000元。若要定房价为240元/间天,则客房年平均出租率至少为多少才能保证在5年内收回投资?

## 第三节 旅游产品定价策略

旅游定价策略是旅游企业进行价格决策的指导思想或行为准则,是企业根据旅游市场的具体情况,从定价目标出发,灵活运用价格这一调节杠杆,使所制定的价格适应市场状况,从而实现企业的营销目标。一般来说,旅游产品定价策略主要有新产品定价策略、心理定价策略、折扣定价策略、产品组合定价策略、旅游差价与优惠价策略等。

### 一、旅游新产品定价策略

新产品的定价问题十分重要,它关系到新产品是否能及时打开市场、占领市场,并获得满意的利润。常用的新产品定价策略如下。

#### (一)撇油定价策略

又称取脂定价策略,是指企业在新产品投放市场时,定高价以图在短期内获得尽可能高的利润,尽快收回投资的一种定价策略。其名称来自从牛奶中撇取奶油,含有提取精华之意。

新产品上市时,需求弹性较小,旅游者对产品价格的反应不敏感,竞争对手也较少,因而定高价可能在短时期内获得最大的利润,高价位也有利于树立高质量的产品形象,并给旅游企业留有一定的降价空间,以吸引对价格敏感的旅游者。但是,如果最初定价太高,则不利于开拓市场,也会引来大批竞争者的加入,因竞争激烈而造成利润下降。所以,撇油定价是一种短期的价格策略,旅游企业若想长期使用这种策略,就必须不断地进行产品创新。

适用于具有一定特色甚至垄断地位、需求价格弹性小的旅游新产品。

(二)渗透定价策略

企业从长远利益考虑,将新产品以低价投放市场,以便迅速占领市场,获得较大的市场份额。

市场渗透定价策略的优点,是有利于迅速渗透市场,打开销路,提高占有率,销售量增加,成本下降,从而获得长期收益;也利于排斥竞争对手的介入。缺点是旅游企业的利润偏低,资金回收期长,价格变动余地小,不太可能再降低价格吸引更多的游客。

适用条件:潜在市场规模大;产品需求价格弹性大;企业有降低成本的空间;分销渠道畅通。

(三)适宜定价策略

适宜定价策略又称满意定价策略或温和定价策略,是指企业以获取社会平均利润为目标,价格适中,兼顾企业和消费者利益。可避免不必要的恶性竞争,风险小,获利稳定,但往往不能灵活地适应瞬息万变的市场状况,可能失去获高利的机会。

◆**案例驿站 8.2**

**"天价旅游"啥模样?**

据《羊城晚报》2006 年 5 月 22 日报道,广东旅游市场上出现了诸如"40 万元北极探险一个月"、"5 万元与国际超模一起乘豪华邮轮,共游加勒比海"、"有劳斯莱斯古董车接送的机场服务"等"天价旅游"产品,让人耳目一新,自主化选择、私家式服务、高档次享受……这些过去只在电影中才会出现的情景如今已渐渐进入广东旅游市场。

2006 年 7 月,由"中国人首次北极点环保探险行"组织委员会、广东省体育产业协会、广东省科学探险运动俱乐部联合主办的"中国人首次北极点环保探险行"起航,参与者与美国、俄罗斯、加拿大等国和中国港、澳、台地区的环保科学家与探险人士一起,乘坐世界上马力最大的民用核子动力破冰船(高达 7.5 万匹马力),出征北极点。40 万元的费用也成为目前市场上出现的最高"天价"。

同样在 2006 年,第四届 ModelMania 国际超模大赛中国区总决赛将在世界最大最豪华的邮轮之一的"海洋领航者号"和全球风光最美的美国迈阿密海滩举办。广东中旅称,作为此次活动唯一指定组团社,将带领游客与超模一起远赴美国迈阿密市,乘坐皇家加勒比海国际邮轮环游加勒比海沿岸国家。一年一度的国际超模大赛是一场衣香槟影的时尚派对。游客和超模选手将乘坐"海洋领航者号",展开8天7晚的浪漫行程,价格从29 800元起到45 000元左右不等。据介绍,该邮轮耗资12.4亿美元,可以装载多达6 400名乘客和3 000多名船员,是当今世界上已下水的邮轮中最大的一艘。除此以外,目前广州市场上的高端旅游产品如"广之旅"9 999元的马来西亚6天之旅,6 500元的越南西贡、芽庄休闲美食尊享5天,5 000元起的新加坡完美假期之旅4天,18 000元的瑞士/法国/温泉/古堡/香槟10天深度之旅,虽然还称不上天价,但都以超豪华的接待,休闲度假的享受为卖点,与传统旅游团队的面目迥然不同。

案例来源:许静,汤绮婷,许洁煌.旅游市场出现新产品谁在消费"天价旅游"?[N].羊城晚报,2006-5-22.

## 二、心理定价策略

心理定价策略,是为了刺激和迎合游客购买的心理特点,对产品价格进行一定的调整,以促进销售。常用的心理定价策略如下。

### (一)尾数定价策略

尾数定价策略又叫零头定价策略,是指企业为产品制定一个与整数有一定差额的价格,使消费者对产品产生定价准确、价格便宜的心理效应,从而促进购买。西方国家定价尾数大多采用奇数,我国较多采用8、6或7作尾数,适用于大众化、廉价产品。

### (二)整数定价策略

将产品定价为整数,使消费者心理上产生豪华、高档之感。适用于高端、豪华旅游产品、旅游工艺品等。

### (三)声望定价策略

企业针对消费者"价高质优"的心理,对受市场欢迎的名牌产品制定高于普通同类产品的价格,满足部分消费者求名、声望、炫耀等心理需求,从而促进销售。如1985年参加巴黎世博会的中国成套瓷器,标价300法郎,满足不了顾客陈设炫耀的心理需求,买的少看得多,后定价1 000法郎,反而畅销。

### (四)等级定价策略

等级定价策略指旅游企业将产品按档次分成几级,每级分别定价,以满足不同层次的旅游者需求。这种定价策略在旅游企业中的应用是非常普书的。在采用这种策略时,也应注意对旅游产品的分级不宜过多,档次差别也要合理,不同档次的产品在质量、性能等方面要形成明显的差异,使旅游者确信价格差别是合理的。旅馆业常采用此定价策略确定房价结构,一般300间客房以下的有3种价格,300间客房以上的有5种价格。

**(五)招徕定价策略**

招徕定价又称特价商品定价,是一种有意将少数商品降价以招徕吸引顾客的定价方式。通常指旅游企业有意把一项商品视为"特价商品",并把它的价格定得很低,甚至低于成本,利用消费者求廉的心理,以招徕顾客,增加对其他商品的连带性购买,从而达到扩大销售的目的,这种定价策略是以企业的整体利益为目标,而不是以个别产品的收益作为目标。如有的饭店将餐饮作为招徕顾客的吸引物,采取低价格长期牺牲一部分餐饮利益,而确保客房收到较高收益,最终提高整个饭店的总收益。

## 三、折扣定价策略

企业为产品制定基准价格,然后根据交易情况给予购买者一定比例的价格折扣,以刺激购买,争取顾客的一种定价策略。常见的有以下5种。

**(一)数量折扣**

企业根据顾客购买产品数量的不同,给予不同的折扣率。其实质是企业将销售费用节约额的一部分,以价格折扣方式让利给买方。目的是鼓励和吸引顾客长期、大量或集中向本企业购买产品。数量折扣可以分为累计数量折扣和非累计数量折扣两种形式。

累计折扣:在一定时期内,按购买量累计计算折扣,有利于稳定客户;非累计折扣:按每次购买量计算折扣。

**(二)季节性折扣**

企业为鼓励顾客在旅游淡季购买旅游产品而给予的价格折扣,实质上是旅游差价的一种具体应用,可以使企业充分发挥生产能力,减少旅游设施在淡季的闲置,提高资源利用率,平衡旅游客流的时间分布。

**(三)现金折扣**

又称为付款期折扣,是在"信用购货"的条件下,企业依照顾客付款期的长短给予的价格折扣,实质上是一种变相降价赊销。如付款期限1个月,立即付现折扣5%,10天内付现折扣3%,20天内付现折扣2%,最后10天内付款无折扣。企业采用这种定价策略,一方面给顾客规定了一个较为宽裕的付款期限,从而促使潜在购买行为的实现;另一方面通过提前付款折扣,鼓励顾客早日付款,加速企业的资金周转。现金折扣中的付款期限可分为一次性、分期分批、先预付一半等多种形式。

### (四)功能折扣

又称同业折扣或交易折扣,是生产企业根据中间商在产品销售过程中担负的不同功能而给予让利折扣。折扣额的一部分被中间商作为促销费用,一部分成为营业利润。功能折扣有两种基本形式:一是生产企业先制定零售价格,然后再依据中间商在销售中所起的作用确定折扣率;二是生产企业先确定出厂价,然后再按确定的折扣率和中间商销售的情况制定批发价和零售价。

### (五)促销让价

企业对中间商为本企业产品从事促销活动而给予减价或津贴作为报酬的一种定价策略。中间商分布广,影响面大,熟悉市场状况,因此企业常常借助他们开展各种促销活动,如进行广告宣传、人员推销、举办展销等。对中间商的促销费用,生产企业通常以发放津贴或降价让利作为补偿。

## 四、产品组合定价策略

产品组合定价策略是为实现企业整个产品组合的利润最大化而进行协调、优化产品组合价格体系的定价策略,主要有以下几种形式。

### (一)产品系列定价

当旅游地和旅游企业的产品组合系列中的各个产品项目之间在质量、特色、性能、档次、需求、成本等方面存在较强的内在关系时,为了充分发挥这种内在关联性的积极效应,便可以采用产品系列定价策略。

产品系列定价策略的关键,在于根据产品项目之间在质量、特色、性能、档次、需求、成本等方面的不同,参考竞争对手的产品与价格,确定产品组合系列中的各个产品项目之间的价格差距,以使不同的产品项目形成不同的市场形象,吸引不同的顾客群,扩大产品销售,争取获得更多的利润。企业在进行产品系列定价时,首先应确定某种产品的最低价格,它在产品系列中充当招徕价格,起着吸引消费者购买产品系列中其他产品的作用;其次,确定某种产品的最高价格,它在产品系列中充当品牌质量和利润主要来源的角色;再次,对产品系列中的其他产品依据其在产品系列中的角色分别制定不同的价格。如某景区拥有观光旅游产品、度假旅游产品和多种专项旅游产品及特种旅游产品,可为观光旅游产品制定招徕价格,为度假旅游产品制定最高价格,为各种专项旅游产品及特种旅游产品分别定价。

### (二)选择品定价

许多企业在向市场提供主要产品的同时还会附带一些可供选择的产品。选择品的价格水平应在综合考虑多方面因素后加以确定。例如,有的饭店酒水、香烟价格很高,而食品价格较低,饭店的着眼点在于通过食品收入弥补食品成本和饭店的其他成本,依靠烟酒类收入获取利润。

### (三)互补产品定价

有些基本产品需要补充产品才能正常使用,如剃须刀架的补充产品是刀片、照相机的补充产品是胶卷、机械设备的补充产品是配件。补充产品定价的基本做法是:为基本产品制定较低的价格,为补充产品制定较高的价格,通过低价促进基本产品的销售,依靠补充产品的高价获取利润。需要注意的是,从顾客让渡价值的角度来说,企业为补充产品制定过高的价格是不适当的,从其他方面看也会产生一些问题。

旅游产品是高度综合性产品,满足旅游者吃、住、行、游、购、娱等不同旅游需求的各单项旅游产品之间,存在互补、合作的关系。依据互补产品定价的思想,可为行、游之类基本旅游产品制定较低的价格,为其他互补产品制定较高的价格,形成各单项旅游产品之间的价格体系。

◆**案例驿站 8.3**

**美国石头公园旅游景点门票的定价策略**

在美国的亚特兰大石头公园,公示牌上标示的游览收费标准是坐缆车游览收费12美元,而步行游遍全公园所有26个景点和项目只收费8美元。公园之所以定出这样貌似愚蠢的价格,是经过了极其科学和精密的计算的,一位游客如果坐缆车从上到下约需20分钟,这类游客一般都不会在公园内吃饭、购物。所以,公园从这类游客身上并不能获得多少收益,故价格就定得高一些,目的是让游客望而止步;而游客选择游遍全园26个景点项目需要一天的时间,这样,就得在公园内吃饭,还会购物,公园的收入就会大幅度增长,所以才把此项价格定得特低以此来吸引游客。

案例来源:http://www.zgwg.com.cn/wgbbs/dispbbs.asp? boardid=35&id=8837。

### (四)组合产品定价

旅游地和旅游企业将两项或多项旅游产品进行组合,以低于各单项产品单价之和的捆绑价格销售一组产品,以便推动顾客购买,有利于增加销售额。旅行社的线路旅游产品价格是典型的组合产品定价。同时,将知名度较低的产品与高知名度产品捆绑销售,也是一种对于低知名度产品的有效推广手段。

### 五、旅游差价与优惠价格策略

#### (一)旅游差价

本章第一节已提到旅游差价的内涵。旅游差价主要有批零差价、季节差价、地区差价、质量差价和对象差价等形式。

1. 旅游批零差价

是指同种旅游产品批发价格与零售价格之间的差额。任何产品在销售时,每经过一个中间环节都要耗费一定量的劳动,旅游产品也不例外。旅游产品的批零差价一般是发生在旅游批发商和旅游零售商之间:在旅游经济活动中,批发商主要负责推出旅游产品,即设计和编排旅游线路;而旅游零售商则从批发商手中购进旅游产品,再将旅游产品销售给旅游者,在这个过程当中,旅游零售商需要耗费一定的劳动,支出一定的费用。

2. 季节差价

旅游企业根据不同自然季节或人为假期安排对客源的影响制定不同的价格,目的在于在客源多时利用高价尽可能提高营业额,在客源少时利用低价尽可能多的吸引顾客。季节差价是由旅游者的需求和旅游产品本身价值的实现决定的。

◆**案例驿站 8.4**

**世博成"五一"热门旅游报价水涨船高**

据《华西都市报》2010 年 4 月 10 日报道,小长假加上世博会,"五一"将迎来一个空前的旅游高峰。从携程旅行网了解到,2010 年"五一"市民参观世博的热情高涨,世博游成为"五一"出行最大热门。随着世博会客流大幅增加,"五一"机票、酒店等旅游产品报价也水涨船高。

携程统计数据显示,"五一"小长假正式引爆了全国参观世博会的热潮。小长假 3 天内,世博游出发人数明显超过其他旅游线路。游客报团看世博主要通过三种方式,其中选择世博快线以一日游方式参观人数最多;包括机票、酒店和世博团队参观的世博自由行非常便捷,特别是众多航班和酒店可以选择,也成为参观世博会的一大主流方式。很多游客还顺道游览长三角,"上海+周边"行程人气迅速上升,热门的有"上海世博+水乡古镇"、"南京+上海"、"杭州+上海"等线路。

随着世博会客流大幅增加,机票和酒店价格都有明显上涨。"五一"世博旅游产品报价也水涨船高。"五一"前后,上海进出港航线的机票价格全面上涨。5月1日至3

日,上海往返一些一线城市机票都已经上涨至全价。酒店房间也特别走俏,平均价格涨了两成左右。一些世博旅游产品 4 月 29 日之后预订,价格将上调。

案例来源:陶颖.世博成"五一"热门,旅游报价水涨船高[N].华西都市报,2010-4-10.

### 3.地区差价

地区差价即同种旅游产品由于地区不同而造成的价格差别。旅游冷热点对旅游者具有不同的吸引力,导致旅游需求上的差异,这种差异反映在价格上就是地区差价。可以利用地区差价来调节不同地区间的游客流量,起到平衡各地区旅游业经济利益的目的。

旅游企业在不同地区以不同价格进行同一旅游产品的销售,这一定价方式的前提是不同地区的旅游消费者爱好和习惯差异明显。

### 4.质量差价

质量差价即同类旅游产品质量不同,因而制定不同的价格水平,如不同星级饭店的定价不一样。保持合理的质量差价,一方面是价值规律的客观要求,有利于保护旅游者的合法权利,使支出的价格与得到的满足相一致;另一方面可以促进旅游产品经营者努力改进经营管理,不断扩大旅游服务项目,提高服务质量,提高经济效益。

### 5.对象差价

对象差价即指旅游企业针对不同旅游者的需要和购买数量等因素,对统一旅游产品和服务实行不同的价格。其目的在于扩大客源市场范围、增加收入。如很多景点面向学生群体有专门的学生票价或老年人票价。

## (二)旅游优惠价

旅游企业在经营中经常会采取各种优惠价格策略刺激销售。

### 1.数量优惠

数量优惠即根据消费者购买产品数量的多少实行的优惠,购买的数量越多享受的折扣优惠越大。在实施环节,这种优惠可以是一次性购买达到要求给予的优惠(非累计数量优惠),也可以是在一定期限内累计购买量达到要求给予的优惠(累计数量优惠)。

### 2.付款方式优惠

付款方式优惠即旅游企业为增加资本流转率,通常会对那些提前付款或以现金交易的客户实行一定的付款方式优惠,这种刺激手段也有利于应收账款的回收。

### 3.同行优惠

同行业的折扣优惠通常也被称为功能性折扣优惠,是根据旅游企业在产品营销中所承担的角色给予的不同优惠价格。通常各大景点会面向旅行社提供"协议价"和"团队价"就是这种策略的常见形式。

4. 特殊事件价

特殊事件价即指旅游利用特殊节假日、特定事件等引子举办特殊活动，通常采取降价等方式刺激销售，增加销量的定价策略。各企业的"开业优惠大酬宾"、"开业周年店庆"和各法定节假日的"特价路线"等都是此策略的运用。

5. 老客户优惠

老客户优惠即即对经常光顾的老客户给予的价格优惠。给老客户一定的优惠，目的就在于稳定一部分客源。如对大公司经常定期出差人员的优惠。

◆ 本节相关知识链接

1. http://expo.163.com/10/0410/08/63T4NLRA00943RJS.html
2. http://www.lotour.com/snapshot/2006-5-25/snapshot_39068_1.shtml

◆ 本章试题与知识训练

一、填空题

1. 常用的心理定价策略有：_____、_____、_____、_____和_____。
2. 旅游差价主要有_____、_____、_____、_____和_____形式。
3. 旅游优惠价主要有_____、_____、_____、_____和_____形式。

二、简答题

1. 简析折扣定价策略的含义及其类型。
2. 简析产品组合定价策略的含义及其类型。

## 第四节　旅游产品价格的施行和调整

### 一、旅游产品价格的施行

选定了价格策略并制定了产品价格后，评价的最主要指标来源应该是市场，所以应该通过充分的市场调研做出最终的决策。在企业定价后，要求企业相关职能部门执行已制定的基本价格和各种特殊价格，并保持价格的连续性、一致性和相对稳定性。例如，在旅馆业制定房价后，由前厅接待部和销售部负责施行，包括柜台销售、房价限制、团体房价可行性等方面的工作。同时，价格是有效的经济调节杠杆，面对不断变化的市场需要和市场环境,价格也不应该是一成不变的,必须充分把握市场需求规律,及时通过价格调整适应市场竞争需要。

## 二、旅游产品价格的检验

旅游产品以一定的价格进入市场后,首先接受的是旅游消费者的检验,好的价格策略应该是"物有所值"的,随着消费者的认可,旅游产品的销售量和销售额应该有明显的逐步上升的趋势;同时竞争者的价格策略也是一个挑战和考验,旅游行业中几乎没有完全垄断产品,所以在增加销售量和扩大市场份额的过程中始终会伴随市场竞争,作为初级竞争因素的价格策略尤其明显。旅游企业应逐步分析价格对销售工作和企业利润的影响,以便明确企业能否实现定价目标。通常利用销售调查表、价格调查表等方式和工具,检验旅游价格制定和施行的有效性,作为以后价格决策的依据。

## 三、旅游产品价格的调整

企业在产品价格确定后,由于客观环境和市场情况的变化,往往会对现行价格进行调整。企业产品价格调整的动力既可能来自于内部,也可能来自于外部。倘若企业利用自身的产品或成本优势,主动地对价格予以调整,将价格作为竞争的手段,称为主动调整价格。有时,价格的调整出于应付竞争的需要,即竞争对手主动调整价格,而企业也相应的被动调整价格。无论是主动调整,还是被动调整,其形式不外乎是降价和提价两种。

### (一)主动调整价格

1. 主动降价

旅游企业主动降低自己的产品价格,一般有如下原因。

(1)企业生产能力过剩,旅游产品供过于求,但是企业又难以通过产品改进和加强促销等工作来扩大销售,企业必须降价来刺激市场需求。由于旅游产品具有不可储存性,与物质产品生产企业相比,旅游企业在生产能力过剩的状况下,更容易想到降价。

(2)市场竞争加剧,旅游市场份额下降,旅游企业通过降价作为争夺市场份额的手段,来提高旅游市场占有率。

(3)旅游企业急需回笼大量现金。对现金产生迫切需求的原因既可能是其他产品销售不畅,也可能是为了筹集资金进行某些新活动,而资金借贷来源中断。此时,企业可以对某些需求价格弹性大的旅游产品予以大幅度降价,从而增加销售额,获取现金。

(4)旅游企业通过降价来开拓新市场。一种旅游产品的潜在顾客往往由于其消费水平的限制而阻碍了其转向现实顾客的可能性。在降价不会对原顾客产生影响的前提下,旅游企业可以通过降价方式来扩大市场份额。不过，为了保证这一策略的成功，有时需要以产品改进策略相配合。

（5）旅游企业决策者决定排斥现有市场的边际生产者。对于某些旅游产品来说，各个企业的生产条件、生产成本不同，最低价格也会有所差异。那些以目前价格销售产品仅能保本的企业，在别的企业主动降价以后，会因为价格的被迫降低而得不到利润，只好停止生产，这无疑有利于主动削价的企业。

（6）企业主要从旅游市场需求变化趋势考虑，预期降价会扩大销售，由此可望扩张更大的生产规模。特别是进入成熟期的旅游产品，降价可以大幅度增进销售，从而在价格和生产规模之间形成良性循环，为企业获取更多的市场份额奠定基础。

（7）由于成本降低，费用减少，使旅游产品降价成为可能。随着科学技术的进步和企业经营管理水平的提高，许多旅游产品的单位成本和费用在不断下降，因此，企业拥有条件适当降价。

（8）企业决策者出于对旅游中间商要求的考虑。以较低的价格购进产品不仅可以减少中间商的资金占用，而且为产品大量销售提供了一定的条件。因此，企业降价有利于同中间商建立较良好的关系。

（9）政治、法律环境及经济形势的变化，迫使企业降价。政府为了实现物价总水平的下调，保护需求，鼓励消费，遏制垄断利润，往往通过政策和法令，采用规定毛利率和最高价格、限制价格变化方式、参与市场竞争等形式，使企业的价格水平下调。宏观经济环境衰退，社会消费能力、消费水平下降，企业也会降低旅游产品价格，以适应消费者的购买力水平。此外，消费者运动的兴起也往往迫使产品价格下调。

2. 主动提价

提价能够增加企业的利润率，但却会引起竞争力下降、消费者不满、经销商抱怨、影响形象等后果，甚至还会受到政府的干预和同行的指责，从而对企业产生不利影响。虽然如此，在实际中仍然存在着较多的提价现象，其主要原因是：

（1）应付产品成本增加，减少成本压力。这是旅游产品价格上涨的主要原因。成本的增加或者是由于原材料价格上涨，或者是由于生产或管理费用提高而引起的。企业为了保证利润率不致因此而降低，便采取提价策略。

（2）为了适应通货膨胀，减少企业损失。在通货膨胀条件下，即使企业仍能维持原价，但随着时间的推移，其利润的实际价值也呈下降趋势。为了减少损失，企业只好提价，将通货膨胀的压力转嫁给中间商和消费者。

（3）产品供不应求，遏制过度消费。对于某些旅游产品来说，在需求旺盛而生产经营规模又不能及时扩大而出现供不应求的情况下,可以通过提价来遏制需求,同时又可以取得高额利润,在缓解旅游市场压力、使供求趋于平衡的同时,为扩大生产经营规模准备了条件。

(4)利用顾客心理,创造优质效应。作为一种策略,旅游企业可以利用提价营造旅游品牌形象,使消费者产生价高质优的心理定势,满足旅游者通过某种旅游消费体现自己的身份地位的心理需求,以提高企业知名度和美誉度。

**(二)旅游价格变动的反应**

旅游产品价格的变化将受到消费者、竞争者、中间商甚至政府的注意。

1. 旅游者对价格变动的反应

不同市场的旅游者对旅游价格变动的反应是不同的,即使处在同一市场的旅游者对价格变动的反应也可能不同。从理论上来说,可以通过旅游需求价格弹性来分析旅游者对旅游价格变动的反应,弹性大表明反应强烈,弹性小表明反应微弱。但在实践中,价格弹性的统计和测定非常困难,其状况和准确度常常取决于旅游者预期价格、价格原有水平、价格变化趋势、需求期限、竞争格局以及旅游产品生命周期等多种复杂因素,并且会随着时间和地点的改变而处于不断地变化之中,企业难以分析、计算和把握。所以,研究旅游者对调价的反应,多是注重分析旅游者的价格意识。旅游价格意识是指旅游者对旅游产品价格高低感觉的强弱程度,直接表现为旅游者对价格敏感性的强弱,包括知觉速度、清晰度、准确度和知觉内容的充实程度。它是掌握旅游者态度的主要方面和重要依据,也是解释旅游市场需求对价格变动反应的关键因素。

旅游价格意识强弱的测定,往往以旅游者对旅游产品价格回忆的准确度为指标。研究表明,价格意识和收入呈负相关关系,即收入越低,价格意识越强,价格的变化直接影响购买量;收入越高,价格意识越弱,价格的一般调整不会对需求产生较大的影响。此外,由于广告等促销常使旅游者更加注意价格的合理性,同时也给价格对比提供了方便,因而广告等促销对旅游者的价格意识也起着促进作用,使旅游者对价格高低更为敏感。旅游者可接受的产品价格界限是由价格意识决定的。这一界限也就规定了旅游企业可以调价的上下限度。在一定条件下,价格界限是相对稳定的,若条件发生变化,则价格心理界限也会相应改变,因而会影响旅游企业的调价幅度。

依据上述基本原理,可以将旅游者对价格变动的反应归纳为:

(1)在一定范围内的价格变动是可以被旅游者接受的;提价幅度超过可接受价格的上限,则会引起旅游者不满,产生抵触情绪,而不愿购买企业产品;降价幅度低于可接受价格的下限,会导致旅游者的种种疑虑,也对实际购买行为产生抑制作用。

(2)在旅游企业及产品的知名度因促销而提高、消费者收入增加或通货膨胀等条件下,旅游者可接受的价格上限会提高;在旅游者对旅游产品质量有明确认识、消费者收入减少或产品价格连续下跌等条件下,旅游者可接受的价格下限会降低。

(3)旅游者对某种旅游产品降价的可能反应是:产品质量下降或有某些缺点,销售不畅;产品将被淘汰,会出现新的替代品;企业遇到财务困难,将会停产或转产;价格还要进一步下降;产品成本降低等。因此,产品降价时,旅游者也并非总能做出企业所预期的反应。而对于某种旅游产品的提价则可能的反应是:很多人购买这种旅游产品,产品很畅销,我也应赶快购买,以免价格继续上涨;旅游产品质量改进了;旅游企业想赚取更多利润;产品很有价值,消费高价旅游产品是身份地位的象征;各种产品价格都在上涨,提价很正常。因此,产品提价时,并非必然导致需求量下降。

2.竞争者对价格变动的反应

竞争者对调价的可能反应有以下几种类型。

(1)相向式反应。你提价,他涨价;你降价,他也降价。这样一致的行为,对企业影响不太大,不会导致严重后果。企业坚持合理的营销策略,不至于失掉市场或减少市场份额。

(2)逆向式反应。你提价,他降价或维持原价不变;你降价,他提价或维持原价不变。这种相互冲突的行为,影响往往很严重,竞争者的目的也十分清楚,就是乘机争夺市场。对此,企业要进行调查分析,首先摸清竞争者的具体目的,其次要估计竞争者的实力,再次要了解市场的竞争格局。

(3)交叉式反应。众多竞争者对企业调价反应不一,有相向的,有逆向的,有不变的,情况错综复杂。企业在不得不进行价格调整时应注意提高产品质量,加强促销宣传,保持分销渠道畅通等,即保持旅游价格与其他营销因素组合的协调、优化。

(三)旅游企业对价格变化的应对

竞争对手在实施价格调整策略之前,一般都要经过长时间的深思熟虑,仔细权衡调价的利害,但是,一旦调价成为现实,则过程相当迅速,并且在调价之前大多要采取保密措施,以保证发动价格竞争的突然性。企业在做出反应时,先必须分析:竞争者调价的目的是什么?调价是暂时的还是长期的?能否持久?竞争者调价将对本企业的市场占有率、销售量、利润、声誉等方面有何影响?同行业的其他企业对竞争者调价行动有何反应?企业面临价格竞争应权衡得失:是否应做出反应?如何反应?另外还必须分析需求价格弹性,产品成本和销售量之间的关系等复杂问题。企业要做出迅速反应,最好事先制定反应程序,到时按程序处理,以提高反应的灵活性和有效性。

在进行上述分析的基础上,面临竞争者的价格调整,旅游企业可选择的对策如下。

1.价格不变,任其自然

旅游企业任消费者随价格变化而变化,靠旅游品牌形象和消费者对产品的偏爱和忠诚度来抵御竞争者的价格进攻,待市场环境发生变化或出现某种有利时机,企业再做行动。

2. 价格不变,加强非价格竞争

维持旅游产品价格不变,但企业加强旅游促销,改进分销渠道,增加销售网点,强化服务,提高产品质量,突出产品特色,提高消费者对旅游产品的感受价值。

3. 降价

降价最直接的方式是在旅游产品现行牌价的基础上绝对下降。为尽量避免旅游者和竞争者的一些不良反应,旅游企业更应采取变相降价的方式,如前面提到的各种旅游价格折扣和旅游优惠价,也可采用赠送优惠券、有奖销售、免费旅游咨询、旅游培训等营业推广方式变相降价。确定降价的时机是一个难点,通常要综合考虑旅游企业实力、旅游产品生命周期阶段、销售季节、消费者对产品的态度等因素。由于影响降价的因素较多,旅游企业必须审慎分析和判断,并根据降价原因选择适当的方式和时机,制定最优的降价策略。

4. 提价

旅游企业在提价时机上可着重考虑如下几种情况:旅游产品在市场上处于优势地位;旅游产品进入成长期;旅游旺季;竞争对手产品提价等。在提价方式上,应尽可能多采用间接提价,注意采用一些技巧,把提价的不利因素减到最低程度,能被消费者接受,如:避免所有产品全面涨价,给消费者一个适应过程;把明涨变为暗涨,如适当减少服务次数;总费用不涨,消费者关心产品价格变动,但通常更关心购买和消费旅游产品的总费用,如果企业能使旅游者的金钱、时间、精力支出和心理疲劳产生的总费用较低,那么,就可以把这种产品的价格定得比竞争者高。同时,企业提价时应采取各种渠道向消费者说明提价的原因,配合产品、分销和促销策略,以减少顾客不满,维护企业形象,提高消费者信心,刺激消费者的需求和购买行为。至于旅游价格调整的幅度,最重要的考虑因素是消费者的反应。

◆**案例驿站 8.8**

### 休布雷公司巧订酒价

在美国伏特加酒的市场中,休布雷公司的营销是比较出色的,它生产的史密诺夫酒,在伏特加酒市场的占有率达 23%。20 世纪 60 年代,另一家公司推出一种新型伏特加酒,其质量不比史密诺夫酒差,每瓶定价却比它低 1 美元。

按照惯例,休布雷公司有三条对策可用:降价 1 美元,以保住市场占有率;维持原价,通过增加广告和推销费用来与竞争对手竞争;维持原价,听任其市场占有率降低。

由此看出,不论休布雷公司采取上述哪种策略,它似乎都输定了。但是,该公司的市场营销人员经过深思熟虑后,却采取了对方意想不到的第四种策略:将史密诺夫酒的价格再提高1美元,同时再推出一种与竞争对手新伏特加酒价格一样的瑞色加酒和另一种价格更低的波波酒。这种产品价格策略,一方面提高了史密诺夫酒的地位,同时使竞争对手的新产品沦为一种普通的品牌。结果,休布雷不仅渡过了难关,而且利润大增。实际上,休布雷公司的上述三种产品的味道和成本几乎相同,只是该公司懂得以不同价格来销售相同产品的策略而已。

案例来源:赵西萍.旅游市场营销学[M].高等教育出版社,1998.

### ◆ 本节相关知识链接

1. http://www.aatrip.com/
2. http://jpkc.zjiet.edu.cn/sheng/2008/scyxych/

### ◆ 本章试题与知识训练

**一、填空题**

1. 旅游企业主动提价的主要原因是_____、_____、_____和_____。
2. 竞争者对价格变动的反应有_____、_____和_____三种类型。
3. 面临竞争者的价格调整,旅游企业可选择的对策有_____、_____、_____和_____。

**二、简答题**

1. 旅游企业主动降低产品价格的原因有哪些?
2. 分析旅游者对价格变动的反应。

### ◆ 本章小结

**1. 本章结语**

旅游定价策略是旅游营销组合策略中比较敏感、活跃的因素,它的变化会直接反映到市场需求变动上来,这就要求企业进行定价时在充分考虑市场需求的基础上,深入研究产品成本构成和影响产品价格变动的因素,按照一定的定价原则和定价步骤,选择合适的定价方法,制定适当的产品价格进行有效的竞争。旅游产品定价的主要方法有成本导向定价法、需求导向定价法和竞争导向定价法三类;主要定价策略有新产品定价策略、心理定价策略、折扣定价策略、产品组合定价策略、旅游差价与优惠价策略等。随着旅游市场竞争形势的变化,旅游企业应该进行适宜的价格调整,以保持一定的竞争优势。

**2. 本章知识结构**

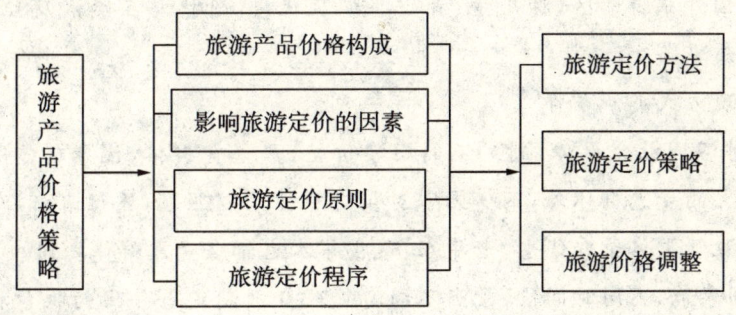

**3. 本章核心概念**

旅游产品价格　旅游产品成本　旅游盈利　旅游定价原则　旅游定价程序　旅游定价方法　旅游定价策略　旅游价格调整

◆ 实训练习

分组对当地某一景点进行调查,了解景点门票价格变化所导致的游客人数变动情况,通过小组研讨,做一份有关景点门票价格变动对销售影响力的分析报告。

◆ 延伸阅读

### 国外景区门票价格的特征及其启示

一、各国旅游景区门票价格特征

1. 门票价格重视社会效益,逐步回归旅游业发展的终极目标。各旅游发达地区景区门票的共性之一是价格低廉,在国民月收入中所占比例一般不超过1‰。如,以色列国家公园门票一般为10~20谢克尔,最低为3谢克尔,职工月平均工资为6 000谢克儿;比利时国家所属的名胜古迹统一票价,相当于职工月收入的0.35%,仅仅是象征性的收费。美国自2002年6月10日起,自由女神塑像参观点价格提升为10美元,仍只占其职工月收入非常小的比例。即使是亚洲的菲律宾公共景点的门票价格一般也仅在50~150比索之间,而政府规定的最低月工资标准为6 000~7 000比索。

大量遗产名胜免费开放是国外景区的又一特征。法国大量的博物馆免费向公众开放,被政府列入国家文化遗产保护名单的各类建筑物,都要在"文化遗产日"免费向游客开放1~2日,巴黎罗浮宫每月第一个星期天免费开放。意大利每年春天举办一次"文化周",全国所有名胜古迹免费向游客开放,古罗马废墟长期向公众免费开放。英国被称为

"免费的城市",伦敦大英博物馆、海德公园、摄政王公园以及英国的国家公园、自然保护区、海滨度假胜地、世界文化保护区一律向游客免费开放。日本以名胜古迹、博物馆、展览馆作为学校课堂学习的延伸,免费让学生在博物馆现场上课。澳大利亚皇家植物园免费开放。一般国外旅游景区,对儿童、青少年学生优惠,价格与年龄成反比例,旅游景点为提高国民素质服务。

2. 价格表现方式灵活多样

其一,针对不同社会群体,制定不同门票价格,如免费群体、优惠群体等。除了青少年学生这个最大的受惠群体外,不少国家对记者群体予以照顾,凭记者证即可自由参观。法国等国家对教师群体予以优惠,老年人、现役军人也都在受惠群体之内。

其二,不同季节、不同时间段、景点不同游览段分别制定差异化的收费标准。例如自然景观淡季、旺季有不同的门票价格,巴黎罗浮宫每天下午3点一过,门票减半,游览艾菲尔铁塔使用不同上升交通工具,到达各层平台均有不同的门票价格。

其三,单人票、家庭套票、团体票、周期票供游客自由选择。英国伦敦动物园门票成人10英镑、学生8.5英镑、儿童7英镑,另有一种适合家庭的"节俭票",30英镑一张,可含2个成人和2个儿童,或1个成人和3个儿童,而且各地往往一张门票一天之内可以在景区多次进出使用。在英国还可购一张"大英观光通行证",免费参观国内600余处景点、博物馆、名胜古迹。法国巴黎45欧元一张5天期的"博物馆通行卡",可参观巴黎全部博物馆。

3. 门票价格体现环保性,成为政府调控环境容量的重要手段

非洲肯尼亚的国家公园是世界著名的野生动物自然保护区,公园湿季不开放,在旱季部分时间向游客开放,公园内基本不做旅游开发,保持一种原始古朴、自然的风貌,游客要经过预约批准,自己在野外露营住宿,品尝艰苦旅游的味道,每名游客门票20美元,另外过夜加收费用,露营再加收费用,而且要承担导游、搬运工、厨师的门票等所有费用,所以进入肯尼亚国家公园探险游览,花费数百美元是正常的。美国的黄石公园,各个景区轮流开放,单独收费,通过门票价格调控游客数量。

4. 定价与区域社会经济、发展水平相协调,不断加大社会多方资助的力度

意大利政府为挽救比萨斜塔,维修工程花费了3 540亿里拉,但门票仅约5.5美元(1美元≈1 347里拉),每日还要限制参观的人数。政府将公民缴纳的税收,通过仅占公民月收入1‰左右的门票价格回报给了国民,并使国民从旅游中获取更多。在低门票收费的基础上,许多国家旅游景点重视通过多种途径获得经费,以保持景点的运转与维护,例如,国家的经费拨款补贴、各类社会基金的支持、社会的捐助等。与此同时,各旅游景区

还重视扩大景区经营收入来源,如为企业做广告等方式来增加收入,以维持低廉的门票价格。

二、中国旅游门票价格管理调整设想

中国的旅游景区门票价格管理与国外相比,虽然也有许多好的做法,但我们必须客观地认识到,在我国旅游景区门票价格管理上,仍存在不少有待改进之处,其主要弊端表现在:景区门票价格偏高;旅游开发、经营部门非常重视景区门票收入;门票成为经营者收入的主渠道;价格调控不够灵活,门票收入流失较严重;门票价格尚未成为旅游调控的必要手段;社会参与支持不够。因此可考虑如下调整建议。

1. 降低门票价格,强化旅游的社会效益。国外的许多旅游发达国家,其国内旅游率可达总人口的2倍以上,而我国2002年人口出游率仅为69.2%左右,经济消费能力的制约应当是重要原因之一。我国旅游景区门票价格应当理智地降下来,使之与国民收入形成一个恰当的比例,使更多的国民能够加入到旅游者的行列之中。

2. 淡化门票收入意识,广开门路,形成全社会公益性办旅游的良好氛围。

首先,政府应当改变依靠门票收入收回投资,获得经济效益的思维。政府应尽可能从景区投资开发中摆脱出来,转而担负起行业管理、调控、指导的社会角色。此外,企业参与赞助、社会基金投入、政府拨款补贴几者相结合是必不可少的。其次,旅游景区投资主体应尽量向旅游餐饮、住宿、娱乐、购物、交通等投资项目上发展,进行多元化的投资,获得多元化的收益,主动改变单一性投资获取单一性门票收入的现状。

3. 规范管理,走法制化的发展道路。认真研究出台一些必要的规章制度,走法制化的发展道路,如制定统一的旅游景区门票价格定价标准、景区门票价格调控操作规范、社会力量资助旅游景区管理办法等,对旅游景区门票收入流失等反常现象也应采取措施予以制止,促使中国旅游景区门票价格管理走上一条有序、规范的发展道路。

4. 建立一套灵活科学的旅游景区门票价格体系。参考国外旅游景区门票价格管理体系的灵活多样,中国旅游景区门票价格管理亦应做出灵活的价格反应。在景区门票价格总体下降的同时,对一些环保概念强、需限制游客数量的景区,应当果断运用价格杠杆,提高收费标准,以门票价格来调节旅游景区的环境容量。

资料来源:田勇.国外旅游景区门票价格特征及其启迪[J].价格月刊,2003(5).

**分析思考题:** 我国景区门票价格制定存在什么问题?如何根据我国的实际,借鉴国外的经验加以解决?

第 九 章

# 旅游分销策略

## 学习目标

知识要点：了解旅游销售渠道的职能、特点、管理和发展趋势；理解旅游营销渠道的概念、类型和影响旅游营销渠道选择的因素；掌握各类旅游中间商的概念、职能和旅游分销策略。

技能训练：分组调查当地一家旅行社的经营状况，分析其对当地有关旅游产品销售所起的作用，并提出改进建议。

能力拓展：应用所学理论，对某一旅游景区的销售渠道进行市场调研和小组讨论，提出该景区销售渠道调整优化的分析报告。

## 引 例

### 渠道为王 VS 便利为主

前几年，国内营销界流行一句话叫做"渠道为王"，说的是厂家销售产品时对分销渠道的路径依赖。事实上，大型渠道商面对市场的霸气从《国美商业帝国》的书名就可见一斑。国内旅游业的情况也是如此。随着旅游市场的深入发展，旅行社的渠道作用不但不会削弱，而且会逐步凸显。以广东市场为例，2008年广之旅的营业额已达18亿元，网络门店增至200多个，遍布广州及珠三角地区。南湖国旅的营业额超过10亿元，网络门店达到120多个。2009年5月《旅行社条例实施细则》颁布以后，广之旅和南湖国旅都加快了规模扩张的步伐，广东旅行社业未来将进入寡头竞争时代。就景区营销而言，随着大型旅行社的渠道地位的巩固和加强，景区的渠道建设也会面临新的考验。

不过，旅游目的地营销不能依赖单一渠道，应采取多渠道的市场策略。如前所述，跟观光旅游不同，休闲度假游客在旅游活动中已经占据主动地位。以携程为代表的新型旅行服务商的崛起，为游客实现远距离和跨区域的自助旅行和度假旅游提供了极大便利。

而网络营销的蓬勃发展,正在消除空间距离对旅游目的地的信息阻隔,游客获取旅游信息的渠道变得通畅。从面向未来的角度看,旅游目的地营销正在呈现出多元化的渠道特征。

值得一提的是,经过旅游业界人士的多年努力,网络营销的市场时机已趋于成熟,并将在旅游目的地营销中扮演重要角色。在今后的旅游营销工作中,我们应以便利性、互动性和信息即时分享为原则,充分发挥自驾游俱乐部、旅游网站、论坛、群组和社区的营销传播作用。要关注意见领袖,研究圈子文化,建立信息反馈机制和危机公关机制,及时回应游客对旅游目的地的意见和建议,并在第一时间迅速处理游客遇到的麻烦和问题。在网络互动的过程中,要注入时尚化和参与性的元素,使游客的体验过程变得轻松有趣。在这方面,山东省旅游信息中心做了有益的尝试和探索。

资料来源:郑泽国.旅游目的地营销的策略选择[EB/OL]. http://www.chinavalue.net/Article/Archive/2009/7/2/183694.html,2009-07-02.

**案例引发的问题**:在旅游营销组合策略中,销售渠道有何地位与作用?发展趋势如何?

# 第一节　旅游销售渠道结构及其类型

旅游产品的生产经营活动与旅游消费者的购买、使用过程往往受多种因素的制约,在时间、空间上存在一定的差异。同时,在客源量大、结构复杂的条件下,旅游企业除发挥自身的营销资源优势外,还必须运用旅游市场中的中介组织力量,与之形成较为稳定的营销利益共同体,促使旅游产品在广阔的空间为广大的旅游消费者所知晓、理解、认可和购买。

## 一、旅游销售渠道相关概念

不同的学者或组织对销售渠道的定义是有差别的。

美国市场营销协会认为:销售渠道是公司内部单位或公司外部代理商的组织机构,通过这些组织机构产品才得以上市销售。

菲利普·科特勒认为:销售渠道是与提供商品或服务以供应商业用户或个人使用或消费有关的一系列相互依存的组织机构。

旅游销售渠道或称旅游分销渠道,是旅游产品在从其生产者转移到旅游者的过程中,包括所有取得旅游产品使用权,或协助旅游产品使用权转移的组织和个人在内的有组织、多层次的销售系统,是旅游产品从生产者到旅游者的一个流通管道。可简述为,旅游销售渠道是旅游企业把旅游产品销售给最终消费者的市场流通组织结构。

旅游销售渠道的起点是旅游产品生产者,终点是旅游消费者,中间环节包括各种旅游代理商、批发商、零售商、其他中介组织和个人等,可通称为旅游中间商。如何将旅游产品以高效率和低费用从旅游生产企业转移给旅游消费者,以实现旅游产品的价值,建立合理的销售渠道并对之进行有效管理,确保旅游产品销售过程的畅通无阻,对旅游生产企业至关重要。

旅游销售渠道是由不同组织与个人构成的一个系统,其结构涉及层次、长度和宽度等内涵。

旅游销售渠道层次是旅游产品从生产者转移到旅游者的过程中,任何对旅游产品拥有所有权或具有销售权的组织或个人,就被认为是一个渠道层次或环节。

旅游销售渠道长度是旅游产品从生产者转移到最终消费者手中,所经过的销售渠道层次或环节。如果中间层次越多,则渠道的长度就越长;反之,则越短。

旅游销售渠道的宽度是指销售渠道的每个层次中,同类中间商的数目及销售网点的数目和分布格局。一般的,如果使用同种类型的中间商越多,则渠道越宽;反之,则越窄。

**二、旅游销售渠道的职能**

随着旅游企业业务量的增加,单纯凭借企业自身的工作接触所有的旅游者已经越来越不可能,这就需要专门的机构来进行,这就是各级各类的中间环节。

为了适应企业经营规模或接待能力的不断扩大带来的工作量需要和竞争需要,同时由于技术的不断发展,市场比过去更加复杂,企业要为来自更多更远地区的旅游消费者提供服务,特别是国际旅游者,这就需要有一整套的专门机构来"代替"旅游企业完成这一任务,需要能保证产品流入旅游者手中的顺畅渠道。

具体来说,旅游销售渠道的职能主要表现在:

(1)信息:收集、调研旅游营销环境中有关潜在与现实旅游者、竞争对手和其他参与者及力量等的市场信息,并与生产者和供应者沟通。

(2)匹配:包装、整合旅游产品,使其符合旅游消费者的需求,典型的就是旅行社的旅游线路设计、开发。

(3)促销:开发和传播有关旅游产品的具有说服力的沟通信息、促销资料,寻找、接触潜在旅游者并与之交流,为其提供建议和购买帮助。

(4)谈判:就旅游产品的价格和其他条件进行谈判,达成最终协议,以实现旅游产品使用权的转移,实现其价值。

(5)融资:筹集和调动资金,以负担分销工作所需费用。

(6)分担风险:渠道各成员的分工与合作,可分摊市场经营风险,从而使每个旅游企业的风险降低。

(7)解决投诉:接受或协助解决旅游者的投诉。

(8)辅助性服务:向旅游者提供保险、防疫建议和护照办理等辅助性服务。

### 三、旅游销售渠道的结构模式类型

由于旅游市场、旅游生产企业、旅游中间商、旅游产品以及旅游者等多种因素的综合影响,旅游销售渠道形成了多种多样的形态,即便同一种旅游产品,也可能通过不同的渠道销售。一般说来,旅游销售渠道有直接、间接和长、短、宽、窄等多种类型。

**(一)直接渠道和间接渠道**

依据旅游企业是否利用中间商进行营销活动,可将旅游销售渠道分为直接销售渠道和间接销售渠道两类。

1. 直接销售渠道

是指旅游产品的生产者不通过任何中间商,而直接向旅游者销售其产品的渠道,这也就是所谓的零层次渠道。

从世界各地旅游企业的销售实践来看,直接销售渠道目前有3种可供选择使用的模式。

(1)旅游产品生产者→旅游消费者(在生产者现场)。也就是旅游产品生产者向登门来访的旅游者直接出售其产品的传统销售方式,在这一模式中,旅游产品生产者在其坐落地点扮演了零售商的角色。

(2)旅游产品生产者→旅游消费者(在客源地或消费者家中)。在这一模式中,旅游产品生产者通过计算机预订系统扮演了零售商的角色。目前,这一销售方法尤其常见于集团化经营的饭店、航空公司和经营包价旅游的大型旅游公司。

(3)旅游产品生产者→自设经营的销售网点→旅游消费者(在销售点现场)。这一模式是指旅游产品生产者通过自己在目标市场设立销售网点,面向旅游者出售自己的产品。由于这些销售网点是旅游产品生产者自设的零售机构,因而仍然属于直接销售模式。

直接销售渠道的优点是:直接交易,贴近市场,便于及时掌握市场信息,从而有利于企业及时调整或改进营销策略;便于控制价格;加快资金的周转;减少佣金开支;有利于控制、提高旅游产品质量,改善企业形象。

直接销售渠道的缺点:供给者承担了产品销售的全部工作及有关费用;当销售面广,顾客分散时,供给者难以满足所有旅游者的需求;在销量小或销量不稳定时,供给企业的销售成本增加,经营风险较大。

2.间接销售渠道

是指旅游产品生产者通过旅游中间商将其产品转移给旅游者的销售渠道。在旅游产品的间接销售渠道中,按照所经中间环节的多少,也可划分出三种不同的模式。

(1)旅游产品生产者→旅游零售商→旅游消费者(在旅游零售商经营现场)。这种模式是单层次或一层次销售渠道。其中间商主要是从事旅游零售业务的旅游代理商和其他代理预订机构。这一模式在西方国家旅游业中使用得非常普遍。这一模式的最大特点是,旅游产品生产者需向代销其产品的旅游零售商支付佣金。

(2)旅游产品生产者→旅游批发商→旅游零售商→旅游消费者(在旅游零售商经营现场)。这一模式中包括了两个层次的旅游中间商,称双层次或两层次销售渠道。其中第一个中间层次的旅游批发商通常是从事团体包价旅游批发业务的旅游公司或旅行社,另一类则是所谓的旅游经营商,它们同上述纯粹批发商的唯一不同之处,在于它们一般都有自己经营的零售网络。这一渠道模式的主要特点在于旅游产品的生产者在同旅游批发商进行价格谈判的基础上,将其产品批量销售(或预订)给旅游批发商,然后再由旅游批发商委托旅游零售商出售给最终消费者。

(3)旅游产品生产者→本国旅游批发商→外国旅游批发商→旅游零售商→旅游消费者。这种三层次(或多层次)销售渠道是目前我国国际旅游业中应用最广的渠道模式。

间接销售渠道的优点是:通过庞大的、错综复杂的销售网络开拓、占领市场,有利于提高产品销售额、提高市场占有率,有利于更大范围的传播旅游营销信息,树立企业旅游品牌形象。

间接销售渠道的缺点是:中间环节多,增加旅游产品成本,降低企业利润率;对旅游目标市场的控制权削弱;旅游中间商分割了企业利润。

(二)长渠道和短渠道

对于间接销售渠道来说,根据介入的旅游中间商层次、类型的多少,又可区分为长渠道和短渠道。

1.长渠道

是指旅游产品生产者通过两个或两个以上中间环节将其产品转移给旅游者的销售渠道。其基本模式有两类:(1)旅游产品生产者→旅游批发商→旅游零售商→旅游消费者;(2)旅游产品生产者→旅游代理商→旅游批发商→旅游零售商→旅游消费者。

长渠道的优点是:渠道长、分布密、触角多,能有效的覆盖市场,从而扩大产品销售,有利于远购远销,在更大范围调剂余缺、沟通供求;缺点是:由于环节多,销售费用增加,不利于生产者及时获得市场情报,迅速占领市场。

2. 短渠道

短渠道是指旅游产品生产者只通过一个中间环节将其产品转移给旅游者的销售渠道。其基本模式是:旅游产品生产者→旅游零售商→旅游消费者。

短渠道的优点是:加速产品流通,缩短产品周转周期,节省流通费用,增加产品竞争力,有利于开展售后服务,利于生产者和中间商建立直接、密切的合作关系,维护生产者信誉;缺点是:生产商需要大量的投入,增加了直销费用,不利于生产企业大批量组织生产。

**(三)宽渠道和窄渠道**

根据旅游销售渠道中同类中间商的数目多少,可将旅游销售渠道分为宽渠道和窄渠道。

1. 宽渠道

宽渠道就是在某一销售环节上使用的同类中间商数量较多,旅游产品在市场上销售面较宽的旅游销售渠道。一般的、大众化的旅游产品多是通过宽渠道进行销售的,通过多家旅游批发商或旅游代理商批发给更多的旅游零售商进行产品销售,能大量接触旅游者,大批量销售旅游产品,扩大市场销售的覆盖面,提高市场占有率。

2. 窄渠道

窄渠道就是在某一销售环节上使用的同类中间商数量较少,旅游产品在市场上销售面较窄的旅游销售渠道。旅游生产企业通过窄渠道比较容易控制和管理,有助于保护各中间环节的独有利益;但市场销售的覆盖面小,产品销量会受到限制。一般适用于专业性较强或费用较高的旅游产品销售,如高端旅游产品、某些专项或特种旅游产品的销售。

以上所述只是中外旅游业经营中较为常见的销售渠道的主要类型和基本模式。绝大多数旅游产品生产者所选用的销售渠道都不止一种,特别是规模较大的旅游生产企业往往同时选用多种模式的销售渠道。

## 四、旅游销售渠道的特征

对于旅游企业来说,拥有自己的营销渠道有显著的优势,有利于提高企业的服务水平和市场营销活动的顺利开展。

1. 在销售渠道中,旅游产品的供给者具有多重性

一个包含了吃、住、行、游、购、娱的完整线路,绝大多数情况下,所有的环节都是由相对独立的企业分别承担的,所以产品提供主体是多个。

2. 在销售渠道中,中间商转移的是旅游产品的使用权而不是所有权

旅游产品首先是典型的"生产与消费同步性"的服务型产品,所以旅游者购买到的是产品的使用权。在销售渠道中,旅游产品使用权的转移与产品本体的转移是分步进行的,旅游产品本体的转移要以最终消费者向旅游目的地运动为前提。

### ◆案例驿站 9.1

#### "半天讨论会"的启示

近年来旅游代理商在为旅游业带来更多的收入方面发挥着越来越大的作用。最近的一些统计数据表明,饭店28%的客房是通过旅游代理商预订的,度假村通过旅游代理商预订的客房在总客房预订中所占比率比上述数字还要高些。

饭店市场推销员在对旅游代理商推销旅游服务的潜力方面作了一番调查之后,发现越来越多的联号饭店对旅游代理商的作用评价颇高。希尔顿和东部航空公司为那些寻找饭店最大的客源市场——团体游客的旅游代理商联合举办了一系列的"半天讨论会",旅行代理机构、航空公司及旅游经营公司的代表也出席了这次会议。会上,宇宙国际饭店的销售部张经理说:"现在我们饭店有85%的团体客人是通过旅游代理商的推销宣传而来的。可以肯定地说,要吸引团体旅客,必须依靠旅游代理商。""半天讨论会"系统地教会了旅游代理商如何打进团体客源市场,以及如何预订和向团体游客推销。东部航空公司为何要参加并举办这些讨论会呢?这是易于理解的,因为通过旅游代理商而预订出的机票大约占其国内预订的一半。

悦凯饭店最近宣布了一项计划,该计划提出要通过旅游代理商使饭店的预订数增加1倍。为了提高旅游代理商的积极性,该饭店推出了客房和使用汽车的半包价旅游项目,例如同环球航空公司、边境航空公司联合推出的飞机—汽车—住宿包价旅游项目,旅游者只需打一个号码为800的电话,就可以预订好汽车、飞机和客房。该项包价旅游在价格上是不打折扣的,即旅游者不通过旅游代理商直接向饭店预订,在价钱上也不能获得优惠。当这一包价旅游项目通过旅游代理商预订并确认后,饭店将付给他们一笔佣金。

加佳旅行社旅行代理机构总裁张燕女士说,饭店应该及时向旅游代理商通报自身的有关情况,这样就能给旅游代理商留下一个深刻的印象。她还强调,如果旅游代理商了解饭店的各种服务和设施并对饭店印象极佳的话,那么就能更好地为饭店推销。她还建议,饭店在准备推出特殊的一揽子活动项目时,应同旅游代理商协商,这样就可以做到包括尽可能多的有趣的活动,从而使一揽子项目对游客更富有吸引力。饭店应给旅游代理商提供足够数量的介绍饭店情况的小册子。

康奈尔饭店正在开发一项新的旅游代理商项目,为旅游代理商提供事先安排好的、快速免费的全国性预订电话。旅游代理商只要拨一下该联号饭店免费预订的电话号码,报出"超级代理人"身份证号码,计算机系统就会在屏幕上显示出有关该代理人的情况。这一系统大大简化了预订手续,旅游代理商不必像以前那样,向该联号饭店的分支机构寄发预订信了。预订中心会自动将上述有关信息传递给每个联号饭店。现在,已有400多家康奈尔饭店成员加入了"超级代理人"促销项目。

案例来源:赵西萍.旅游市场营销学[M].北京:高等教育出版社,2002.

### ◆ 本节相关知识链接

1. http://www.cmmo.com.cn/
2. http://www.emkt.com.cn/

### ◆ 本章试题与知识训练

**一、填空题**

1. 旅游产品销售渠道的起点是_____,终点是_____,中间环节是_____。
2. 旅游销售渠道长度是旅游产品从生产者转移到最终消费者手中,所经过的销售渠道_____;旅游销售渠道的宽度是指销售渠道的每个_____中,_____的数目及销售网点的数目和分布格局。
3. 按照旅游企业是否选择中间商进行产品销售,可以把旅游销售渠道分为_____和_____两类。
4. 旅游企业选择一级间接销售渠道时,旅游产品一般经过_____个环节提供给旅游者。

**二、简答题**

1. 什么是旅游销售渠道？其职能有哪些？
2. 简析旅游销售渠道的结构模式类型。

## 第二节 旅游中间商

随着旅游市场的不断发展，旅游消费需求的多样化、个性化日益突出，旅游产品生产与消费之间在种类、数量、时间、地点等方面的矛盾也日益尖锐，因此，旅游中间商的作用越来越重要。对于旅游生产企业而言，旅游中间商是专门化的市场营销组织，具有市场接触面广、信息来源多、经营专业化与规模化等特点。借助中间商，旅游企业可以减少资金占用，提高市场覆盖面，扩大产品销售量。

### 一、旅游中间商的类型

旅游中间商是指处于旅游生产者与旅游消费者之间，参与旅游产品流通业务，促使旅游产品交易行为发生和实现的组织或个人。由于旅游中间商在市场营销中的作用不同，与旅游生产企业的责权利关系不同，因而旅游中间商的类型也就呈现多样化的形态，在实际应用中主要有旅游经销商、旅游代理商、专业旅游中介和预订系统等类型。

**(一)旅游经销商**

旅游经销商是在旅游产品转售过程中，定购、组合各单项旅游产品，拥有产品独立经营权的中间商。它与旅游生产者共同承担市场风险，其经营业绩的好坏直接影响旅游生产者经济效益的高低。旅游经销商又有多种类型，主要有旅游批发商和零售商两类。

1. 旅游批发商

旅游批发商批量定购旅游运输公司、酒店、景区等单项旅游产品，设计、组合成整体性旅游产品，主要面向零售商销售的旅游中间商。其主要职能是旅游线路的设计、旅游线路产品的推销、旅游团队的组织与管理。

旅游批发商特点是：旅游批发商是连接生产者与零售商的桥梁，是旅游产品流通的起点和中间环节，产品由批发企业卖出后，产品的流通过程并没有终结；批发商一般不直接与旅游消费者发生联系；批发商交易量大、交易频次低。

2. 旅游零售商

旅游零售商向旅游批发商或生产商定购旅游产品，直接向旅游消费者销售的旅游中间商。其主要职能是向旅游者提供旅游咨询服务,传播旅游信息,影响旅游者的购买决策,方便旅游购买。

旅游零售商的特点是:其销售对象是最终旅游消费者,主要是个人消费,也包括组织消费(如企业、机关、团体、学校等);零售商的产品售出后,即从流通领域退出,进入消费领域,它处于商品流通的终点;零售商一般规模较小,销售数量有限,但交易次数频繁。

**(二)旅游代理商**

旅游代理商是指那些只接受旅游产品生产者或其他供应者的委托,在一定区域代理销售其产品的旅游中间商。它通过与买卖双方的洽商,促使旅游产品交易活动的发生,但在此活动中旅游代理商不拥有旅游产品的使用权,只是协助旅游产品使用权的转移。旅游代理商的收入通常来自被代理企业支付的佣金。其主要职能是在一定区域代理旅游批发商或各单项旅游产品生产企业的产品,向旅游者销售产品。

旅游产品生产者或其他供应者在自己的销售能力达不到的地区,或是难以找到合适的销售对象的情况下,利用旅游代理商的营销资源来寻求营销机会。因而,利用代理商是对利用经销商的一种补充。一般来说,在旅游产品比较容易销售的情况下,利用旅游批发商、零售商等渠道的选择多些,在新产品上市初期或销路不是非常广泛的情况下,则利用代理商的机会多些。利用代理商的风险转移程度比利用经销商要低得多。

**(三)专业旅游中介**

专业旅游中介包括旅游与会议促销机构、旅游经纪人、奖励旅游公司、旅游信息中心等,主要从事旅游宣传、向旅游者提供信息服务、预订服务及旅游线路的推荐服务等,通常不收取佣金,而是通过提供服务,在每次预订中收取一定的费用作为报酬。

旅游与会议促销机构的主要任务是帮助代理的地区和城市招徕大型会议、研究班等,并为会议作好各方面的组织服务工作。它既可以是完全独立的组织,也可以是政府所属的部门,或者是旅游协会的一个部门,因此其资金来源渠道很多,如政府机构、行业协会以及旅游企业等。

旅游经纪人是一种特殊的旅游中间商。他们不拥有产品所有权和使用权,不控制产品的价格及销售条件,也不加入交易实务,只为交易双方牵线搭桥,促成双方交易。成交后,旅游企业支付佣金,所以旅游经纪人不承担任何风险。

奖励旅游公司主要是为企业雇员或分销商提供奖励旅游,作为企业对他们努力工作的奖励。主要侧重于度假旅游胜地的旅游产品销售。

旅游信息中心主要提供相关服务给旅游者。许多旅游信息中心把不同类型、特点的旅游企业的有关资料输入电脑,形成自动预订中心,旅游者可通过电话、电传及电脑等从信息中心获得信息,旅游信息中心也可以把旅游产品的特点向旅游者进行详细的介绍,以达到销售旅游产品的目的。

### (四)预订系统

全球预订系统(Global Distribution System,GDS)是随着电子信息技术的发展、飞行管制的放开而发展起来的,主要是以一些大航空公司的中央预订系统(Central Reservation System,CRS)为基本构架,旅行社、饭店的 CRS 以及其他旅游企业、组织加入,从而形成的一个世界范围内的多层次配票网络,以计算机网络技术为支持。

GDS 通过通用接口使航空公司和饭店的 CRS 联通,为双方提供双向界面。当航空公司接到预订客房的要求时,可直接转入饭店预订系统中,保证及时回复;同样,饭店接到机票预订时,也可及时与航空公司沟通。航空公司的 CRS 是以世界较大的多个航空公司的机票预订体系为基础发展而来,覆盖面很广,因此能提供低成本的预订服务;饭店的 CRS 由饭店连锁的预订中心、饭店联合体以及专门的饭店预订组织构成。这些航空公司的机票预订系统、饭店连锁预订中心、饭店联合体、专门的饭店预订组织既可以单独成为旅游中间商,同时又是 GDS 的一个组成部分。

◆ 专题笔谈 9.1

**中国旅行社业合理分工体系的发展趋势**

目前,旅行社企业的分工体系主要有两种:水平分工和垂直分工。中国旅行社业采用水平分工体系,走过了一条政府主导的强制性变迁道路。欧美一些国家的旅行社业采用垂直分工体系。当前,在市场机制的作用下,随着旅游业的进一步发展和其他相关因素的变化,中国旅行社业以经营业务分工为主的体系结构迅速变化,并将形成合理的分工体系,其发展趋势是专业化分工。

1. 旅游批发商

中国旅游市场上缺少有竞争实力的大型旅游批发商和旅游集团,因而很少有企业有能力去开发设计特色产品和开拓新市场,使得中国旅游市场上产品单一,并且在度假旅游、商务旅游、会议旅游等市场空间拓展不足。目前的形式是大部分旅行社同时竞争包价观光旅游市场,导致了市场行为不规范的混乱局面,这也是中国旅行社微利运行的根本原因所在。为了改变这种状况,必须培育大型的旅游批发商和旅游集团,来增强开发新产品和开拓新市场的能力。尽管目前中国有国、中、青三大旅行社,但与国外一些旅行商相比,其规模和实力还相差很远。因此,培育大型旅游批发商和旅游集团是中国旅行社业的发展趋势之一,其实现的途径和手段是多种多样的,市场经济体制环境中,企业间的并购、合作等是重要的方式。

2．旅游零售商

随着市场竞争的加剧,无论是大旅游批发商、航空公司还是旅游饭店,都力图扩大自己的市场份额,旅游产品不可贮存性与无形性的特点又使得他们不得不考虑以最快的可能方式扩展自己的市场触角,以便在尽可能大的客源市场中加强自己的销售。然而受企业自身区位和信息等方面的限制,单靠自己的力量在众多的区域性市场中发展直销渠道显然是不大可能的,这就促成了对零售商的需要。一方面旅游批发商会培育和构建自己的销售网点,另一方面,许多小旅行社还可以拓展以交通工具为主的票务代理业务领域,而不仅局限在大型旅行社的销售代理方面。随着国民旅游活动规模的扩大,只经营代理收客的独立经营组织会出现并增多。

3．培养旅游经纪人

旅游经纪人按照委托方的意志、条件和约定促成交易,向旅游者和委托方提供的是一种中介服务,获得委托方支付的佣金。在欧美经济发达国家,经纪人行业极为发达,民间机构组织到处可见,遍及文化娱乐各行各业。旅游经纪人职业在中国已经出现,但是时间不是很长,而且也没有形成职业规模和职业规范。旅游经纪人的中介活动降低了旅游经济成本,其经纪活动本身成本低、收费廉,对于委托方来讲,交易成功才付出佣金。旅游经纪人将对旅游业发展起重要作用,尤其是对旅游行业分工格局的完善,其活动涉及旅游行业的各个环节,如旅游客源的开拓、旅游业的招商引资等各个方面。

资料来源:徐立娣.中国旅行社业分工体系发展趋势探讨[EB/OL]. http://www.wisdomtour.com/News-Read.asp? art_id=73,2009-8-1.

## 二、旅游中间商的作用

旅游中间商参与旅游产品的营销活动,对旅游产品的供给者和消费者都会带来益处。概括起来,旅游中间商的作用主要有如下几个方面。

### (一)提高经营效率,减少交易费用

旅游中间商最突出的作用在于,通过中间商联系各个旅游者后,可以简化旅游生产企业的联系网络,有助于提高企业效率,节省交易费用。我们可以用图9.1和图9.2来

说明。

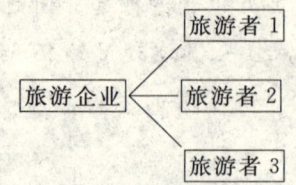

**图9.1 无中间商的旅游交易简图**

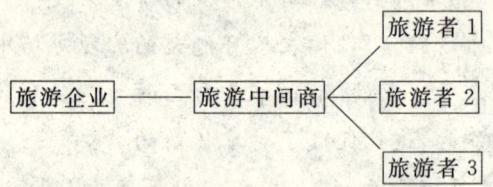

**图9.2 有中间商的旅游交易简图**

在图9.1中,旅游企业要面向三个旅游者分别开展业务,进行三次旅游交易,而图9.2中则只需要跟中间商开展一次交易,就可以间接沟通所有旅游者,显然工作量大大地减少了。

### (二)承担营销职能,促进产品销售

旅游中间商承担旅游生产企业的部分营销职能,进行旅游市场调研、宣传促销、产品销售和为消费者服务等活动,可使旅游生产企业集中精力从事旅游产品的改造、提升和进行扩大再生产。同时,旅游中间商凭借自己专业化的市场营销知识和经验以及在市场上的影响力,促进旅游产品的销售。

### (三)提供多种产品组合,满足旅游需求

任何一个旅游生产企业都难以提供满足旅游者吃、住、行、游、购、娱等各种需求的所有旅游产品,而旅游中间商则与多类、多家旅游企业相联系,具有对多种旅游产品进行加工、组合的能力。为满足旅游者多样化、个性化的旅游需求,旅游中间商可以对各类单项旅游产品进行整合、优化,形成价格、时间、地点、特色等不同的系列化整体旅游产品,更好地满足旅游者的需求。

### (四)联系供需双方,促进相互沟通

旅游中间商是联系旅游生产者与消费者的桥梁和纽带,能够促进双方的信息交流、甚至情感沟通。一方面,旅游中间商将旅游企业及其产品的信息传递给消费者,增进他们的了解,促进旅游购买;另一方面,旅游中间商最熟悉旅游需求特点和市场动态,可以将有关信息反馈给旅游生产企业,企业可以有针对性地改进或生产出适销对路的产品,更好地满足旅游需求,培育旅游品牌形象。

## 三、旅游中间商选择的原则

**(一)经济性原则**

旅游企业建立销售渠道的根本目的是为了降低销售费用,追求最大的经济效益,因此是否选择旅游中间商,选择什么样的旅游中间商,首先要考虑使用旅游中间商的成本,即利用旅游中间商引起的销售收入的增加是否大于为此所付出的成本,并以此评价旅游中间商选择的可行性和合理性。

**(二)可控性原则**

旅游中间商是独立经营的企业,在帮助旅游企业销售产品的同时,更注重自己的经济利益。在销售产品时,旅游中间商完全有可能为了自身的利益而损害旅游企业的利益,因此对旅游中间商的控制能力的大小,成为选择合适的旅游中间商应该考虑的重要因素。对旅游中间商的控制能力越强,越能够稳定旅游中间商,保证旅游中间商在同等条件下优先销售本企业的产品,有效地维持市场份额。

**(三)效率性原则**

旅游企业通过向旅游中间商支付一定的佣金或代理费用,来获取更多的客源和销售收入。在选择旅游中间商时,应考察各个旅游中间商在相同时间内、相似条件下,谁能为本企业带来更多的长期稳定的客源、更多的销售收入、更准确的市场信息,从中选择出更有效率的旅游中间商。

**(四)适应性原则**

旅游中间商对市场的适应能力直接影响到旅游企业的市场适应能力。一方面考虑旅游中间商的目标市场是否和本企业的目标市场一致或有交叉,以此判断旅游中间商是否了解目标市场的消费水平、购买习惯和市场环境;另一方面还要了解旅游中间商是否具有迅速的市场应变能力,当旅游市场发生变化时,是否能够及时抓住市场机会,避免威胁,并在最短时间内将相关信息反馈到旅游企业。

企业在选择旅游中间商的具体操作中,对其评估的标准有:中间商的历史与背景、现状和发展、区位条件、资信状况、经营范围、目标市场、市场重点、市场形象、营销能力、销售人员素质、销售成本以及销售潜力等。另外,在选择渠道成员时还要考虑整个销售渠道的经济效益、抗风险的能力以及应变能力等。

总之,旅游企业应该综合多方面因素,在充分了解旅游中间商的基础上,根据本企业产品的特点和目标市场,选择合适的、有效率的旅游中间商,以达到企业的营销目标。

### ◆ 本节相关知识链接

1. http://www.yao365.com/
2. http://www.davost.com/

### ◆ 本章试题与知识训练

一、填空题

1. 旅游中间商的类型主要有_____、_____、_____和_____。
2. 选择旅游中间商应遵循的原则主要包括_____、_____、_____和_____。
3. 专业旅游中介作为旅游中间商，主要包括_____、_____、_____和_____等类型。
4. 航空公司的CRS和饭店的CRS既可以单独成为旅游中间商，同时又是GDS的一个组成部分。其中，饭店的CRS主要_____、_____和_____构成。

二、名词解释

1. 旅游中间商　　2. 旅游经销商　　3. 旅游代理商　　4. 旅游批发商　　5. 旅游零售商

三、简答题

旅游中间商有哪些作用？

## 第三节　旅游分销策略

旅游产品销售渠道的选择与设计要保证旅游产品能及时转移到目标市场，而且渠道效率高，销售费用少，更能取得良好的经济效益。选择旅游产品销售渠道策略，应以确定渠道目标为起点，然后再做出是直接销售还是间接销售，渠道的长度、宽度等一系列的决策。

### 一、旅游销售渠道选择的影响因素

旅游生产企业在设计销售渠道时，往往会受到多种因素的影响和制约，必须充分考虑各方面因素，才能做出科学合理的选择。

#### （一）旅游市场特点

旅游市场的复杂多变，是旅游企业在选择销售渠道时首先应该分析的。旅游市场因素对旅游销售渠道选择的影响主要体现在市场容量以及旅游者的购买量和购买频率、市场区域的范围、旅游者的集中程度和旅游者购买习惯等四个方面。

对于市场容量大、单次购买量较少、购买频率较高的产品,应选择较宽、较长的渠道,以扩大销售面;而对于市场容量小、单次购买量大、购买频率较低的产品,则可采取窄渠道、短渠道和直接销售渠道,以减少流通环节和流通费用,加快资金周转速度。

产品销售的市场区域范围越大,销售渠道则宜越长、越宽。这是因为当地旅游中间商对本地旅游者的需求及有关特征更为了解,推销工作较为方便,推销效率较高。此外,实际营销费用和成本也可能明显低于直接销售。如果产品的市场范围很小或只在当地销售,那么最好选择直接销售。这是因为目标市场潜在旅游者对该项旅游产品并不生疏,直接前往购买也不感到困难。

如果旅游者集中程度高,因销售效率相对较高,宜选择较短、较窄的渠道;若旅游者较为分散,则宜选择较长、较宽的分销渠道。

在选择销售渠道模式的过程中,不可忽视目标市场上旅游者的购买习惯。如果他们喜欢直接购买,毫无疑问,应以直接销售渠道为主;如果他们非常信赖当地的旅游零售商,那就应该充分发挥旅游零售商的作用;如果旅游者喜欢通过电脑或者电话进行预订,那么就应该通过全球预订系统或者建立自己的预订系统;如果旅游者喜欢包价旅游,则需要选择旅游批发商。

无论从生存的角度还是从发展的眼光来看,选择分销渠道都必须考虑市场上竞争对手的情况,主要有竞争对手数量和竞争对手策略等因素。

竞争对手的数量越多,意味着市场竞争会更激烈,另一方面说明市场需求离饱和边界越来越近,从而要求企业更加小心谨慎。当然,竞争对手数量多,同时也说明产品或服务的普及程度相当高,这样,会造成渠道形式的多样化。

旅游企业在选择一定的分销渠道时,必须研究和调查清楚竞争对手所采取的策略,然后再根据自己的实力和条件进行决策。一般而言,不应采取与竞争对手同样的策略,从而扬长避短,相互补充,使市场得以协调发展。

### (二)旅游产品的特点

旅游产品具有多样化、综合性的特点,不同的旅游产品组合需要选择不同的销售渠道。

零售商和旅游者对产品需求品种多,批量小。如果旅游产品组合面窄,产品单一,就不能直接适应零售商和旅游者的要求,而必须通过批发商进行分销;如果旅游产品组合既宽且长,产品花色品种较多,就容易适应零售商和旅游者的需要,采用的销售渠道就可短一些、宽一些。

商务型饭店、汽车旅馆、旅游景点、餐馆等旅游产品的针对性强,主要选择直接销售渠道;休闲度假饭店、机场饭店、旅游车船公司等由于其产品覆盖面广,因此宜采用间接销售渠道;高档的、有特色的旅游产品多直接面向旅游者进行销售。大众化的旅游产品通过间接渠道能够获得更多的客源。

### (三)旅游企业自身实力和经营范围

旅游企业的自身实力既包括企业的人、财、物等资源实力,也包括其市场声誉和影响力。旅游企业越大,资源实力越雄厚,市场声誉越好,销售渠道选择的灵活性越大,市场影响越大,就越有条件自主选择各种有利的销售渠道。旅游企业的财力和管理销售业务的能力直接影响对销售渠道的选择和控制。实力雄厚的企业尤其是连锁集团,管理能力强,可以建立自己的预订中心直接销售;实力较弱的企业,缺乏销售管理方面的经验,可以依靠旅游中间商介绍客源。

旅游企业的规模和经营范围决定了其最大的接待能力和目标市场,而所选择的目标市场的规模又影响销售渠道的选择。规模大、经营范围广的企业需要选择长而宽的销售渠道,反之则需选择窄而短的销售渠道。

旅游企业销售人员的素质也会影响销售渠道的选择。销售人员素质高,专业能力强,可以进行直接销售;反之,则需更多依靠间接销售渠道。

### (四)旅游中间商特征

旅游中间商的经营范围、经营地点、经营规模、营销实力、资信状况、合作意愿等因素都是在选择旅游中间商时必须考虑的因素,它们会直接影响到旅游企业确定营销渠道的最终决策。

### (五)宏观环境因素

国家与地区的经济状况、政策法规、自然条件等也会影响旅游企业的营销渠道决策。经济不景气时,市场需求不足,旅游企业为节约成本,往往减少渠道环节;经济环境良好时则可以适当增加营销渠道,以扩大供给面。旅游市场营销渠道同样受到国家有关政策法规的约束,目前,我国旅行社按行业管理部门规定分为国际旅行社和国内旅行社两类。国际旅行社享有在国外组织、招徕客源以及在国内接待国际旅游者的权利和资质;国内旅行社则不能经营国际旅游业务,包括接待来华旅游者,从而限制了国内旅行社的营销渠道只能在国内分布,而不能延伸到国外。随着我国旅游业改革开放的进一步深入以及旅游业与国际接轨步伐的加快,这些限制政策将会逐步取消。自然环境的影响主要表现为产品的地理区位及可进入性方面。若旅游企业或产品所处区位好,可进入性强,则可以采用短渠道,反之则宜利用中间商销售。

## 二、旅游销售渠道策略

旅游销售渠道策略,又称旅游分销策略,是市场营销组合策略之一,它同产品策略、促销策略、定价策略一样,是企业能否成功地将产品打入市场,扩大销售,实现企业经营目标的重要手段。

在综合分析、衡量影响旅游销售渠道选择的各种因素的基础上,进行有针对性的旅游销售渠道结构模式的选择决策。

### (一)销售渠道长度策略

销售渠道长度选择分为两个层次,一是决定采用直接营销渠道还是间接营销渠道进行销售,直接营销渠道可以直接了解旅游者的有关需求和意见,方便供求双方信息沟通等,间接营销渠道可以加快旅游产品的流通;二是选择间接营销渠道的中间环节或层次的多少。一般来说,在实际的营销活动中,旅游企业往往同时采用这两种销售渠道。对于近距离市场,企业自身营显能力可椰达到的1多采用直接渠道;对于比较庞杂、分散和远距离市场,可借助各种类型中间商的力量,使营销活动的辐射空间更为广阔。

### (二)销售渠道宽度策略

旅游销售渠道长度确定之后,企业还应对每个环节的中间商数量,即渠道覆盖能力进行选择,一般有广泛性分销、选择性分销和专营性分销三种策略。

#### 1.广泛性分销策略

广泛性分销策略又称密集性分销策略,指旅游企业在设计销售渠道时,对旅游中间商不作具体选择,理论上所有符合条件的旅游中间商都可以销售本企业的旅游产品。这种策略可以使旅游企业针对自己的目标市场,运用尽可能多的中间商来销售产品,以及时满足旅游消费者需求,因此方便了旅游者购买,扩大了产品的销售量,容易形成品牌效应。但是由于选择了众多的旅游中间商,失去了对旅游中间商的控制,不能保证旅游中间商的服务质量,加大了管理难度;市场费用大,容易大幅增加产品成本,所以在选择此策略时需综合衡量产品价格与市场需求量的变化关系等因素。这种策略适用于质量、价格与竞争对手相同或相似、市场面广的旅游产品,尤其是旅游企业急于在某一区域提高知名度或扩大销售量时采用。

#### 2.选择性分销策略

选择性分销策略指旅游企业只选择那些有支付能力、销售经验丰富、服务质量好的旅游中间商作为销售渠道成员,在特定区域与层次推销本企业的旅游产品。这种策略便于旅游企业和旅游中间商建立良好的合作关系,对旅游中间商的控制能力较强,适当降低市场交易费用,有利于保持旅游产品的形象和信誉。选择性分销策略是介于广泛分销和独家分销策略之间的一种策略,具有广泛的适用性。目前我国面向国际旅游市场提供的包价旅游产品基本上都采用这一策略进行销售。这是因为,面向国际旅游者的包价旅游产品价格较高,旅游消费者购买决策比较谨慎,往往要求中间商具有一定的专业知识、服务水平和良好的信誉。因此,对我国旅游业来说,在某一国际客源市场选择享有良好声誉、实力较强的中间商代为销售中国旅游产品,是明智之举。

3. 专营性分销策略

专营性分销策略又称独家分销策略,指旅游企业在特定的市场区域内仅选择一家营销能力强、信誉出众的旅游中间商销售自己的产品,这是最窄的渠道形式。这种销售渠道策略加强了旅游企业对旅游中间商在价格、服务、信誉等方面的控制,使旅游中间商的利益和风险与旅游企业联系在一起,旅游中间商能够及时准确地反馈市场信息,提高了旅游产品的市场竞争力。同时由于中间商拥有产品的市场独占性,容易提高其积极性。这种渠道形式因为只与一家中间商合作,风险较大,如果选择不当,则直接导致失去整个市场,同时,窄渠道不利于旅游者的选择和购买,不利于扩大市场面,适用于某些特殊旅游产品或高档、豪华旅游产品。

## 三、旅游销售渠道的发展趋势

随着社会经济的发展、市场环境的变化,旅游销售渠道的结构模式也随之发生相应的变化,这种变化的趋势主要表现在三个方面。

(一)旅游销售渠道的"短宽化"

所谓"短宽式渠道",是指销售渠道的"短化"和"宽化"。由于市场环境的变化,传统的"长窄式"渠道在现代市场竞争中已越来越显露出许多弊端。分销渠道越长,取利者就越多,旅游者面临的价格就越高,市场主体的竞争优势就会一步一步被削弱。分销渠道越窄,诸如一个地区只授权一家总经销,其市场拓销能力就会越受限制,企业的依赖性就会越强,市场主体就越容易受制于中间商,竞争就会失去主动。随着旅游市场竞争的日益加剧,旅游生产者日益关注市场需求,希望直接面对旅游者,掌握市场信息,进行更积极的市场营销。企业缩短分销渠道,减少中间环节,便于掌控市场变化,强力推进市场开拓,有利于降低市场交易费用,获得部分直销的利益。同时,由于旅游客源市场的广泛性、分散性,决定了旅游企业面向每一个消费者是很困难的,决定了企业需要将销售渠道宽化,以构网筑势,适应旅游市场需求,扩展市场份额。因此,"短宽化"的旅游销售渠道成为一种重要的发展趋势。

### (二)渠道成员加强合作,整合旅游销售渠道

随着旅游市场的不断发展和完善,旅游市场竞争越来越激烈,旅游企业依靠单一的营销力量和手段进行市场营销,已经不能适应竞争需要,这就要求旅游销售渠道的整合、联合化。按照联合的企业关系,一般存在横向联合、纵向联合和集团联合三种方式。

1. 横向联合

旅游渠道的横向联合是指两个以上的旅游生产企业联合开发共同的市场的营销渠道,这种联合方式又可以分为临时型联合和固定型联合两类形式。临时型联合是指两个以上的旅游企业为了开发某一市场临时性的联合策划并实施营销策略;固定型联合通常以建立同时为不同旅游企业服务的销售公司的形式出现。

2. 纵向联合

旅游企业的纵向联合是指用一定的方式将营销渠道中各个环节的成员联合在一起,在共同的营销目标驱动下进行协同营销,以实现整体效益提高。通常这种渠道方式以契约型产销联合和紧密型产销一体化形式出现,前者是指旅游企业同已经选定的各环节的中间商以契约方式确定各自在实现同一营销目标基础上的责权利关系,后者是指旅游企业采用延伸或兼并的方式建立统一的旅游产品产销联合体,使其具备生产、批发和零售的全部功能,以实现对旅游市场营销活动的全面控制。

3. 集团联合

旅游企业集团联合就是由多个旅游企业联合起来,以集团的形式形成具有生产、销售、信息、服务等多种功能的经济联合体,它往往通过集团内的营销机构为集团内各生产企业承担市场营销业务。旅游企业集团联合是一种高级的联合形式,其市场营销功能比较齐全,系统控制力和综合协调能力都比较强。

### ◆案例驿站 9.2

**旅行社加速铺设、整合实体网络**

随着国内旅游市场竞争加剧,强大而稳定的实体网络作为旅行社发展壮大的基础,越来越受到重视。记者日前在 2010 国内旅交会了解到,多家旅行社正在加紧铺设、整合实体网络。

**中旅总社:完善区域公司建设整合各地分社**

中旅总社产品研发部总经理徐道明接受记者采访时说,中旅总社计划在全国建立 8 家区域公司、150 家分公司和 500 家门市,预计今年年底前完成目标。目前,北京、华南、东北、西北和香港 5 家区域公司已建立,年内将完成华东、华中、西南区域公司的建立。

徐道明说,原中旅总社、招商国旅和港中旅国际旅行社在各地的分公司将整合成1家。具体如何整合,要根据资产规模、营业收入、整体业务情况等指标,遵循大社整合小社、强社整合弱社的原则。比如在西安,原本3家社都设有分社,最终由原港中旅国际旅行社在当地的分社整合了其他两家。整合后,原3家社的员工全部实行竞聘上岗。徐道明透露,3家社合并成1家,企业文化的融合非常重要。在各地原来的分社中,有一些个人股份,为了激励员工,整合后的分公司保留了一些个人股份,但所占比例不大。

### 国旅总社:依托实体网络试水全国标准服务

在世博旅游服务方面,国旅总社成立了中国国旅世博联盟,推出了全国统一服务的概念。联盟以国旅总社国内旅游部为总协调单位,各地参控股国旅、理事成员单位共50余家共同参与。联盟通过统一产品、统一标准、统一推广的全方位一体化的经营,确保世博游产品品质。

据国旅总社总裁童卫介绍,这是国内旅游市场首次尝试产品全国范围标准服务,也是面对新的市场情况,国旅总社与下属企业间加强国内旅游业务合作的一次积极探索,将为国旅总社网络化营销奠定基础。

### 易游天下:快速扩张控股广东天马国旅

在旅行社批零体系中,易游天下国旅专注做好零售商。2010年4月,经过一年半的发展,易游天下国旅的实体网络快速扩张,已遍布全国20余个省市,拥有分公司3个、门市189个。易游天下国旅董事长甄浩透露,今年3月顺利完成与广东天马国旅的强强联手,控股广东天马国旅,成立了易游天下广东省分公司暨华南地区总部。

广东天马国旅总经理李灏接受记者采访时说,易游天下与广东天马在旅行社实体网络建设方面的理念一拍即合,即通过连锁加盟的形式,在较短时间内把门市数量做出相当规模。李灏说,广州天马国旅将作为易游天下华南地区总部,负责在广东、广西和福建三省布设立门市。现阶段,易游天下基于广东天马多年的积累,已在广东拥有89个门市。到2011年华南地区门市数量要达到300家左右,2012年门市数量要达到500家。在门市的设立地点上,将本着以临街商铺为主、高档写字楼为辅的原则。易游天下国旅总经理张建国告诉记者,易游天下之所以加速建门市,就是希望将零售网络做大,从而凭借渠道资源对上游资源供应商进行集中采购,以拿到更优惠的产品价格。易游天下对于加盟门市,目前不收取加盟费,只收取一定的广告宣传费。在产品销售环节,易游天下也不吃差价,这样的优惠措施可以吸引更多门市加盟。到2011年,易游天下计划在全国设立10个以上子公司(区域总部)、1 500个零售营业服务网点。

案例来源:王浒.旅行社加速铺设、整合实体网络[N].中国旅游报,2010-4-26.

### (三)旅游网络营销日渐风靡

随着网络信息技术和旅游电子商务的迅速发展以及网民的不断增加,全球预订系统(GDS)、大型航空公司与饭店等旅游企业的中央预订系统(CRS)和专业旅游网站企业,正成为越来越重要的旅游销售媒介,而传统的中间商面临网络环境的冲击,必须调整策略,才能适应旅游市场需求。网络营销下的新型旅游销售中介,通过因特网来实现传统中间商的职能,并具备一些传统中间商所没有的新功能,它可以实现更高效率的信息流、资金流、商流和物流,降低交易成本,提高交易效率,为旅游产品的生产者和供应者提供了更高效率与效益的销售方式和工具,使"一对一"营销成为可能,成为旅游销售渠道调整、发展的重要方向。

◆ **本节相关知识链接**

1. http://www.tourbbs.cn/cgi-bin/leobbs.cgi
2. http://www.aatrip.com/

◆ **本章试题与知识训练**

**一、填空题**

1. 旅游市场因素对旅游销售渠道选择的影响主要体现在_____、_____、_____和_____等四个方面。
2. 不同的旅游产品特点不同,需要选择不同的销售渠道。高档的、富有特色的旅游产品宜选择_____销售,而大众化的旅游产品则宜通过_____销售。
3. 为适应市场竞争的需要,旅游销售渠道出现联合化发展的趋势,那么,按照联合的企业关系,一般存在_____、_____和_____三种方式。

**二、简答题**

1. 旅游销售渠道选择的影响因素有哪些?
2. 分析旅游销售渠道宽度策略。

## 第四节　旅游销售渠道管理

旅游销售渠道是否能够达到最终的销售目标,很大程度上取决于企业对销售渠道的管理。由于销售渠道成员都是独立的企业,都有自己的经营目标,因此管理难度很大。旅游企业如何调动旅游中间商的积极性、主动性,减少各渠道成员之间的冲突,进行销售渠道的评估和调整,是旅游销售渠道管理的主要内容。

## 一、旅游中间商的合作与激励

加强与旅游中间商的合作,调动他们的积极性、主动性,是销售渠道管理的重要任务之一。旅游中间商和旅游企业都是相互独立的企业,都有各自的经营目标。旅游中间商首先是作为其顾客的买卖代理商,其次才是供应商的销售代理商,其主要兴趣在于销售顾客喜欢的产品。旅游中间商力图将所有相关旅游产品而非一家旅游企业的产品进行组合并销售,其销售努力在于取得该产品组合的订单,选择什么旅游产品往往取决于和旅游企业的合作程度。因此,旅游企业应增强与中间商的合作意识,关心和重视对旅游中间商的优惠与奖励措施。一方面,应维护中间商的尊严,尊重中间商的各种利益,加强与中间商的沟通,如有分歧,应本着共同协商的原则,以达到双赢的目的;另一方面,根据中间商的营销能力、资信状况、销售业绩等,给予中间商各种激励。

激励旅游中间商应以适度激励为基本原则,尽量避免过分激励和激励不足,前者可能导致销售量提高而利润却下降,后者会影响中间商的销售积极性。一般说来,激励方法可以分为两种,即正刺激和负刺激。放宽信用条件、提高销售佣金等为正刺激,惩罚中间商甚至终止合作关系等为负刺激。使用负刺激时应注意可能会对其他成员造成消极影响。对旅游中间商的激励措施主要包括以下五个方面。

1. 产品支持

根据互利原则与合约规定,尽可能保证向中间商提供质量高、利润大的热销产品,特别是在旅游旺季。因为,在旅游中间商看来,获得这样的产品是供应者对他们工作、能力的重视和支持,这就在客观上激励旅游中间商进一步努力工作,加强与供应者全面长期的友好合作。同时还要经常向中间商征询有关旅游产品的意见和建议,不断对产品进行改进、提升。

2. 利润激励

经销或代理某种旅游产品所能获取的利润的大小是中间商最关心的问题。在产品定价时旅游企业必须充分考虑中间商的利益,向他们提供增加收入的机会和条件。比如,根据中间商的财力、信用及订货数量等情况给予相应折扣,以保证中间商能获取理想的利润,还可考虑奖励超额销售、优惠大批量购买、及时传递获利信息等措施。

3. 营销活动支持

帮助旅游中间商增强营销能力。比如,培训旅游中间商销售人员,提供人、财、物方面的有偿支援等,甚至可为其分担部分广告宣传费用,或根据中间商的销售业绩给予不同形式的奖励,以激发中间商对本企业产品的促销热情。

4. 资金支持

旅游生产企业为中间商提供一定的资金支持，能缓解中间商的资金紧张问题，并增强他们大批量购买、销售本企业产品的信心和决心。旅游企业所提供的资金支持主要有售后付款、分期付款、直接销售补偿等几种形式。

5. 信息支持

旅游企业有必要定期或不定期地与中间商联系、沟通，及时和中间商沟通旅游产品开发、经营等方面的信息，帮助其制订相应的市场营销策略，使其能有效地促进产品销售。

另外，对重要中间商应给予特殊政策：其一，互相投资、控股。企业和中间商通过相互投资，成为紧密的利益共同体，从经济利益机制上保证双方合作得更一致、更和谐。其二，给予独家经销权或独家代理权。在某一时段、某一地区只选择一家重要中间商来分销产品，有利于充分调动其积极性。其三，建立分销委员会。吸收重要中间商参加分销委员会，共同协商决定产品分销的政策，统一思想，协调行动。

◆ **案例驿站 9.3**

### 希尔顿模式

希尔顿饭店开展了许多旨在让旅行社更好了解饭店的颇有竞争力的活动，激励旅行社更好地销售饭店产品。

1. 强化预订系统。希尔顿的"私人旅行社预订专线"支持旅行社在全国范围内对希尔顿的免费查询和预订，有 40 名预订员专门为旅行社的预订服务。这一预订线提供全天候的信息查询。

2. 加快佣金支付。希尔顿在全国范围内提供统一的旅行社预订佣金。佣金支票由加入希尔顿中央佣金组织的成员饭店每两周签发一次，其他饭店的佣金在旅客离店 48 小时内支付，支票上写明佣金数量、页码、饭店名称、入住天数和旅客姓名。在预订时，希尔顿饭店就指明哪些价位享有佣金。

3. 希尔顿 FAM 俱乐部。由于意识到为代理商提供"熟悉旅程"的重要性，希尔顿在其联号范围内推行"FAM"政策，在每家希尔顿饭店都给代理商提供相当于牌价 50% 的折扣。

4. 希尔顿热线。希尔顿热线免费客户服务和会议管理系统 24 小时随时回答有关会议接待和费用的询问。

5. 旅行社服务台。为旅行社提供一系列免费服务,如查询佣金、提供中央预订系统的预订情况和相关问题解答,对旅行社的营销活动大力支持。

6. 旅行社顾问团。由9名旅游业的教授和5名希尔顿的经理主管人员组成的旅行社顾问团为旅行社的活动提供咨询,确保旅行社和饭店关系的持续发展。

案例来源:魏成元,王红.旅游市场营销[M].北京:中国旅游出版社,2007.

## 二、旅游销售渠道成员之间的冲突管理

在销售渠道的管理中,除了加强与旅游中间商的合作之外,旅游企业还必须处理好渠道成员之间的冲突。由于旅游企业经常选择多个中间商销售产品,旅游中间商会因竞争而发生冲突。这些冲突一般分为横向冲突和纵向冲突,前者是指销售渠道中同一层次的不同成员之间的冲突,如批发商与批发商、零售商与零售商之间的冲突;后者指同一销售渠道的不同层次之间的冲突,如生产者与批发商、批发商与零售商、零售商与旅游者之间的冲突。这些冲突是不可避免的,冲突一旦发生,会损害渠道中几个成员甚至全部成员的利益,因此必须对冲突进行有效、合理的管理。引起冲突的原因主要有:(1)目标策略不一致。例如,生产商采取低价渗透策略迅速占领市场,而经销商却以高价保证盈利。(2)责、权、利关系不明确。渠道成员间承担的责任、义务等划分不清,也容易引起营销手段、销售方式等的不一致,从而导致冲突。(3)信息传递过程中各渠道成员的理解不同,缺乏有效沟通。例如,批发商认为生产者以扩大市场份额为目标,而生产者的初衷是在短期内收回成本。(4)相互依赖程度太小。一般来说,渠道成员间相互依赖程度越小,发生冲突的可能性越大。

为避免销售渠道冲突的发生或尽可能减少冲突带来的损害,旅游企业应分析渠道成员之间冲突产生的具体原因,采取有效的方法,协调渠道各成员之间的关系,发挥销售渠道的合力效应。

1. 共同目标法

旅游企业要让所有中间商意识到销售渠道系统是一个不可分割的整体,而自己是这个整体中不可或缺的一员,所有渠道成员有一个共同目标,即实现渠道的最大利润,这一目标的实现依赖渠道各成员的共同努力,任何一家中间商的消极销售或低水平销售都会影响共同目标的实现。

2. 明确责权利法

渠道成员间良好的合作关系归根到底要靠利益来维系,若成员得到的利益与其所拥

有的权利或承担的责任不相符,就会产生不满与矛盾。因而,旅游销售渠道各成员必须共同协商,制定科学合理的责权利分担方案,力求做到互惠互利、利益共享、风险共担,责权明晰,职责分明,并以契约、合同的形式确定下来,以约束和协调所有成员的行为。

3. 信息沟通法

渠道成员必须认识到彼此间的相互依存关系,各方主动接触联系,相互沟通信息,加深了解,协调不同的观点和建议,消除分歧。形成制度或以合同约定形式,实现定期或不定期接触,相互交流各方需求变化情况,主动为关系方服务或为关系方解决困难和问题,增强合作伙伴关系。彼此间应作出书面或口头承诺,加强行业自律。一旦冲突产生,应本着公平、合理的原则,经协商、调解或仲裁解决。

4. 互相渗透法

互相渗透法指通过加强渠道成员间的相互合作,提高彼此间的依赖程度;通过增进相互之间的理解,减少渠道冲突。这种方法有助于渠道成员相互认同,并形成共同的价值观念和行为准则。加强人员流通、人员互换、交叉任职,共同开展营销活动等是较常见的手段。

### 三、旅游销售渠道的评估

为了达到销售渠道的目标,旅游企业必须定期地对销售渠道进行评价,既包括对整个销售渠道的评估,也包括对每个旅游中间商的评估,并将结果反馈给旅游中间商。

对整个销售渠道和旅游中间商的评估是销售渠道管理的一项重要任务,主要作用有三点:一是对各中间商预期销售指标的完成情况进行考查,以控制企业营销计划的执行;二是发现营销渠道存在的问题,并采取相应对策;三是通过渠道评估,寻找理想的旅游中间商,并与之建立长期的合作关系。

对整个销售渠道的评估可以从定性和定量两个方面进行,相关评估指标见表9.1。

表 9.1　　　　　　　　　　销售渠道评估指标

| 定性指标 | 定量指标 |
| --- | --- |
| 销售渠道成员之间的关系质量:成员之间的关系及配合程度、协调程度、冲突大小、对渠道的约束能力 | 销售指标:本企业及竞争者产品销售量、销售额和完成率,顾客满意率,销售产品的时间周期 |
| 销售渠道营销能力:销售指标完成情况和水分大小、对客户的服务水平、市场信息反馈能力、应变能力、销售产品的积极性 | 费用指标:经营费用/顾客、管理费用/顾客、中介费用/顾客 |

对旅游中间商的评估内容主要有以下几个方面。

旅游中间商的营销能力。主要包括产品销售量的大小、销售额的多少、成长性和赢利速度以及偿付能力等。对营销能力的评估相对比较容易,这些指标大都是定量的,但在实施中需要旅游生产商和中间商紧密合作,做到信息共享。

旅游中间商的信誉度。其高低不仅关系到旅游产品生产者与中间商合作的效率和心情,而且对销售的效果有直接的影响。信誉度的评价指标包括付款的及时性、顾客满意率、配合程度等。

旅游中间商的参与热情。有的中间商有实力,但不积极推销、宣传生产者或供应者的旅游产品,他们的销售效果往往有可能不如实力稍弱、但积极配合的中间商的效果。因此,一般应选择参与热情高昂的旅游中间商。热情度的评价指标包括成员之间的关系、市场信息反馈的及时性、销售产品的积极性、积极的建议等。

旅游中间商的销售量占本企业总销量的百分比。这一标准可以用来衡量旅游中间商对本企业的重要程度,比值越大,则其重要程度就越大;反之其重要程度就小。

### 四、旅游销售渠道的调整

市场需求处于不断的变化中,旅游企业的产品也在不断地创新、完善。根据企业的发展要求、市场的变化以及旅游中间商的表现,旅游企业需要对原有的销售渠道进行调整。根据具体情况不同,有以下三种调整的方式。

1. 增减销售渠道中的中间商

如果旅游中间商存在营销不积极、参与热情低、经营管理不善、合作意识差、信誉欠佳等问题,旅游产品生产者在必要时将不得已与其中断合作关系。如果需要扩大销售量,进一步开拓旅游市场,加强与对手的竞争,旅游生产者应增加中间商。增加中间商,可能会引起现有中间商的不满,而减少成员又可能导致其他成员忠诚度的降低。

当企业需要增加渠道成员时,一方面,要保证渠道调整的诱因来源于适应市场变化的需要或渠道成员的冲突,制定相应的政策会保护他们与企业的长期合作关系;另一方面,要鼓励新的中间商努力发展,尽可能地扩大企业的分销网络。当企业需要减少渠道成员时,一方面,要尽可能保留与原来中间商之间的良好关系,为将来的发展打下基础;另一方面,要与现有的中间商进行充分的沟通,让其了解企业目前的政策和发展方向,稳定市场,巩固中间商对企业的忠诚度。

此外,在做调整时,还应进行经济增量分析。比如,增加或减少某个旅游中间商之后,本企业的销售额和利润是否受到影响?影响程度如何?对其他旅游中间商的经营活动又有什么影响等等。需要注意的是增减渠道成员并不代表企业利润一定会提高或减少。例如,当旅游企业取消一个落后的中间商时,由该中间商负责的市场业务可能会被竞争者轻易占领,其他中间商也会因此而产生不安全感,甚至降低销售积极性。因此,在决定增加或减少中间商之前,旅游生产者最好先利用整体系统模拟的方法对企业利润变化进行定量分析,然后再做决策。

2.增减某一销售渠道

当出现某一销售渠道经常达不到销售渠道目标、企业销售渠道过多导致销售费用增加等情况时,从提高销售效率的角度考虑,企业可以考虑在全部目标市场或某个区域内撤销这一渠道。反之,当销售渠道过少,影响了旅游者的购买,或企业为满足消费者的需求变化而开发了新产品,而利用原有渠道难于迅速打开销路和提高竞争能力,则可以考虑增加新的分销渠道,以实现企业营销目标。

3.改变整个销售渠道模式

这种策略实施时,对旅游企业的影响是非常巨大的,这意味着要取消原有的所有销售渠道,重新进行销售渠道的设计,因此,采取这种策略时应该慎重。在出现以下情况时应对销售渠道模式进行重新设计和组建:旅游企业原有的渠道产生了无法解决的矛盾,造成整个销售渠道的混乱,以致无法帮助企业销售产品;旅游企业没有经过认真科学的分析盲目选择销售渠道,导致整个渠道无法有效地开展销售工作;旅游市场营销环境发生重大变化、旅游企业本身的战略目标和目标市场进行重大调整,等等。

◆专题笔谈9.2

## 国内旅游产品销售渠道的整合策略

旅行社的产品销售渠道通常分为直接和间接销售渠道两个类型。前者是指目的地的旅行社与游客之间签订旅游合同或协议,将旅游产品直接销售给游客。后者则是指客源地的旅行社等中间商与游客签订旅游合同或协议,然后将游客转交给目的地的旅行社进行接待。

目前,我国绝大多数经营国内旅游业务的旅行社沿袭经营入境旅游业务的旅行社所采用的间接销售渠道策略,通过旅游客源地的组团社推销其产品。与此同时,旅游客源地的组团社也利用境外一些旅游中间商,将其所招徕的游客组成旅游团队,交给目的地的旅行社接待。尽管旅行社可通过间接销售渠道获得一定数量的客源,但是其所付出的代价也相当大。

新颁布的《旅行社条例》取消了我国的旅行社在异地设立分社的限制,为旅行社建立直接销售渠道提供了有利的经营环境。另外,一批经营国内旅游业务的旅行社经过长期的发展,已经积累了较为丰富的财力和人力资源,具备了建立直接销售渠道的实力。在此情况下,旅行社应充分抓住这一机遇,调整旅游销售渠道策略,整合国内旅游销售渠道体系,以达到降低信息失真率、提高经营利润和降低最终产品价格的目的。

旅游销售渠道的整合,包括目的地地接社和客源地组团社的销售渠道整合。由于在旅游接待产业链条上所处的地位不同,它们在整合销售渠道方面所采取的策略亦应有所不同,一般包括前向型一体化和后向型一体化整合策略。

一、前向型一体化整合策略

即目的地的地接社通过设立分社的方式,在客源地建立自己的销售网点,将其产品的销售渠道延伸到客源地,直接面对旅游产品的最终消费者,减少了客源地组团社这一中间环节,从而得到以下3个方面的收益:减少销售费用、增加产品信息的透明性、提高游客的满意度。

二、后向型一体化整合策略

即客源地组团社在目的地设立分社,承担游客在目的地的旅游接待任务,把原本相互分离的组团业务与地接业务组合在一起,从而建立起旅游产品直接销售渠道。此策略的好处是:提高游客的忠诚度、增加经营收入、提高采购信息的准确性。

旅行社的国内旅游销售渠道建设需要经过较长时期的探索,其中的各个环节也需要经过较长时间的磨合,才能够更好地运行。

资料来源:梁智.国内旅游产品销售渠道的整合策略[N].中国旅游报,2009-8-31.

### ◆ 本节相关知识链接

1. http://www.tourbbs.cn/cgi-bin/leobbs.cgi
2. http://www.aatrip.com/

### ◆ 本章试题与知识训练

一、填空题

1. 旅游生产企业对旅游中间商的激励措施主要有_____、_____、_____、_____和_____五个方面。

2.旅游销售渠道冲突发生的原因主要有_____、_____、_____和_____。

3.旅游生产者或供应者对旅游中间商的评估内容主要包括：旅游中间商的_____、_____、_____和_____四个方面。

## 二、简答题

1.分析解决旅游销售渠道冲突的方法。

2.旅游销售渠道调整的方式有哪些？

## ◆ 本章小结

### 1. 本章结语

旅游企业要实现旅游产品的价值和使用价值，就必须有畅通的销售渠道。旅游销售渠道又称旅游分销渠道，是旅游产品在从其生产者转移到旅游者的过程中，包括所有取得旅游产品使用权，或协助旅游产品使用权转移的组织和个人在内的有组织、多层次的销售系统。它的起点是旅游产品的生产者，终点是旅游者，中间环节是各种旅游中间商。旅游企业通过建立销售渠道，能使自己的产品更广泛、更迅速地进入目标客源市场，提高经济效益。

旅游销售渠道呈现出多样化的特点，一般表现为直接渠道和间接渠道、长渠道和短渠道、宽渠道和窄渠道等结构模式。

旅游中间商是指处于旅游生产者与旅游消费者之间，参与旅游产品流通业务，促使旅游产品交易行为发生和实现的组织或个人，包括旅游代理商、旅游批发商、旅游零售商、专业旅游媒介、预订中心等。旅游中间商的作用表现在：提高经营效率，减少交易费用；承担营销职能，促进产品销售；提供多种产品组合，满足旅游需求；联系供需双方，促进相互沟通。旅游企业选择中间商要遵循经济性、可控性、效率性和适应性的原则。

旅游企业在选择销售渠道时，要考虑旅游市场特点、产品特点、旅游企业自身实力和经营范围、旅游中间商特征和宏观环境等因素，进行旅游销售渠道的长度和宽度决策。旅游销售渠道的长度策略包括对直接与间接渠道、长渠道与短渠道的选择，宽度策略一般有广泛性分销策略、选择性分销策略和专营性分销策略三类。

旅游企业要加强与中间商的合作，处理好销售渠道成员之间的横向和纵向矛盾，调动旅游中间商的积极性、主动性，减少各渠道成员之间的冲突。旅游企业还需要根据企业的发展要求、市场的变化以及旅游中间商的表现，对销售渠道进行适时适当的调整。

**2.本章知识结构**

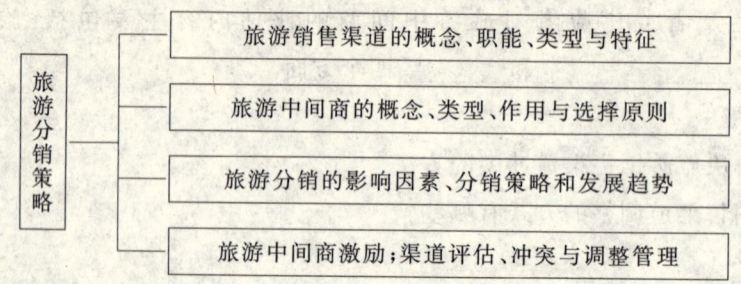

**3.本章核心概念**

旅游销售渠道　直接销售渠道　间接销售渠道　销售渠道长度　销售渠道宽度　旅游中间商　旅游经销商　旅游代理商　旅游批发商　旅游零售商

◆ 实训练习

分组调查并展开讨论,做一份某景区度假型旅游产品的销售渠道选择设计方案。

◆ 延伸阅读

**电子商务与旅游饭店分销渠道的互动**

当第一次互联网热潮席卷中国时,网络企业家们曾预言旅游业将走向"直接经济"时代。然而事实是,旅游网络并没有替代传统中介,反而使旅游中介呈现更加多元化的格局。

一、饭店分销渠道进一步多元化

我国旅游饭店传统的销售渠道包括旅行社、订房中心、人员销售(特别是对政府和企业等大客户的销售)和顾客直接预订。而对一些高星级饭店和饭店连锁集团的成员来说,饭店集团中央预订系统 CRS 和 GDS 也能为其带来相当多的国外客源。大部分 CRS 和 GDS 相连,通过 GDS 进行全球更大范围的市场营销。这些系统大多数是国外所开发,也有少数为本土开发。例如,1997 年加入 GDS 的中国天马系统是首家中国人自己经营管理的饭店预订和营销组织,主要为中国内地那些具备较高管理水平,且没有加入国际饭店集团的饭店提供全球预订和市场营销服务。

随着互联网的诞生,饭店分销渠道的版图中突起了一块新大陆。互联网分销渠道本身也是多元化的。携程、E龙等资本运作和发展比较成功的大型旅游预订网站是行业的领导者,比如携程网的订房量和利润总和在三四年中就超过了国、中、青等传统旅行社大户。与这些巨头同属一种业态的,还有数量上占到 99% 的中小型旅游预订网站。他们具备地方性优势和其他特殊资源,抓住了携程、E龙等全国性旅游预订网站暂时无法涉足和蚕食的市场空白。此外,饭店联盟预订网站、门户网站或地方网站、旅游目的地营销系统(DMS)、分时度假交换网、旅行社网站、饭店集团或饭店自有网站等也都属于互联网旅游分销渠道。旅游搜索引擎以及e龙等大型预订网所发展的网站代理联盟,则相当于这些中介的"再中介",此外一些拥有大量会员的大型预订网也充当了那些靠"扫楼"来深入把握和了解饭店状况的小订房中介的再代理。因此,互联网不仅是新兴中介,而且是一个新的多层中介系统。

二、饭店分销组合:价值与成本的多重考虑

在分销渠道多元化的情形下,饭店尤其需要对各种可选择渠道的价值和成本做一个考量,确定哪个渠道在招徕顾客上是最有效的、在成本上是可接受的,带来的客源素质是比较理想的,在沟通、反馈、服务和财务上是可控制的。饭店还需要确定一个合理的分销渠道组合,让总量、利润和风险达到最优的均衡。因此,分销渠道的选择是一个非常专业的课题。

目前的情形是,携程、e龙两大预订网站凭借其市场份额的猛增,获得佣金和定价方面更多的控制权。e龙网财报中称,2005年第三季度,代订每间夜酒店客房的平均佣金为人民币62元。按房价不同,这些大型订房网站收取的每间/夜佣金在40~70元不等,而市场控制力弱的小网站约在10~40元,传统旅行社从相同业务中赢取的利润则约是50元。当然,订房中心的高利润一直吸引着传统的大旅行社跻身其中。订房中心之间的竞争,使得将来有利润平均化的趋势。

非常值得关心的问题是饭店和预订网站的合作模式。这种模式直到如今还没有十分优化。在许多预订网站上,饭店不能自己灵活变动房价,这与房价应有的随行就市特性相背。造成在淡季网络无法反映最优价格;而旺季特别是黄金周期间,按照网站价格就订不到房,从而引起预订者的不满的情况。在流程上,订房网站接到顾客预订后,除非有特殊的销售配额协议,网站都需要与酒店沟通确认后再答复顾客。比较先进的沟通手段是网络软件和网络传真,传统的手段只能用传真和电话,时间和通讯成本的耗费较大。而如果网站与饭店事先签订了协议,保证每天有一定量的销售额度,一旦未完成销售指标,网站就要承担损失。

这种局限在技术上是可以解决的。如果饭店的前台管理系统能和订房中心做无缝连接,并且饭店的智能决策系统能根据当日的预订情况和历史数据确定每个时段的房价政策,将余房数量和价格实时反映给预订网站,就可实现流程的优化。但是,由于大多数饭店不愿将房态和价格透明公开,现实状况只能是技术和观念之间的一种妥协。

除了市场能力、可控性和成本以外,分销渠道提供的客源质量和信用度也是饭店关注的。通常来说,网站带来高质量的商务客人,非常受酒店的欢迎。那么网络预订的NOShow率是否比一般预订高?从一方面看,预订网站能通过扣除VIP贵宾卡积分和要求信用卡担保的方式减少NoShow,即使收取预订金也能提供网上支付、手机小额支付等更便利的手段。而另一方面,网站用户却比传统消费者更注重比价选择并表现出更多的流动性。据某些饭店统计,网络预订者的NoShow在15%~20%。

### 三、酒店集团和联合体看重网络直销

网络销售的另一个问题是选择代理还是直销。当前国内酒店比较倚重第三方网站的代理。据有关统计,在《全国酒店大全名录》收录的全国及港、澳、台星级饭店共10 865家中,自建网站且能自营网上预订的比例为10.32%。仅统计内地酒店,相应比例为9.72%,其中内地五星级酒店为72.02%、四星级酒店为48.81%、三星级酒店为14.08%、二星及二星以下酒店为3.34%。一个重要原因是我国三星及三星以下饭店多为单体饭店,如果自建网站,受"孤岛效应"的限制,真正能引来的预订和支付也将非常少。这正为第三方预订网的发展带来了巨大的空间。

在国际上,最有潜力发展网络直销的是饭店集团和饭店(集团)联合体。万豪、希尔顿通过自有网站的直接销售收入与通过网上中介的间接销售收入之比已经高达75:25。为了应对中介机构试图控制分销渠道的图谋,酒店连锁企业正在改善自身网站,争取把交易转移到自己的分销渠道上。例如,五大饭店集团Hilton、Hyatt、Marriott、SixContinents和Starwood已经联合起来成立了TravelWeb,该在线预订引擎将会提供最低在线房价,并且可以作为酒店批发的交换站。TravelWeb可以给Expedia和Hotels这些网站增加压力,并且,TravelWeb作为接口可以更有效地进行产品库存管理。

一般看来,建立饭店集团网站对于酒店业是一个好方法。问题是,产生的利润是否比网站的促销、开发和维护产生的费用更高,网站的基本商务功能能否与成熟的在线中介相抗衡。并且,诸如"TravelWeb"也是由互相竞争的酒店组成的,他们必须要互相合作来提升网站价值。

### 四、网络订房中的新技术

对网站来说,低价客房或夜间订房是大有可为的一片天地,而这必须以网络订房中心实时掌握酒店客房销售动态为前提。那么,是否有一种技术能实现这种信息互通,又适当保护酒店的商业机密?上海协成夜间订房中心开发了一种名为"无线网络短信平台"的小型外部设备,能方便地安装在酒店前台的电脑上,由前台人员主动操控,每隔一定时间自动向订房中心的网络平台发送该酒店的剩房信息。当客人致电询问晚间房源

时,订房中心的客服人员根据各酒店发来的情况,在客人所在地方圆3千米范围内为其搜索超低价的房间。

饭店分销方面正在出现的技术还包括:移动网络和手机预订;基于电子地图或基于位置的预订服务;交互式网络电视(IPTV)技术以及比价搜索技术等等。

2004年,我国上网用户总数为1.03亿人,手机用户达到3.4亿,移动电信网络和Internet在未来的进一步结合,特别是3G时代的到来,将会对互联网产业格局造成新冲击。国内首家手机旅行订房网站"中国移动旅行网"已开始提供手机网上订房等无线增值业务。更为庞大的电视用户群则将在未来体会到IPTV的交互性便利。上海的一家旅游预订网站已经开始与当地政府和研发机构合作,开拓IPTV技术在旅游预订方面的应用,并计划针对高档小区提供旅游信息接入服务。比价搜索技术的出现,让酒店的价格更加透明,客观上加剧了网站之间的价格竞争,也使很多不为人所知的小网站能够"出镜"。总之,新技术将持续影响市场,饭店分销渠道将会更加多元,饭店需要不断跟踪和把握这些新情况。

资料来源:巫宁.电子商务与旅游饭店分销渠道的互动[N].中国旅游报,2006-01-04.

**分析思考题:**随着旅游电子商务的迅速发展,饭店等旅游企业的分销渠道如何调整与发展?

# 第十章

# 旅游促销策略

## 学习目标

知识要点：了解旅游促销组合的特点及其选择的影响因素、旅游促销方式与手段的发展；理解旅游促销概念、策略和各类旅游促销方式的概念、特点及基本内容；掌握旅游广告的类型及策略、旅游营业推广方式、旅游人员推销程序和旅游公关活动方式。

技能训练：以某一旅游地或旅游企业为例，根据其实际情况提出不同的促销策略；通过具体案例了解旅游促销工具及其作用。

能力拓展：应用本章所学理论，基本上能够设计旅游广告方案；针对某一旅游地或旅游企业，能够综合运用各种促销方式开展促销活动。

## 引 例

**大堡礁促销：世界上最伟大的策划**

2009年5月6日澳大利亚大堡礁"护岛人"的全球选拔工作结束，幸运儿英国人本·索撒尔获得了这份"世界上最好的工作"，他将有6个月的时间徜徉于白沙碧海之中，向世人展示大堡礁的风情美景，这波从2009年1月9日开始掀起的全球"大堡礁"推广活动达到了高潮。

澳大利亚大堡礁尽管久负盛名，但因为随着海洋升温以及游客增多，大堡礁的珊瑚虫一度濒临灭绝，经过一段时间的休养生息，大堡礁生态环境得到了恢复，知名度却已大不如从前。哈密尔顿岛素有澳大利亚"大堡礁之星"的美誉，岛上终年气候舒适宜人，活动多姿多彩，但由于当地旅游受金融危机冲击，旅客量大减。于是，昆士兰旅游局通过这样一个精心策划的活动来推广其旅游业。

为提升大堡礁的国际知名度，昆士兰旅游局策划了一次网络营销活动：2009年1月

9日昆士兰旅游局网站面向全球发布招聘通告,并为此专门搭建了一个名为"世上最好的工作"的招聘网站,招聘大堡礁看护员。网站提供了多个国家的语言版本,短短几天时间吸引了超过30万人访问,导致网站瘫痪,官方不得不临时增加数十台服务器。

"世界上最好的工作"共吸引来自全球200个国家和地区的近3.5万人竞聘,包括11 565名美国人、2 791名加拿大人、2 262名英国人和2 064名澳大利亚人,来自中国的申请者就有503位。这样一次招聘活动吸引了全球的目光,据昆士兰旅游局称,整个活动公关价值已经超过7 000万美元。

以微小代价,换得了巨大效益,并使大堡礁乃至昆士兰旅游成为一个鲜明的品牌,并将在长时间内对全球旅游市场都具有极大影响力,"最好的工作"已成了"最好的促销"。

**案例引发的问题**:这次"最好的促销"利用的是什么促销工具?为什么说大堡礁促销是世界上最伟大的策划?

案例来源:林景新.世界上最好的工作:大堡礁全球推广的绝妙策划[EB/OL]. http://sl.cnad.com/redirect.php?fid=62&tid=210775&goto=nextoldset,2009-06-02.

# 第一节 旅游促销策略概述

## 一、旅游促销的概念与作用

### (一)旅游促销的概念

旅游促销,又称旅游销售促进,是指旅游营销者将旅游产品及其相关信息向目标旅游者以及对目标旅游者的消费行为具有影响的群体进行宣传、说服、诱导,唤起旅游需求并最终促使其购买行为的活动。理解旅游促销概念,应了解其丰富的内涵:

1. 旅游促销的对象是现实旅游者、潜在旅游者以及对这两者的消费行为具有影响的群体;

2. 旅游促销的实质是旅游营销者与现实旅游者或潜在旅游者之间的信息沟通。

3. 旅游促销是对旅游者购买行为的激励活动,是一种追求结果的销售行为,是一种竞争手段。

现代旅游促销手段主要有四大类:广告、人员推销、营业推广和公共关系。旅游营销者为了有效地与购买者沟通信息,可以通过发布广告的形式广泛地传播有关旅游产品的信息；可以通过派遣推销员有针对性地对某些消费者进行面对面的说服；也可以通过各种营业推广活动传递短期刺激购买的有关信息；还可以通过各种公共关系手段树立或改善产品在公众心目中的形象。在旅游市场竞争日趋激烈的今天，促销成为旅游企业决胜市场的关键因素之一。

**(二)旅游促销的作用**

旅游促销主要任务是在买卖双方之间沟通信息，而不只是促销商品，通过信息沟通可以有效地将旅游生产经营者、中间商和旅游者结合起来。一般说来，旅游促销具有以下四方面作用。

1. 提供旅游信息，沟通供需双方。旅游地或旅游企业在其产品即将进入市场或进入市场后，为了使更多的消费者了解该产品，就会采取各种促销方式，及时地向各种消费者提供该旅游产品的各项信息，介绍旅游产品的所在地、特色及价格等，以吸引消费者购买，进而密切沟通了生产者、经营者和消费者之间的关系，强化了旅游产品的流通，起到沟通供需双方的作用。

2. 刺激旅游需求，开拓旅游市场。消费者的需求和购买行为具有可诱导性，往往受到外界环境和促销宣传的影响。此外，作为高层次的非一般生活消费品，旅游产品具有消费需求弹性大的特征，消费者的需求波动性较大。因此，旅游地或旅游企业通过各种有效的促销活动，不仅能诱发消费者的需求，而且还能创造消费者的旅游需求。当某种旅游产品处于低需求时，降价促销活动可以招徕更多的游客；当需求处于潜在状态时，促销可以将潜在游客变为现实游客，扩大市场。

3. 突出旅游产品特色，增强竞争能力。旅游产品的特殊性，使得某些旅游企业之间所提供的旅游产品有着很大的相似性。比如说，同一城市的A旅行社和B旅行社所提供的海南七日游线路本身可能差别就不大，即使有某种区别但也不易被旅游消费者所认清。因此，与众不同、独树一帜是多数旅游企业和旅游地的成功秘诀。旅游地或旅游企业通过各种促销活动，可以突出宣传自身产品和竞争者产品之间的差异，以及它给旅游者带来的特殊利益，有助于旅游者深入了解本企业产品，对本企业产品产生偏爱，从而做出购买决策，达到提高竞争力的目的。

4. 塑造旅游形象，加强市场地位。声誉和形象是旅游地和旅游企业的无形资产，它们反映了旅游消费者对旅游地和旅游企业的整体评价和看法，对产品的销售具有重大的作用。旅游市场风云多变，一旦出现有碍旅游地或旅游企业发展的因素时，就有必要通过一定的宣传促销手段，改变自己的消极形象，重塑有利形象，以达到恢复市场并扩大市场的作用。

## 二、旅游促销的方式与特点

为了实现旅游地或旅游企业的促销目标,可以使用不同的促销方式。常见的旅游促销方式有四种,即广告、营业推广、人员推销和公共关系。如表 10.1 所示。

表 10.1 　　　　　　　　　　旅游促销方式及促销方法

| 促销方式 | 广告 | 营业推广 | 人员推销 | 公共关系 |
|---|---|---|---|---|
| 促销方法 | 传单<br>报纸广告<br>杂志广告<br>电视广告<br>网络广告<br>流动广告<br>路牌<br>条幅标语<br>售点广告 | 赠品<br>价格折扣<br>抽奖<br>承诺<br>旅游展会<br>推销竞赛 | 上门推销<br>电话推销<br>销售点现场推销<br>销售会议 | 公益活动<br>各种庆典<br>研讨会<br>会议会展<br>文体赛事 |

### (一)广告

广告是现代社会一种高度大众化的信息传递方式,它利用其灵活的表现方式,可以将有关信息不知不觉地灌输到消费者的脑海里,从而影响消费者的购买决策,激发消费者购买产品的欲望。因此,旅游地或旅游企业应该广泛地使用广告进行宣传,以刺激消费者的需求。当然,广告也有其缺陷,如广告效果难以衡量,广告费用大并且难以集中于目标消费者,与目标接受者难以沟通等。

### (二)营业推广

营业推广是旅游地或旅游企业直接针对旅游产品本身所采取的促销活动,它可以刺激消费者采取购买行为,或刺激中间商和企业销售人员努力销售旅游产品。它是直接针对旅游产品本身采取的促销活动,特别强调利益、实惠、方便的刺激与诱导,具有很强的诱惑力和吸引力。因此,旅游地或旅游企业为了在短期内能引起消费者对旅游产品的注意或扩大销售量,通常采取这种促销方式。比如,旅行社在促销线路时可以采取送保险、赠送景点、赠送某项旅游服务等。

### (三)人员推销

人员推销是最古老的一种促销方式,也是四种促销方式中唯一直接依靠人员的促销方式。在人员推销过程中,通过销售人员与消费者接触,可以向消费者传递旅游地、旅游企业和相关旅游产品的信息;通过与消费者的沟通,可以了解消费者的需求,便于旅游地和旅游企业进一步地了解并满足消费者的需求。人员推销是旅游地和旅游企业在销售大宗买卖和团体游时最经常使用的推销方式。此外,这种促销方式特别具备针对性、人情味和灵活性。

**(四)公共关系**

公共关系促销与其他三种促销方式区别较大,公关促销不是由企业或旅游地进行的宣传活动,而是借助于公共传播媒体,由有关新闻单位或社会团体进行的宣传活动。它是以新闻形式,而不是以直接的促销宣传形式出现,因而可以引起公众的高度信赖和注意,消除公众的戒备。但是,由于公共关系往往不是针对旅游产品本身的促销,因而促销的针对性较差,并且旅游地或旅游企业也很难对这种促销方式进行有效的控制。

旅游地或旅游企业的四种促销方式,各有其优缺点,如表10.2所示。

表10.2  四种旅游促销方式的主要特点

| 促销方式 | 优点 | 缺点 |
| --- | --- | --- |
| 广告 | 传播广泛;形象生动;节约人力;可以连续、重复使用 | 单向信息沟通,难以形成即时购买;效果难以衡量 |
| 营业推广 | 吸引力大,刺激性强;短期效果明显;手段灵活 | 容易被竞争对手模仿;效果不长久;长久使用易引起顾客反感 |
| 人员推销 | 面对面沟通,针对性强;促销目标明确;有信息反馈 | 费用高;占用人员较多、受销售人员个人素质影响大;接触面窄 |
| 公共关系 | 影响面广;可信度高;有利于树立企业形象、提高企业知名度 | 设计组织难度大;针对性较差;企业难以进行控制 |

## 三、旅游促销组合策略

旅游促销组合是指为实现旅游地或旅游企业的促销目标而将广告、人员推销、公共关系和营业推广四种促销方式进行组合所形成的有机整体。这四种促销方式,虽然都可以刺激消费者需求,但是作用各有不同。因此,旅游地和旅游企业需要协调好各种促销手段,根据市场需求和竞争情况,灵活巧妙地对这四种促销方式进行组合,使它们能够相互配合,发挥出协同效应。

**(一)旅游促销组合的特点**

1. 旅游促销组合是一个有机的整体组合

随着旅游市场的日趋成熟发展,消费者在购买旅游产品时的理性也增强了,面对越来越理性的消费者,旅游地和旅游企业开展的促销策略应该也随之发生变化。一个旅游地或旅游企业的促销活动,不可能只使用一种促销方式,而是将不同的促销方式作为一个整体使用,使其共同发挥作用。值得注意的是,旅游地和旅游企业所采用的某几种促销方式的组合,应该取得 $1+1>2$ 的效果,而并非是 $1+1<2$ 或 $1+1=2$。

2. 旅游促销组合是一个动态组合

市场是变幻莫测的,而旅游促销组合通常都是建立在一定的内外部市场环境条件的基础上的。有时,一种效果好的促销组合在环境发生变化后很可能就会成为效果很差的促销组合。由于旅游地和旅游企业所面临的市场环境特别是外部环境可能经常会发生变化,因而,必须要根据环境的变化来调整所采取的促销组合。

3. 旅游促销组合的不同促销方式具有相互推动作用

不同的促销方式相互配合,可以弥补彼此的缺点,互相推动,产生良好的促销效果。合理的促销组合可以使促销作用达到最大;相反,没有其他促销方式的配合和推动,就不能充分发挥其作用。

4. 旅游促销组合是一种多层次组合

促销组合是由不同的促销方式组成的,而每种促销方式又有很多种可供选择的促销手段,每种促销手段又可以分为很多类型,进行促销组合就是适当地选择各种促销手段。因此,旅游促销组合是一种多层次的策略。

(二)选择旅游促销组合应考虑的因素

1. 旅游产品

不同的旅游产品特性,其面对的目标群体不同,所采取的促销组合也就应该不同。如出境游就要针对爱享受的、高收入的目标旅游者,主要采用人员推销策略;而普通的二日游线路就要采取广告、营业推广等为主要促销手段。

2. 市场状况

如果旅游市场潜在的消费者多,购买数量较小,促销组合应以广告、营业推广和公共关系为主;反之,如果潜在消费者少,分布集中并且购买数量大,则应该以人员推销为主。

3. 购买者心理接受阶段

根据购买者对旅游地和旅游企业的认知程度,可以将顾客的购买过程分为知晓、了解、信任和购买四个阶段。在不同的认知阶段,各种促销方式的促销效果也是不同的,由此影响到不同促销组合的使用阶段。

在知晓阶段,广告和公共关系的促销作用最大;在了解阶段,除了广告和公共关系外,人员推销也起着重要的作用,因而旅行社在这个阶段应充分发挥销售人员的作用;在信任阶段,消费者对旅游产品的信任程度受人员推销的影响最大,其次是广告、公共关系和营业推广;在购买阶段,人员推销的作用最大,其次是营业推广。

4.旅游产品生命周期

在旅游产品生命周期的不同阶段,由于促销的目标和重点不一样,因而所采取的促销组合形式也不应该不一样。在导入期,广告和公共关系应该被放在最重要的位置,以扩大企业和产品的知名度;在成长期,应持续广告的力度,同时加强人员推销的作用,以尽快扩大销售量;在成熟期,广告宣传可以减弱,因为口碑效应已经形成,降低价格、赠送保险等营业推广活动可以加强,以稳定市场份额;在衰退期,公共宣传可以退出,保持提醒性的广告宣传也许是最明智的做法。

5.促销预算

旅游促销组合选择在很大程度上受促销预算的制约。在促销预算不足的情况下,再好的广告计划、大型的公关活动和高强度的营业推广都无法使用,只能采取花费不大的促销方式。

**(三)旅游促销组合策略**

旅游促销组合策略主要有三种,即推式策略、拉式策略和推拉结合策略。

1.推式策略

推式策略是着眼于积极地上门把旅游地或旅游企业产品直接推向目标市场,表现在销售渠道上就是旅游地或旅游企业对旅游中间商积极促销,并使旅游中间商积极寻找顾客进行促销,将旅游产品推销出去(图10.1)。推式策略要求促销人员有良好的沟通能力、丰富的产品知识和销售经验,同时,对销售人员的个人素质要求也较高。

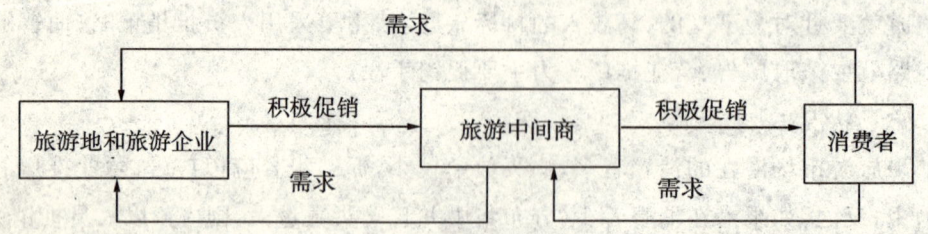

图 10.1 推式策略

2.拉式策略

拉式策略是立足于直接激发最终消费者对购买本旅游产品的兴趣和热情,使得消费者主动向旅游地、旅游企业及其他中间商寻求目标产品,最终把旅游者拉引到本旅游地或旅游企业身边来(图10.2)。这种策略主要使用广告和营业推广,辅之以公共关系。

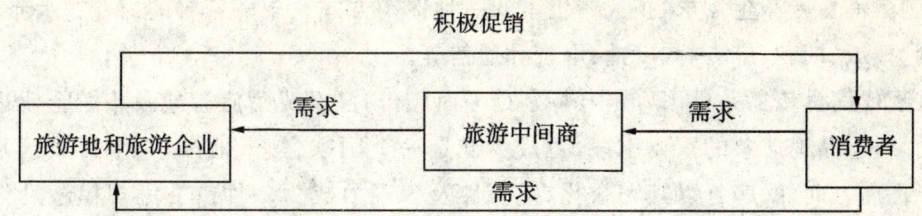

图 10.2　拉式策略

**3. 推拉结合策略**

旅游地和旅游企业有时可以将上述两种策略配合起来使用,在向中间商大力促销的同时,还可以通过广告、营业推广来刺激消费者的旅游需求,这就是推拉相结合的策略。

◆ 本节相关知识链接

1. http://www.tourbbs.cn/cgi-bin/leobbs.cgi
2. http://www.aatrip.com/

◆ 本章试题与知识训练

一、名词解释

旅游促销；旅游促销组合

二、填空题

1. 旅游促销的方式有_____、_____、_____和_____。
2. 旅游促销组合策略主要有_____、_____和_____。
3. 选择旅游促销组合应考虑的因素有_____、_____、_____、_____和_____。

三、简答题

旅游促销的作用有哪些？

# 第二节　旅游广告

## 一、旅游广告的概念

旅游广告是旅游地或旅游企业通过付款方式,利用现代各种传播媒体进行信息传播,以刺激消费者产生需求,扩大销售量的一种促销方式。旅游广告的媒介主要形式有:互联网、报纸、期刊、广告牌、广播、电视和通信等。

在现代信息传播条件下,广告(特别是平面广告)已经成为旅游地及旅游企业进行营销活动,树立品牌形象的重要手段,也成为衡量一个国家、一个地区、一个行业繁荣与否的重要标志。此外,广告以其大众化、重复性及表现力成为一种富有大规模激励作用的信息传播技术。一方面,旅游地的风貌、旅游设施的宜展示性和整体旅游产品的可感受性,为旅游广告提供了有利的基础;另一方面相比较于普通商品,作为不可使用、无从触摸和生产与消费的同步性的无形旅游服务产品,也影响到潜在旅游消费者将相对更多地依赖于旅游广告所传播出来的信息。由此决定了广告在旅游促销中发挥着主体的作用。

旅游广告的主要特点是:①形式灵活,表现力强,它可以通过对文字、图像、声音以及色彩等精彩地进行艺术化组合,利于树立传播对象的形象;②传播面广,效率高,广告一经发布便能迅速铺开,连续地、重复多次地进行高度渗透性的信息刺激,有利于实现旅游产品的迅速销售;③效果难以衡量,难以集中于目标旅游者,难以形成即时购买。

◆ **案例驿站 10.1**

**旅游广告成为《广州日报》支柱性收入之一**

据了解,《广州日报》2006年和2007年的广告经营额分别为1.3亿元和1.8亿元,增长率分别为29.1%和41.48%。

广州日报社广告处处长巫穗生表示,目前旅游广告是《广州日报》支柱性收入之一。

据介绍,《广州日报》的旅游广告收入持续增长,主要原因在于该报能够提供给读者有价值的旅游信息。《广州日报》在每周二的旅游专版安排了实用性信息,并组织读者参与活动,满足读者、旅行社和景区客户等多方需求,促成旅游广告的高速增长。

此外,由于《广州日报》旅游专版查询旅游信息的读者年龄多为25~34岁,因此该报与携程网等展开合作,主动吸引青年群体。

案例来源:http://baksite204.allchina.cn/adConsult/infomation.asp?.

## 二、旅游广告目标及类型

### (一)旅游广告目标的概念

旅游广告目标是指旅游地及旅游企业在一定时期内,对特定的目标旅游者所要完成的沟通任务和销售目标。旅游地和旅游企业在不同阶段,营销目标不同,因而其广告目标也有所不同。正确确定广告目标是开展广告后续工作的基础,也是广告活动能否成功的关键。

(二)旅游广告目标的类型

旅游广告目标必须在相关旅游目标市场策略、市场定位及其他营销组合因素决策的基础上和限制下加以确定。旅游广告目标可以分为最终目标和直接目标,最终目标是通过传递旅游产品或服务信息来扩大销售、增加盈利。旅游广告的直接目标有可分为三种类型。

1. 告知型

告知型广告主要用于旅游产品市场开拓阶段。它具体又可分为两类情况:(1)介绍旅游新产品、新旅游服务项目,如新的旅游线路、新的饭店服务项目,其基本内容、价格及可能给旅游者带来的利益等,使旅游者了解该产品和项目,以触发旅游者的需求;(2)宣传旅游地或旅游企业的市场地位及对旅游者采取的便利性措施,以树立良好的市场形象。

2. 劝导型

劝导型广告主要是向旅游者宣传本旅游地及旅游企业产品的特色,介绍其优越于竞争对手产品之处,使旅游者产生消费偏爱,从而提高其市场竞争力。这种广告又叫诱导型广告,主要用于与同类产品展开竞争的阶段,适用于处于生命周期中成长期的旅游产品。

3. 提醒型

提醒型广告目的主要是随时提醒旅游者保持对本旅游地或旅游企业及其产品的记忆(尤其是在旅游淡季),以获得本企业产品尽可能高的知名度,主要目标是提示消费者购买,并刺激老顾客重复购买的欲望,主要用于旅覒产品的砸熟阶段。

## 三、旅游广告媒体类型及特点

旅游广告媒体是用来传播旅游地和旅游企业广告信息的工具。旅游产品的生产和消费的同一性、地理位置的不可移动性等特点,不但决定了它的广告内容、广告形式,而且在广告媒体选择上也有不同的要求。通常旅游广告可以选用四大媒体:报纸、广播、电视和杂志,还有互联网广告、户外广告以及售点广告等。

(一)报纸

这是旅游广告最常用的主流媒体。报纸引起受众注意的要素有两个方面:一是版面面积;二是刊登位置。旅游广告选用报纸版面面积可以从半通栏至整版,版面面积越大,广告注意力就越高,但经济支出也越大。第一版广告刊登位置效果最佳。

应该说,目前旅游产品销售中的最主要、最有效、最简洁的广告形式就是报纸广告。

一份报纸的发行量,少则几十万份,多则上千万份,数量大,可信度高,市场覆盖面广,并且费用较低,作为现代生活的必需品,它与公众的生活联系也十分密切,而且信息传播速度快,因而见效迅速。在美国,有50%~60%的旅游商首选报纸作为广告媒体。但是报纸广告也有它的局限性:一是表现力较弱,一般不利于在上面做旅游景点的展示广告;二是如果通过散记的形式间接传播旅游信息的话,宣传的信息量不够大,具有实际意义的旅游路线、景观特征以及季节特色等众多领域不能涉及。目前报纸广告主要是旅行社用以发布旅游项目、旅游线路及旅游交通的广告,以及旅游行业的通告。

### (二)广播

作为一种传统媒体,广播并未像某些人认为的那样淡出媒体市场。随着城市有车族的增多,车载广播作为信息传递的一种方式也越来越受到重视。作为单纯的听觉广告媒体,它的优点是:传播迅速;灵活度高;制作简单,费用低廉。而缺点则是信息保留性较差,缺乏视觉冲击力。广播传播一般较适合旅游交通与观光旅游销售信息的辅助广告媒体,尤其是地区性旅游信息发布的媒体。

### (三)电视

电视以其视听双重功能的特性,成为发展速度最快、竞争最激烈的广告媒体。利用电视来传播旅游广告的信息,具有显著的优势。首先,它集声音、图像、色彩、动感四种功能于一体,形、声、情并茂,可以直观、生动地反映旅游景观的特色。特别是具有一定故事性、趣味性和艺术性的旅游广告,会给观众留下深刻印象,具有良好的宣传效果。其次,电视覆盖面广,不受时空限制,即时迅速。目前,旅游广告中较多运用电视广告是对旅游目的地进行可视化展示,电视广告片一般片长在30~60秒,从视觉上生动地展现旅游地形象和特色。比如在很多省级电视台发布的"登泰山,保平安"、"人间天堂、山东烟台"、"梦西子,中国杭州"等旅游地形象广告。旅游专题片、旅游专题节目、旅游电视杂志是比较流行的电视广告形式。通过节目主持人或参与者的亲身体验,向受众展现旅游地的"食住行游娱购",将游记与旅游文化相结合,一改传统电视广告劝服性特点,在一定程度上达到旅游广告的互动效果。比较突出的是香港康泰旅行社的"康泰旅游电视杂志",香港永安旅游的"永安旅游电视杂志"。但是,它也有一些缺点:电视广告保存性较差,加上成本高,制作周期长,广告词限制在5、15、30或60秒内。因此旅游地和企业选择时要慎重,应结合旅游产品的级别、档次和市场前景考虑广告的制作与投入,以及选择广告媒体的级别。

### (四)杂志

旅游广告也经常出现在一些专业杂志上,一般是旅游广告针对特定的旅游群体而选用的媒体。例如,很多旅游地在《旅游天地》、《华夏地理》和《时尚旅游》等杂志中投放广告。杂志作为视觉媒体,其历史仅次于报纸,具有很多优点:印刷精美、可图文并茂、阅读率高、保存期长,因而非常适用于旅游地、景点和饭店等的形象广告。而杂志的短处是广告周期长,时效性差,缺乏灵活性。

### (五)户外广告

旅游户外广告主要是指在室外张贴、树立、绘制的广告。种类繁多,包括路牌、公交站牌、霓虹灯、高炮广告、车厢广告等。旅游地和企业经常把这些户外广告布置在城市的主要交通口、人群汇集地、产品所在地等处。如,2010年3月5日,为了宣传中国世博旅游年,主办方在美国纽约时代广场上树立了巨幅户外广告牌。户外广告画面巨大醒目,保存时间长久,游客在都市观光、购物途中反复观看,必定能够留下深刻的印象。同时旅游业主在户外广告的设置上还很灵活机动,可以选择适合其宣传的城市,租用最需要的场所,而且可以依据游客客流的变化或景区季节特色及时更换户外广告。

### (六)互联网广告

互联网广告主要是指旅游地和旅游企业将有关项目和产品的信息发布在互联网上,以告知消费者各项旅游信息的一种方式。互联网的运用,完全打破了时间和空间的界限,使得信息交换得以以空前的速度运行。这种广告媒体具有迅速、准确和信息量大等特点,能实现对旅游消费者的及时服务。现今,在网络迅速发展的形势下,几乎每个景点和旅游企业都开设了专门的网站对自己进行详尽的介绍,这种广告效果是不言而喻的。

## 四、旅游广告媒体选择的依据

广告媒体是传递广告信息的工具或手段。旅游地或旅游企业要根据自己的广告目标以及要传递的广告信息,选择适当的广告媒体。总的来说,旅游地和旅游企业在选择广告媒体时应考虑以下几个因素。

### (一)媒体特征

不同的广告媒体在送达率、影响力、目标受众等方面各有特点,因此,效果也不尽相同。如高层商务旅游者与普通观光客对不同媒体类型的偏好程度就不一样。

### (二)产品信息特点

如果要显示旅游地的风光特色等外观特点,媒体选择应以电视、网络和户外广告为主;如果要突出旅游线路、价格等较多文字详细介绍的信息时,应该选择报纸、杂志等媒体为主。

### (三)媒体成本

不同的广告媒体成本差异很大,电视广告费用最高,报纸、广播则相对较低。旅游地和旅游企业在选择广告媒体时,既要使广告达到理想效果,又要考虑自身的经济实力。

## 五、旅游广告预算

广告预算是旅游地和旅游企业在一定时期内,为了实现广告目标而投入的广告费用计划。它规定在广告计划期内从事广告活动所需的经费总额、使用范围和使用方法等,是企业广告活动得以顺利进行的保证。

### (一)旅游广告的预算内容

1. 广告市场调研费用。旅游广告市场调研费用主要包括前期市场研究、广告效果调查和广告咨询费用等。

2. 广告设计制作费用。旅游广告设计制作费用主要指的是旅游广告的设计费、印刷广告的制版、印刷、录音、摄影、文案创作、美术设计、广告礼品等直接制作费用。

3. 广告媒介费用。旅游广告媒介费用主要包括购买报纸、杂志的版面费用,购买广播、电视的时间费用和频道费用,以及租用户外看板等其他媒体的费用。这部分费用是广告费用的主体,占旅游广告费用总额的70%~90%。

4. 其他相关(间接费用)。如与广告活动有关的公共活动、部门工作人员的工资以及办公费用等。

### (二)制定旅游广告预算需要考虑的因素

广告预算是广告策划和媒体投放的基础,作用不言而喻。旅游地和企业在市场竞争中必然要投入资金做广告,投入多少资金,怎样分配资金,要求达到什么效果,如何防止资金的不足或浪费等等,问题很复杂。一般来说,旅游地和旅游企业在制定广告预算时,要考虑以下几个因素。

1. 市场竞争程度

广告预算首先取决于旅游市场的竞争状况。竞争激烈、竞争者数量多的时候,旅游地和旅游企业需要投入的广告费用就多。因为只有这样,才能使潜在的顾客有机会在众多的广告中,注意并试图了解本旅游地和旅游企业的产品信息。反之,则可以较少投入广告费用。

2. 广告频率

对于一般的广告信息,潜在顾客通常需要接触几次才能产生记忆和印象。国外学者研究发现,目标沟通者在一个购买周期内需要接触3次广告信息才能产生该广告的记忆;接触

6次一般被认为是最佳频率;当广告频率超过一定限度,一般认为是8次以后,将会产生负影响。因此,旅游地和旅游企业在进行广告宣传时,要确定适当的频率,从而确定出自己的广告预算。如大连自2001年起,每年保持在CCTV—4高频次投放30秒长版本广告,目前其"浪漫之都"的城市品牌形象已深入人心,成为国内成功打造城市品牌的先行案例。

3．旅游产品的销售进度

对旅游地来说,其游客承载量是一定的,而旅行社和酒店等的销售总量也是一定的,因而,当销售刚开始时,往往广告预算较高;而当销售近一半时,许多旅游地和旅游企业就会投入更多的广告支出;当销售接近尾声时,广告预算就很低了。

4．旅游地和旅游企业自身的条件

如果旅游地和旅游企业规模比较大,财力雄厚,就有能力支付大量的广告费;反之,那些中小型旅游企业和资源匮乏的旅游地就要考虑到自身的能力量力而行。

**(三)常用的旅游广告预算方法**

1．量入为出法

它是根据本旅游地和旅游企业目前的财务支出和承受能力可能来安排广告预算。这种方法可以将所能负担的做到最好,不少景区以此做预算。许多景区根据旅游旺季来安排,如长白山景区的投放期在5月前,因为从5月开始即是长白山的最佳旅游季节,广告投放一般在旺季来临前,这样才能起到推动景区旅游人数增长的作用。

2．销售额百分比法

它是一种以销售额为依据制定预算的方法,即旅游地和旅游企业根据目前或预测的销售额的百分比来决定广告费用的大小。

3．竞争对等法

竞争对等法即旅游地和旅游企业根据竞争对手的广告费用开支来决定自己相应的广告预算。这种方法优点是考虑了竞争对手的策略,局限是忽视了企业自身的实际问题。

4．目标任务法

这种方法是旅游地和旅游企业首先确定其促销目标,根据所要完成的促销目标来决定要执行的各种媒体上的广告(即任务),然后估算出每项任务的促销支出,那么把这些各项促销支出加总就得到总的广告预算。这种方法是四种方法中相对较科学的一种方法。

## 六、旅游广告策略

旅游广告策略是指为实现、实施广告战略的各种具体手段与方法。常见的旅游广告策略有四大类：广告产品生命周期策略、广告产品定位策略、广告媒体组合策略、广告实施时机策略等。

**(一)广告产品生命周期策略**

旅游地和旅游企业处在不同的生命发展阶段，其产品成熟程度、旅游者的心理需求、市场竞争状况和市场营销策略等，都有不同的特点。因此，广告目标、诉求重点、媒介选择和广告实施策略也有所不同。

在旅游地的成长前期或旅游线路等其他旅游产品的导入期，其资源特色和产品功能等都尚未被消费者所认知。在这一阶段里，旅游广告宣传以创牌为目标，目的是使消费者产生新的需要，以开拓市场，这是广告宣传的初级阶段。在广告的初期阶段，应该投入较多的广告费，运用各种媒介，配合宣传，造成较大的广告声势，以便新旅游地和新旅游线路等产品迅速打入市场。

旅游广告的中期阶段，也是旅游地产品进入成长期后期和旅游产品进入成熟期。由于新产品获得消费者承认，销售量急剧上升，利润已有保证，同时，同类产品也纷纷投入市场，竞争日益激烈。在这一阶段，广告以保牌为目标，巩固已有的市场和扩大市场潜力，展开竞争性广告宣传，引导消费者认地选购、认牌选购。广告诉求必须具有强有力的说服力，突出本产品同其他同类产品的差异性和优越性，巩固旅游地和旅游企业的声誉。

在旅游地进入饱和期和旅游线路等产品进入衰退期之后，产品供求日益饱和，原有产品已逐渐变成老产品，新的产品已逐步进入市场。这一时期的广告目标，重点放在维持产品市场上，采用延续市场的手段，保持产品的销售量或延缓销售量的下降。其主要做法是运用广告提醒消费者，以长期、间隔、定时发布广告的方法，及时唤起注意，巩固习惯性购买。

**(二)广告产品定位策略**

旅游广告产品定位策略是在广告中突出旅游地和旅游产品的特色和效用，使该旅游地和产品在同类产品中有明显区别，以增强旅游者的选择性需求。它是以同类产品的定位为基准、选择有别于同类产品的优异性能为宣传重点的。如河南省信阳市在给自己的旅游特色定位时打响了"江南北国、北国江南"品牌。数据显示，近年来，信阳市旅游业发展较快，旅游经济在信阳市经济总量中的比重不断扩大，鸡公山、南湾湖、灵山寺等著名景区表现突出。

**(三)广告媒体组合策略**

旅游广告的媒介组合策略，实际上就是根据广告的产品定位策略和市场策略，对广告媒介进行选择和搭配运用的策略。其目的在于以最低的投入取得最大的广告效益。

对于旅游地和旅游企业来说，有的媒介能较大地接触范围到达旅游目标市场，但由于广告费用太高，加上媒介出现于目标对象的周期太长，无法在限定时间内保证广告的出现频率，使用多种媒介组合则可以既保证广告的接触范围，又能有较高的出现频率。另外，有时因有的媒介虽然广告费用不多但效果并不十分理想，这时将多种费用低、但效果并非十分理想的媒介加以合理组合也能达到预期的效果。

### (四) 广告实施时机策略

广告的实施时机策略，就是对旅游广告发布的时间和频度做出统一的、合理的安排。旅游广告时间策略的制定，要视旅游产品的生命周期阶段、广告的竞争状况、企业的营销策略、市场竞争等多种因素的变化而灵活运用。一般而言，即效性旅游广告要求发布时间集中、时限性强、频度起伏大。例如，各景区在节假日期间降低门票费用时，旅行社推出"五一"、"十一"、春节旅游优惠线路以及季节性的旅游线路时的广告就属于即效性信息，发布时间就必须要集中在优惠活动展开期间和旺季期间。而迟效性旅游广告则要求广告时间发布均衡、时限从容、频度波动小。例如旅游地为维持自己在旅游者心目中的形象以及旅行社的常规路线都适合采用均衡发布广告的方式。旅游广告的时间策略是否运用得当，对旅游广告的效果有很大影响。

如果旅游地或旅游企业不了解何时为适当时机，就干脆不要投。只有抓住时机才能准确地抓住最多受众的关注，从而产生更大的广告影响力。如义乌在2004年冠名"海峡两岸知识大赛"，就是看准了2003年美伊战争给众多国际人士带来了对"台海"局势关注的契机，借势大幅度提升义乌国际影响力，此部分广告预算获得超值的回报，带动义乌品牌稳中有升的发展趋势。

## 七、旅游广告效果的测定

由于广告效果本身就难以预测，特别是对于非生活必需品的旅游产品广告来说，要做出客观而又科学的效果评价就难上加难。因此，本书主要从旅游广告效果的两方面即心理效果和销售效果来加以测定。

### (一) 心理效果的测定

广告心理效果是指广告目标经过特定的媒介传播后，对消费者心理活动的影响程度。旅游广告的心理效果测定大致分为旅游广告心理效果的事前测定、旅游广告事中测定和旅游广告事后测定三种。

1. 事前测定，也称预试

事前测定主要是指在旅游广告作品尚未制作完成或者正式发布之前，专业广告人对广告作品进行评估,它包括专家意见综合法、消费者评定法、检查表测定法又称采分法、言词反应法、概念测定法、节目分析法等。

2. 事中测定

它是指对旅游广告推出后,所产生的效果进行的评估。这种测定为及早确定旅游者的反应、广告的效果以及作为下一步旅游广告策略和表现调整的参考。主要有函询法、询问法、隔日回忆测试法等。

3. 事后测定

它是指在整个广告活动结束后,进行总评价和测定。它也包括两种比较流行的方法:回忆测试和识别测试。前者要求接触过某种媒体广告的人,回忆最近一次广告中所展露的广告产品,以表明广告为人注意和容易记忆的程度;后者主要统计在特定媒体上曾注意到,曾见到过并进行过联想和深读过广告信息的目标受众百分比。

(二)销售效果的测定

由于旅游产品销售将受到诸如资源与服务特色、产品价格和市场竞争状况等一系列因素的影响,因而测量旅游广告的销售效果比沟通效果更为困难。这里仅列出三个简单的计算方法作为参考。

1. 当广告宣传的旅游产品是新产品时

广告收益＝单位产品利润×(广告后销售量－广告前销售量)－广告费用

2. 当被广告宣传过的产品继续做广告

$$广告效益增长比率 = \frac{销售额增加率}{广告费用增加率} \times 100\%$$

3. 广告费比率法

广告费比率法即每百元的旅游销售额支出的广告费用,广告费用比率越小,那么广告效果就越大。

◉ 本节相关知识链接

1. http://www.allchina.cn
2. http://www.plansky.net/

◆ 本章试题与知识训练

一、名词解释

旅游广告;旅游广告目标;旅游广告媒介组合策略。

## 二、填空题

1. 旅游广告的直接目标可以分为：_____、_____和_____。
2. 旅游广告的类型有：_____、_____、_____、_____、_____和_____等。
3. 制定旅游广告预算需要考虑的因素有_____、_____、_____和_____。

## 三、简答题

常用的旅游广告预算方法有哪些？

# 第三节 旅游营业推广

## 一、旅游营业推广的概念与类型

### （一）旅游营业推广的概念

旅游营业推广是指旅游地或旅游企业在某一特定时期与空间范围内通过刺激和鼓励目标顾客，并使其对旅游地和旅游企业的销售活动产生有利促进或响应，使旅游者对产品有强烈的购买欲望和要求。

旅游营业推广的方式多种多样，它可以在很短的时间内产生立竿见影的效果，甚至能引起轰动的销售效应，因此，被众多旅游地和旅游企业所使用。

### （二）旅游营业推广的类型

一般来说，旅游营业推广按其作用来分类，可以分为以下三种。

**1.刺激旅游者购买欲望的营业推广**

刺激旅游者购买欲望的营业推广其实就是针对旅游者的营业推广，通常有折扣优惠、退款优惠和赠送保险等形式，这种类型的营业推广冲击力强，市场影响大，针对性强。但这种营业推广类型物质利益明显，相对来说方式单一，旅游地和旅游企业以让利为代价，副作用大而且管理较难。

◆**案例驿站 10.2**

**昆明旅行社降价促销"到台北过圣诞"**

"今年去台北过圣诞！"这句极具诱惑力的广告语在 2009 年 12 月占据了昆明各家有资质经营赴台湾旅游旅行社门前最显眼的位置。

记者 4 日在昆明旅游市场采访中了解到，由于昆明赴台北直航航班增加，从 12 月

25日起,一直备受云南游客青睐的昆明赴台游的两款主力经典线路同时下降1 000元,以优惠价格展开对年末旅游市场的竞争。

据云南省旅游局官员介绍,这次云南5家有资质经营赴台游的旅行社一致降价的原因主要由于昆明赴台北直航班机从去年的每周1班,增加到目前的每周4班,降低了交通成本。此外随着台湾的旅游设施进一步完善,接待成本直线下降。"还有就是目前正逢旅游淡季,各旅行社也想借圣诞节这个机会促销一下。"

记者采访各旅行社得知,五星级"七晚八天台湾环岛游"的价格从9 800元下调至8 800,四星级的价格从7 800下调至6 800,优惠价从12月25日起执行。对于以前已经报名排队的游客,具体的费用将与旅行社协商确定。

另据了解,云南省作为赴台湾旅游第一批开放区域的13个省份之一,短短一年多的时间,赴台湾旅游的云南游客便呈现出逐月增长的趋势,台湾正成为云南民众旅游的热点。从2008年7月云南首批游客赴台至今,全省已有超过万名游客到台湾旅游观光。

案例来源:http://www.chinanews.com.cn/cj/news/2009/12-04/2000485.shtml。

**2.调整中间商的营业推广**

随着旅游市场的成熟发展,旅游中间商在旅游销售中所起的作用也越来越大。由于旅游中间商可以代理很多旅游开发商的产品,为了尽快地销售产品他们有时会损害旅游开发商的利益和信誉,因此,必须对他们也进行必要的激励,以调动他们的积极性。这种类型的营业推广有利于旅游开发商和代理商之间的协调和工作,但是管理工作和衡量工作比较困难。

**3.消除销售障碍的营业推广**

消除销售障碍的营业推广其实就是针对旅游销售人员的营业推广。由于销售人员积极性不高,各部门之间比较难以协调,就会较大的影响旅游产品的销售。因此,旅游地和旅游企业可以开展以消除这些障碍为目的的营业推广,比如通过举办竞赛、报酬收入与销售额挂钩等形式,来刺激销售人员的销售热情。这种类型的营业推广针对性强,企业管理较方便,但是销售成效单一,缺乏周全性。

## 二、旅游营业推广的特点

### (一)即期效应明显

旅游营业推广策略往往是在某一特定的时间内,针对某方面情况采用的一种促销方法，它能给买方以强烈的刺激作用。它要求旅游消费者或旅游经销商亲自参与，行为导向的目标是即时销售，通过刺激、激励，或为金钱上的价格优惠，或为商品上的赠品，又或是增加一项附加的旅游服务，构成旅游消费者购买行为的直接诱因，吸引力大，在短时间内能把顾客直接引向产品，因而短期效益明显。如果该策略运用得当，则可以马上从营销效果上表现出来，不像其他方式有一个较长的滞后期。

（二）灵活多样性

旅游营业推广策略的具体形式多种多样，能从不同的角度吸引有不同要求的旅游产品购买者和消费者。例如，有以赠送纪念品、赠送旅游地特产、价格优惠、赠送景点或保险等方式针对旅游消费者的营业推广；有以批量折扣、现金折扣、联营促销、提供招贴画等方式针对旅游中间商的营业推广；还有以推销竞赛、业务提成、销售集会等方式针对销售人员的营业推广。这些营业推广方式都有其自身的优势和特点，旅游地和旅游企业可以根据经营的产品特征，以及所处的市场营销环境加以科学的选择和组合运用，从而大大增强旅游营业推广的灵活多样性。

（三）非连续性

旅游营业推广一般是为了某种目标而专门开展的短期促销活动。它不像广告、人员推销那些连续、常规的推销活动，旅游营业推广一般着眼于解决一些具体的促销问题，具有非连续性和非规则性的特征。因此，它通常是针对旅游广告、人员推销的一种补充措施。

（四）冲击效应强

旅游营业推广的冲击效应，也称强刺激性。旅游营业推广的种种手段通常是精心策划的，它对目标旅游者、旅游中间商和销售人员的刺激是非常强烈的，它能使营业推广的对象有强烈的驱动力去实现旅游地和旅游企业所期望的目标。尤其是对持币待购的现实旅游者具有很强的冲击效应。

旅游营业推广的上述特征，体现了旅游营业推广手段的明显优势，有利于促进旅游地和旅游产品的短期销售。但是，旅游营业推广也有一定的局限性，相比较于人员推销、广告和公共关系，由于旅游营业推广的效果非常显著，对市场能产生较大的冲击力，因而也最容易被竞争者模仿。因此，旅游营业推广的策划，应该有创意，先机而得，先声夺人，力求在短期内取得成功。

### 三、旅游营业推广策划

所谓旅游营业推广策划就是根据旅游地和旅游企业营业推广的要求，对其产品进行营业推广的组织、行动方针、推广目标、策略内容以及营业推广中的预期问题加以全面、细致地安排和规划，创造出有影响力的、有效的行动方案，达到销售产品、树立形象的实施过程。

对旅游地和旅游企业来说，用旅游广告来攻占市场无疑是最理想的方式。但是，正如有的营销专家所言，并非每一个企业都卖广告，但任何企业无一例外都需要营业推广，时时处处都少不了营业推广。在运用旅游营业推广的过程中，必须首先策划营业推广方案，然后是实施和控制旅游营业方案，最后对旅游营业推广效果加以评估。

**(一)旅游营业推广策划程序**

旅游营业推广策划必须按照规范而科学的程序进行，它依赖于策划工作中各个步骤的完成。一般来说，旅游营业推广程序包括：

1. 旅游市场的分析预测

旅游市场情况的分析和预测是保证营业推广策划正确、科学的前提。因此，要结合项目前期的市场调查，进一步对目标旅游者及其需求进行变动分析，了解目标旅游者的消费心理和消费动向，并了解主要竞争者的促销策划及其行为。

2. 确定旅游营业推广目标

旅游市场的分析和预测为确定营业推广目标提供了依据。确定旅游营业推广目标就是要回答"向谁推广"和"推广什么"两个问题。因此，旅游营业推广的具体目标一定要根据促销对象的变化而变化，针对不同的促销对象，确定不同的旅游营业推广特定目标。例如，针对旅游者来说，目标可以确定为刺激和劝诱新旅游者购买本产品，也可以确定为鼓励老客户经常和重复购买本旅游产品；对旅游中间商来说，目标可以确定为稳定中间商继续代理自己的产品和服务，也可以是增加短期销售额等；而对销售人员来说，目标可以确定为刺激和调动他们的积极性，也可以确定为提高他们的销售水平和销售技巧。

3. 选择旅游营业推广方式(工具)

达到同一个目标可以有多种方式可供选择。那么，同样道理，旅游营业推广目标一旦确定，就需要选择实现目标的手段和措施。旅游营业推广的方式多种多样，一般来说，一个营业推广目标既可以由一种营业推广方式实现，也可以由多种推广方式相配合加以实现。

4. 制定旅游营业推广策划方案

在营业推广目标和运用方式都确定之后，就要按照一定的规则将策划方案制定出来，以便指导和检查。一项完整的旅游营业推广策划方案通常应该包括市场调查报告、销售目标体系、进入市场的时机、确定销售计划和销售方式、人员培训、推广成本预算、执行控制等。

在撰写旅游营业推广策划方案时,应考虑以下几项内容。

(1)选择营业推广时机。持续的时间太短,一些旅游者将由于无法及时决策而失去优惠的机会;持续的时间过长,则推广的号召力逐步递减,将起不到刺激旅游者的作用。旅游营业推广一般选择传统节日和寒暑假期间推出,这样可以增加节日气氛,有利于刺激消费;也可以在新线路、新景点开发出之后推出,这样可以加深旅游者对这些项目的印象。

(2)确定刺激的规模。旅游地和旅游企业在制定具体的推广方案时要决定刺激的规模,因为刺激规模和推广活动资金挂钩。所以,旅游地和旅游企业不仅要了解各种营业推广手段的效率,还要清楚地认识到刺激强度和销售量变化的关系,以取得合理的、预期的推广效果。一般来说,较高程度的刺激需要有充足的资金预算作保证。

(3)分配好旅游营业推广预算。营业推广策略的制定最重要落到预算上,因而费用支出要仔细预算,量力而行。

(4)在旅游营业推广中,销售人员的分工、责任以及任务一定要明确,这样就不会产生权责不明的现象,有利于管理。

5.执行和控制旅游营业推广策划

旅游营业推广的执行必须要按照策划方案来进行,也就是说,应该按照具体操作方案来实施。同时,对执行中出现的各种问题应注意收集、分析和向上汇报,以便及时地调整策略并加以控制。因此,旅游企业应尽可能地进行周密的策划和组织,估计到实施中产生一切问题的可能,并预先做好突发事件的准备和安排。有效控制是旅游营业推广获得效果的关键。

6.评估旅游营业推广效果

旅游地和旅游企业在营业推广活动实施后进行事后评估,是旅游营业推广活动的一项重要工作,从中旅游地和旅游企业可以总结经验和不足,为下一阶段工作提供有价值的依据。

## 四、旅游营业推广方式

营业推广的方式多种多样,旅游企业应根据不同方式的特点、企业与产品特点、促销目标、市场环境与类型等因素选择适当的推广方式。常见的营业推广方式如下。

**(一)对旅游者**

针对旅游者的营业推广活动,其目的在于吸引新顾客,抓住老顾客。具体方法有:

1. 赠送样品

主要形式是向旅游者免费赠送样品,鼓励旅游者认购或获得旅游者对产品的反应。例如,为推销某条旅游线路,旅行社向旅游者赠送旅游地画册、特产、纪念品等。

2. 赠送优惠券或代价券

旅游者不仅可以在推出线路的定点商店享受购物折扣的折价券,而且事后可以获得在回收的折价券副券中抽奖的机会。

3. 奖励或提供赠品

一些航空公司和集团饭店推出"常客计划",当顾客的购买数量或金额达到一定的程度时,会得到特殊的奖励和优惠,以此建立长期的、不断增值的顾客关系。

4. 设立俱乐部

旅游企业对经常光顾的消费自己产品的顾客可采用俱乐部制度,为他们提供超出常规的销售激励,增加其利益认同,从而鼓励他们多购买本企业的产品和服务。

(二) 对中间商

对中间商的营业推广活动目的在于拓展旅游产品与顾客之间的交流渠道,促使中间商购买或推销某种产品。具体方式有:

1. 购买折扣

旅游企业通常给予中间商价格上的优惠,某些优惠政策甚至已经成为行业惯例。饭店通常给予有业务往来的旅行社一定比例的价格折扣,如对30人以上旅行团免收3人的房费。

2. 推广津贴

指旅游企业为中间商提供陈列商品、支付一定比例的广告费用或运输费用等的补贴。例如,旅行社为某条新线路提供一定数量的顾客之后,在佣金之外往往还能得到一定比例的补贴。企业发放推广津贴的目的就是激励中间商更好的推广新产品。

3. 提供宣传品

就是免费向中间商提供用于陈列和展示的广告招贴画、小册子、录像带等宣传材料。

4. 联合制作促销广告

也是旅游企业与中间商联合促销的一种方式,通常有旅游生产商提供资料和一定比例的资金作为广告津贴,会同中间商联合制作并联合发布广告,实现合作共同开发市场的目标。

5. 举办展览

旅游企业可以在一些主要的旅游展览会上优惠展销其优势产品。

### (三)对销售人员

对销售人员的营业推广主要形式包括销售让利和销售竞赛等。通过对销售人员的鼓励,提高他们的积极性,增加工作效率,促使他们努力推销产品或开拓新的市场。

◆ **本节相关知识链接**

1. http://www.chinanews.com

◆ **本章试题与知识训练**

**一、名词解释**

旅游营业推广;旅游营业推广策划;旅游推广津贴。

**二、填空题**

1.旅游营业推广按其作用来分类,可以分为_____、_____和_____。

2.针对旅游者的营业推广活动有:_____、_____、_____和_____等。

3.针对旅游中间商的营业推广活动有:_____、_____、_____、_____和_____等。

**三、简答题**

如何进行旅游营业推广策划?

## 第四节 旅游人员推销

旅游人员推销是构成旅游促销策略的重要组成部分。旅游人员推销是指旅游地和旅游企业的推销人员通过与旅游者进行接触和洽谈,向旅游者宣传、介绍旅游地和旅游产品,促进旅游项目和旅游产品销售的活动。

旅游人员推销是一种最古老的促销方式,但在现代企业市场营销活动中仍然起着非常重要的作用。旅游地和旅游企业可以采取多种形式开展人员推销:①建立自己的销售队伍,使用本旅游地和企业的销售人员在现场或到目标顾客所在地进行宣传和推销产品;②利用旅游中介推销人员,如旅游代理商和中介人等。

### 一、旅游人员推销的特点

旅游人员推销是一种人与人沟通的方式,在此过程中,实现旅游产品由推销人员向旅游消费者的转移,达到交易产品既能满足旅游者需求,又能帮助他们解决问题的双重目的。所以，与旅游广告、营业推广和公共关系等促销手段来说，旅游人员推销具有以下特点。

### (一)具有较强的针对性

在旅游者购买旅游产品的某些阶段，如在引起注意及从信任发展到购买阶段，人员推销是最有效的手段。广告、营业推广和公共关系一般只能使旅游者在发生兴趣、知晓和了解这些方面起作用，很难促使消费者产生最后的购买行为。而旅游人员推销往往能有针对性地消除旅游者对产品的疑虑和困惑，最终达成旅游销售。

### (二)信息传递的双向性

旅游广告、营业推广和公共关系都是单向的、非人员地与目标旅游者群体进行的交流，而人员推销则是双向地与目标旅游者群体进行的个别交流，这意味着旅游人员推销比广告、营业推广和公共关系更有效。旅游人员推销的双向性体现在两个方面：一方面是推销人员在向旅游者宣传并推销其产品和服务时，可以为旅游者提供旅游产品和服务的质量、构成、价格和功能等信息，把信息由旅游地和旅游企业经过推销人员传递给旅游者；另一方面通过旅游推销人员和旅游者的交谈，推销人员可以了解旅游者对其所推销产品的态度、意见和要求，从而又将市场需求反映给旅游地和旅游企业。

### (三)注重人际关系，有利于建立友谊

旅游推销人员在产品推销过程中直接与顾客接触，在买卖关系基础上交流情感，增进了解，建立深厚的友谊。而感情的培养与建立，必然会使旅游者产生惠顾意愿，从而促进产品销售。旅游产品是服务性产品，有推销人员推销有助于旅游者形成对旅游地和旅游企业的明确感知，减少无形产品的无法事先感知的缺陷。不仅如此，旅游者还容易在与推销人员交流过程中对推销人员产生某种好感，或由于被他们的言辞和魅力所打动，而对他们所推销的旅游产品产生某种自然的联想，从而加速产品的购买。

### (四)具有灵活多样性

旅游推销人员在推销过程中，可以亲眼目睹旅游者对推销陈述和推销方法的反应，通过察言观色，可以及时根据旅游者的心理变化改变自己的推销手段和语言陈述，以适应旅游者的需要。同时，在推销中还能及时地发现问题，并把旅游者对旅游产品的意见和建议反馈给旅游地和旅游企业，以促使旅游地和企业适当调整自己的旅游营销策略。

### (五)具有推销活动的多层次性

旅游人员推销活动是一个复杂的过程。参与推销的部门既可以是专职推销部门的外联部，也可以是旅游地和旅游企业各内部部门；推销形式既可以是电话推销、会议推销、小组推销，也可以是个人推销。从这些方面可以看出，旅游人员推销具有多层次性。

## 二、旅游人员推销的方式

旅游人员推销属于直接促销，推销人员不通过任何中间环节，同旅游者面对面进行洽谈，向他们直接介绍旅游产品和服务，解答旅游者的咨询，从而说服旅游者采取购买行为。旅游人员推销主要包括以下形式。

### （一）上门推销

上门推销是指旅游地和旅游企业的销售人员带上产品或服务的宣传画册和相关材料走访客户进行推销的方式。这是一种古老的、存在时间最长的推销方式。特别适用于推销员向新的推销对象进行推销工作时，也非常适用于旅游地和旅游企业在谈大宗业务时使用，因为面对面地与大客户进行交流比广告、营业推广和公共关系更显诚意、更显正式，也更容易获得大客户的认可。这种方式的特点主要体现在：推销员与目标顾客之间的感情联系尤为重要；推销人员要经过专业的推销培训，会寻找恰当的推销时机，并且还要有百折不挠的毅力。

### （二）营业推销

旅游业是一个涉及面很广的行业，它涉及行、游、食、住、购、娱六个方面。因此，从事旅游产品和服务各个环节的从业人员都是推销人员，包括营业员、前台、服务生、导游和景区工作人员等，他们经常与旅游者直接接触，因而可以利用机会以谈话方式和行为方式向旅游者展示产品和服务，答疑解惑，有时工作人员的优秀服务也能为旅游产品起到宣传作用，这种间接意义上的推销就成为营业推销。

### （三）会议推销

旅游企业利用各种会议介绍和宣传本企业旅游产品和服务，开展推销活动的方式，叫做会议推销。如交易会、洽谈会、展览会、新闻发布会、交流会和推销会等。会议推销是较为常见的人员推销方式。这种方式突出特点是群体集中，借助面广，成交量大。而且推销员不必以推销员的身份出现在消费者面前，因而消费者心理负担小，推销阻力也会减弱，但是对消费者产生的影响力却很大。例如，大连是个经常举办大型活动的地方，如国际服装节、赏槐会、啤酒节等，借机推销自己的旅游产品也是大连经常使用的宣传手法。每次会议期间，酒店、宾馆、会议中心都摆满了大连的旅游资料，这都大大推动了大连旅游产品的销售。

## 三、旅游人员推销的程序

推销程序是现代推销学的主要研究对象之一。其主要内容是对人员推销的过程进行阶段划分,并指出每个阶段的工作重点和各个阶段的内在联系及转换规律,以便推销人员更清楚地了解推销活动的实质,避免工作中片面、孤立地开展推销活动。旅游人员推销程序可以分为七个阶段。

### (一)寻找顾客

旅游推销人员在推销产品之前,必须弄清楚自己的顾客在哪儿,这是旅游人员推销的第一步。寻找顾客就是寻找可能购买本旅游产品的潜在旅游者。推销人员可以利用电话、邮件、现场接待、朋友介绍等其他方式寻找潜在旅游者。在寻找到潜在旅游者时,要了解他们的需求并对他们进行资格评价,筛选出有接近价值和接近可能的目标旅游者,以便集中精力进行推销,提高推销工作效率。

### (二)接近前准备

旅游推销人员在确定目标旅游者后,应该设法了解他们,为推销工作做好准备。这些准备工作包括:尽可能地了解目标旅游者的情况和要求,确立具体的工作目标,选择接近的方式,确定推销时间,预测推销中可能遇到的问题并加以揣摩,准备好推销材料(景区景点的设施和图片、酒店的规模和设施、价格表、宣传画册等)。推销人员在准备就绪后,还要通过电话、邮件等方式约见准顾客,讲明约见的事由、时间、地点等。

### (三)接近顾客

接近顾客是指旅游推销人员直接与顾客接触,以便成功地转入推销洽谈。通常,接近顾客的时间可长可短,长的可能几个小时,短的可能只有几分钟,这要视推销对象而定。那么,推销人员如何在较短的时间里将有关信息传达给顾客,就要靠推销人员的聪明才智,灵活地运用各种推销技巧了。在这一阶段,推销人员要根据掌握的顾客材料和当时的实际情况,灵活介绍有关产品的信息,引起顾客对所推销旅游产品的注意,激发他们对该产品的兴趣,并引导顾客进入洽谈,达到接近顾客的最终目的。

### (四)推销洽谈

推销洽谈是指推销人员运用各种方式说服顾客购买旅游产品的过程。它是人员推销过程中的核心环节。在推销洽谈的过程中,推销人员要运用各种推销洽谈的技巧和策略,向顾客传递旅游产品信息,指出产品的特点和顾客可获得的利益,消除顾客的疑虑,让顾客认识并喜欢所推销的产品,进而产生强烈的购买欲望。

### (五)处理异议

在旅游产品的推销过程中,推销人员经常会遇到异议,如需求异议、价格异议、竞争者异议、服务异议、购买时间异议以及对旅游地和旅游企业的异议等。顾客异议可以说是顾客的必然反应,贯穿于整个推销的过程中。顾客异议既是交易的障碍,也表明了顾客对推销人员的陈述给予了关注,对旅游产品产生了兴趣。因而推销人员要弄清顾客产生异议的原因,然后对症下药,有效地消除顾客异议从而促使交易产生。

### (六)成交

成交是整个旅游人员推销过程的最终目标。当各种异议被排除后,旅游推销人员要密切关注顾客发出的交易信息,促成交易并完成成交手续。

### (七)后续工作

达成交易并不意味着旅游推销工作的结束,而应该看成是新的旅游推销工作的开始。因此,要让顾客满意,并使他们继续购买并产生口碑效应,后续工作是必不可少的。在通讯业高度发达的今天,旅游者购买后行为将会对旅游地和旅游企业产生更为直接的影响。比如,一旦消费者把对旅游产品不满意的信息散布出去,并经过网络无限放大,其后果是可想而知的。因此,旅游推销人员必须重视旅游者的购后感受,采取措施,提高顾客满意度。

## 四、旅游推销人员的管理

### (一)旅游推销人员的选拔、招聘和培训

1. 推销人员的素质

优秀的旅游推销人员一般应具有两种基本品质:感染力,即善于从旅游者角度考虑问题,能够赢得他人好感;自我驱动力,即具有达成销售的强烈欲望;当然,作为一名旅游推销人员,还应该对旅游业有热爱之情。

2. 销售人员的来源

一般有两种:一是企业内部,即选拔本企业热爱、适合推销工作的人才;二是企业外部,即企业通过中介、广告等向社会公开招聘专业人士,从中挑选合格人才。

3. 选拔招聘的方法

招聘的方法通常采用申请、笔试、面试相结合的方法,一般分为初步面试、填写申请表、测试、二次面试、学历经验调查、体格检查、录用等程序。

4. 培训推销人员

通过程序化学习、角色扮演、敏感性训练等方式,使推销人员了解旅游地或旅游企业、项目或产品、目标顾客以及竞争对手的特点,同时接受推销术方面的训练。例如很多饭店集团都有推销方面的专家,配合先进的设施及较为成熟的培训方法,对各成员饭店的推销人员进行培训。

### (二)推销人员的激励与考核

1. 对推销人员的激励

菲利普·科特勒认为:"最有价值的激励是工资,其次是个人的提升、发展机会、作为

某种群体成员的成就感等,最后才是好感与尊敬、安全感与表扬。"但是,激励的因素受到不同国家的人文特征等影响而有不同的价值。旅游企业的激励方法一般包括以下几种。

(1)销售定额

这是旅游企业最主要的激励方式。旅游企业首先要规定一个合理的预期销售额,旅游企业一般为销售金额或毛利等,推销人员的报酬通常与定额完成情况相联系。由销售经理把销售额在销售人员中间按照一定标准进行合理分配。

(2)辅助性激励方式

旅游企业为了实现预期销售量,还可以采取礼物、奖金、旅游、佣金制度等措施。佣金制度是指按销售额或利润的大小给推销人员一定比例作为报酬,它有利于促进推销人员努力工作,但是容易导致推销人员的短期作为,而且费用过高。所以,常常需与其他制度结合使用。

2. 对销售人员的考评

对推销人员的考评主要集中在业绩评价和品质评价两个方面。对业绩评价是以销售人员对净利润所作的贡献为依据的综合评价,包括每天平均的访问次数,每次访问的平均费用,每百次访问增加的销售量,单位推销费用所获得的销售量,本期个人推销量同前期相比的变化,顾客投诉,失去老顾客和开发新顾客的情况,以及对企业、产品、客户、竞争对手、经营地区和自身职责的了解。对推销人员品质评价主要集中在风度、仪表、言谈、气质等方面。

### ◆案例驿站 10.3

**餐厅服务中常用的推销技巧**

推销是餐饮服务工作中重要的一环,能熟练掌握并运用推销技巧,对于餐饮销售可收到积极的效果。以下是一位餐厅推销人员的经验。

一、在餐厅工作中我们可以针对用餐者的身份及用餐性质,进行有重点的推销。例如:一般来说,家庭宴席讲究实惠的同时也要吃些特色,这时,我们就应把经济实惠的大众菜和富有本店特色的菜介绍给客人。而对于谈生意的客人,我们则要掌握客人摆阔气、讲排场的心理,无论推销酒水、饮料、食品都要讲究高档,这样既显示了就餐者的身份又显示了其经济实力。同时,我们还要为其提供热情周到的服务,使客人感到自己受到重视,在这里吃得很有面子。

二、选准推销目标。在为客人服务时要留意客人的言行举止。例如:一般外向型的客人是我们推销产品的目标,外向型的客人话多,人也爱动,喜欢问这个菜味道怎么样,那道菜别的客人点的多不多,对于这样的客人我们就可以对客人说这菜味道不错,别的客人反应不错,您看点个试试好吗?例:要是接待有老者参加的宴席,则应考虑到老人一般很节俭,不喜欢铺张而不宜直接向老人进行推销,要选择健谈的客人为推销对象,并且以能够让老者听得到的声音来推销,这么一来,无论是老人还是其他客人都容易接受我们的推销建议,有利于推销成功。三、运用语言技巧,达到推销目的。语言是一种艺术,不同的语气,不同的表达方式会收到不同的效果。例如:当我们向客人推销饮料时,有三种不同的询问方式,一是:先生,您来点酒水饮料吗?二是:先生,您用什么酒水饮料?三是:先生,您用白酒啤酒,还是红酒饮料?可以看出第三种问法为客人提供了几种不同的选择,客人很容易在我们的诱导下选择其中一种。因此,第三种推销语言更利于成功推销。

案例来源:http://bbs.veryeast.cn/dispbbs.asp?boardID=9&ID=18990。

## ◆ 本节相关知识链接

1. http://bbs.veryeast.cn/

## ◆ 本章试题与知识训练

**一、名词解释**

旅游人员推销;会议推销

**二、填空题**

1. 旅游人员推销的方式有_____、_____和_____。

2. 旅游企业销售人员的来源一般有_____和_____两种。

3. 旅游企业对销售人员的激励方法有_____和_____两种。

**三、简答题**

1. 与其他三种旅游促销方式相比,旅游人员推销的特点有哪些?

2. 概述旅游人员推销的程序。

## 第五节 旅游公共关系

### 一、旅游公共关系的概念与类型

**(一)旅游公共关系的概念**

公共关系一词源于美国,其英文是 Public Relations,简称 PR。公共关系是一种内求团结、外求发展的经营管理艺术。它运用合理的原则和方法,协调和改善企业内外部关系,使本企业的各项政策和活动都符合公众的要求,在公众中树立良好的企业形象,以取得公众对本企业的信任和好感,并获得共同利益。

旅游公共关系是指旅游地和旅游企业为了获得消费者的信赖,树立旅游地和旅游企业的形象,用非直接付款的方式通过各种公共关系所进行的宣传活动。

科特勒认为,公关是指这样一些活动:争取对企业有利的宣传报道(非付费);帮助企业与有关各界的公众建立和保持良好关系;树立和保持良好的企业形象;消除和处理对企业不利的谣言和事件。

◆**案例驿站 10.4**

**"小燕子"巧言解危难**

日本奈良市郊区有一家旅馆,环境优美、服务热情,很吸引客人,但美中不足的是,每到春季,许多燕子纷纷在房檐下营巢安家,排泄的粪便弄脏了玻璃窗和走廊。服务员每天擦个不停,客人仍有意见。旅馆的经理爱鸟,不忍心把燕子赶走,但又难以把燕子的粪便及时、彻底清除,因而很是苦恼。终于,旅馆经理想出一条妙计。他提笔写道:

女士们、先生们:

我们是刚从南方来到这里的小燕子,没有征得主人的同意,就在这里安家了,还要生儿育女。我们的小宝贝年幼无知,加上我们的卫生习惯也不好,常常弄脏您的玻璃和走廊,致使您不愉快。我们很过意不去,请女士们、先生们多多原谅!

还有一事恳求女士们和先生们,请您千万不要埋怨服务员小姐,她们是经常打扫的,这完全是我们的过错。

您的朋友:小燕子

这封以小燕子的名义写给住店客人解释、道歉的信,旅馆经理把它贴到了旅馆显眼的地方。客人们看完这封"小燕子"的公开信后,都乐了,从此不仅再无怨言,反而对这家旅馆更感亲切了。

案例来源:http://www.zhuoda.org/why/40946.html。

## 二、旅游公共关系的特征

与旅游人员推销、广告和营业推广相比,旅游公共关系促销具有以下特征。

### (一)间接促销

公共关系的手段是有效的信息传播,但它并不直接介绍、宣传和推销旅游地和旅游企业的产品和服务,而是通过积极参加各项社会活动,宣传企业宗旨,协调与公众的关系,赢得社会的理解、信任和支持,提高旅游地和旅游企业的知名度和美誉度,树立良好的旅游地形象和企业形象,从而达到间接销售的目的。

### (二)树立良好的形象和信誉

旅游地和旅游企业开展公共关系活动的目的是要在社会上树立信誉和形象。而信誉和形象的建立绝非是一朝一夕的事,需要旅游地和旅游企业用实际行动为公众谋利益。旅游公共关系是一项长期的工作,但是,如果成功地开展了公共关系活动,旅游地和旅游企业就会受益无穷。

### (三)影响力大,影响面广

公共关系可以利用新闻通讯来宣布新产品,也可以策划特别事件来树立公众形象,还可以通过公益活动起到间接促销的作用,而且不像广告、营业推广和人员推销有着自己明确的促销对象,因而影响面广且影响力大。再者,由于有第三者讲话,也可以提高消费者的信任度,可接受性强。

## 三、旅游公关活动的方式与模式

### (一)旅游公共关系的活动方式

旅游公共关系活动是一项充满创造性的工作,它可以利用现有的一切有效的手段并开发新的手段,充分发挥策划公共关系活动人员的想象力和创造力,选择适当的活动方式和沟通媒体来达到最佳的效果。目前,为旅游公关活动利用的方式主要有以下几种。

1. 媒体事件策划

发现或创造对旅游地和旅游企业本身有利的新闻是旅游公关人员的一项重要任务。一条有影响力的新闻对树立旅游地和旅游企业形象,增加旅游产品的销售具有不可估量的作用。成功的旅游事件营销,社会公众关注度高,在较短时间内可以使传播信息最大化、传播效果最优化,营销宣传成本较低,因而是旅游目的地形象宣传常用的方法。例如,1996年2月3日,云南丽江地区突发七级地震,社会公众极为关注,丽江市旅游部门迅速抓住这一契机,以"丽江古城"的宣传作为灾害情况与抗震救灾报道的重要内容,在短时间内,使丽江古城知名度得到极大提升。

2. 调研活动

旅游地和旅游企业可以通过民意调查等多种方式来收集内外部环境的变化信息,了解旅游者对旅游产品的价格、服务质量、特色等诸多方面的意见和建议,并及时将改进后的情况告知旅游者以跟踪旅游者的需求趋势,尽力满足旅游者的要求。例如,浙江温岭市是一个宗教和旅游大市,2010年3月温岭市开展宗教与旅游调研活动,对调研活动进行反馈并重新设计温岭市的宗教旅游功能,大大宣传了温岭市的宗教旅游。

3. 参与各种社会公益活动

各种社会公益活动为旅游地和旅游企业开展公关促销创造了良好的机会,旅游地和旅游企业也往往利用这类机会以引起各种传媒的注意,并及时进行宣传。如向希望工程募捐,向教育单位、体育赛事、艺术活动等提供赞助等。这有利于赢得公众对旅游产品的好感。例如,2010年元旦,山东省临沂市在蒙山国家森林公园举行主办了"撞钟祈福"献爱心"社会公益活动,该活动由"慈善捐款文艺晚会和"撞钟祈福"两部分组成。此次慈善活动共募得善款十余万元,将全部捐赠给蒙阴县慈善机构。这次活动不仅吸引了大量的当地人民前来参加,而且还有很多来自北京、河南、江苏、江西、广州和山东等16个省市的慈善企业家参加了此次活动,因此,蒙山国家森林公园的知名度迅速提高。

4. 举办各种招待会、座谈会、联谊会、接待和专访等社交活动

近年来,很多旅游地和旅游企业开展了丰富多彩的交际性公关活动。这类公关活动具有直接性、灵活性和人情味浓等特点,在公关策划中得到广泛的运用。例如,2009年9月29日晚,在我们伟大祖国成立60周年前夕,新锦江大酒店圆满承办了上海市国庆招待会,这次活动严格按照"保安全、保质量、保及时、保秘密"的原则来执行,与会嘉宾深表赞赏,活动取得了巨大的成功。这种承办招待会的方式比较容易获得顾客的理解和好感。

**(二)旅游公关活动的模式**

1. 宣传性模式

所谓宣传性公关模式、就是旅游地和旅游企业运用大众传播媒介和内部沟通方式,通过宣传的途径,达到树立良好的企业形象的目的。其主要做法:对内部员工公众有自办报纸、刊物、墙报、宣传橱窗、各类展览与陈列、员工手册与意见箱等;对外宣传主要有接待参观、展览会、影视资料、记者招待会、新闻发布会、公共关系广告与编写公关小册子等。

2. 交际性模式

交际性模式是通过直接的人际交往开展公关活动的模式,其目的是通过与公众的直接接触,为旅游地和旅游企业建立广泛的社会关系网络。其具体形式:团体交际包括各种招待会、座谈会、茶话会、慰问、专访、联谊会等;个人交际包括有目的的交谈、电话、拜

访、信件往来、祝贺活动、提供帮助等。这种公关活动形式的作用最明显地表现旅游公关促销中。

#### 3. 服务性模式

服务性模式是以向旅游地和旅游公众提供各种优质服务,以实实在在的行动获得公众信赖的一种公关活动模式。

#### 4. 社会性模式

社会性模式是指旅游地和旅游企业利用举办各种社会性、公益性、赞助性活动开展公关活动的模式。其目的是提高社会声望,赢得公众的赞誉和支持。社会性公关的形式有四种:一是以企业自身的重要活动为中心展开。如利用开业剪彩、周年庆典等机会,邀请宾客举行活动。二是以赞助社会福利事业为中心而展开。三是以参加各种社会活动为中心展开。如参加社区及同行业的各类体育比赛、文艺演出。例如,很多地方在宣传自己旅游形象时都选择赞助中央电视台《欢乐中国行》和《同一首歌》等栏目。四是资助大众传播媒介举办各种大奖赛、智力竞赛、专题节目等。

#### 5. 征询性模式

征询性模式是以收集、整理、分析、提供各类信息为核心的公关模式,其目的是要了解旅游者的需求和对旅游产品的看法,为旅游地和旅游企业的公关工作提供依据。这种模式可采用的形式有:市场调查,产品调查,访问重要用户或顾客,征询公众意见,开展各种咨询业务,健全接待机构,设立监督电话,开展合理化建议活动,处理举报、投诉等。

#### 6. 维系性模式

维系性模式是指当旅游地和旅游企业正处于稳定发展时期时,用于巩固良好的公关状态的一种活动方式。这种模式常采用的方式有提供优惠服务、赠送小礼品、举办游客俱乐部、联谊会、邮寄贺年卡、广告宣传、专题活动等。

#### 7. 进攻性模式

进攻性模式指当企业与环境发生冲突时,企业通过自身努力改变环境,使环境有利于自己。这种模式要求企业采用一切可以利用的手段,以攻为守,抓住有利时机和条件以积极主动的态度调整企业自身的结构、方针、政策和行为,开创出一种有利于企业发展的新局面和新环境。

#### 8. 矫正性模式

矫正性公关也称危机公关,其目的是要通过及时有效的措施,改变旅游地和旅游企业公关严重失调的情况,使受到损害的产品形象得以纠正和改善。它是当旅游地和旅游企业遇到风险时为挽回声誉而进行的公共关系活动方式。

### 四、旅游公关策划

所谓旅游公关策划,就是公关人员根据旅游地和旅游企业形象的现状和目标要求,在充分进行环境分析调查基础上,对总体公关战略及具体公关活动所进行的谋略、计划和设计过程。旅游公关策划是公共关系工作的核心和关键,也是体现旅游公共关系水平的重要标准。

从公共关系的全过程来看,旅游公关策划可以分为几个既相互独立又相互联系的部分,如图 10.3 所示。

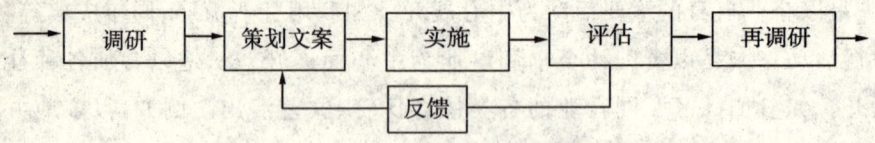

图 10.3　公共关系策划流程

从以上流程图我们可以清晰地给出旅游公关策划的四个阶段及其之间的关系。第一阶段是公关事前调研,其目的是为了掌握足够的信息,弄清旅游地和旅游企业所处环境,确定公共关系的目标和问题。第二阶段是策划文案,在第一阶段调研基础上,进一步确定旅游公关的目标和基本策略,依据目标和策略,具体设计、制定出公关活动计划和方案。第三阶段是公共关系的实施,即依据计划和目标采取必要的行为,完成和实现与组织总体目标相联系的公关分目标。第四阶段是效果评价阶段,主要是为了检测旅游公关实施的效果和评价公关的成绩,这一阶段作为旅游公关控制机制,通过对效果信息的反馈,来确保旅游公关活动能不断导向公关活动的总目标,从而指导下一次旅游公共策划。

◆ 本节相关知识链接

1. http://125.220.161.100/lyx/index.html
2. http://course.gznu.edu.cn/travel/intro/index.html

◆ 本章试题与知识训练

一、填空题

1. 旅游公关活动的主要方式有_____、_____、_____和_____四种。
2. 旅游公关活动的主要模式有_____、_____、_____、_____、_____、

_____、_____和_____八种。

3.旅游公关策划的程序包括_____、_____、_____和_____四个阶段。

## 二、简答题

什么叫做旅游公共关系？旅游公共关系的特征有哪些？

# 第六节　旅游促销方式与手段的发展

随着旅游业的发展和旅游市场竞争的日趋激烈，旅游促销的新理念、新方法、新手段不断涌现，下面介绍几类，希望引起大家对此类趋势的关注。

## 一、联合促销

### (一)旅游联合促销的概念

联合促销作为营销中促销方式的一种，其思想的理论渊源可以追溯到1966年。当时艾德勒在《哈佛商业评论》上发表的题为《共生营销》(Sgmbiotie Marketing)的文章中提出了共生营销的概念，初次提到了这方面内容。这就是联合促销理论的雏形。20世纪90年代末企业界掀起一股股强劲的兼并、收购、剥离潮流标志着企业开始进入竞争与合作交替的新时代。而联合促销的概念也就是这时真正被提出并开始研究的。其中以美国的瑞克曼在1998年出版的《合作竞争大未来》一书中的阐述最为系统和全面。作为一个新兴的营销理论，国内对联合促销的研究始于2000年以后，而对旅游联合促销的研究更晚。

旅游联合促销是指两个或两个以上的营销组织为了增强市场开拓、渗透和竞争能力，通过共同分担营销费用，协同进行营销传播、品牌建设、产品促销等方面的营销活动，以达到资源优势互补，营销效益最大化的目标。旅游联合促销可以使联合体内的各成员以较少经济投入获得较大的促销成果，还能达到单独促销无法达到的效果。

### (二)旅游联合促销的形式

联合促销的观念和方式可以用于旅游促销的各个领域，从旅游促销主体的层级结构来说，旅游联合促销可以分为以下几种形式。

1.国家之间开展的联合促销

多为地理区位相邻的几个国家为了开发共同的客源而进行的促销活动。例如，2003年的SARS疫情，使中国和东南亚地区的旅游业受到极大的冲击和影响。就此问题在中国国家旅游局的倡议下，东盟和中国、日本、韩国旅游部长特别会议在北京举行。这次会议就是东南亚国家间在共同利益联结下的联合营销活动。

2. 省际、城际区域间旅游联合促销

省际区域间旅游联合促销是指我国国内不同省份间开展的联合旅游促销活动。近年来在旅游界不断提及的"旅游圈"和"旅游带"的概念,实际上都蕴含着联合旅游促销的初步理念。城市间旅游联合促销,指处于同一旅游区域的两个或两个以上的城市为建立旅游"整体形象",塑造区域化旅游品牌,吸引更多的旅游客源,而共同采取的促销活动。旅游目的地形象联合营销,指为了塑造目的地的旅游形象,在目的地旅游部门的倡导下,由当地旅游产业链各个环节的不同旅游企业共同参与的旅游联合促销活动。旅游企业间联合促销,组建旅游联合体是旅游企业间联合促销的最常用方式。联合体内的企业进行统一产品采购、统一销售价格、统一广告宣传,通过规模效应降低运营成本,并进行联合品牌建设。

◆**案例驿站 10.5**

**淄博联合青、泰、曲赴华中促销"齐鲁文化旅游"**

为应对旅游业发展新形势,积极开拓华中地区旅游客源市场,拉动平淡季旅游客源,借助十一届全运会在山东召开之势,淄博市旅游局联合青岛、泰安、曲阜三个城市于 2009 年 10 月 25 日至 11 月 1 日,组成 30 多人的旅游促销团队赴安徽、湖南、湖北,开展以"登山观海,访齐问鲁"为主题的联合促销活动。华中地区是潜力巨大的客源市场,"中国齐鲁文化旅游线"四市发挥区域联合优势,捆绑营销、抱团取暖、互利共赢,集中赴皖、湘、鄂三省开展宣传促销活动,有效提高了"中国齐鲁文化旅游线"在华中地区的影响力和吸引力,增强了山东与三省旅游同行的业务联系,为日后双方的合作共赢,奠定了良好的基础。经过举办了三场颇具影响力的推介会后,目前已有安徽、湖南等地的旅行社改变原有行程,在赴山东线路中增加了淄博市的周村古商城和中国陶瓷馆等景区。

山东省青岛、淄博、泰安、曲阜四市结成的"中国齐鲁文化旅游线"促销联盟,把山东省已有的"山水圣人旅游线"(济南、泰安、曲阜)和"黄金海岸旅游线"(青岛、烟台、威海、日照)连接在一起,以"走近孔子,扬帆青岛,畅游齐都,放歌泰山"为主题,进一步加强区域旅游合作,为山东旅游大格局增添了新的亮点和卖点。

近几年来淄博市旅游局已先后联合多个城市在十余个省市联合开展广泛促销活动,共同推广"中国齐鲁文化旅游线"等系列旅游产品,特别是"中国齐鲁文化旅游线"

已成为代表山东旅游的一条国际性黄金线路,目前四个城市的旅游接待量、旅游收入占全省的 50％以上,全面拉动了"吃、住、行、游、购、娱"等要素的增长,带动了地方经济的发展。

案例来源:http://www.jiaodong.net/travel/system/2009/11/04/010672831.shtml。

3. 产销旅游联合促销

产销旅游联合促销指旅游供应商、批发商与零售商之间结成的联盟,是旅游产业上下游企业间的垂直联合促销方式,比较典型的联盟形式有旅行社与酒店间的联盟、旅行社与旅游景区点间的联盟等。在 2002 年 3 月,峨眉山与广之旅旅行社共同组建了"四川峨眉山广之旅国际旅行社有限公司",共同成立的公司主要的目的就是进行促销,峨眉山看中了广之旅的品牌和网络的宣传优势,并且为将来打通国际市场做准备。

(三)旅游联合促销应注意的问题

目前,联合促销的理念和方式已越来越多地被旅游部门和企业采用,但许多旅游联合促销活动都不算很成功。从联合促销的理论内涵来说,还需要对有关问题进行深入研究。

1. 旅游联合促销必须坚持以下原则:(1)目标一致性。联合促销是多方参与的促销活动。不同的促销主体在各自组织的促销活动中有着不同的促销目的。但各方的目标应该是一致的,以"合力效应"来达到凭个体力量不能达到的效果。(2)利益共享性。联合促销所形成的利益必须能为参与各方所共享,这也是开展联合促销成败的关键。(3)投入多元性。旅游联合促销的参与方共享促销利益的前提是共同承担营销成本。在联合促销中,参与促销的各方都应是促销投入方。(4)行动协调性。解决行动协调问题的一个办法是成立由促销各参与方高层管理者组成的非常设协调议事机构。

2. 旅游联合促销必须具有可操作性。在进行旅游联合促销的时候,我们有时候会发现虽然地区、企业之间存在某种程度上的关联性,运作联合促销双方也都能实现双赢,但实际操作起来却发现效果不明显或根本没有。对于这一现象,仔细探询个中的缘由,就会发现这其实是因为联合促销方案缺乏可操作性。因此,旅游地和旅游企业在进行联合促销的策划和运筹时,必须注意考虑促销活动是否符合旅游者的消费行为和习惯,促销环节是否过于繁琐,大至整个方案、小至每个细节是否具有可操作性。

3. 建立长效联合促销合作机制。目前,各地开展的联合营销特别是联合促销活动,往往是短期的合作,活动结束后各方不再制订进一步的促销跟进措施,营销效果也不理想。要使参与联合的各方真正从中获得好处,通过联合促销建立的合作关系应该是长期有效的,合作各方应根据促销活动的反馈信息及时研究并采取跟进措施,确保对联合促销的投入转化为可见的收益。

## 二、网络促销

当网络时代到来时,旅游业与网络的结合就像航空时代对于二战后的旅游业一样,将在新经营组织、新经营方式、新传播方式、新技术手段等方面给旅游业插上新的翅膀。由此,旅游网络广告、网上旅游、旅游网络交易中心、旅游网络预订和结算等等越来越普及,网络促销势在必行。旅游网络促销是适应网络技术发展与信息网络时代社会变革的新生事物,已经成为21世纪的旅游营销策略。

### (一)旅游网络促销的概念

旅游网络促销是指利用计算机及网络技术向虚拟市场传递有关旅游产品和服务的信息,以引发旅游者需求,唤起购买欲望和促成购买行为的各种活动。网络促销作为未来旅游业重要的促销方式,它具有以下特点。

1. 网络促销适应旅游散客潮的需求。随着旅游设施的不断完善和旅游者自主意识的增强,散客旅游日益成为潮流。由于每一个电脑网络终端都联系着潜在的散客市场,因而网络为招徕散客提供了直接的便利。

2. 互联网的多媒体功能使旅游网络促销可以集中图、文、声等各种媒体的传播形式,创造出虚拟环境,立体化地传播旅游信息。这就使旅游网络促销具有虚拟促销的突出特征。

3. 旅游网络促销最具经济性。旅游地和旅游企业只需花相对低廉的费用就可以开展网上促销,非店面销售省去租金、水电、人工成本等大笔费用,大大节省了促销成本。

4. 旅游网络促销具有高度的整合性,它可以将旅游产品生产、售价、渠道、促销、市场调研、咨询、交易、结算、投诉等所有旅游事务一网打尽。

### (二)旅游网络促销的形式

旅游网络促销是充分发挥互联网互动式传播功能,借助丰富的网络传播方式进行旅游企业和产品以及旅游目的地形象的促销宣传。其主要做法如下。

1. 网络广告促销

在网上进行广告促销主要有两种形式:一是直接发布各种规范的旅游企业与旅游产品信息,通过形、影、声、色等立体形象构成的旅游产品橱窗展现在上网客户的面前;二是以知识性、信息性、趣味性的卡通片促销。

2. 虚拟网游促销

网络促销可以吸引消费者参加虚拟网上旅游,让消费者通过网游感受旅游产品的魅力,感受旅游企业的形象。

3. 开展网络公关

组织网上旅游爱好者沙龙和旅游俱乐部,广纳会员,不断举行丰富多彩的网上联谊活动,吸引旅游者参与,宣传旅游企业文化和旅游产品,培养旅游爱好,以加深旅游者对旅游企业的印象,激发旅游者的消费欲望。

### 三、节事活动促销

#### (一)节事活动的内涵

"节事"一词来自英文"Event",含有"事件、节庆、活动"等等多方面的含义。国外常常把节日(Festival)和特殊事件(Special Event)、盛事(Mega-event)等合在一起作为一个整体,在英文中简称为FSE(Festivals & Special Events),中文译为"节日和特殊事件",简称"节事"。西方学者将文化庆典、文艺娱乐事件、体育赛事、教育科学事件、私人事件、社交事件等通通归结到节事范围内。

对于旅游营销而言,节事活动主要通过对区域特色进行策划和包装,使其产生定向旅游吸引,为旅游业所利用,从而产生经济、社会等综合效益的一种专项旅游形式。节事活动特色突出,短时间内容易形成热点,产生轰动效应和综合效益,提高举办地的知名度,树立良好的旅游形象。因此,节事活动既可作为一种旅游产品进行开发,更是一种旅游促销的方式和手段。

#### (二)节事活动的特点

节事活动的特点主要表现如下。

(1)文化性。节事活动本身就是文化活动,以民族文化、地域文化、节日文化和体育文化等为主导的节事活动往往具有极浓的文化气息。

(2)地域性。节事活动往往都是在某一地域开展的,都带有明显的地域性,可成为旅游目的地形象的指代物。有些节事活动已经变成为地域的名片,而少数民族节日更是独具地方特色。

(3)时效性。每一项节事活动都有季节和时间的限制,都是按照预先计划好的时间规程开展和进行的。

(4)体验性。节事活动实际就是亲身经历、参与性很强、大众性的文化、旅游、体育、商贸和休闲活动,是建立在大众参与和体验基础上的。

(5)认可性。节事活动应该控制参与者的数量,保护当地旅游环境不受破坏,在当地居民承受能力之内,以当地居民认可并显示出友好的态度为准。

### (三)举办节事活动的策略与措施

**1. 整合各方力量,营造外部环境**

大型节事活动的成功举办,必须聚集各有关方面的权威、智慧和资源。举办方要通过举办旅游节事活动,进一步凝聚起并利用好有关方面的资源和资金,通过有效整合,营造出有利于当地旅游发展的良好外部环境。一是要以当地政府为主导机构,以旅游局为主要协调部门,以节事活动为主要平台,调动当地政府各部门的力量,各司其职,彼此联动;二是要积极公关,主动向上靠拢,想方设法在组织机构上、相关政策上、扶持资金上、市场宣传上获取足够支持;三是要以市场为回报为工作纽带,发挥当地社区和民众的作用。

**2. 荟萃产品精华,激活静态资源**

目前,制约我国各地旅游发展的一个重要因素是产品内容单一和文化型静态资源居多。受其影响,出现旅游者活动范围狭窄、体验沉闷、参与性差等不利局面。要通过举办旅游节事活动,借助节事主题和活动序列,对现有资源进行集中组合、对展示方式进行动态调整、对产品内涵进行深度挖掘,搭建起节事活动这一舞台,全面展示和激活文化性旅游资源的内在价值和时尚品位,最终形成当地旅游资源由静到动、由散到连、由死变活的自然切换。

**3. 削弱季节差异,扩展适游周期**

我国现有很多旅游目的地,因气候等不可控原因,不可避免地存在着淡、旺季的客观差异。这样,通过人为手段,结合潜在需求,对市场进行"填补低谷",就显得十分必要和紧迫。而旅游节事活动的举办,可以在时间上做文章,利用淡季,以集中性展示为手段,对现存资源进行合理利用,延长适游期,从而扩大淡季市场规模。

**4. 培育市场品牌,强化整体营销**

通过举办大型旅游节事活动,可以塑造旅游目的地品牌形象,并使品牌属性转换成功能和情感利益,从而满足游客需要,提升品牌价值。旅游节事活动要善打组合拳,无论是主题、内容,还是与其配套的一系列促销活动,都要传达当地在品牌形象、品牌主张方面的统一声音。通过举办节事活动,形成旅游业内部营销联盟,以形成旅游品牌的影响力、号召力和竞争力。

**5. 强化综合效应,惠及当地居民**

节事活动对举办地而言能起到旺人气、敛财气的显著作用。节事活动这种强大的产业关联和市场带动,摆脱了单纯门票效应的约束,多方向、多渠道、多层次产生辐射,既能保证当地居民成为其中最大的受益者,也能使当地居民认识到自身与当地旅游业的紧密关系,从而更好地调动和保护其自觉参与旅游发展的热情与动力,这对资源的保护和培育也将产生极大的促进作用。

◆ **案例驿站 10.6**

### 青岛国际啤酒节

青岛国际啤酒节每年在青岛的黄金旅游季节8月的第二个周末开幕,为期16天,由国家有关部委和青岛市人民政府共同主办,是融旅游、文化、体育、经贸于一体的国家级大型节庆活动。啤酒节的主题口号是"青岛与世界干杯!"

青岛国际啤酒节始于1991年,是中国最早的、以啤酒为媒介,融经贸、旅游、文化等为一体的大型节庆活动,是亚洲最大的啤酒盛会。从一个地方的小型节会成长为亚洲第一的啤酒盛会,青岛啤酒节的发展壮大,正与青岛经济社会发展的步伐相吻合。1994年,坐落在石老人国家旅游度假区内的青岛国际啤酒城建成,占地35公顷,总建筑面积47万平方米,成为青岛国际啤酒节的永久性场所。2006年第十六届啤酒节共引进了45个啤酒品牌,其中国外品牌就有41个。2007年啤酒节同样是45种世界名啤,美国百威、丹麦嘉士伯、德国柏龙、德国贝克、英国纽卡索、日本朝日等世界啤酒十强中的9家都在其中,来自全国各地的游客达百余万人。

青岛国际啤酒节由开幕式、啤酒品饮、文艺晚会、艺术巡游、文体娱乐、饮酒大赛、旅游休闲、经贸展览、闭幕式晚会等活动组成。节日期间,青岛的大街小巷装点一新,举城狂欢;拥有近30项世界先进大型娱乐设施的国际啤酒城内更是酒香四溢、激情荡漾。节日每年都吸引超过20个世界知名啤酒厂商参节,也引来近300万海内外游客举杯相聚。

案例来源:http://baike.baidu.com/view/78066.htm?fr=ala0_1_1。

## 四、口碑促销

旅游产品不同于一般产品,它具有无形性、生产与消费的同一性、不可储存性和不可转移性等特征。这些特征使旅游者在做出购买决策前可能要承担较高的感知风险,从而影响其购买行为。因此,提前获取旅游产品的信息,对旅游者的购买决策十分重要。旅游者可通过大众媒体之类的正式渠道获得旅游信息,也可以通过非正式的渠道,如身边有旅游经历的家人、朋友和同事来获取旅游信息,这种非正式的信息渠道通常称为口碑传播。

口碑传播虽不是什么新的促销方式与手段,但对现在与将来的旅游促销而言,却是非常的重要。现今,由于媒体信息泛滥、浮夸不实,导致媒体信息的可信度较低,对潜在旅游者的影响力和吸引力都大为减弱,而旅游口碑传播成为旅游者获取旅游信息的重要而可靠的途径。因此,旅游口碑是减少旅游者感知风险最重要的信息渠道,并且对旅游者的购买行为产生重要影响。据国外调查,决定潜在游客是否去一个旅游目的地旅游的诸多因素中,口碑传播的作用占45%。因此,对旅游地和旅游企业来说,旅游口碑具有重要的促销作用。

俗话说:金杯、银杯,不如游客的口碑。如果旅游地和旅游企业能给消费者留下美好的印象,口碑则会带给它们免费的促销宣传;相反,如果旅游地和旅游企业给消费者带来的尽是负面的内容,负面的口碑则会制约它们的成长与发展。那么,如何将口碑变成投入少、见效大的促销活动呢?"5T"模型揭示了口碑促销运作的基本流程。这五个步骤分别是谈论者(Talkers)、话题(Topics)、工具(Tools)、参与(Taking Part)和跟踪(Tracking)。

### (一)谈论者:找到乐意谈论旅游地或旅游企业的群体

所有促销都需要通过一种媒介进行,充当口碑促销媒介的则是真实存在的人。旅游地和旅游企业需要找到合适的群体成为他们的谈论者,为其传播旅游信息。促销在此讲的是"口碑的传播",可以为旅游地和旅游企业找到消费者中的"意见领袖",并通过这些"引爆点"将某一旅游目的地和旅游产品的知名度迅速扩张,并且形成流行。

菲利普·科特勒将"意见领袖"定义为:在一个参考群体里,因特殊技能、知识、人格和其他特质等因素而能对群体里的其他成员产生影响力的人。旅游行业的意见领袖显而易见则是旅游专家、旅行社经理人、导游、驴友、专栏作家、记者等群体。

### (二)话题:给消费者群体寻找一个谈论的理由

所有的口碑促销都是从一个交流话题开始的,任何能抓住人们注意力的事物都是一个谈论话题。这个话题不是正式的宣传内容,它是一个简单信息。通过这一信息,可以激起人们的兴趣,引起人们的谈论。一份个性的旅行社报价单、一流的景区服务、一个不同寻常的广告,这些都可以成为消费者谈论的话题。

2007年,千岛湖做了一个非常有创意的广告叫"到千岛湖,用农夫山泉洗澡"。当时景区做了好几个标语,比如"中国最美丽的湖泊"、"环境旅游县"等好几个概念,唯有这个概念效果最好。千岛湖这个非常"雷人"的广告就是一个非常好的口碑营销的话题,给了消费者传播、谈论的理由。

### (三)工具:帮助谈论者更快、更广地传播信息

如果旅游地和旅游企业已经确定了谈论者,也拥有了话题,就该利用合适的工具,加

快口碑传播的速度。作为促销方,应该做到:1.创建口碑的首要工具就是主动地、恰到好处地要求人们去做,并含蓄、礼貌地要求消费者给予帮助,这能激发他们的热情。2.发送有趣的电子邮件,把旅游地和旅游企业的话题加入电子邮件中,让接收者告诉自己的朋友。3.在旅游网站的每个网页上,设定"告诉朋友"的模板和链接。

**(四)参与:参与口碑促销的谈话交流**

口碑就是一种对话,有人说一些与旅游地和旅游企业有关的问题,旅游地和旅游企业就要做出回答。如果不答复的话,谈话将很难深入进行。忽视与游客的沟通与交流可能会出现以下两种风险:一是口碑消失;二是口碑朝着负面方向发展。反过来,如果旅游地和旅游企业投入更多的时间与精力,参与到消费者的口碑活动中,就会获得更多积极的口碑。

**(五)跟踪:分析口碑谈话内容、理解口碑谈话意图**

随着博客和网络聊天工具的普及,谈论者之间的谈话记录都写了下来,这就为旅游促销人员查找并分析谈话内容提供了方便。促销人员如果能跟踪搜集网上聊天信息,就能够真正了解游客的真实看法与态度,然后评价客户反馈出来的原始信息,再利用这些信息制定更为明智的口碑促销计划。

旅游口碑促销一直被业内称为"零成本媒介",如果运作得法,可以称为旅游地和旅游企业可以使用的最廉价、效果最好的促销手段。

◆ **本节相关知识链接**

1. http://www.jiaodong.net
2. http://www.cnta.gov.cn
3. http://baike.baidu.com/

◆ **本章试题与知识训练**

**一、填空题**

1.旅游网络促销的形式主要有:_____、_____和_____。

2.节事活动的特点主要表现为:_____、_____、_____、_____、_____、_____和_____等。

3.口碑促销运作的基程序是:_____、_____、_____、_____和_____。

**二、简答题**

1.什么是旅游联合促销?它有哪些形式?

2.什么是旅游网络促销?其主要特点有哪些?

3.举办节事活动的策略与措施有哪些?

## 本章小结

### 1. 本章结语

旅游促销是旅游企业通过一定的方式,将企业及产品信息传递给目标顾客,从而引起兴趣、促进购买、实现旅游产品销售的一系列活动,其实质是旅游信息的沟通。旅游促销方式有广告、营业推广、人员推销和公共关系四种,旅游促销组合是该四种促销方式的整合、优化,其选择受多方面因素的影响。旅游促销组合策略主要有推式、拉式和推拉结合策略三种。

旅游广告是通过支付费用的媒体对旅游企业及其产品进行广泛宣传的一种促销方式,主要有告知型、劝导型和提醒型三种。现代旅游广告媒体类型多种多样,各有其特点。旅游广告策略主要有广告产品生命周期策略、广告产品定位策略、广告媒体组合策略、广告实施时机策略等四大类。旅游营业推广方式多种多样,短期促销效果明显。应注重对旅游营业推广方案的策划、实施和控制。旅游人员推销的程序包括寻找顾客、接近前准备、接近顾客、推销洽谈、处理异议、成交和后续工作等七个阶段。旅游公关是一种间接促销,主要活动方式有媒体事件策划、调研活动、参与各种社会公益活动、举办各种招待会、座谈会、联谊会、接待和专访等社交活动。

随着旅游业的发展,旅游促销的新理念、新方法不断涌现。联合促销、网络促销、节事活动和口碑促销等日益受到重视。

### 2. 本章知识结构图

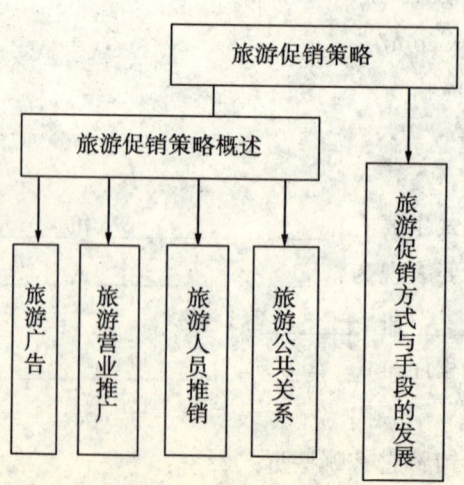

**3. 本章核心概念**

旅游促销组合　旅游广告　旅游营业推广　旅游人员推销　旅游公共关系　旅游联合促销　旅游网络促销

◆ 实训练习

中国第十一届全运会后,济南某旅行社开发了"全运会后新济南"特色旅游线路,主要推出适合周边客源市场、作为独立目的地的2～4日游,重点展现气势恢宏的奥体中心、精致大气的大明湖新区、底蕴深厚的明府城、诗情画意的护城河、五彩缤纷的济南国际园博园等全运新元素,以及南部山区的滑雪和民族风情、北部的温泉、东部的啤酒梦工厂和百脉泉、西南部灵岩寺、五峰山等景区。通过小组形式展开讨论,如何把这条线路推向旅游市场并获得较好的效益,然后做一份有关这条新线路的促销策略报告(主要包括广告、营业推广、人员推销和公共关系)。

◆ 延伸阅读

### 湖南衡阳:迎"世博"打出旅游促销"组合拳"

为充分利用世博会举办在即契机,加大湖南衡阳旅游产品在上海的宣传促销力度,衡阳打出"免费加优惠"的"组合拳"促销旅游景点。衡阳市旅游局在2010年3月12日透露,衡阳市城区范围内所有公园在世博会期间全部免费开放;从世博会开幕至2011年5月31日,南岳衡山对长三角地区旅行社组织的旅游团给予门票8折优惠。

衡阳是一座具有2000多年历史的湖湘文化名城,有五岳独秀的南岳衡山,中国四大书院之一的石鼓书院等一大批自然、历史文化景点。随着京港澳高速及复线、衡炎高速、衡昆高速和武广高铁以及南岳机场的开通,来衡阳旅游交通便利,从上海、南京、杭州到衡阳的车程均在6小时左右。衡阳以其丰富的旅游资源和便捷的交通区位优势正日益成为吸引广大华东游客前来祈福求寿、旅游休闲、度假访古的精品旅游目的地。

享有"中华寿岳"美誉的南岳衡山,连绵七十二峰,逶迤八百里,是首批国家重点风景名胜区、国家5A级旅游景区、国家级自然保护区。"心愿之旅——南岳衡山"已成为蜚声海内外的旅游品牌,每年接待国内外游客400多万人次。经考证,古语所说的"福如东海、寿比南山"的"南山"就是指南岳衡山。为加强旅游硬件建设,南岳区今年还引入了湖南省高速公路建设投资集团公司,投资5亿元建设五星级宾馆项目。而此次在"看世博、游湖南"旅游主题促销活动期间,南岳衡山门票对长三角地区旅行社组织的旅游团实行8折优惠。

此外，在世博会期间，衡阳还免费开放耒阳市的全部景点、衡南岐山风景旅游区、衡山农民运动红色旅游区、衡东罗荣桓元帅故居及衡阳县夏明翰故居、王船山故居等景区。

资料来源：http://www.chinanews.com.cn/life/news/2010/03-12/2167099.shtml.

**分析思考题**：衡阳为什么选择在世博会举办期间开展促销活动？采取了哪些促销活动？你若是促销策划人员，还会从哪些方面进行促销？

# 第十一章

# 旅游市场营销管理

## 学习目标

**知识要点**：了解旅游市场营销组织结构的演变、设置的原则与方法、旅游市场营销计划的类型；理解旅游营销控制的步骤、工具和方法；掌握旅游市场营销组织的形式、旅游市场营销计划制定的程序及其内容。

**技能训练**：以某一旅游企业为例，分析旅游市场营销计划制定的程序；通过具体案例分析旅游市场营销控制的重要性。

**能力拓展**：收集某旅游企业经营管理的历史与现状资料，为其制定一份旅游市场营销计划，提出旅游市场营销控制的建议。

## 引 例

### 应对金融危机，境外发展旅游业的举措

美国——2008年9月26日，为了应对金融危机，美国众议院通过了旨在通过发展旅游增强美国经济的旅游促进方案。具体措施有：第一，出台《旅游促进法》。旅游促进法将产生数以百万计的新游客，每年至少80亿美元的新游客的消费。第二，国际旅游促进计划，预计产生以百万计的新游客、80亿美元的额外支出和8.5亿美元新的联邦税收。第三，吸引新游客到农村地区，主要是新旅游目的地，如北部的密歇根州。第四，旅游促进法成立了一个独立的、非营利性旅游促销机构，由美国商务部长任命由15名成员组成的董事会。第五，成立旅游促进基金，经费由财政部拨款和私营工业捐款而得。

英国——2008年，访问英国的海外游客人数减少了2%，英国赴海外旅游人数也减少了1%。英国旅游局因此计划于2009年4月开始发起海外旅游促销，鼓励海外游客利用英镑贬值带来的价格优势来英国旅游，并享受旅馆和航空公司的各种优惠。促销活动将主要集中在欧洲、美国以及亚太市场。同时将借助英国大本钟问世150周年、皇家植

物园裘园创建250周年、达尔文诞辰200周年等各类庆祝活动吸引游客来英国旅游。英国旅游局预计,旅游业将为英国提供270万个就业机会,2018年旅游业产值有望达到1 880亿英镑。

西班牙——西班牙内阁于2007年底通过促进旅游业的发展计划,决定2008年至2020年间年均投入15亿欧元,用于促进旅游业发展。资金来自中央政府和地方政府,主要用于服务质量提升、环境保护、旅游内容多样化、人员培训以及传统旅游项目的改造更新等,从而使西班牙旅游业更具竞争力。此外,西班牙与2008年加强了与肯尼亚等旅游目的地旅游业的合作,希望通过合作加强两个国家旅游业的吸引力。

印尼和马来西亚——两国合作,共同采取措施推动旅游业。包括成本削减行动,开展联合促销活动,鼓励两国游客互访,为来自东盟的游客提供奖励的价格折扣。

新加坡——将于近期出台"旅游振兴计划",投入6000万美元进行海外市场营销,以及旅游人才培养。

中国香港——旅游业是香港支柱产业之一,为降低金融危机对旅游业的影响,香港旅游发展局近日成立"香港会议及展览拓展部",为会展与企业活动筹办机构提供"一站式"的专业支援服务。同时向内地以及印度、韩国、日本、英国、美国等高潜力市场进行重点推广。

**案例引发的问题**:各国为了促进本国旅游业的发展,除了以上采取的措施,应如何运用旅游市场营销策略促进旅游业的发展?

案例来源:http://www.ctaweb.org/html/2009-04/2009-04-24-41175.html.

## 第一节 旅游市场营销组织

旅游市场营销活动是通过营销人员来完成,而营销人员需要依靠一定的组织机构,这样他们才能凭借一定的工作手段进行正常而有效的营销活动,并且对市场需求做出快速的反应,使市场营销效率最大化,并维护消费者利益。因此,有效地制定旅游市场营销计划,必须以完善的市场营销组织为基础。从一定意义上来说,旅游市场营销组织就是为了实现市场营销目标而从整体上对企业的全部市场营销活动进行平衡、协调的有机器官和核心。

### 一、旅游市场营销组织的功能

旅游营销组织是执行市场营销计划、服务旅游市场购买者的职能部门。市场营销部门的组织形式主要受宏观市场的营销环境、旅游企业市场营销管理，以及旅游企业自身所处的发展阶段、经营范围、业务特点等因素的影响。

旅游市场营销组织是指旅游企业为了有效实施营销战略，并最终达到企业的经营目标而进行的对内部各组织层次的设计。旅游市场营销组织的构成要素主要包括四个：专业人员、决策体制、控制幅度以及管理制度。旅游市场营销组织并不是一成不变的，而是随着旅游企业经营状况的变化以及外部经营环境的变化而适时调整的，它的设置经过了一个长期的发展演变过程。

组织设计具有适应性、系统性的特点。所谓系统性是指旅游企业的各职能部门组成一个完整的系统，旅游市场营销部门起着指挥和协调的作用，使各职能部门以市场需求为导向来制定策略和计划，并从总体上满足市场需求，实现旅游企业的整体目标。所谓适应性是指旅游企业的营销组织能根据外部环境的变化，迅速做出反应和决策，以增强旅游企业的适应能力和应变能力。

## 二、旅游市场营销组织结构的演变

旅游企业的市场营销组织是指旅游企业中负责管理和执行本单位市场营销工作的组织机构。现代旅游企业健全、有效地市场营销组织结构是随其经营思想的长期演变、发展和企业的成长而逐步形成的，考察西方旅游企业市场营销体制的演进，大致经历了五个阶段。

### (一) 简单销售部门结构

企业在开创之初都具有五个简单的职能，即理财(筹集和管理资金)、人事(招聘和培训员工)、生产(提供产品或服务)、销售(推销产品)和会计(记账)。其中销售部门通常有一位副总经理负责管理销售人员，并兼管市场营销管理研究和广告宣传工作。这一阶段由于旅游企业主要以生产观念指导自己的市场活动，企业的目标、规划、产品价格主要由生产和财务部门确定，推销部门的职能仅仅是推销生产出来的产品，对产品的种类、数量、规格等问题，销售部门基本上没有发言权，甚至在有的企业中，销售部门是从属于企业供销部门之下的职能小组，没有享有应有的独立地位。直接推销部门情况如图 11.1 所示。

### (二) 兼有其他营销功能的销售部门

随着旅游市场的竞争日趋激烈以及旅游市场营销观念的发展，旅游企业为了实现营销目标，通常需要进行经常性的市场调研、广告宣传、为消费者服务以及其他的促销活动，因此，在这一阶段除了继续管理推销员以外，还要针对逐渐演化的多种促销，设置营

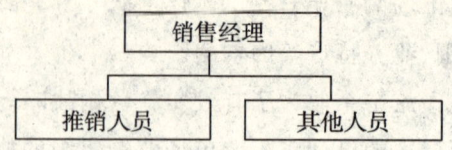

图 11.1　简单的销售部门结构示意

销主管进行计划、指挥以及控制这些营销功能,于是就设立一名市场主管负责这方面的工作,如图 11.2 所示。

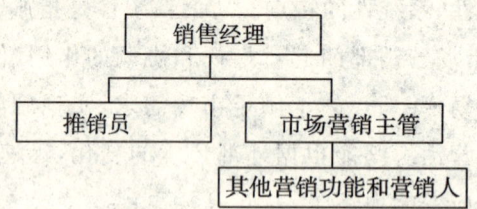

图 11.2　兼有其他营销功能的销售部门

**(三)独立的市场营销部门**

随着旅游企业规模和经营业务范围的进一步扩大,原来作为附属性工作的市场营销研究、新产品开发、广告促销和为旅客服务等市场营销职能的重要性日益增强,市场营销部门独立存在的必要性日益体现出来,作为市场营销部门负责人的市场营销副总经理同销售副总一样直接受总经理的领导,销售和市场营销成为平行的职能部门,如图 11.3 所示,但具体的工作需要两个部门的密切配合,才能顺利进展。

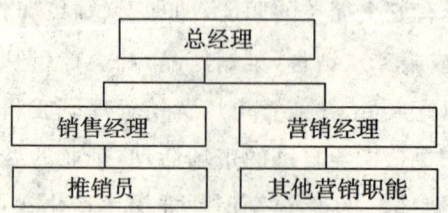

图 11.3　独立的市场营销部门

**(四)现代市场营销部门**

由于销售部门和市场营销部门平行、并列,销售部门重视短期目标,侧重于取得眼前销售量,而市场营销部门则关注的是长期目标,侧重于制定适当的旅游产品计划和市场营销战略,以满足市场的产期需要,因此两个部门经常产生一些矛盾和冲突,在两个部门进行矛盾冲突解决的过程中逐渐形成现代市场营销部门的基础,即由市场营销副总全面负责,下辖所有市场营销职能部门和销售部门,如图 11.4 所示。

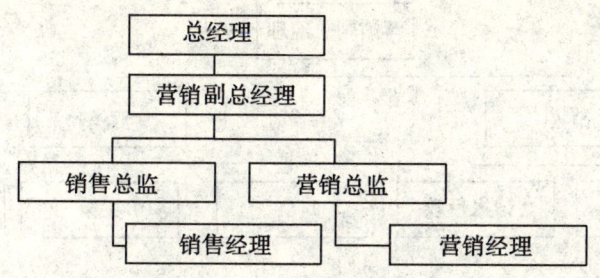

图 11.4　现代市场营销部门

需要注意的是,市场营销人员和销售人员是两种截然不同的群体,尽管市场营销人员多来自于销售人员,但是不应将他们混淆,并不是所有销售人员都能成为市场营销人员。从专业性质来说,市场营销经理的任务是确定市场机会,准备市场营销策略并计划组织新产品进入,使销售活动达到预定目标,而销售人员负责新产品的进入和销售产品。因此如果二者沟通出现问题很容易导致最终的目标难以实现。

（五）现代旅游市场营销部门的组织形式

一个旅游企业如果仅仅有了上述现代市场营销部门,还不等于是现代市场营销旅游企业。现代市场营销旅游企业取决于旅游企业内部各种管理人员对待市场营销职能的态度。只有当所有的管理人员都认识到旅游企业一切部门的工作都是"为游客服务","市场营销"不仅是一个部门的名称,而且是一个旅游企业的经营哲学时,这个旅游企业才能算是一个"以游客为中心"的现代市场营销旅游企业。

## 三、旅游市场营销组织的形式

要确保成功地实现营销目标和战略,一个基本的必要条件就是要有与之相适应的营销组织。它的设置主要取决于旅游企业提供的服务类型、服务范围和地理覆盖面等因素。现代旅游市场营销部门的组织形式都是以体现旅游消费者为中心的市场营销指导思想而设计的。现代旅游营销组织的形式多种多样,为了实现旅游企业目标,市场营销经理必须选择合适的市场营销组织。旅游市场营销部门主要包括职能型组织、产品型组织、市场型组织、地区型组织以及矩阵型组织等组织类型。

（一）传统的组织结构

1. 职能型组织结构

职能型组织是一种传统而基本的市场营销组织形式。它将旅游企业所涉及的各种市场营销职能,例如广告、市场营销策划、市场营销调研、销售、旅游服务等按照基本活动相似或者技能相似的要求分类设立各类科室和岗位,如图 11.5 所示。

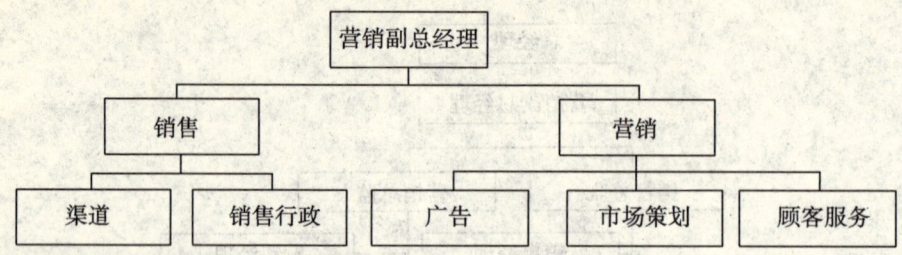

图 11.5 职能型组织结构

职能型市场营销组织的优点是行政管理简单,方便,统一由营销副总经理进行领导和协调。但是随着旅游企业旅游服务种类、服务类型以及市场区域的扩大,这种形式的组织就暴露出发展不平衡和难以协调的问题,主要有以下两点。

产品或市场没有专人负责;各个职能科室都强调自身的重要性,以便争取更多的预算、决策权力和更高的部门地位,致使市场营销副总经理可能经常处于调节纠纷的状态。因此职能型市场营销组织适用于旅游企业较小、只有一种或者几种旅游服务产品,或者市场较单一、集中的旅游企业,比如小型地方性的旅行社或者主题公园就可以采取这种组织结构。

2.地区型组织结构

旅游企业的市场营销范围通常是跨地区的,因为旅游企业常以地理区域安排自己的市场营销组织,从较大区域依次到较小地区设置,按一定的管理幅度增加推销人员,形成严密的销售网络。如果企业销售范围较大,推销任务复杂,推销人员对企业的营销目标影响极大,这种营销组织形式的优越性就很明显,如图 11.6 所示。

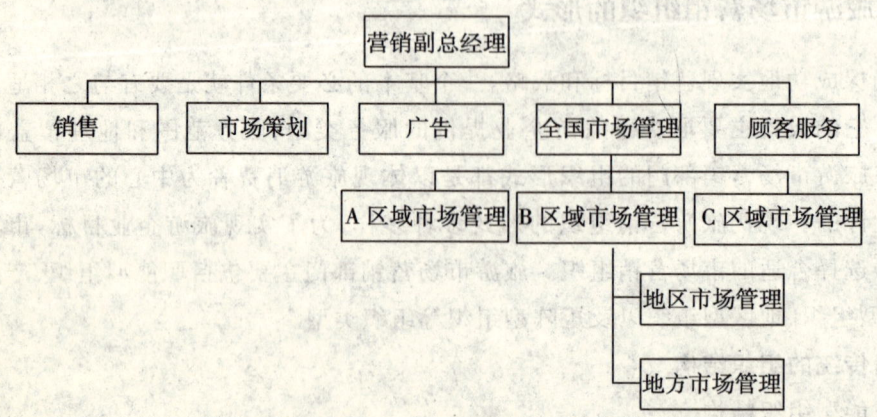

图 11.6 地区型组织结构

地区型组织的优点:地区管理者直接面对本地市场的需求可以进行灵活决策;通过在当地招募部分员工,一方面有利于当地市场开拓,另一方面减少外派成本,同时有利于争取当地的宽松经营环境;避免同一企业内部争夺同一旅游者而损害旅游企业的利益和形象。

地区型组织的缺点:企业所需要的能够派到各个区域的地区主管比较稀少,而且比较难以控制;各地区可能会因为存在职能机构设置重叠而导致管理成本过高的问题。为使整个市场营销活动有效,地区型组织通常都是同其他类型的组织结合起来使用。

3. 产品型组织结构

产品型组织是指在旅游企业内部建立产品经理组织制度,以协调职能型组织中的部门冲突。在旅游企业所生产的各产品差异很大,产品品种比较多,旅游企业可以按照产品或者品牌建立市场营销组织,在企业内部建立产品经理组织制度,以协调各职能部门的活动。在这种组织形式中,产品经理的作用主要是对制定产品发展战略和营销计划采取相应的措施,鼓励和刺激推销人员及经销商推销产品,监督产品计划的执行,并促进产品的改进和新产品的开发,适应不断变化的市场的需求。这种组织形式适用于经营多种产品的旅游企业,如图 11.7 所示。

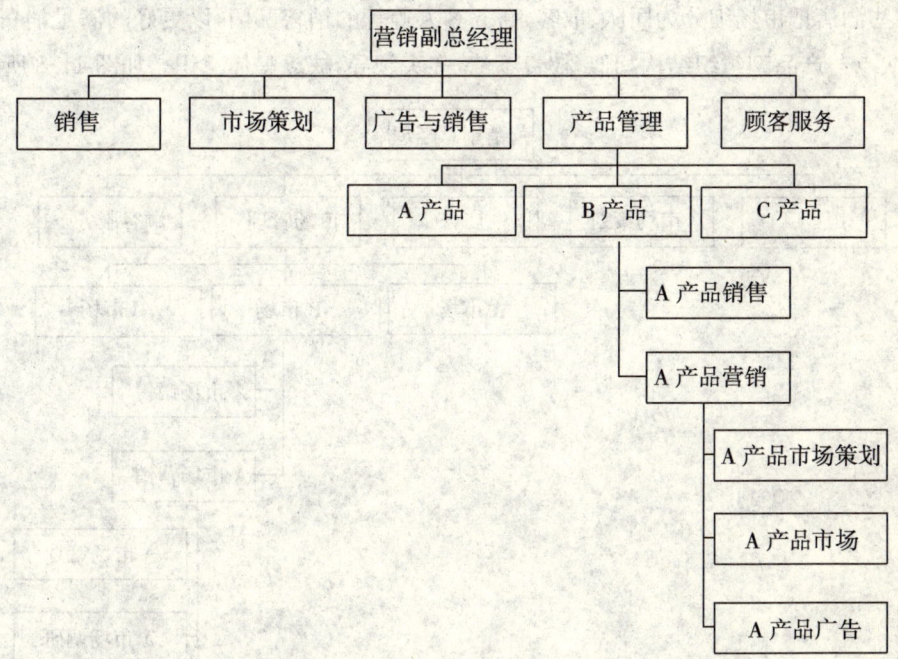

图 11.7 产品型组织结构

产品型组织结构的优点:有专人负责所有产品的营销计划,有利于提高产品对旅游市场的适应性和新产品的开发;有助于产品对市场做出积极反应;各自负责相应的产品有助于培养人才;各项产品都有专人负责,所以每项产品都会得到发展。

产品型组织结构的缺点:过多强调产品销售的个人负责制,会造成推销与制造、促销等部门的冲突，不易协调；由于销售人员的增加，会加大费用开支，从一定程度上提高销售成本；缺乏整体观念，各旅游产品相互独立，为了保持各产品的利益而可能争夺组织的有限资源；多头领导容易导致下级工作受到多部门指挥，造成不必要的麻烦。

4. 市场型组织结构

市场型组织是指旅游企业按照旅游者特有的购买习惯和偏好进行市场细分，不同的细分市场由不同的营销人员负责。当旅游企业面临如下情况时，建立市场型组织是可行的：拥有单一的产品线；目标市场各种各样；不同的分销渠道。许多旅游企业都在按照市场系统安排其市场营销机构，使市场成为旅游企业各部门为之服务的中心。这种组织形式与产品型市场营销组织形式相似，每个市场负责自己管辖市场的年度销售利润计划和长期销售利润计划。

这种组织形式的优点在于旅游企业的市场营销活动根据消费者不同的消费需求制定产品，满足消费者的需求，有利于产品的销售和市场开拓。不少酒店和旅行社都采用这一组织形式，像有些酒店把市场细分为团队、散客、商务客人等等的销售部门，以更好的满足消费者的需求。其缺点与产品型组织结构相似，权责不清，多头领导，缺乏整体意识。如图11.8所示。

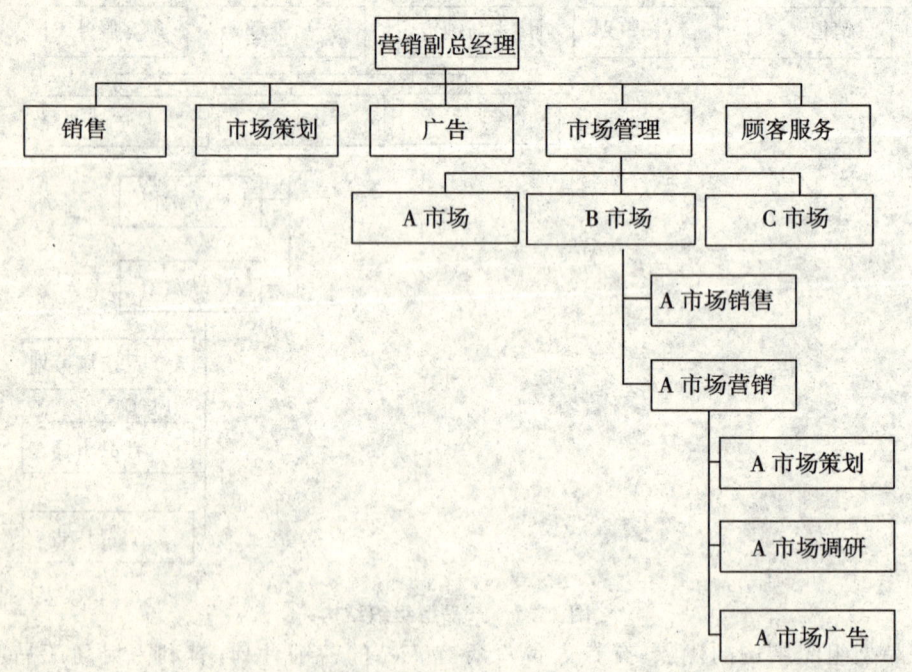

图 11.8　市场型组织结构

5. 矩阵型组织结构

矩阵型组织是职能型组织与产品型组织相结合的产物，它是在原有的按照直线指挥系统为职能部门组成的垂直领导系统的基础上,又建立一种横向的领导系统,两者结合形成一个矩阵。旅游企业面向不同市场、提供多种产品时可以使用该结构,如图11.9所示。

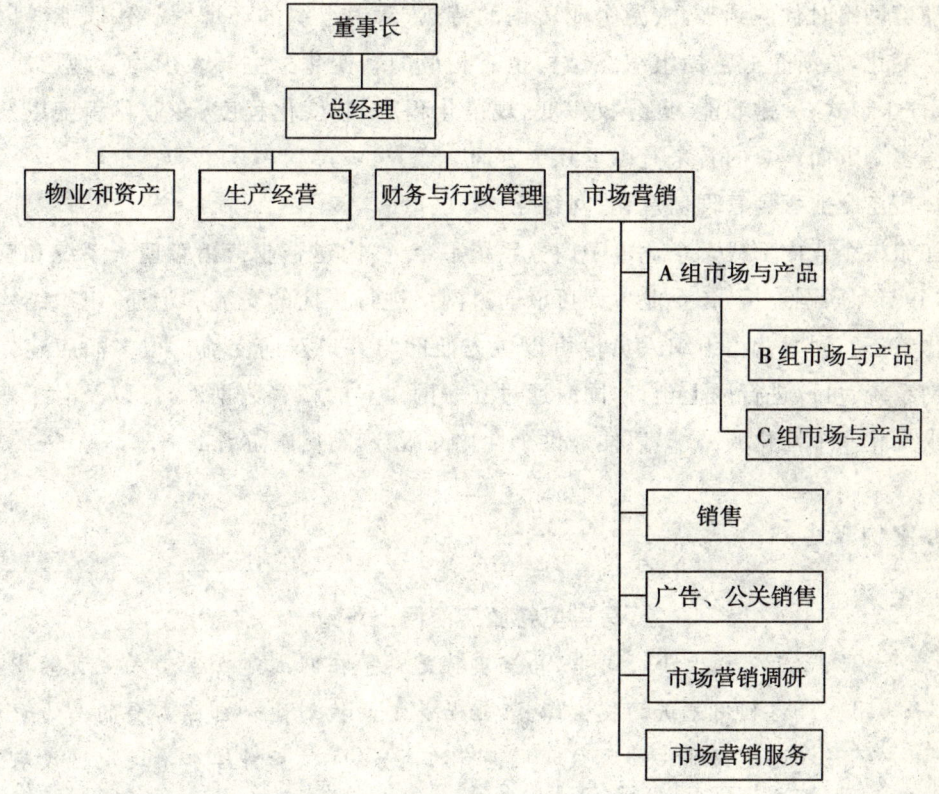

**图11.9 矩阵型组织结构**

在市场营销的管理实践中,矩阵组织的产生大体分为两种情形。

(1)旅游企业为完成某个跨部门的一次性任务,从各部门抽调人员组成由经理领导的工作组来执行该项任务,参加小组的相关人员一般受本部门和小组负责人的共同领导。任务结束后小组撤销,各成员回到自己的岗位,这种临时性的矩阵型组织又称项目团队。例如旅行社、酒店为了开发新的旅游市场,将市场调研、市场策划、市场推广等专业人员集中在一起形成项目小组完成此项任务。

(2)旅游企业要求个人对于维持某个产品或者商标的利润负责,把产品经理的位置从职能部门中分离出来并固定化,同时由于经济和技术因素的影响,产品经理还要借助于各职能部门的执行管理,这就构成了矩阵。

矩阵型组织的优点是:能够加强旅游企业内部门之间的协作,能集中各种专业人员的知识技能又不增加编制,组建方便,能够得到各部门的支持,有利于提高工作效率。但是双重领导过于公权化,稳定性差和管理成本较高。

**(二)现代化的组织结构**

随着网络时代的到来,旅游企业营销的特点、营销组织的环境、战略、职能等因素都在发生变化,旅游企业营销组织在结构也有相应的新变化。主要表现为管理层次、管理幅度、分工形式、关键职能、集分权程度、规范化程度、制度化程度、专业化程度以及人员结构等多个方面。总的看来有以下几个方面。

1. 旅游企业营销管理信息化、网络化

在旅游企业内部或者企业电子商务系统平台上,构建企业营销管理子系统和营销数据库,并与互联网连接,各企业单元可以通过网络进行快捷的交流和沟通,组织结构处于网络化状态。同时营销组织人员也可以更方便的与客户双向交流。很多酒店建立全球互联网系统,可以进行网上预订,同时通过互联网建立的顾客数据库,可以及时了解顾客的需求变化和个性化的需求,以便提供个性化的服务,满足旅游者的需求。

◆**案例驿站 11.1**

---

### 马里奥特酒店的网上营销

在美国成千上万的大小公司中,马里奥特是最早在网上建立互动式主页的少数公司之一。用户可以利用先进的搜索工具,轻而易举的找到适合自己需要的马力奥特饭店。用户还可以迅速找到比如凤凰城里拥有的商务中心、资料库和附近地区设有高尔夫球场的全部饭店名单。当然,也可以向任何一家马里奥特饭店顾客服务部发电子邮件,请他们提供用户所需要的信息。

和马里奥特饭店联网的公司网页会向用户介绍饭店附近的商店、餐馆和其他吸引物。一种综合性图片系统使用户能够了解全球600万个企业和景点的情况。如果你自己能开车,详细的驾驶指导会把你从住宿的饭店准确无误地送到想要去的任何一个地点。如果你要去一家中餐厅,或者你想找最近的一家复印商店,图片系统会向你介绍20英里范围内的6种选择,自然也有路线介绍。

在你找到适合自己需要的饭店之后,你可以迅速了解客房的情况,包括是否有房和房间价格,随后即可预订。如果你愿意,你也可以通过其他网上分销系统服务公司,如 TravelWeb 或者 MicrosoftEspedia 预订客房。马里奥特公司的网页总共和 1 000 多家公司网页连接在一起。只要你在网上预订饭店客房,马里奥特饭店总是在你的视野之内。

案例来源:朱承强.现代饭店管理[M].北京:高等教育出版社,2003.

### 2. 从竖式结构向扁式结构转变

传统的竖式组织结构中,旅游企业从上到下严格分工,形成层级的垂直体系,这种层级体系严重影响企业内部各类信息的畅通流转,并导致信息在传递过程中的失真。

扁平化组织结构要求最大幅度的削减中间层,组织顶端到结构底部层次数量减少,管理幅度加宽。在这种组织中适当扩大了一线员工的权限,有利于降低管理成本,同时提高了信息的准确度。这种组织结构适合时代要求,更有利于旅游企业贴近市场,高层管理者更有机会接近顾客,可以极大提高旅游企业的服务效率。

### 3. 组织结构无界化

由于信息技术的广泛应用以及旅游企业营销组织管理网络化,使人们能够跨越界限进行交流和工作转换,导致营销组织内部与企业内其他业务部门之间的界限逐渐被打破,旅游企业营销组织与客户之间的障碍消除。

### 4. 旅游企业营销组织虚拟化

在网络环境下,旅游企业营销组织更有条件在掌握营销核心能力的基础上,依靠其他组织进行旅游产品的设计、促销等非核心营销业务,而无需自己拥有这些实体组织。掌握核心营销能力或者营销资源,如企业品牌、营销传播等,可以使旅游企业营销组织将营销资源集中到高附加值的业务上。

### 5. 营销组织管理分权化

为适应多变的市场需求,营销组织将过去高度集中的决策组织改变成分散的多中心决策组织,决策通常由多部门多组织单元共同参与制订,而网络技术的发展也为分权化提供了技术上的支持。

### 6. 旅游企业营销结构柔性化

在网络环境下,由于技术水平和人员素质的提高,导致工作单元的合并以及业务流程的并行处理,为了与动态的环境相匹配,常常成立一些临时性的以任务为导向的团队式组织,快速有效的围绕目标与任务进行合理的资源配置,充分体现企业营销组织的灵活性,并由此导致组织结构的柔性化。旅游企业的每个部门都应把自己看成是整体营销的一个环节,相互配合,共同完成目标。

## 四、旅游市场营销组织设置的原则与方法

### (一)影响旅游市场营销组织设置的因素

与一般企业类似,决定旅游企业营销组织模式的因素主要有以下五个方面:企业规模、目标市场、产品特点、企业类型、企业经营状况。

### (二)旅游市场营销组织设置的原则

为了更好地完成组织目标,在设置营销组织时必须遵循一定的原则,主要包括以下几点。

#### 1. 有效性原则

旅游企业设置旅游市场营销组织是为了更好的开展营销活动,提高企业的经营效益。旅游市场营销组织机构的设置和人员配备应该有利于提高工作效率。组织的设置必须贯彻有效性原则,组织的建立、调整、增设、取消或合并都必须围绕组织的目标,以是否能够实现组织目标,有利于组织目标为衡量标准,应坚持因事设职,旅游企业应避免"因人设事"、"因人设职"的现象。同时在设置组织时必须对组织机构的层次和人员数量进行分析研究,以提高工作效率。因为如果企业组织层次太多,人浮于事,互相扯皮,既会增加企业的费用和支出,也会影响组织的效率;如果人员层次太少,又会导致很多工作没有人做,从而影响营销工作的开展。

#### 2. 集权与分权原则

任何营销组织都存在着如何保持权力集中与分散之间的平衡问题。权力过于集中会给上层管理者带来麻烦和不必要的沉重负担,并且还会挫伤下级员工的积极性和创造性。但是权力的分散和下放需要管理者经过一段时间的培训和培养,使下级能够胜任工作时才能授权。对于那些规模大的营销组织,采取分权管理较为合适;而对于那些中小规模的营销组织则可采取集权管理。

#### 3. 管理幅度原则

管理幅度是指一个管理者直接有效的领导下属的人数。它直接影响和决定企业营销组织的层次和人员规模设计。许多西方学者曾经根据各自的研究提出各种不同的见解和推荐人数,但是管理幅度并不是绝对的,应该综合考虑各方面的因素,比如:上下级之间接触的频繁程度、下属的文化水平和专业水准、上级的交际与领导能力、员工工作的相似性、工作的复杂程度等等,因此在设计的过程中,要确定合理的分组人数,选择恰当的幅度,既能保证有效地控制又能使整个机构合理精干。旅游企业营销工作专业性强、差异性大,再加上人员分散流动,因此在设置时一般应比其他管理部门更小,才能保证领导和控制的效率。

#### 4. 权责统一原则

职权和职责是组织的两个基本要素。在组织管理中,行使权力者就必须承担相应的责任,职权与职责相等是必然的。旅游市场营销组织内部每一个管理层次和每一位工作人员都要有明确的工作责任和职权范围。权责统一是实行有效管理和调动各方面积极性的重要条件，也是组织机构正常运行的保证。有权无责者因没有责任约束，可能滥用职权而不负责任，势必导致管理上的混乱，有责无权则不能调动员工的积极性和主动性，甚至导致一些市场机会的丧失，因此二者必须统一才能更好地为组织工作。

5. 专业化原则

旅游市场营销活动内容较多，这就决定了其必须按照专业化原则进行组织和管理。旅游企业营销组织专业化包括两个方面的内容：第一，营销业务系统的专业化，即按照一定的业务特点，将同一性质的业务尽可能独立出来，由专门人员和机构负责，有利于提高专业技术能力和业务的熟练程度，提高效率；第二，营销管理职能的专业化，即由专业人员分别从事专门的营销活动。企业的市场调研、广告促销等活动都应该由专门人员负责，有助于发挥专长，也可以提高企业的管理水平。

6. 灵活性原则

营销组织的客观环境是不断变化的，管理的目标也经常发生变化，因此组织必须根据环境和目标的变化进行相应的调整，应该有一定的弹性，适应变化的环境，而不是一成不变的。

7. 协调原则

组织的生命力就在于它具有整体优势，只有有效协调的组织才是有效的组织。在一个有效的组织中，做好协调工作是十分重要的，特别是随着组织规模的日益增大、专业化程度不断提高、相互联系日益密切、社会心理因素十分复杂的现代营销组织企业中，协调就显得尤为重要。

**(三) 旅游市场营销组织设置的方法**

1. 分析组织环境

任何一个市场营销组织都处于不断变化的社会环境中，外部的环境因素是不可控的，因此市场营销组织必须随着外部环境的变化不断地进行调整、适应和再造。企业外部环境中对营销组织影响最为明显的是市场和竞争者的情况。

市场状况首先是指旅游市场的稳定程度。市场不确定，市场营销组织要根据市场的状况调整内部结构和资源配置方式。

竞争者的情况主要从两个方面考虑：一是竞争者是谁？竞争者的情况如何？二是针对竞争者的情况应该采取何种措施应对。

通过以上的分析，进行组织结构的设置。

2. 确定组织内部的活动特征

市场营销组织作为企业的一部分，也受整个企业特征的影响。市场营销组织的内部活动主要有两种类型。

（1）功能性活动。涉及营销组织的各个部门，范围广泛，企业要合理规划各职能部门在市场营销组织中的地位，以便开展有效地竞争。

（2）管理性活动。涉及管理任务中的计划、协调和控制等方面。旅游企业通常是在分析市场机会的基础上，制定营销目标和战略，然后确定具体的营销活动和组织类型。

3. 建立组织职位

旅游企业在确定营销组织的基本特征之后，还要建立组织职位，使这些组织活动有所归附。企业在职位决策时必须明确各个职位的权利、责任以及在组织中的相互关系。在建立组织职位主要应考虑三个方面的因素，即职位类型、职位层次和职位数量。

（1）职位类型的划分有三种方法，一种是划分为直线型和参谋型，处于直线位的人员行使指挥权，处于参谋位的人员只拥有辅助权，如提供咨询和建议等；另一种方法是把职位划分为专业型和协调型；还有一种方法是把职位划分为临时型和永久型。

（2）职位层次是指每个职位在营销中地位的高低。

（3）职位数量是指企业建立组织职位的合理数量。它同职位层次密切相关，一般情况是职位层次越高，辅助性职位数量也就越多。

4. 设计组织结构

组织结构的设计和选择职位的类型密切相关。旅游企业如果采用矩阵型组织，就要建立大量的协调性职位；如果采用金字塔型的组织，就要有相应的职能性职位。因此设计组织结构的首要问题是要把各个职位与所要建立的组织结构相适应。对组织结构的分析要注重外部环境因素，它强调组织的有效性。通常组织的效率表现为以较少的人员和上下隶属关系，以及较高的专业化分工。这取决于两个因素：一是分权化程度；二是管理幅度。

随着公司的不断增大，一些公司的机构变得越来越臃肿，如设立大区、分公司、办事处等等，在这机构中都设置了专业的市场营销人员、策划人员甚至财务人员，造成人员过多。旅游企业的一个决策到达基层要层层审批，造成执行力不强。执行力不强的原因主要是因为机构设置和管理方面存在问题。公司可以缩减一些机构和部门，减少和缩短决策者和执行者之间的链条，形成专业化运作、垂直管理的模式，以提高市场的运作、活动执行的专业化程度和水平。

旅游营销组织的发展趋势应该是营销组织的扁平化和网络化。另外营销组织总是随着市场和企业目标的变化而变化，因此设计组织结构时还要充分考虑旅游企业未来的发展,以便将来组织结构的调整。

5. 配备组织人员

旅游企业在配备人员时,要考虑新组织和再造组织。再造组织比新组织的人员配备更复杂。由于文化和习惯的原因,人们可能不适应组织的新变化,对再造组织所提供的新职位和新工作有一定的排斥心理。如不能很好的解决,可能损害再造组织的功效。因此企业在配备人员时必须严格按照职位说明的要求进行配备,争取为适当的人安排适当的岗位。

在营销组织中,临时工作小组的人员配备也要引起重视。这些工作小组往往是为完成特殊的任务而设立,其成员多是从不同的部门中抽调。要使小组快速有效的完成任务,必须使小组人员与其他成员之间保持协调关系。

6. 组织评价与调整

组织不可能是非常完美的,营销组织内部总会出现不同程度的摩擦和矛盾。因此营销经理必须经常检查监督组织的运行状况,并对出现的问题及时采取措施加以解决,使之适应营销管理任务的需要。营销组织调整的原因主要包括以下几点。

(1)外部环境的变化。包括旅游市场环境的变化、竞争环境的变化、新技术的出现、工会政策、政府的法规、财政政策、产品系列或者销售方法等。

(2)组织人员的变动。组织中主管人员的变动也会带来组织的调整,比如新的主管试图通过改组来贯彻其创新的管理思想和管理方法。

(3)现存组织结构存在问题。随着企业规模的增大,现存组织可能会出现很多问题,比如管理幅度过大、层次太多、信息沟通不通畅、部门之间协调存在问题、决策不能得到很好的执行等等。

(4)组织内部主管人员之间的矛盾。组织内部主管人员之间的矛盾也可以通过改组来解决。为了使组织结构能够迅速适应变化的内外部环境,企业必须对组织结构进行适当的、及时的调整。

◆ 本节相关知识链接

1. http://www.hep.edu.cn/
2. http://www.docin.com/

◆ 本章试题与知识训练

一、填空题

1. 旅游市场营销组织的特点包括_____、_____。

2.旅游市场营销组织的形式_____、_____、_____、_____、_____。
3.旅游市场营销组织设置的原则_____、_____、_____、_____、
_____、_____、_____。

**二、名词解释**
1.旅游市场营销组织　　2.管理幅度　　3.职位层次

**三、简答题**
简述旅游市场营销组织的设置方法。

# 第二节　旅游市场营销计划

营销计划在旅游企业经营活动中的重要性日益突出,营销计划不仅为企业经营提供了方向,还为企业实现营销目标乃至总体目标规定了具体的逻辑步骤。在制订营销计划前要进行市场调研,这样才能够了解企业的状况和消费者的需求动向,为下一步的发展做好准备。

## 一、旅游市场营销计划的内涵与分类

### (一)旅游市场营销计划的内涵

旅游市场营销计划是旅游目的地和旅游企业通过对目前市场发展态势以及自身地位和实力进行分析,确定今后发展目标,制定营销战略和行动方案的工作过程。反映这些既定目标、营销战略和行动方案的书面文件,便是该旅游目的地或旅游企业的市场营销计划。

旅游市场营销计划是指旅游目的地或者旅游企业为了实现近期目标,根据营销战略的统一部署,对内外部各种营销资源的使用状况进行的具体设计和安排。

旅游营销计划的内涵可以从以下三个方面理解:首先,旅游营销计划所处的层次是指导整个计划周期内各项营销活动的战略层次。其次,旅游企业和组织在选择目标市场以后,营销计划就是对企业进入各个细分市场后将要采取的营销活动,比如产品、销售渠道、广告和促销、关公与宣传、营销调研、定价以及顾客服务等方面的具体安排。第三,营销计划是一个书面文件,要以准确、明细的文字或者图表明确营销活动的指导方针,保证企业或组织在计划周期内的各项营销活动都能顺利开展并达到预期的目标。

### (二)旅游营销计划的分类

旅游营销计划是一个内涵丰富的管理工具体系,根据不同的标准,有不同的分类,主

要有以下几种。

1. 战略营销计划和战术营销计划

根据战略和战术的关系可以分为战略营销计划和战术营销计划。

(1)战略营销计划是在分析当前最佳市场机会的基础上提出目标市场和价值建议。它是一种长期性规划，通常以三年、五年或更长时间为一个计划时期。主要是通过对市场的分析和对竞争对手产品的评估等，来制定有效地应对外界环境变化的战略。主要内容包括：战略目标、形象地位、营销预算、措施方案。

(2)战术营销计划重在描绘一个特定时期的营销战术，总是与未来短期内市场营销工作的决策有关。主要内容包括：营销目标、手段与预算、行动方案、评价与控制。

2. 短期、中期和长期的营销计划

根据营销计划的时间长短，可以分为短、中、长期的营销计划。

(1)短期营销计划通常以一个财务周或财务月为周期。短期营销计划对于旅游企业管理人员影响极大，相对于中长期营销计划而言，它更侧重于手段和措施问题，可以将其理解为旅游企业经营工作的指南。

(2)中期营销计划的时间跨度为一个季度或者半年，由于旅游企业的季节性较强，营销计划要能够灵活适应淡旺季的需求量变化，这是旅游企业制订计划的重点。

(3)长期营销计划时间跨度为一年，一般包括年度运营计划和适应性计划。其主要内容包括旅游产品的改进和新产品的开发、细分市场的策略、旅游设施的改建以及维修等经营管理的重大工作安排。一般是在五年以上，是旅游企业发展的战略性文件，这种计划更多地理解为规划。

3. 产品营销、服务营销和客户营销计划

根据计划涉及的对象不同可以分为产品营销计划、服务营销计划和客户营销计划。

(1)产品营销计划的主要内容是对旅游产品或者服务的目标、战略、战术等做出具体的规定。旅游产品种类多，企业或者旅游组织可根据产品的特性不同分别制定不同的产品营销计划。

(2)旅游服务是服务营销计划的核心，主要包括对旅游服务项目的设置、特色与创新、服务质量控制系统设计和运作监控等安排。

(3)客户营销计划主要包括如何开发目标顾客、与客户建立长期稳定的合作伙伴关系、培养忠诚顾客、建立顾客数据库等工作。

4. 分销计划、广告计划、促销计划、价格计划、新产品开发计划

根据计划的内容分类，主要有以下几种。

(1)分销计划。分销计划的中心内容是分销渠道的选择和管理,保证企业或者组织与渠道成员建立双赢合作关系。

(2)广告计划。旅游企业或者组织应该根据总体目标安排,协调好内部各部门之间的业务分工,把广告目标与目标市场等决策结合起来。广告计划应全面负责组织的媒体组合规划、广告投放、广告效果评估等工作内容。

(3)促销计划。主要规划旅游产品和服务促销的具体目标、战略战术、措施等内容。促销计划是企业或者营销组织部门的工作手册和行动指南。

(4)价格计划。价格计划主要是对在不同环境、时期、目标市场、产品组合等条件下,旅游企业或者组织应该遵循的价格体系、政策以及特殊情况下的应对策略等作出规定。

(5)新产品开发计划。随着市场环境的不断变化以及消费者需求的多样化,旅游企业或者组织必须推陈出新,不断调整自己的产品结构和产品组合,开发自己的新产品。新产品开发计划应该规定阶段性新产品的开发重点、目标市场的投放时机和投放方式等。

## 二、旅游市场营销计划制定的程序及内容

旅游市场营销计划的制定程序如图 11.10 所示。

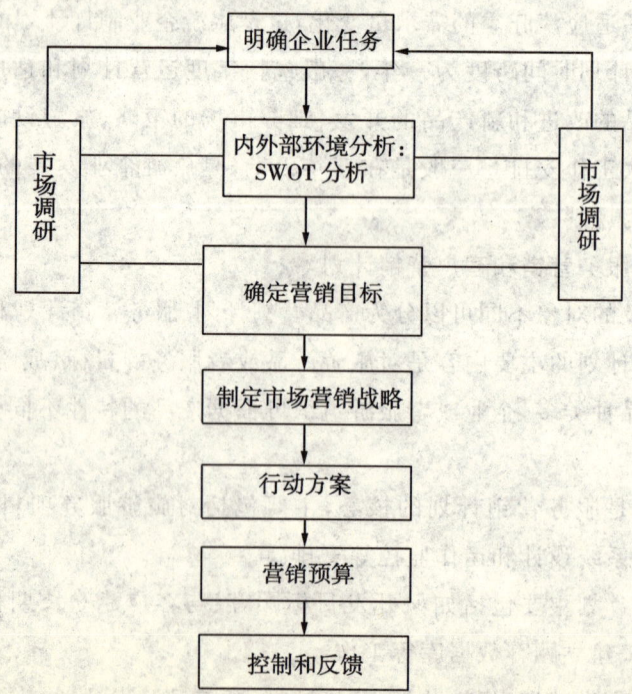

图 11.10 旅游市场营销计划制定的程序

### (一)明确旅游企业的任务

制定旅游市场营销计划的第一步是明确企业的任务是什么,包括企业的宗旨、远景目标、公司战略、远景规划等。

### (二)内外部环境分析:SWOT 分析

包括当前市场背景和企业状况分析,即旅游企业面临的市场状况和自身的优势、劣势,以及企业面临的机会和威胁。通过对旅游企业自身的优势分析(比如企业优良的组织机构、现代化的经营思想、优秀的企业文化、财务状况、地理位置以及形象等),同时利用面临的外部有利的国家政策、高度增长的市场等优势,抓住机会,避开自身的劣势和威胁。机会和威胁主要是影响企业的外部因素,而优势和劣势则是针对企业自身的情况而言。在明确本企业的优势、劣势、经营机会和威胁的基础上,就可以制定有利于自身发展的营销计划。

### (三)确定目标

旅游企业市场营销的目标是市场营销计划的核心内容,是在分析市场营销现状的基础上制定的。主要分为两大类:财务目标和市场营销目标。

1. 财务目标

旅游企业的营销目标主要包括计划期内要实现的销售额、投资回报率、市场占有率、利润额等。

2. 市场营销目标

主要是以旅游企业的形象和顾客满意度为主要内容的目标。它主要通过销售量、销售收入、市场占有率、营销渠道覆盖范围、旅游消费者对旅游产品的了解程度、顾客满意度等来体现。比如,一个旅游涉外饭店确定年度客房盈利 150 万元的财务目标,由于所确定的目标利润率是 30%,其营销目标就必须是销售收入达到 500 万元,而每间客房的价格为 120 元/天,因而其营销目标必须销售客房产品 41 667 个,标间 180 间,该饭店的住宿率就必须至少保持 63.4%的营销目标。

这两类目标不仅包含对任务数量或者性质的描述,而且还包括要求完成的时间。

### (四)市场营销策略

目标可以通过多种途径实现,企业必须选择有利于实现企业目标的市场营销策略。市场营销策略主要包括四个方面:市场细分、市场目标化、市场定位以及制定市场营销组合策略。市场营销组合主要包括产品、价格、销售渠道和促销四个方面的内容。

根据上述几步计划工作,营销人员就可以围绕产品、价格、促销等营销组合因素来构思实现目标的各种设想。这一步计划工作实际也就是对各种假定的营销形势加以讨论,因此参与营销计划制订的企业高层管理者都有责任对各种假定的形势提出各自的看法,做到集思广益。

◆ **案例驿站 11.2**

### 华都饭店 2001 年的营销计划和营销策略

华都饭店位于陕西省西安市,是一家有十多年经营历史的四星级饭店。华都饭店的规模较大,共有客房 603 间。除客房外,其他营业设施有:咖啡厅、中餐厅、多功能厅、商场,也拥有较完善的娱乐设施,如酒吧、游泳池、桑拿、健身房等。其多功能厅面积较大,可容纳 300~500 人。

在对市场环境、竞争对手等综合分析的基础上,华都饭店确定未来市场营销的整体思路是:发挥优势、扬长避短、适应市场、抓住机会、利用机会、扩大市场。

1. 明确经营目标,最大限度的保持和扩大饭店的市场占有率;
2. 紧扣市场脉搏,不断调整销售策略,确保预算完成;
3. 在保持老顾客、稳定现有市场的同时,不断开发新客户(如同新的旅行社、公司合作)、新市场,保证经营的持续性。

针对上述总体思路,华都饭店制订了以下营销计划和销售策略。

1. 客房销售收入保持一定的增长率,出租率、房价力争比上年有所提高。具体地说,2001 年度客房总体的经营目标是:全年实现销售收入 4 100 万元,出租率 70%,平均房价 250 元,客房部实现日均收入 11 万元。

2. 2001 年各客源市场销售计划是:团队销售收入比上年要略有增长,会议市场扣除上年年初的非正常因素外,要略有增加,散客比例基本持平,长住客的比例适当下降。

3. 2001 年各细分市场的销售计划如下。

(1) 散客市场。散客市场将是华都 2001 年度重点开拓的市场之一,散客市场面临着西安各大饭店的激烈竞争。2001 年散客计划实现客房销售收入 1 640 万元,占全年客房销售收入的 40%,主要促销计划是:

① 进一步加强同主要客户的联系。对长期与饭店合作的单位、公司实行散客优惠价,以保持长期良好的合作关系和稳定的散客来源。

② 加强同长住公司的联系,按淡、平、旺季分别给长住公司优惠散客价,争取长住公司给饭店带来较多的散客。

③扩大与西安、外省各大公司的联系,扩大饭店的协议公司数量。

④按季节及时推出商务散客特价,吸引商务及旅游散客。

⑤加强并扩大同订房中心、网络公司的合作,增加网络订房数量。目前已同上海、北京、南京等地的32家订房中心签订房协议,其中与14家订房中心有良好的合作。2001年将扩大合作范围,建立广东、成都、重庆、武汉、上海等地的订房业务。

⑥加强同外地一些饭店销售部的合作,建立互相介绍客源的业务。

(2)会议市场。2001年会议市场计划实现销售收入328万元,占全年客房销售收入的8%,主要促销计划是:

①抓市场信息,拜访1999年和2000年在饭店开会的老客户。

②充分利用现有销售渠道,各商务公司、旅行社都有可能是会议的组织者、承办者。

③及时反馈信息,了解市场价格,把握市场动态,不断调整销售策略,争取吸引更多的会议入住。

(3)旅行社团队市场。2001年团队市场计划实现销售收入1 476万元,占全年客房销售收入的36%,主要促销计划是:

①2001年将调整团队价,新增4、5月旺季价,4、5、9、10月团队房价比上年平均上调7～9美元。

②在保证系列团队的基础上,尽可能争取更多的团队,以提高客房出租率。

③利用参加博览会及外地促销的机会,广泛促销,扩大饭店的知名度。2001年计划参加中国昆明国际旅游博览会和澳大利亚、新西兰两次大的促销活动。

④在客源结构上,保持现有以欧美客人为主的格局,争取增加日本团、韩国团来补充饭店的客源量。

案例来源:http://www.docin.com/p-32476174.html#docTitle。

### (五)行动方案

行动方案是指为实现旅游企业营销目标,实施营销策略设定的具体行动步骤和详细布置。战略必须具体化,必须形成成套的战术和详细的行动方案,形成实施计划的日程表,为每项活动编制出详细的程序,以便执行和检查,也就是确定企业要做什么,谁来做,怎么做,何时开始,何时完成等,即把任务、人员、经费、时间、方式等具体化。

把营销策略转化为具体的营销活动程序的过程就是这一步工作的主要任务。制订行动方案时,应将行动方案的每项具体内容都详细的列出来,以便执行和检查。

(七)营销预算

营销计划基本上是一个关于预计盈亏的报告。旅游企业的各业务单位编制出营销预算并由决策层审批后,就成为各种营销的初始依据。营销策略计划本身就存在很多变数,新策略的出台总会带来利润的增加,但是新策略也需要经费开支。

在营销计划中还应编制各项收支预算。比如在饭店中,在收入一方要说明预计销售量(如客房出租年间天数)即平均价格(如房间平均房价或者餐厅人均消费等),在预算支出方面要说明开展各项营销活动应投入的成本费用。收支的差额为预计的利润或者亏损。

◆案例驿站 11.3

### 上海 JB 大酒店 2000 年度营销预算

| 项目 | 费用 | 备注 |
| --- | --- | --- |
| 广告 | | |
| 　电视 | 80 000 | 房金抵充 50 000 |
| 　SuccessfulMeeting | 60 000 | |
| 　AsiaTravelTrade | 80 000 | |
| 　TravelChina | 30 000 | 房金抵充 |
| 　ShanghaiDaily | 25 000 | |
| 　《东航杂志》 | 15 000 | 房金抵充 |
| 　《日航杂志》 | 25 000 | |
| 　国旅等旅行社单片广告 | 63 000 | |
| 　其他 | 20 000 | |
| 公关促销 | | |
| 　西部展示 | 50 000 | 企业赞助 30 000 |
| 　订房人员联谊活动 | 23 000 | |
| 　其他公关 | 15 000 | |
| 市场调研 | | |
| 　会务服务水平 | 10 000 | |

|  |  |
|---|---|
| 顾客满意度调查 | 23 000 |
| 市场机会调研 | 15 000 |
| 销售访问 |  |
| 　差旅费 | 20 000 |
| 　招待费 | 100 000 |
| 　通信费 | 50 00 |
| 总计 | 664 000 |

案例来源:王怡然等.现代饭店营销策划书与案例[M].沈阳:辽宁科技出版社,2001.

### (七)控制和反馈

这是营销计划工作中的最后一部分,是对营销计划执行的控制。在营销计划的实施过程中,必须对其过程进行监督控制,并对发现的问题及时进行调整和解决,这是保证营销计划得以顺利完成的重要环节。常用的方法是把目标、预算按月或者季度分开,便于旅游企业的上级主管及时了解各个阶段的销售业绩,对于未完成任务的部门、环节进行分析,要求他们限期做出解释和提出改进措施。反馈系统判断目标是否已经达到,制定的策略成败为未来的策略提供指导原则。有时候控制还需要旅游企业制定意外事件的应急方案。

在饭店中最为常见的情况是饭店各部门将营销计划规定的目标与预算按照月份或者季度分解,便于饭店上层管理者进行有效的监督检查,并督促未完成任务的部门改进工作,确保饭店营销计划的顺利完成。

### ◆案例驿站 11.4

**香港迪斯尼拒客事件——旅游景区预警和防范机制的建立和完善**

2006年春节,由于大量游客涌入,导致香港迪斯尼乐园爆满,部分游客被拒门外,引起消费者极大不满。随后,国内各大媒体对此事全面跟进报道,各大门户网站都推出相关专题,由此一场有关香港迪斯尼的拒客风波迅速传遍全国。

"声音一度哽咽,以手掩鼻,泪眼盈盈……",这是香港迪斯尼乐园副总裁安明智2月4日在新闻发布会上道歉时的一幕场景,拒客风波发生之后,香港迪斯尼乐园方面连续进行了三次道歉,并承诺退款。

尽管当时媒体批判的声音一波高过一波,也暴露了迪斯尼乐园售票方式不科学、管理不完善、销售本土化预测不到位等多方面的问题,但香港迪斯尼乐园对危机的反应和处理速度,以及"以消费者为中心"解决问题的原则,跟媒体及时快捷沟通的原则,勇于承担责任的原则这三大景区危机公关的处理原则,还是值得内地景区学习和借鉴的。

反观国内一些著名景区,如北海游客被宰事件,平遥游客被殴事件,泰山老虎事件等,最后都是不了了之,甚至都没有部门出来负责,更不要谈解决了,充分暴露了国内景区的危机意思淡薄。香港迪斯尼的拒客风波,给国内景区一个最大警示就是旅游景区危机预警和防范机制的建立和完善。

案例来源:http://www.chinavalue.net/Article/Archive/2007/3/2/57827.html.

## 三、旅游市场营销计划的实施

旅游市场营销计划的实施是一个系统工程。营销计划的提出和制定仅仅解决了旅游企业的市场营销活动应该"做什么"和"为什么这么做"的问题,而要有效地调动企业的资源,需将旅游市场营销计划付诸实施,才能解决旅游市场营销"怎样做"的问题。事实上,在现实的市场营销活动中,许多旅游企业的策划方案、营销措施虽然做得很优秀很全面,但是由于在计划的实施管理上对营销过程的监督不到位,使营销执行力大打折扣。

为了提高营销执行力,各旅游企业在每年都必须要制定出一系列分阶段的详尽可行的营销方案和配套措施,加强战略决策层、市场操作层和基层销售人员之间及时有效的沟通,做到上情下达、信息畅通,只有如此,市场销售的所有人员才知道下一步该怎么做。旅游企业决策层必须高度重视营销执行力度问题,从制度上予以保证,建立和完善企业的制度,建立一支具备高执行力的团队,以提高旅游企业的市场占有率。

### (一)市场营销计划实施的条件

旅游企业营销计划的管理是在多个部门协同的基础上完成的,而不是完全取决于计划本身。旅游企业管理职能如图11.11所示。从图中可以看出,计划不可能独立存在,而是与企业管理的其他职能相互联系,共同形成旅游企业管理的职能体系。

近年来,随着旅游市场营销计划在营销战略的地位和作用日益凸显,很多人把市场营销战略看做是旅游市场营销计划和旅游企业经营管理成败的重要因素,他们认为企业除了制定适当的市场营销战略以外还必须具备适当的组织结构和信息、控制与奖惩体制,以保证营销战略的实施。美国麦金斯企业管理中的"7S"结构对于旅游企业市场营销

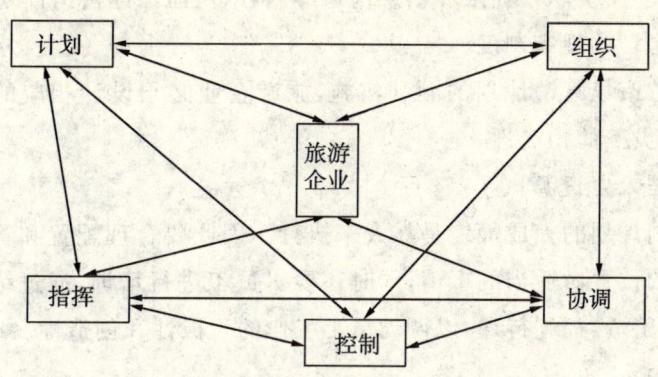

图 11.11　旅游企业管理职能图(1)

计划和营销战略的确定与实施,有直接的启发和指导作用。其结构如图 11.12 所示。

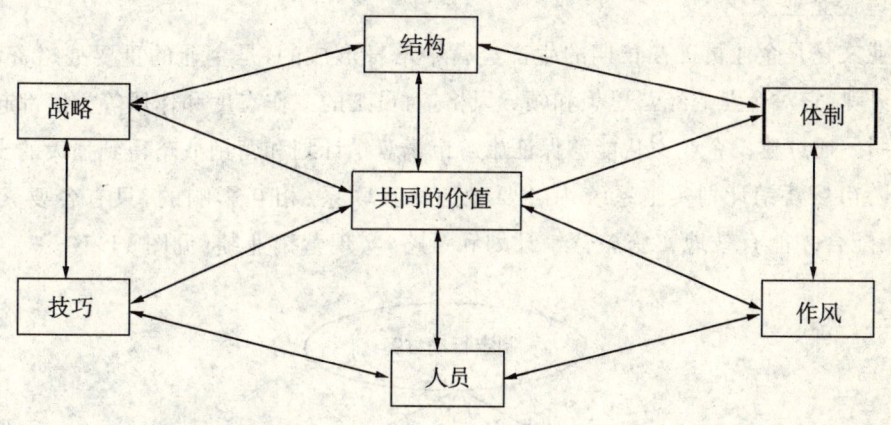

图 11.12　旅游企业管理职能图(2)

### (二)旅游市场营销计划实施的步骤

市场营销计划的执行一般包括以下几个步骤。

1. 制定详细的行动方案

这一步骤实际上是营销计划的具体执行计划,把旅游市场营销计划中的活动方案进一步细化。包括营销计划的任务、关键性要求、把任务和责任落实到个人或单位、行动计划的时间表等。

2. 建立营销组织机构

旅游市场营销组织结构是旅游市场营销计划和营销战略贯彻实施的主要力量,建立和强化市场营销组织对推动旅游市场营销活动的开展起着决定性的作用。因此根据旅游市场营销计划建立和调整适当的组织机构,协调正式组织和非正式组织的关系,调整管理的层次和幅度,明确职权界限和信息沟通等内容,从而保证营销计划的顺利实施。

3. 设立科学合理的规章制度

为了保证旅游市场营销计划的顺利实施,旅游企业必须设计相应的规章制度,比如奖惩制度,以调动员工的积极性。

4. 配置和管理人力资源

旅游市场营销计划的完成最终是靠人来执行。因此要合理配置和管理人才,把适当的人安排在适当的位置做适当的事情,同时还要对员工进行培训,通过绩效考核、激励等制度,明确员工的工资、福利待遇,以调动员工工作的积极性和创造性。

5. 协调各种关系

市场营销计划是一个系统的计划,而不是独立存在的,因此,作为系统的一部分,必须协调与其他职能部门的关系,保证计划的顺利实施。

6. 建设企业文化

企业文化是企业员工在长期的生产经营中培育形成的,是企业的重要战略资源,也是企业的灵魂,它对企业的经营思想和领导风格,对员工的工作态度和作风等方面都起着决定性的作用。通过建设企业文化能够保证旅游市场营销计划和营销战略得到强大的支持。

旅游市场营销计划实施系统内各要素是相互联系、相互影响的,只有各要素协调一致,互相配合才能有效地实施旅营销计划和策略,实现营销业绩,见图11.13。

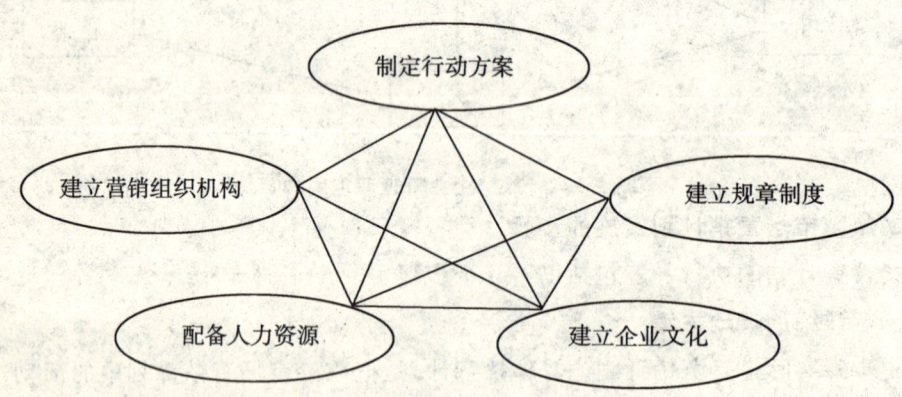

图11.13 旅游市场营销计划的实施

(三)市场营销计划执行失败的原因分析

需要指出的是,在旅游市场营销计划的执行过程中,由于种种原因,可能导致旅游企业的营销战略与计划无法达到预期目标,这些原因主要有以下几点。

1. 战略和计划脱离实际。主要有两种情况:第一,旅游企业战略的制定者和执行者之间缺乏沟通和协调,计划的执行存在风险;第二,旅游企业计划制定后,由于外部环境的变化,导致战略与计划和实际不符。

2. 长期目标和短期目标冲突。旅游市场营销策略和计划的制订者一般都着眼于长远的目标,但是对于执行的销售人员来说,他们主要看中的是短期的目标,选择的是短期的行为,这样就会导致二者的矛盾。

3. 营销战略没有得到很好的贯彻执行。一些旅游企业制定了符合企业实际的营销战略计划,但是没有制定具体的执行方案,没有专门的机构和人员负责实施的监督,最终导致营销战略成为一纸空文。

### ◆ 本节相关知识链接

1. http://www.hep.edu.cn/
2. http://www.docin.com.cn/
3. http://www.chirc.org/

### ◆ 本章试题与知识训练

**一、选择题**

1. 营销预算属于哪种营销计划?(　　)

　A. 战略营销计划　　　　　　　　B. 长期营销计划
　C. 战术营销计划　　　　　　　　D. 中期营销计划

2. SWOT 分析中 S 是指(　　)。

　A. 企业自身的优势　　　　　　　B. 企业自身的劣势
　C. 企业面临的机会　　　　　　　D. 企业面临的威胁

3. 市场营销策略包括(　　)。

　A. 市场细分　　　　　　　　　　B. 市场目标化
　C. 市场定位　　　　　　　　　　D. 制定市场营销组合策略

**二、名词解释**

1. 旅游市场营销计划
2. 行动方案
3. 企业文化

**三、简答题**

1. 旅游市场营销计划设计的步骤及程序是什么?
2. 旅游市场营销组织设计的内容是什么?

# 第三节 旅游市场营销控制

## 一、旅游市场营销控制的含义

旅游市场营销控制是旅游企业营销管理的基本任务之一。由于旅游企业面临的营销环境经常发生超出预期的变化,而且营销人员在执行过程中也会产生一些偏差,对此旅游企业需要对营销活动的实施过程进行监督、评价和纠偏。因此可以把市场营销控制定义为:把营销管理用于跟踪旅游企业营销活动过程的每个环节,以确保营销计划目标实现而实施的系统工程。

## 二、旅游市场营销控制的类型

旅游市场营销控制根据不同的标准可以划分为不同的类型。

1. 按旅游市场营销决策类型的不同可以分为程序化营销和非程序化营销。程序化营销是将决策过程程序化,不必每次都做出新的决策。非程序化营销是对那些没有规律性而且带有风险性、不确定性的重大问题、复杂问题所做出的控制。

2. 按旅游市场营销控制的方向不同,可将其划分为策略控制和过程控制。策略控制是通过不同手段对旅游企业营销的环境、内部营销系统和各项营销活动进行的定期全面系统的考核,目的在于发现旅游市场营销活动中所遇到的目标性、策略性问题,并提出相应的改进措施,以保证营销目标的实现。过程控制是对营销活动过程各环节进行监督,发现营销目标不能正确贯彻落实时,及时采取必要的措施,以确保营销目标的实现。

3. 按对旅游市场营销的不同影响,可将旅游市场营销控制划分为年度计划控制、盈利能力控制、效率控制和战略控制。

## 三、旅游市场营销控制的步骤与工具

### (一)旅游市场营销控制的步骤

旅游市场营销战略控制的步骤有四个,这些步骤是一个循环的过程。这四个步骤是:确定控制标准、评价执行情况、诊断执行结果和采取纠正措施。

#### 1. 确定控制标准

确定控制标准是旅游市场营销控制的第一步,即确定当前行动的预期目标是什么,比如规定某项新产品投放市场一年后市场占有率应该达到多少,为了便于结果的衡量,控制标准应尽可能的具体。在制定控制标准的时候,也要考虑到激励作用,制定高标准以激励营销人员通过努力达到更高层次的营销水平,既能提高员工素质也能为企业带来更多的利润。

2. 执行情况的评价

这一步就是将控制标准与实际结果进行比较。如果二者相符甚至优于控制标准,则应该总结经验,再接再厉;如果实际结果没有达到控制标准,则应该及时找到存在的问题,并对问题进行分析研究,找出相应的对策。

3. 诊断执行结果

这实际上是对实际结果和预期标准发生的偏离进行诊断,找出产生偏差的原因,这是营销过程中的重要环节。产生偏差的原因通常有两种情况:第一,实际营销过程中的问题;第二,营销计划决策的问题。前者容易发现,后者在认识和判断上比较困难,而且两种偏差通常交织在一起。比如,饭店员工没有达到预期的销售标准,有可能是工作方法不灵活或者工作不够认真,如果是这样,那么销售管理人员应该加强采取激励措施,比如提高工作报酬或更高的激励措施或者给营销人员进行培训等手段。但是出现这种情况的原因也有可能是销售指标定得过高,那么就应该相应的调低。在实际中有可能是营销人员素质不高或者销售目标过高同时存在,另外还有可能存在其他的原因,如广告费用支出不足、旅游产品缺乏吸引力等。因此针对以上种种情况,管理人员应该加强对背景资料的了解和分析,搞清问题存在的真实原因,抓住问题的实质。

4. 采取改进措施

在查明存在问题的本质原因之后,应根据不同情况采取不同的措施,一般而言有三种情况:第一,维持原来的标准。这种情况一般是实际结果略高于制定的标准或者基本上达到标准时,就可维持原来的标准。比如饭店客房出租率定位在75%,实际结果是76%或者80%,这说明标准合理,实际效果也不错,则应该按照原来的计划执行,不需调整。第二,纠正偏差。比如饭店客房出租率定位在75%,实际结果是60%,那么就需要对计划采取相应的措施,比如增加营销费用支出、加大宣传力度或者培训营销人员等。第三,改变原定的计划和标准。这种情况会有两个极端的出现:多数营销人员能大大超过原定的标准,这就意味着制定的标准太低,相反如果只有极少数营销人能够达到,而大多数营销人员没有能力达到,这就说明制定的目标过高。这两种情况出现时,营销管理人员都应该根据实际的情况作出相应的调整,改变原来的计划和标准。当然还会存在这样的情况,就是原来制定的标准是合理的,而是由于外部环境发生变化才导致原来的标准不合理。比如2004年末印度洋海啸发生后,前往该地区的游客锐减,要使旅游企业完成目标是不可能的,在这种情况下则应该及时调整。

### (二)旅游营销控制的工具

在旅游市场营销控制的过程中,通常使用的工具有以下几个。

**1. 获利性分析**

旅游企业可以通过这种方法来衡量市场营销业务活动各方面的获利情况,即将每种分析对象的实际绩效和预定的目标进行比较,对获利能力强的项目继续实施,对于获利能力差的项目进行整改或者取消。

**2. 预算**

预算是指在旅游市场营销活动之前,以货币指标反映的分配给旅游市场营销各项活动的费用。旅游企业预算主要包括收支预算、现金预算、资金支出预算、资产负债预算等。预算的编制应结合旅游企业的预算目标进行,使之能够反映出控制项目要求和时间要求。

**3. 20/80 原则**

是指在一个旅游企业的产品组合中,销售量大、利润高的产品所占的比重少,但是销售收入的 80% 来自这些比重只占 20% 的少量产品。

**4. 效率测量**

效率测量是指确定各种资源使用的效果。利用效率测量可以分析一定的资源与销售量的关系,据此做出最有效的利用资源的决策。常用的指标有投资收益率、劳动效率、利润率、费用率等。效率测量常借助于财务报表来分析。

**5. 百分比分析**

这也是一种常见的统计分析法,用以控制旅游市场营销活动的绩效完成程度,并以此分析一定时期的趋势。常用的指标包括各项支出占总支出的百分比、各项销售占总销售的百分比、各项业务开展的进度百分比、市场占有率、资金利润率、费用利润率等。

**6. 网络技术**

网络技术是一种综合控制方法,它可以有效地对项目所使用的人力、财力、物力和信息资源进行平衡,能控制项目的时间和成本,能够在出现偏差的时候找出原因和关键因素,并能从总体上进行调整以保证按质按量达到目标。运用网络技术时刻可将控制项目细分成不同的环节,并规定每个环节的计划时间、完成期限,明确规定具体负责人及其职责,画出网络图。通过网络图可以直观的找出控制项目的关键路线和非关键路线,从而进行有效控制,保证关键线路的畅通。网络图是一个相当灵活和极有价值的控制方法,可以广泛运用于旅游市场营销业务活动之中。

比如现在饭店企业开展的 SNS 网络营销,SNS(Social Networking Service)作为新兴的网络媒体形式,凭借其传播高效性、娱乐丰富性、群体认同性,成为当前最炙手可热的网络互动形式。随着 SNS 网络的关注度不断提升,一些知名企业、公众人物、旅游目的地等均将 SNS 作为新的营销手段,并取得了良好的效果。

### 四、旅游市场营销控制的方法

#### (一)年度计划控制

所谓年度营销计划执行控制,是指企业采取专门化和系列化的控制步骤,检查营销实际绩效与计划之间是否有偏差,并采取改进措施,以确保市场营销计划的实现与完成。年度计划控制的目的在于保证公司实现它在年度计划所指定的销售利润以及其他目标。年度计划能否实现,不仅取决于计划制定的是否正确,还依赖于计划执行与控制的效果。年度计划控制的中心是目标管理,因此年度计划的控制通常与目标管理方法结合起来使用。年度计划控制包括四个步骤,如图 11.14 所示。

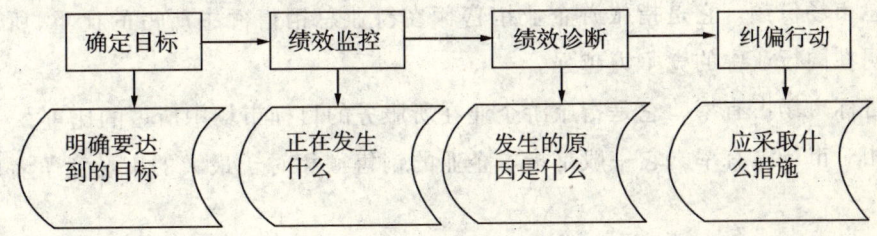

图 11.14　年度计划控制过程

旅游企业管理者一般都采用四种分析方法实施年度计划控制:销售分析、市场占有率分析、市场营销费用—销售额比率分析、旅游者态度追踪。

1.销售分析

销售分析就是衡量并评价实际销售情况与计划销售目标之间的差距。这一分析有两种具体方法。

(1)销售差异分析。

销售差异分析是指旅游管理者将制定的销售目标与实际的销售情况进行衡量、比较,分析评价不同因素对形成销售差距的影响程度。这个方法是用来衡量各个因素对造成销售出现差异的影响程度。

例如,某饭店年度计划要求第一季度以 200 元/间的价格销售出 9 000 间标准客房,即完成销售额 180 万元,结果只以 150 元/间的价格售出 8 100 间,及销售总额为 121.5 万元,只占预期销售额的 67%。这个差额中有多少因降价造成的?有多少因销售量低造成的?

因降价引起的差额=(200-150)×8 100=405 000元(占69.23%)

因销售量下降引起的差额=200×(9 000-8 100)=180 000元(占30.77%)

可以看出近70%的销售差额是因为降价引起的。

(2)微观销售分析。

这种方法通过对产品、销售地区以及其他方面考察来分析未完成销售目标的原因。

例如,假定某旅行社分日本部、亚太部、欧美部三个分区营销,预期年销售额分别为2 500万美元,1 000万美元和2 000万美元,总计销售额5 500万美元。而实际销售额分别是:2 000万美元,1 250万美元和1 750万美元,总计销售额为5 000万美元。这样日本部比预期的销售额少20%,亚太部多25%,欧美部少12.5%,很明显日本部是问题的关键区域,销售部应检查日本部出现问题的原因。

2. 市场占有率分析

通过市场占有率分析能够判断旅游企业在行业中的地位以及相对于竞争对手的竞争实力。市场占有率分析一般采用三种衡量标准。

(1)总市场份额。它是指旅游企业销售额在行业总销售额中所占的比重,所占比重越大,说明在同行业中的竞争力越强。

(2)目标市场占有率。它是指旅游企业在所服务的目标市场中所占的比重。

(3)相对市场占有率。它一般是指本企业的销售额相对于最大的市场竞争者的销售额的比重。

3. 市场营销分析—销售额比率分析

年度计划控制要保证在完成预期计划时,营销费用不要超支。市场营销管理者有必要对该比率进行动态的分析和控制,控制其变动幅度。

4. 旅游者态度追踪

旅游者态度追踪是一种对旅游市场营销的发展变化进行定性分析和描述的方法。是为了了解旅游市场营销系统参与者对于本企业的满意度和忠诚度而建立的旅游者态度追踪体系,其主要内容包括:

(1)建立旅游者建议和意见制度。

企业将旅游者的建议、意见或者投诉进行记录分析,以便对经常发生的或者较为严重的事件予以关注,满足消费者的需求。比如,许多酒店在客房内放置顾客意见表,让顾客多提意见,进行追踪反馈,便于满足顾客的多样化需求;旅行社建立旅游者投诉制度,及时了解本企业存在的不足,并加以改正。

(2)建立代表性旅游者访问制度。

这主要是针对企业的具有代表性的旅游者群体,通过定期的电话访问或者通过邮件的方式,了解旅游者对本企业的态度和需求。比如,酒店会针对自己的协议客户或者酒店的常客,定期进行电话访问,了解他们的需求和对自己酒店服务的态度,以便更好地留住这些顾客。

(3)建立随机旅游者调查制度。

这主要是针对企业的旅游者群体进行的随机性的抽样调查,了解他们对旅游企业服务的满意程度、需求的变化等。比如,酒店会不定期做一些调查问卷,包括旅游者对企业的满意程度、本企业存在哪些不足等问题,让旅游者回答,通过问卷分析满足顾客的个性化和标准化的需求。

5.财务分析

旅游企业的市场营销人员应就不同的费用对销售额的比率和其他的比率进行全面的财务分析,以决定旅游企业如何以及在何处展开营销活动,获得盈利,尤其是利用财务分析,来判断影响企业资本净值收益率的各种因素。

**(二)盈利能力控制**

旅游企业营销活动展开的目的是为了实现盈利,而企业盈利的来源是旅游消费者对提供的产品和服务的满意程度。因此盈利能力的控制就是测算不同产品、不同市场、不同消费者或者不同渠道等的盈利能力,根据测算结果,来决定企业应该生产哪些产品,开拓哪些市场、争取哪些消费者和采取哪种渠道等,以保证企业获利。

盈利能力控制的第一个步骤是对财务报表和数据处理,把收入、成本分摊到产品、地区、渠道等,以衡量每个因素的销售利润率、净利润。

表 11.1 是某旅行社对其不同旅游路线的盈利能力分析。

表 11.1　　　　　　　　　某旅行社旅游线路产品盈利能力分析

| 指标＼旅游线路 | 北京—上海 | 北京—海南 | 北京—九寨 | 北京—泰山 |
| --- | --- | --- | --- | --- |
| 销售收入(元) | 25 万 | 30 万 | 20 万 | 15 万 |
| 营运成本(元) | 12 万 | 14 万 | 11 万 | 10 万 |
| 营销费用(元) | 4.5 万 | 5 万 | 3 万 | 1.5 万 |
| 净利润(元) | 8.5 万 | 11 万 | 6 万 | 3.5 万 |
| 销售利润率 | 34% | 36.6% | 30% | 23.3% |

从表中可以看出,该旅行社的旅游线路产品营销在不同程度上都获得了成功,尤其以北京—海南的旅游线路的获利能力最强,而北京—泰山的旅游线路则没有达到销售利润率不低于25%的要求,因此必须对这条线路的营销进行调查分析,然后找出问题所在,及时采取措施予以纠正。

盈利能力控制的第二个步骤是对每种因素的销售利润率和净利润等进行分析,找出影响企业获利的因素,然后采取措施,使企业利润达到最大化。

企业考察盈利能力的主要指标有以下几个。

### 1. 销售利润率

一般来说,企业将销售利润率作为评估企业获利能力的主要指标之一。销售利润率是指利润与销售额之间的比率,其公式是:

$$销售利润率 = 本期利润/销售额 \times 100\% \tag{11.1}$$

由于同一行业中各企业的负债比率一般不相同,对销售利润率的评价又通常与同行业的平均水平进行对比,所以在评估企业获利能力的时候最好能将利息支出加上税后利润,能大体消除由于举债而支付的利息对利润水平产生的不同影响。故修正后的销售利润率计算公式是:

$$销售利润率 = 税后息前利润/产品销售净收入 \times 100\% \tag{11.2}$$

### 2. 资产收益率

它是指企业创造的总利润与企业全部资产的比率,其公式是:

$$资产收益率 = 税后息前利润/资产平均总额 \times 100\% \tag{11.3}$$

其分母之所以用资产平均总额,是因为年初和年末余额相差很大,如果仅用年末余额作为总额显然不合理。

### 3. 净资产收益率

它是指企业税后利润与净资产所得的比值。净资产是指总资产减去负债总额后的净值。这是衡量企业偿债后的剩余资产的收益率。其计算公式是:

$$净资产收益率 = 税后利润/净资产平均总额 \times 100\% \tag{11.4}$$

其分子之所以不包含利息支出,是因为净资产已不包含负债在内。

### 4. 资产管理效率

企业可以通过以下比率来分析。

(1) 资产周转率。该指标是指一个企业以资产平均总额除产品销售收入净额而得出的全部资产周转率。其计算公式如下:

$$资产周转率 = 产品销售收入净额/资产平均占用额 \tag{11.5}$$

(2)存货周转率。该指标是指产品销售成本与存货(指产品)平均余额之比。其计算公式如下：

存货周转率＝产品销售成本/存货平均余额 (11.6)

该项指标说明某一时期内存货周转次数，从而考核存货的流动性。存货平均余额一般取年初和年末余额的平均值，一般来说存货周转率次数越高，说明存货周转快，资金使用率高。资产管理效率与获利能力密切相关，资产管理效率高，获利能力相应也较高。这可以从资产收益率与资产周转率及销售利润率的关系上体现出来。

(3)资产收益率。资产收益率实际上是资产周转率和销售利润率的乘积，具体公式如下：

资产收益率＝(产品销售收入净额/资产平均占用额)×(税后息前利润/产品销售净收入)＝资产周转率×销售利润率 (11.7)

**(三)营销战略的控制**

旅游企业营销战略控制的目的是确保旅游企业的目标、政策、战略和措施与旅游市场营销的环境相适应。由于宏观环境和微观环境的复杂多变，原定的目标和战略可能与现实状况不相符。企业可以进行定期的、批判性的重新评估企业的战略、计划和执行情况。旅游营销战略控制的主要内容包括以下几个方面。

1. 旅游营销环境的控制

即对市场、顾客、竞争者和其他直接影响企业营销活动的因素进行检查，同时对经济、技术、政治和社会等宏观环境进行分析。

2. 旅游营销策略的控制

即对旅游企业营销目标、战略以及当前执行现状和预期的营销目标进行检查、分析。

3. 旅游营销组织的控制

即对营销组织在预期环境中实施组织战略的能力进行检查分析，包括营销部门、财务部门、采购供应部门的能力以及企业上下左右信息沟通的情况等方面。

4. 旅游营销系统的控制

即对旅游企业收集信息、拟订计划、控制营销活动过程的检查分析。

5. 旅游营销效率的控制

旅游市场盈利情况不理想甚至亏损，营销效率可能是重要的影响因素。旅游企业的营销效率是否有潜力，可在营销效率分析的基础上进行判断。主要包括以下几个方面。

(1)销售人员效率控制。

旅游市场竞争日趋激烈，由此对销售人员的要求也越来越高，销售人员的效率直接影响企业的盈利,监控销售人员效率已经成为销售管理的重要任务。

(2)广告效率控制。

广告效率的测定是指对广告效果进行评估,以确定是否达到预期的广告目的,主要从其所产生的心理效果和销售效果两个方面进行测定。

心理效果测定包括:知觉度测定,通过对广告的知晓程度进行测定;记忆度测定,通过对旅游企业的名称、产品特色等广告的记忆程度进行估测;理解度测定,考察广告内容是否达到预期的理解度;购买动机测定,调查多少购买行为是因为广告的影响而产生。

销售效果测定要求旅游企业对相关单位或者个人的购买量做动态调查,比较广告前后的效果。广告效果高低以广告成本效率表示,该值越高说明广告效果越好。

广告成本效率=广告引起的销售数量增加额/广告费用　　　　　(11.8)

(3)营业推广效率控制。

营业推广是旅游企业主要的推销手段之一,营销推广效率控制的目的是通过监控营业推广的费用和销售额的比率,使之控制在一个合理的范围之内。

(4)旅游营销职能的控制。

即对旅游营销中营销组织的每一个因素及其策略运用的检查分析。

## 五、提高旅游市场营销控制效能的方法

### (一)调动被评价人的积极性

在日常的旅游市场营销控制中,由于检查和被检查,控制者和被控制者在问题的认识上存在差异,往往会产生不协调的感觉,被控制者采取不配合的态度,从而影响控制效能的发挥。因此旅游企业必须调动被评价人的积极性,主要包括以下措施。

1. 吸收被评价人员参加协商,协商的内容主要为哪些绩效应该进行评价,在评价过程中应采取什么样的绩效标准,以求得被控制者的配合和支持。

2. 向销售人员说明从控制中得到的好处,给营销人员更多的物质利益,以调动他们完成目标的积极性。

3. 把控制重点放在提高绩效上,营销管理人员应少评价下属人员的不良工作绩效,把重点放在找出偏离绩效标准的原因上,并与下属一道拟定提高绩效的改进措施。

### (二)灵活运用科学的控制方法

旅游企业要根据旅游市场营销活动的特点来决定所需要采取的控制方法。例如,为了让营销人员减少资料阅读的数量,提高阅读资料的质量,只要把那些绩效显著低于标准的关键方面告诉营销管理人员,其他控制则由营销人员自己去控制。随着科技

技术的进步,电子计算机控制系统是一种最好的控制方法,因为它能够提高控制的质量和效率。

(三)建立一种高效的控制组织体系

在旅游市场营销控制中,应建立一种自上而下包括总经理和控制部门负责人在内的控制组织体系。各项营销活动皆应由专人负责,旅游企业决策者应赋予他们采取正确行动的权力,做到权责明确。同时应定期要求他们汇报工作情况,以便更好的了解和掌握情况。

要使旅游市场营销控制发挥其效能,还应合理的确定营销控制检查的次数。评价间隔期的长短决定于检查次数的多少,并取决于能够真正、正确评价资料的时间。这种间隔期的长短无硬性规定,可以一周、一旬、一月或者一季度,因为各种营销活动的复杂程度不同,获取资料的要求不同,所以应视具体需要而定。

在旅游市场营销活动中,建立和坚持营销控制制度是非常重要的。营销控制制度有助于使旅游市场营销计划符合实际,也有助于旅游企业目标的实现。坚持营销控制制度,首先必须按科学的程序建立旅游市场营销控制制度,然后依章办事,逐步使控制常规化、制度化。

◆ 本节相关知识链接

1. http://www.hep.edu.cn/
2. http://www.docin.com/

◆ 本章试题与知识训练

一、填空题

1. 按对旅游市场营销的不同影响,可将旅游市场营销控制划分为_____、_____、_____和_____四种类型。
2. 年度计划控制的步骤包括_____、_____、_____、_____。
3. 旅游营销战略控制的主要内容包括_____、_____、_____、_____、_____。

二、名词解释

1. 旅游市场营销控制　　2. 预算　　3. 年度营销计划执行控制

三、简答题

1. 旅游市场营销控制的步骤是什么?
2. 旅游市场营销控制的方法包括哪些?

## ◆ 本章小结

### 1. 本章结语

旅游市场营销是一个有计划、有组织的过程。本章论述了旅游市场营销管理的过程,即明确旅游市场营销组织,制定旅游市场营销计划,实施旅游市场营销控制三个步骤。它们之间是相互联系的。

旅游市场营销组织是对企业制定和实施战略具有重要意义。旅游市场营销组织具有系统性和灵活性的特点。营销组织结构经历了一个由简单到复杂的演变过程,现代旅游市场营销部门的组织形式有传统的组织形式和现代组织形式。

旅游市场营销计划包括计划的制订和计划的实施。首先要明确任务、在详细分析情况的基础上制定目标。营销计划的内容包括:制定营销战略、进行市场调研、行动方案、预算以及控制和反馈。

旅游市场营销控制的步骤包括确定控制标准、评价执行情况、诊断执行结果和采取纠正措施。旅游市场营销计划的方法包括年度计划控制、盈利能力控制、营销战略控制。

### 2. 本章知识结构图

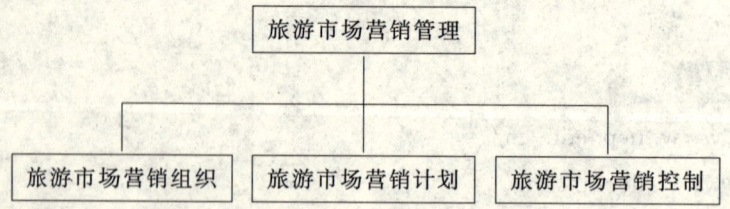

### 3. 本章核心概念

旅游市场营销组织 旅游市场营销计划 旅游市场营销控制

## ◆ 实训练习

通过分组调查并讨论,分析某一旅游企业市场营销组织的现状并提出调整优化方案。

## ◆ 延伸阅读

### 央视无锡影视基地旅游策划

一条不起眼的水上线路,没有华丽的包装,没有大规模的宣传,却在短短八个月时间里,创造了奇迹,票房数字显示,用于运送游客游览太湖的唯一一条古战船,载客量高达39万人。2002年,另外三条古战船投入运营。当年年底,水上游客总数突破60万人。三年后,"古战船太湖黄金水上游",已经成为华东线上多数旅游团队的必走线路,游客总数累计超过160万人。在此期间,太湖之滨的各大景点,有的斥资数百万元,日夜赶工打造仿古游船;有的不惜代价,常年包租外事船队。跟风推出古船游太湖项目。跟央视无锡影视基地隔湖相望的某景区,甚至直截了当打出"水上看央视基地"的招牌。然而,这些景区均无功而返。中央电视台无锡影视基地,是央视在国内最早建立的影视拍摄基地,成立于1987年。20世纪80年代末,为了收集整理电视连续剧《西游记》拍摄遗留的布景道具,基地投资40万元,建造了中国第一个人造景观——《西游记艺术宫》。限于当时的条件,该艺术宫十分简陋,但是,以8角钱的低廉门票对外开放后,居然万人空巷,游客爆棚。由此偶然发现,"影视旅游"这一影视副产品市场巨大,效益惊人。此后,央视高层因势利导,"以戏带建、滚动发展",相继成功开发唐城、三国城、水浒城,并动用央视资源,在基地拍摄了上百部影视剧和各种影视节目,迅速将无锡影视基地发展为中国规模最大、游客最多、效益最好的影视拍摄基地和旅游景点。央视无锡影视基地的成功崛起,在国内旅游市场激起巨大波澜,"羊群效应"随之出现。到了1997年初,大大小小的影视基地,形形色色的人造景观,在华东,在全国,已是遍地开花。仅《西游记艺术宫》,全国就达460个之多。沉淀于"人造景观"的不良资产,高达1 000多个亿。"人造景观热"于是受到全国媒体的围剿。尤其是到了2000年,形势变得严峻起来,全国众多的人造景观,包括跟唐城一桥之隔,曾经极尽辉煌的欧洲城,先后破产倒闭。

资料来源:http://bbs.gotoworld.net/thdead-7281-1-1.html,2008-7-15.

**分析思考题:** 作为营销人员,您觉得应采取什么营销计划促进人造景观的发展?

# 参考文献

1. 陈朝霞.STA旅行社营销战略和战术研究[D].北京:对外经济贸易大学,2006.
2. 陈芸,黄远水.我国景区门票价格管理初探[J].桂林旅游高等专科学校学报,2006(2).
3. 丁宗胜.基于购买动机为依据的旅游细分市场层次研究[J].商场现代化,2006(15).
4. 冯若梅,黄文波.旅游市场营销[M].北京:企业管理出版社,1999.
5. 冯冬莲,谭白英,黄铁牛,等.旅游营销[M].石家庄:河北人民出版社,2000.
6. 樊雅琴主编,旅游市场营销[M].北京:中国发展出版社,2009.
7. 苟自钧,袁平,巩隽.旅游市场营销学[M].郑州:郑州大学出版社,2002.
8. 苟自钧主编.旅游市场营销[M].郑州:郑州大学出版社,2006.
9. 谷慧敏.旅游市场营销[M].北京:旅游教育出版社,2002.
10. 郭英之.旅游市场营销管理[M].大连:东北财经大学出版社,2006.
11. 华国梁.旅游市场营销[M].北京:中国林业出版社,2001.
12. 黄继元,等.旅游市场营销[M].重庆:重庆大学出版社,2009.
13. 韩勇,丛庆.旅游市场营销学[M].北京:北京大学出版社,2006.
14. 匡林.关于举办旅游节事活动的若干思考[EB/OL].http://www.cnta.gov.cn/html/2008-6/2008-6-2-21-16-33-86.html,2006-2-14.
15. 李尔华.国际营销实务[M].北京:中国人民大学出版社,2003.
16. 李连璞,刘连兴.旅游资源开发中的SWOT分析及产品拓展策略——以德州市苏禄王墓为例[J].德州学院学报,2007(6).
17. 李景泰,白长虹.市场营销学[M].天津:南开大学出版社,2001.
18. 李跃军.论区域旅游发展中非优旅游区目标市场的选择[J].台州学院学报,2005(1).

19. 李丰生,蔡平.旅游市场营销[M].北京:中国财政经济出版社,2005.
20. 梁骥,郑凤萍,丁欣,等.旅游市场营销[M].大连:大连理工大学出版社,2006.
21. 林飞:"9·11"事件使美旅游业遭受重创[EB/OL]. http://www.people.com.cn/GB/jinji/31/181/20010921/566335.html,2010-3-1.
22. 刘德光.旅游市场营销学[M].北京:旅游教育出版社,2002.
23. 刘接忠,刘兵,刘恒.旅游营销的市场细分探讨[J].财经界,2007(2).
24. 刘芳.旅游市场营销[M].重庆:西南师范大学出版社,2008.
25. 马勇.旅游市场营销学[M].北京:科学出版社,2006.
26. 马勇.市场营销管理[M].大连:东北财经大学出版社,2008.
27. 马波.旅游市场营销管理[M].大连:东北财经大学出版社,2008.
28. 欧阳卓飞.市场营销调研[M].北京:清华大学出版社,2009.
29. 欧阳泉.旅游景区价格形成基础和定价原则的探讨[J].价格月刊,2003(3).
30. 彭萍.旅游市场营销[M].北京:高等教育出版社,2005.
31. 秦宗槐.市场调查与预测[M].北京:电子工业出版社,2007.
32. 雍天荣.旅游市场营销[M].北京:对外经济贸易大学出版社,2008.
33. 苏日娜.旅游市场营销[M].北京:机械工业出版社,2008.
34. 苏勤.旅游学概论[M].北京:高等教育出版社,2001.
35. 宋刚等.旅游市场营销:理论·实务·案例[M].北京:首都经济贸易大学出版社,1999.
36. 田里.旅游经济学[M].北京:高等教育出版社,2006.
37. 陶颖.世博成"五一"热门,旅游报价水涨船高[N].华西都市报,2010-4-10.
38. 陶卓民,胡静.旅游市场学[M].北京:高等教育出版社,2001.
39. 魏成元.旅游市场营销[M].北京:中国旅游出版社,2007.
40. 魏玉芝.市场调查分析[M].大连:东北财经大学出版社,2007.
41. 魏成元,王红.旅游市场营销[M].北京:中国旅游出版社,2007.
42. 吴健安,郭国庆,钟育赣.市场营销学[M].北京:高等教育出版社,2007.
43. 吴建安.市场营销学[M].北京:高等教育出版社,2007.
44. 王晨光.旅游营销管理[M].北京:经济科学出版社,2004.
45. 王景平.旅游联合促销的可行性分析研究[J].商场现代化,2006.
46. 王金池.旅游市场营销学[M].北京:化学工业出版社,2009.
47. 王丽芳.中国旅游市场细分研究综述[J].中国集体经济,2007(11).

48. 肖星.旅游策划教程[M].广州:华南理工大学出版社,2006.
49. 谢春山.认知心理的旅游地品牌培育对策[J].大连民族学院学报,2008(4).
50. 杨益新.旅游市场营销管理[M].北京:清华大学出版社/北京交通大学出版社,2008.
51. 杨志熙,刘永强.旅游市场营销学[M].武汉:华中师范大学出版社,2006.
52. 袁平.旅游市场营销[M].郑州:郑州大学出版社,2006.
53. 于由.旅游市场营销学[M].杭州:浙江大学出版社,2005.
54. 俞峰.旅游市场营销学[M].北京:中国商业出版社,2003.
55. 朱承强.现代饭店管理[M].高等教育出版社,2003.
56. 朱孔山.旅游产品及其市场营销的若干问题[J].地域研究与开发,1998(2).
57. 朱孔山.论旅游产品设计与开发的原则[J].商业研究,2002(14).
58. 朱孔山.旅游地形象整合营销体系构建[J].商业经济与管理,2007(8).
59. 朱孔山.旅游整合营销内容范畴探讨[J].商业研究,2009(3).
60. 朱孔山.企业环境责任与企业识别系统中的环境形象设计[J].现代经济探讨,2009(9).
61. 赵西萍.旅游市场营销学[M].北京:高等教育出版社,2002.
62. 赵西萍.旅游市场营销学——原理、方法、案例[M].北京:科学出版社,2006.
63. 赵毅,叶红.新编旅游市场营销学[M].北京:清华大学出版社,2006.
64. 张晓燕,窦蕾,马勋.我国自驾车旅游市场细分研究——以华北地区为例[J].北京第二外国语学院学报(旅游版),2006(9).
65. 张亚卿,褚秀彩,刘艳红,张宏卫.心理旅游的市场细分研究[J].山东师范大学学报(自然科学版),2008(02).
66. 郑凤萍.酒店营销实务[M].北京:化学工业出版社,2009.
67. 邹益,杨丹.旅游市场营销学[M].福州:福建人民出版社,2001.
68. 菲利普·科特勒.市场营销管理[M].北京:科学技术文献出版社,1991.
69. 菲利普·科特勒,约翰·T·保文,詹姆斯·C·迈肯斯著,谢彦君主译.旅游市场营销[M].大连:东北财经大学出版社,2006.
70. 小卡尔·迈克丹尼尔,罗杰·盖兹著.范秀成,等译.当代市场调研[M].北京:机械工业出版社,2000.
71. Alvin C Burns, Ronald F Bush 著.Marketing Research:Online Research Applications[M].陈静宇改编.北京:机械工业出版社,2007.